基于核心素养的
中职数学教学设计

JIYU HEXIN SUYANG DE
ZHONGZHI SHUXUE JIAOXUE SHEJI

四川省谯述忠名师鼎兴工作室 编

数学运算、直观想象、逻辑推理、
数学抽象、数据分析、数学建模

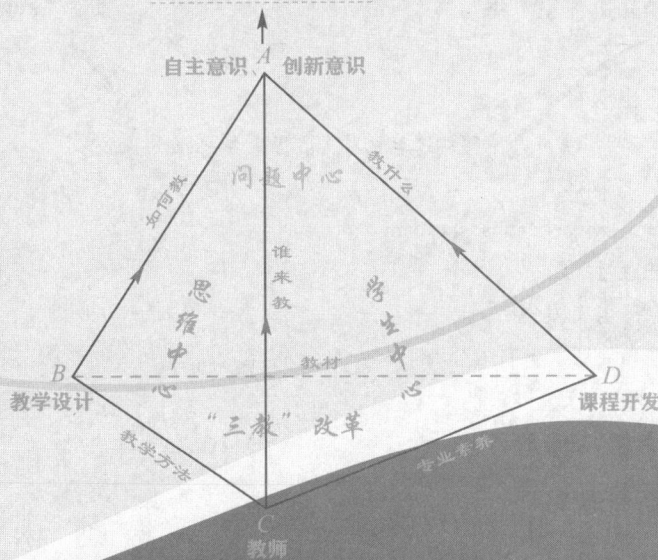

自主意识 A 创新意识

问题中心

与何教   教什么

思维中心   谁来教   学生中心

B 教学设计   教材 D 课程开发

教学方法   "三教" 改革   专业素养

C 教师

主 编：谯述忠
副主编：王三刚 潘 林 张建军 蒋 美
编 审：谯述忠 王三刚 潘 林 张建军 蒋 美 邓光强 黄春燕 穆举红
　　　　刘永辉 李富明 张文彬 杨丽君 魏敬爱 侯 雷 周晓俊 何昌全

四川教育出版社

图书在版编目(CIP)数据

基于核心素养的中职数学教学设计 / 四川省谯述忠
名师鼎兴工作室编. —成都:四川教育出版社,2021.10
ISBN 978-7-5408-7815-3

Ⅰ.①基… Ⅱ.①四… Ⅲ.①数学课—教学研究—中
等专业学校 Ⅳ.①G633.602

中国版本图书馆 CIP 数据核字(2021)第 196338 号

责任编辑　倪　涛
封面设计　佚　名
版式设计　周阳惠
责任校对　罗富山

基于核心素养的中职数学教学设计
四川省谯述忠名师鼎兴工作室　编

出　　版　四川教育出版社
　　　　　　地　　址　四川省成都市锦江区三色路238号新华之星A座
　　　　　　邮政编码　610023
　　　　　　网　　址　www.chuanjiaoshe.com
发　　行　四川教育出版社
印　　刷　成都市川侨印务有限公司
制　　作　成都勤慧彩色制版印务有限公司
版　　次　2021年11月第1版
印　　次　2023年8月第2次印刷
成品规格　210 mm×285 mm
印　　张　27
书　　号　ISBN 978-7-5408-7815-3
定　　价　98.00元

如有内容方面的疑问,请与本社联系。总编室电话:(028)86365120
如发现印装质量问题,影响阅读,请与四川教育出版社联系调换。
地址:四川省成都市锦江区三色路238号新华之星A座
邮编:610023　电话:(028)86365139

前　言

数学是研究数量关系和空间形式的科学。"数学素养是现代社会每个人都应具备的基本素养。"中等职业学校数学课程承载着落实立德树人根本任务、发展素质教育的功能，能培养中职学生进一步学习和职业发展所必需的数学学科核心素养，促成中职学生具备一定的科学精神和工匠精神，养成良好的道德品质，增强创新意识，成为德智体美劳全面发展的高素质劳动者和技术技能人才。

"职业教育与普通教育是两种不同教育类型，具有同等重要地位。"随着国家对职业教育的定位和四川省中等职业教育的"转向"，老百姓对中等职业教育的认可度在提高，对中等职业学校办学质量在期待，各中等职业学校的办学重心也由就业转向升学，对中等职业学校数学教育教学质量提出了新的较高要求，提高中等职业学校数学教师的教育教学水平与技能迫在眉睫！

工作室通过调查了解到：中等职业学校由于前期的办学重心在就业，对数学课重视不够，导致学校数学教师紧缺，有非数学专业的教师上数学课，一个数学老师周课时达三十节左右的情况出现；教师缺乏外出交流与培训的机会；学校、社会数学教育教学资源缺乏。数学教师在进行教学设计时可供参考的资料太少，教学设计的规范性、科学性缺失，在两届全省中职教师教学能力大赛中，还有不少数学团队不会划分课时。

在教学中，教师往往照本宣科、讲完了事，导致教学模式固定化，教学观念陈旧，更谈不上如何激发学生学习数学的积极性。同时学生们也没有认识到数学的美妙之处，"学不懂""难"是他们对学习数学的评价，进而逐步丧失了学习数学的兴趣，这种恶性循环直接影响中等职业学校数学的教学质量。

工作室成立两年来，通过学习习近平新时代中国特色社会主义思想、党的教育方针政策、职业教育系列文件，成员把握住了中等职业学校数学教育教学方向，通过课题研究、研讨活动、示范课、研究课、公开课与专题讲座，成员的数学教育教学理论水平得到了提升，通过学习教学大纲、考试大纲、课程标准，特别是将 2009 年的教学大纲与 2020 年的课程标准进行比较学习纵向了解变化情况，与普通高中的课程标准比较研究掌握两类教育教学的不同要求，成员更新了数学教育教学观念，数学教学能力得到了提高，数学教学设计更规范、科学，从而涌现出了大批优秀教师、骨干教师和学科带头人，成员在各级教学能力比赛中脱颖而出，获得优异成绩。在全国"创新杯"比赛中，张文彬、杨丽娟获得一等奖，邓红、杜婧获得二等奖，邓光强获得三等奖；在四川省中职教师教学能力大赛中，邓红、蒋美、杜婧、郭怡琳、冯晓娟、王三刚、刘玉香获得一等奖，冯晓娟、王三刚、刘玉香代表四川省参加全国教学能力比赛，蔡琪、谢莉、唐玲、罗艳获得二等奖，邓光强、巫源森、唐兴兰、唐雅琦、张文彬、伍太香获得三等奖；在市级比赛中，获得一、二、三等奖的成员更多。

　　工作室的宗旨是促进成员成长，大面积提升我省教育教学质量，走教育鼎兴之路。工作室成员以学生为中心培养其自主意识，倡导学生主动参与、乐于探究、勤于动手，应用专业情境式、小组合作式、问题探究式等教学模式，提升学生的学习体验；以思维为中心培养学生的数学抽象、逻辑推理和数学运算核心素养，进而培养学生的创新意识；以问题为中心培养学生的直观想象、数学建模和数据分析核心素养。从数学学科核心素养育人价值出发，提出中职学生在数学课堂上学习的三个层次：用数学眼光观察世界、用数学思维分析世界、用数学语言表达世界，从而建立起中职数学"三心二意"四面体课堂教学新形态，并将教学内容进行结构化处理，采用"线上＋线下"混合式教学模式，将整个教学过程分为学、导、探、练、评、固六个环节。以"学"为起点，首先让学生查阅相关资料或回顾前面所学知识，为学习本课奠定基础；以"导"抓问题，由教师根据教材、专业或社会生活实际情况创设问题情境，由学生或教师（先学生后教师）提出问题，导入新课；以"探"引新知，通过学生小组合作或其他方式对提出的问题进行分析、探讨，提出解决的方案或抽象出概念，进而推理论证、探索新知、建构知识体系，过程中教师适当点拨、串联，起好主导作用；以"练"促迁移，通过课堂巩固练习，及时检测、反馈效果；以"评"为抓手，让学生小组分享学习收获，评价学习中的得与失，进行小结，教师再评价总结；以"固"为保障，分层布置作业，让学生带着问题来，也带着问题走，起到巩固提高的作用。基于此，我们组织编写了本书。一方面将他们的获奖成果进行展示，供今后有意参加各级比赛的教师团队借鉴参考；另一方面为广大中职数学教师在进行教学设计时提供参考，助其提高教学设计的规范性与科学性，提升课堂教学的有效性，从"授人以鱼"向"授人以渔"的方向发展。

　　在此，衷心感谢王三刚、潘林、张建军、蒋美等老师在本书成稿过程中付出的努力，同时也非常感谢邓光强、黄春燕、穆举红、刘永辉、李富明、张文彬、杨丽君、魏敬爱、侯雷、何昌全、周晓俊等多位老师带领各自团队投入的心血。由于时间仓促，书中难免存有谬误和不足之处，恳请广大读者批评指正，以利于我们改进和提高。

四川省谯述忠名师鼎兴工作室

目　录

第一部分　基础知识

第 ① 章　　集合与充要条件

1　集合与元素

攀枝花市建筑工程学校　杜　婧

📁 **教学分析**

授课时间	1 课时	选用教材	高等教育出版社《数学（基础模块）上册》（第三版）
授课对象	建筑工程施工专业 2019 级 1 班学生	授课类型	概念课
教学内容	集合与元素是高等教育出版社《数学（基础模块）上册》第 1 章第 1 节中的内容,本节课的内容有集合的概念、元素的概念、元素与集合的关系、元素所具有的三个特征、常用数集的符号,以及集合的分类、元素与集合关系的符号表示等. 集合是原始概念,是经常使用的基本数学语言,是学生在初中学习了数的分类以及具体事物分类的认知基础上,通过具体实例经历分类的过程而抽象出的概念,能帮助学生完成从初中阶段数学知识相对具体到中职阶段数学知识相对抽象的过渡,培养学生的数学抽象能力		
学情分析	知识基础	学生在初中已经学习了数的分类,能对具体事物按一定标准进行分类	
	认知能力	学生通过对具体事物分类,已具有判断某物体所属类别的认知能力,但没有经历过从几个实例中归纳、总结、抽象出概念的过程,因此对原始概念的描述性定义认知不足	
	学习特点	学生对看得见、摸得着的具体事物或直观图形可以进行思考,对数学概念、原理、性质的理解缺乏主动性和钻研能力,喜欢参与活动,团队合作意识较好且有表现自己的欲望	
	专业特性	本专业的学生对建筑工具等能按照性质或属性进行分类,具备一定的逻辑思维能力和动手操作能力,但对专业知识或具体事物中蕴含的数学知识感悟不深,对数学来源于现实生活感悟不够	
教学目标	了解集合的概念,空集、有限集和无限集的含义;理解元素与集合之间的关系;掌握常用数集的表示符号. 通过集合语言的学习与运用,培养分类思维和有序思维,从而提升数学思维能力. 经历集合概念的形成过程,接受集合语言,经历利用集合语言描述元素与集合间关系的过程,养成规范意识,发展严谨的作风,培养数学抽象能力. 通过元素的确定性以及元素与集合的关系,感悟个人与家庭、集体、国家的关系,培养集体意识与爱国情怀,体会数学来源于生活又高于生活,提高学习数学的兴趣		
教学重难点	重点	集合的概念、元素与集合之间的关系	
	难点	理解集合的概念、元素与集合之间的关系	
教学策略	教法	启发式教学法、情境教学法、讲练结合教学法	
	学法	自主学习法、探究学习法、合作学习法	

教学策略	教学资源与手段	用PPT、"喀秋莎录屏"制作微课视频"数的分类",帮助学生熟悉旧知. 用"学习通"进行教学,使用抢答、随机抽人、拍照上传、即问即答等功能. 学生登录"学习通"观看微课、完成作业,教师在平台上对作业进行批改评价(作者们在本书中提到了大量辅助教学的软件,读者在参考、借鉴具体的教学设计时,不必照用这些软件,可以使用平时教学中自己熟悉的类似软件,甚至不使用软件,只要能达到相应的效果即可)

📁 教学设计

流程设计	以"三心二意"("三心"即以学生、问题、思维为中心,"二意"即培养学生自主和创新意识)教学主张为引领,将教学内容进行结构化处理,采用"线上+线下"混合式教学模式,将整个教学过程分为学、导、探、练、评、固六个教学环节. 学 ▶ 导 ▶ 探 ▶ 练 ▶ 评 ▶ 固 观看微课 复习旧知 | 创设情境 导入新课 | 抽象概念 探究新知 | 巩固练习 及时检测 | 课堂小结 小组评价 | 分层作业 巩固提高
板书设计	集合与元素 集合的概念 集合、元素的表示 多媒体展示区 例题、练习区 集合、元素的关系

📁 教学实施

教学环节		教学内容	教师活动	学生活动	设计意图与资源
课前准备	学	借助微课复习初中学习的数的分类知识	推送微课	观看微课,完成任务	借助"学习通"发布微课,复习数的分类知识
课中实施	导	**情境导入** 师:学校通知全校新入学的同学在学校操场集合,参加军训动员大会.请问通知的对象是什么? 生:新入学的全体学生. 师:某商店进了一批货,包括:面包、饼干、汉堡、彩笔、水笔、橡皮、果冻、薯片、裁纸刀、尺子等,那么如何将这些商品放在指定的位置? 生:显然,面包、饼干、汉堡、果冻、薯片放在食品架上,彩笔、水笔、橡皮、裁纸刀、尺子放在文具架上. **活动:** 起立游戏:①班上出生日期在2005年1月1日以后的同学起立;②班上家住米易县的同学起立;③班上长得帅(漂亮)的同学起立. 前两次游戏学生能够顺利做出判断并起立,最后一次犹豫不决. 师:缤纷多彩的世界,众多繁杂的现象,需要我们去认识.将对象进行归类,加强对其属性的认识是解决复杂问题的重要手段之一.确定的人或事物可以归类,不确定的不可以归类	结合生活实际,创设问题情境	分组讨论,尝试解决	通过贴近学生认知的问题情境,把学生的注意力吸引到课堂中来,同时激发学生的好奇心与求知欲.通过玩游戏调动学生的积极性,发挥学生的主动性,让学生初步感知集合

续表

教学环节		教学内容	教师活动	学生活动	设计意图与资源
课中实施	探	**探索新知** 1. 将某些确定的对象看成一个整体就构成了一个集合,简称为集. 集合语言是现代数学的基本语言,它不仅有助于简洁、准确地表达数学内容,而且可以用来刻画和解决一些生活中的问题.学习集合,还可以发展同学们用数学语言进行交流的能力. 2. 组成集合的对象叫做这个集合的元素. 注:元素可以是数、点、图形、整式、物体、人…… 中国的直辖市:北京、天津、上海、重庆可以组成集合,每个城市都已确定,排列不分先后顺序,互不相同. 元素的特征: 确定性:给定一个集合,则任何一个对象是否是其中的元素应该可以明确判断; 互异性:给定集合的元素是不重复的(互不相同的); 无序性:集合中的元素无顺序. **创设问题情境** 寝室小伙伴为了晚上聚会,派了三个同学去购买晚上需要的食物,大家购买的东西如下: 问题:三个同学购买的食物能否组成集合? 若能,请写出集合的元素,并分析元素具有哪些特征. 3. 一般采用大写英文字母 $A,B,C,\cdots$ 表示集合,小写英文字母 $a,b,c,\cdots$ 表示集合的元素. 元素 a 是集合 A 的元素,记作 $a\in A$(读作"a 属于 A"),a 不是集合 A 的元素,记作 $a\notin A$(读作"a 不属于 A"). 注意:集合中的对象(元素)必须是确定的.对于任何的一个对象,或者属于这个集合,或者不属于这个集合,二者必居其一. **例题辨析** 例题　下列对象能否组成集合? (1)所有小于 10 的自然数; (2)某班个子高的同学; (3)方程 $x^2-1=0$ 的所有解; (4)不等式 $x-2>0$ 的所有解. 像方程 $x^2-1=0$ 的解组成的集合那样,由有限个元素组成的集合叫做有限集.像不等式 $x-2>0$ 的解组成的集合那样,由无限个元素组成的集合叫做无限集.不含任何元素的集合叫做空集,记作 $\varnothing$. 由数组成的集合叫做数集.方程的解集与不等式的解集都是数集.常用的数集用特定的大写英文字母表示	提问:集合概念中关键词有哪些? 分析情境,引导学生得出: (1)集合的概念; (2)元素的特征; (3)集合与元素之间的关系. 提醒学生注意. 引导学生进行分析,判断给出的对象能否组成集合	理解集合的概念. 记忆集合与元素的符号表示,理解集合与元素的关系. 思考、记录. 和老师一起分析问题,并判断给出的对象能否组成集合	创设问题情境,引导学生从实例中抽象出元素的特征. 强调符号表示,帮助学生完成从初中阶段数学知识相对具体到现阶段数学知识相对抽象的过渡. 通过例题,让学生进一步掌握集合的概念及其相关知识

续表

教学环节		教学内容	教师活动	学生活动	设计意图与资源
	探	几个常用数集的记法： | 集合名称	元素	记法 | |---|---|---| | 自然数集 | 全体自然数 | N | | 正整数集 | 全体非零自然数 | N^* 或 N_+ | | 整数集 | 全体整数 | Z | | 有理数集 | 全体有理数 | Q | | 实数集 | 全体实数 | R |	讲解、说明	记忆	借助表格，帮助学生记忆常用数集的记法
课中实施	练	巩固练习 1. 判断下列对象是否能组成集合，并说明理由. (1)著名的运动健儿；(2)中国的直辖市； (3)英文的 26 个字母；(4)乐于奉献的人； (5)非常接近 1 的数；(6)小于 10 的全体自然数. 2. 用符号"$\in$"或"$\notin$"填空： (1)-3 ___ N，0.5 ___ N，3 ___ N； (2)1.5 ___ Z，-5 ___ Z，3 ___ Z； (3)-0.2 ___ Q，π ___ Q，7.21 ___ Q； (4)1.5 ___ R，-1.2 ___ R，π ___ R. 3. 下列集合中，哪个集合是空集？ (1)方程 $x^2+1=0$ 的解集； (2)方程 $x+2=2$ 的解集	评讲、纠错	完成课堂练习，并组内讨论	使用"学习通"获取练习反馈，初步了解学生的知识掌握情况
	评	1. 教师引导学生归纳总结. 2. 结合统计数据和学习痕迹，评出优胜小组	评价并选出本节课优胜小组	小组抢答进行总结，小组自评、互评	通过组间挑战，激发学生的学习斗志
课后拓展	固	1. 预习教材下一节课内容. 2. 练习册训练题 1.1.1　A组			学生完成作业，巩固本节课所学知识

教学反思

　　从本节课的教学效果来看，实现了本节课的教学目标.回顾整个教学过程，有以下几点值得注意：

　　1. 集合的概念是学生进入中职学习的第一个数学概念，也是本章的重点之一，因此，在集合的教学过程中一定要将集合的概念作为教学目标的重点，引入部分更要现实生动。

　　2."游戏＋实例＋讲解＋练习"是一个很好的教学过程，不仅能够充分激发学生的学习积极性，带动学习氛围，而且能使学生更好地掌握并运用知识，教学工作也能顺利地完成。

　　3. 在数学教学中，教师的讲授仍然是重要的教学方式之一，但要注意的是必须关注学生的主体参与，多以问题引导，师生互动，贯穿"以学生为主体，教师为主导"的教学理念。

2 集合的表示法

攀枝花市建筑工程学校 杜 婧

教学分析

授课时间	1课时	选用教材	高等教育出版社《数学(基础模块)上册》(第三版)
授课对象	建筑工程施工专业2019级1班学生	授课类型	概念课
教学内容	本节课的内容有列举法与描述法的定义以及它们的应用,旨在帮助学生逐步学会使用集合的语言简洁、准确地表达数学的研究对象,逐步学会用数学语言表达和交流		

学情分析	知识基础	学生了解了集合的概念,空集、有限集和无限集的含义;理解了元素与集合之间的关系;掌握了常用数集的符号表示
	认知能力	通过对集合概念的学习,学生已具有分类思维和有序思维,以及数学抽象能力,但对如何表示抽象的数学概念还比较陌生
	学习特点	学生动手能力与模仿能力较强,学习中喜欢参与活动,小组合作意识较好且有表现自己的欲望,但对抽象的数学知识缺乏深度思考的能力
	专业特性	本专业的学生对建筑工具等能按照性质或属性进行分类,具备一定的逻辑思维能力和动手操作的能力,但对专业知识或具体事物中蕴含的数学知识感悟不深,对数学来源于现实生活感悟不够

教学目标	初步掌握用列举法和描述法表示集合. 通过列举法和描述法的学习,逐步学会使用集合的语言简洁、准确地表达数学的研究对象,逐步学会用数学语言表达和交流. 经历集合表示法的认识过程,感受利用数学语言描述和研究实际问题的乐趣,树立学好数学的信心,提高学习数学的兴趣,提升数学思维能力与数学抽象能力

教学重难点	重点	集合的表示法——列举法和描述法
	难点	用描述法表示集合

教学策略	教法	启发式教学法、讲练结合教学法
	学法	自主学习法、探究学习法、合作学习法
	教学资源与手段	喀秋莎录屏　学习通 用PPT、"喀秋莎录屏"制作微课视频,帮助学生熟悉旧知. 用"学习通"进行教学,使用抢答、随机抽人、拍照上传、即问即答等功能. 学生登录"学习通"观看微课、完成作业,教师在平台上对作业进行批改评价

教学设计

流程设计	以"三心二意"教学主张为引领,将教学内容进行结构化处理,采用"线上＋线下"混合式教学模式,将整个教学过程分为学、导、探、练、评、固六个教学环节.
	学 > 导 > 探 > 练 > 评 > 固
	观看微课 复习旧知 | 创设情境 导入新课 | 抽象概念 探究新知 | 巩固练习 及时检测 | 课堂小结 小组评价 | 分层作业 巩固提高
板书设计	**集合的表示法** 列举法 描述法 | 多媒体展示区 | 例题、练习区

教学实施

教学环节		教学内容	教师活动	学生活动	设计意图与资源
课前准备	学	借助微课复习集合的概念知识	推送微课	观看微课,完成任务	借助"学习通"发布微课,复习旧知
课中实施	导	**情境导入** 展示学生收集的集合案例. **活动一**:2008 年北京奥运会,中国乒乓球队取得骄人成绩,参赛成员有:张怡宁、郭跃、王楠、王励勤、王皓、马琳,2008 年北京奥运会中国乒乓球队参赛成员组成的集合中有哪些元素? **活动二**:不大于 5 的自然数所组成的集合中有哪些元素? 当集合中元素可以一一列举时,可以用列举的方法表示集合	结合生活实际,创设问题情境. 提问:这两个活动有什么相同之处	分组讨论,尝试解决. 发现:这些元素是可以一一列举的	通过与生活和数学相关的实例,让学生意识到集合表示法的重要性,增强学生的学习兴趣
	探	**探索新知** 列举法:把集合的元素一一列举出来,写在花括号内,元素之间用逗号隔开. 如不大于 5 的自然数所组成的集合可以表示为 $\{0,1,2,3,4,5\}$. 当集合为无限集或为元素很多的有限集时,在不产生误解的情况下可以采用省略的写法. 例如,小于 100 的自然数组成的集合可以表示为 $\{0,1,2,3,\cdots,99\}$,正偶数集可以表示为 $\{2,4,6,\cdots\}$. 注意:用列举法表示集合时,不用考虑元素的排列顺序;集合中的元素是不重复的. **活动三**:小于 5 的实数所组成的集合中有哪些元素? 生:小于 5 的实数有穷多个,而且无法一一列举出来. 师:但元素的特征是明显的:(1)集合的元素都是实数;(2)集合的元素都小于 5	讲解列举法的书写规则	记忆列举法的书写规则. 思考、讨论	引导学生总结集合的两种表示方法,特别注意强调书写的规范性,培养和提升学生的数学抽象能力

教学环节		教学内容	教师活动	学生活动	设计意图与资源
课中实施	探	当集合中元素无法一一列举但元素特征明显时,可分析出集合的元素所具有的特征性质,通过对元素特征性质的描述来表示集合. 描述法:利用元素特征性质来表示集合的方法.在花括号中画一条竖线.竖线的左侧写上集合的代表元素,并标出元素的取值范围,竖线的右侧写出元素所具有的特征性质. 注意:如果从上下文能够明显看出集合的元素为实数,可以不标出元素的取值范围 **R**. 如:大于5的实数所组成的集合可表示为$\{x\in\mathbf{R}\mid x>5\}$,也可以表示为$\{x\mid x>5\}$. **例题辨析** 例1　用列举法表示下列集合: (1)大于-4且小于12的所有偶数组成的集合; (2)方程$x^2-5x-6=0$的解集. 解:(1)$\{-2,0,2,4,6,8,10\}$. (2)解方程$x^2-5x-6=0$得$x_1=-1,x_2=6$.故方程的解集为$\{-1,6\}$. 例2　用描述法表示下列各集合: (1)小于5的所有整数组成的集合; (2)不等式$2x+1\leqslant0$的解集; (3)所有奇数组成的集合; (4)在直角坐标系中,由x轴上所有的点组成的集合; (5)在直角坐标系中,由第一象限内所有的点组成的集合. 分析:第(1)题中元素的取值范围是整数,需要标出,其余题目中元素的取值范围是实数,可以不标出;第(2)题中元素可以通过解不等式得到;第(3)题,奇数都能写成$2k+1(k\in\mathbf{Z})$的形式;第(4)题,x轴上点的纵坐标都是0;第(5)题,第一象限内点的横坐标与纵坐标都是正数. 解:(1)小于5的所有整数组成的集合为$\{x\in\mathbf{Z}\mid x<5\}$. (2)解不等式$2x+1\leqslant0$得$x\leqslant-\dfrac{1}{2}$,所以不等式$2x+1\leqslant0$的解集为$\left\{x\;\middle|\;x\leqslant-\dfrac{1}{2}\right\}$. (3)所有奇数组成的集合为$\{x\mid x=2k+1,k\in\mathbf{Z}\}$. (4)$x$轴上所有的点组成的集合为$\{(x,y)\mid x\in\mathbf{R},y=0\}$. (5)第一象限内所有的点组成的集合为$\{(x,y)\mid x>0,y>0\}$. 总结:用列举法表示集合,可以明确看到集合的元素;用描述法表示集合,可以清晰地反映出元素的特征性质.在具体问题中,要灵活选用适当的方法表示集合	讲解描述法的书写规则. 引导学生进行分析,观察学生是否理解知识点	记忆描述法的书写规则. 和老师一起回忆列举法、描述法的书写规则,并表示集合	通过例题讲解,让学生进一步熟练掌握集合的两种表示法

教学环节		教学内容	教师活动	学生活动	设计意图与资源
课中实施	练	巩固练习 1. 用列举法表示下列集合: (1)方程 $x^2-3x-4=0$ 的解集; (2)方程 $4x+3=0$ 的解集; (3)由数 $1,4,9,16,25$ 组成的集合; (4)所有正奇数组成的集合. 2. 用描述法表示下列各集合: (1)大于 3 的实数所组成的集合; (2)由小于 20 的自然数组成的集合; (3)大于 5 的所有偶数所组成的集合; (4)不等式 $2x-5>3$ 的解集	评讲、纠错	完成课堂练习,并组内讨论	借助"学习通"获取练习反馈,初步了解学生知识掌握情况
	评	1. 教师引导学生归纳总结. 2. 结合统计数据和学习痕迹,评出优胜小组	评价并选出本节课优胜小组	小组抢答进行总结,小组自评、互评	通过组间挑战,激发学生的学习斗志
课后拓展	固	1. 阅读作业:预习教材下一节课内容. 2. 教材习题1.1,练习册训练题1.1. 3. 探究生活中集合知识的应用			学生完成作业,巩固本节课所学知识

教学反思

从本节课的教学效果来看,实现了本节课的教学目标.回顾整个教学过程,有以下两点值得注意:

1. 集合的表示法是本章的重点之一,因此,在集合的教学过程中一定要将集合的表示法作为教学目标的重点.

2. 学生的数学学习活动不应只限于对概念、符号的记忆和对技能的接受和模仿,独立思考、自主探索、动手实践、合作交流、阅读自学等都是学习数学的重要方式.在数学教学中,教师的讲授仍然是重要的教学方式之一,但要注意的是必须关注学生的主体参与,多用问题引导,师生互动,贯穿"以学生为主体,教师为主导"的教学理念.

3　子集与真子集

四川省绵阳职业技术学校　陈　杰

教学分析

授课时间	1 课时	选用教材	高等教育出版社《数学(基础模块)上册》(第三版)
授课对象	学前教育专业高一年级学生	授课类型	概念课
教学内容	集合之间的关系是第 1 章第 2 节的内容,共两课时,本节课为第 1 课时.本节课内容包含:子集、真子集的概念,用符号和韦恩图(Venn 图)表示集合间的关系		

学情分析	知识基础	学生学习了集合的概念,理解了元素与集合间的关系,初步掌握了集合的两种表示法
	认知能力	学生易于理解实际案例中的集合,对于抽象出的数学符号难以理解,数学抽象能力较弱
	学习特点	学生对生活中的实际案例感兴趣,乐于发言,处于抽象思维形成阶段,数学基础知识薄弱,不能很好地进行新旧知识联系,学习缺乏主动性
	专业特性	学前教育专业的学生语言表达能力较好,动手能力与观察能力强,小组合作、小组对抗等教学活动能够激发学生的学习兴趣

教学目标	掌握集合之间的关系(子集、真子集),理解空集与任意集合的关系. 会用数学符号$\subseteq$、$\supseteq$、$\subsetneqq$、$\supsetneqq$表示集合间的关系,会区分$\subseteq$、$\supseteq$、$\subsetneqq$、$\supsetneqq$与$\in$、$\notin$的意义. 通过从实例中抽象出数学表达式,用 Venn 图表示集合间的关系,体验由具体到抽象以及数形结合的研究方法,培养数学抽象能力、逻辑分析能力,形成基本的数学素养. 通过集合的学习,体会数学表达的简洁性、数学语言的关联性,建立用数学眼光观察世界、用数学思维分析世界、用数学语言表达世界的学科素养

教学重难点	重点	子集、真子集的概念,集合之间的关系
	难点	用符号和 Venn 图表示集合间的关系

教学策略	教法	启发式教学法、讲练结合教学法
	学法	自主学习法、探究学习法、合作学习法
	教学资源与手段	云班课 用 PPT 辅助教学,通过动画演示提高课堂效率. 借助"云班课"进行教学

教学设计

以"三心二意"教学主张为引领,将教学内容进行结构化处理,采用"线上＋线下"混合式教学模式,将整个教学过程分为学、导、探、练、评、固六个教学环节.

流程设计	学	导	探	练	评	固
	复习旧知 链接新知	设置情境 导入新课	抽象概念 探究新知	随堂练习 及时检测	课堂小结 小组评价	分层作业 巩固提高
板书设计	**子集与真子集** 子集、真子集 集合间的关系		多媒体展示区		例题、练习区	

教学实施

教学环节		教学内容	教师活动	学生活动	设计意图与资源
课前准备	学	课前对学生进行分组,在"云班课"学习群发布教学任务及微课帮助学生复习旧知	发布教学任务及微课	观看微课、复习旧知	课前帮助学生复习旧知,培养学生自主学习的能力和主动学习的意识
课中实施	导	复习集合的概念、集合的表示法. 师:设 A 表示我们班全体学生组成的集合,B 表示我们班全体男学生组成的集合,那么集合 A 与集合 B 之间存在什么关系呢	引导学生思考	在老师的引导下积极思考,进入学习状态	通过复习旧知,引入新知,用问题引导学生思考集合之间的关系
	探	师:显然,集合 B 的元素(我们班的男学生)一定是集合 A 的元素(我们班的学生). 当集合 B 的元素一定是集合 A 的元素时,称集合 A 包含集合 B.两个集合之间的这种关系叫做包含关系. **动脑思考　探索新知** 概念 一般地,如果集合 B 的元素都是集合 A 的元素,那么称集合 A 包含集合 B,并把集合 B 叫做集合 A 的子集. 表示 将集合 A 包含集合 B 记作 $A \supseteq B$ 或 $B \subseteq A$(读作"A 包含 B"或"B 包含于 A"). 可以用下图表示出这两个集合之间的包含关系. 	通过"云班课"推送消息,发布学习任务	根据问题理解概念	通过探索子集的概念,启发、带领学生理解包含的意义,特别强调符号的规范性,用图形表示有助于学生加深理解

续表

教学环节		教学内容	教师活动	学生活动	设计意图与资源
课中实施	探	**拓展** 由子集的定义可知,任何一个集合 A 都是它自身的子集,即 $A \subseteq A$. 规定:空集是任何集合的子集,即 $\varnothing \subseteq A$. 例1　用符号"$\subseteq$""$\supseteq$""$\in$"或"$\notin$"填空: (1)$\{a,b,c,d\}$____$\{a,b\}$; (2)$\varnothing$____$\{1,2,3\}$; (3)$\mathbf{N}$____$\mathbf{Q}$; (4)0____$\mathbf{R}$; (5)d____$\{a,b,c\}$; (6)$\{x\mid 3<x<5\}$____$\{x\mid 0\leqslant x<6\}$. **概念** 如果集合 B 是集合 A 的子集,并且集合 A 中至少有一个元素不属于集合 B,那么把集合 B 叫做集合 A 的真子集. **表示** 集合 B 是集合 A 的真子集记作 $B\subsetneqq A$(或 $A\supsetneqq B$),读作"B 真包含于 A"(或"A 真包含 B"). **拓展** 空集是任何非空集合的真子集. 例2　设集合 $M=\{0,1,2\}$,试写出 M 的所有子集,并指出其中的真子集	通过"云班课"中的活动,例如提问抢答、投票、讨论等,增加学生学习兴趣. 引导学生思考,并对例题进行讲解	积极参与活动,通过讨论,解答老师提出的问题,进一步明确概念. 观察思考,主动求解	通过例题讲解,进一步引导学生理解元素与集合、集合与集合之间的关系
	练	**运用知识　强化练习** 1. 用符号"$\subseteq$""$\supseteq$""$\in$"或"$\notin$"填空: (1)$\mathbf{N}^*$____$\mathbf{Q}$;(2)$\{0\}$____$\varnothing$; (3)a____$\{a,b,c\}$;(4)$\{2,3\}$____$\{2\}$; (5)0____$\varnothing$; (6)$\{x\mid 1<x\leqslant 2\}$____$\{x\mid -1<x<4\}$. 2. 设集合 $A=\{c,d\}$,试写出 A 的所有子集,并指出其中的真子集	巡视、指导	动手求解,讨论交流	通过练习,了解学生知识掌握情况
	评	1. 教师引导学生归纳总结. 2. 结合统计数据和学习痕迹,评出优胜小组	选出本节课优胜小组	小组自评、互评	梳理知识,加深对本节知识的理解,构建知识体系
课后拓展	固	**继续探索　活动探究** 1. 阅读:教材1.2.3. 2. 实践:寻找体现集合与集合之间的关系的生活实例			学生完成作业,巩固本节课所学知识

📁 教学反思

从本节课的教学效果来看,实现了本节课的教学目标.回顾整个教学过程,有以下两点值得注意:

1. 空集与任意集合的关系较抽象,学生理解比较困难,可以多列举生活中的实例.

2. 仍有部分同学不能区分集合与集合、元素与集合之间的关系,符号使用混乱,教学中应采用更通俗的语言刻画它们之间的关系,更深入地分析学生情况,优化教学语言.

4 集合的相等

四川省华蓥职业技术学校 胡 艳

📁 教学分析

授课时间	1课时	选用教材	高等教育出版社《数学(基础模块)上册》(第三版)
授课对象	学前教育专业高一年级学生	授课类型	概念课
教学内容	集合的相等是高等教育出版社《数学(基础模块)上册》第1章第2节的内容,也是集合之间的关系中最后一课时的内容,它完成了学生对集合之间关系的认识和运用,为后面集合运算的学习奠定基础		
学情分析	知识基础	学生已经学习了子集、真子集的知识,为本节内容的学习提供了知识准备	
	认知能力	大部分学生的数学抽象能力不高,用抽象的数学语言来描述、归纳概念的能力还比较欠缺	
	学习特点	学生动手能力强,具备较强的表现力和语言表达能力,积极性较高,喜欢参与活动,具有一定的团队合作意识	
	专业特性	把本专业学习的各门课程融入集合中,由此切入知识点,学生更容易理解本节课的知识,对培养数学思维和数学抽象等核心素养有一定的帮助	
教学目标	掌握集合相等的概念,会判断集合是否相等. 通过集合语言的学习与运用,培养、提升数学思维和数学抽象等核心素养. 通过本节课的学习,经历利用集合语言描述集合与集合之间的关系的过程,养成规范意识,发展严谨的作风,体会数学来源于生活又高于生活,提高数学学习的兴趣		
教学重难点	重点	集合相等的概念,集合与集合之间的关系	
	难点	会判断集合与集合之间的关系	
教学策略	教法	启发式教学法、情境教学法、讲练结合教学法	
	学法	探究学习法、合作学习法	
	教学资源与手段	多媒体教室、数学学习软件等	

📁 教学设计

	以"三心二意"教学主张为引领,将教学内容进行结构化处理,采用"线上＋线下"混合式教学模式,将整个教学过程分为学、导、探、练、评、固六个教学环节.				
流程设计	学 ▶ 导 ▶ 探 ▶ 练 ▶ 评 ▶ 固				
	课前检测 预习新知	设置任务 导入新课	实验探究 抽象概念	典型例题 巩固练习	课堂小结 小组评价 / 分层作业 巩固提高
板书设计	**集合的相等** 集合相等的概念 集合相等的表示 集合之间的关系	多媒体展示区		例题、练习区	

教学实施

教学环节		教学内容	教师活动	学生活动	设计意图与资源
课前准备	学	课前对学生进行分组,在"学习通"平台学习群中发布教学任务,上传任务卡供学生自主学习	制作课前检测题上传到"学习通"平台	自主学习,完成检测题	课前引导学生预习知识,培养学生自主学习的能力和主动学习的意识
课中实施	导	**任务一:** 调查学前教育专业 2020 级 1 班和 2020 级 2 班两个班级本学期开设的课程有哪些. 生:语文、数学、英语、体育、职业生涯规划、幼儿心理学、简笔画、音乐、舞蹈. **任务二:** 调查学校超市上周和这周分别购进了哪些货物. 生:上周和这周都购进了牛奶、面包、方便面、矿泉水、饼干、纸、笔…… **任务三:** 求下列方程的解集: $x^2-1=0$;$|x|=1$. 生:两个方程的解集都是$\{-1,1\}$	提前布置调查任务一、任务二. 评价学生的任务完成情况	利用课余时间完成任务一、任务二,当堂完成任务三	通过贴近学生认知的三个任务,把学生的注意力吸引到课堂中来,同时激发学生的好奇心与求知欲,增强学生的学习兴趣,并让学生感知集合相等
	探	**集合相等的概念** 概念:一般地,如果两个集合的元素完全相同,那么就说这两个集合相等. 表示:将集合 A 与集合 B 相等记作 $A=B$. 拓展:如果 $A\supseteq B$,同时 $B\supseteq A$,那么集合 B 的元素都属于集合 A,同时集合 A 的元素都属于集合 B,因此集合 A 与集合 B 的元素完全相同,由集合相等的定义知 $A=B$. 集合语言是现代数学的基本语言,它不仅有助于简洁、准确地表达数学内容,而且可以用来刻画和解决一些生活中的问题.学习集合,还可以提升用数学语言进行交流的能力. 师:集合相等的概念中关键词是什么? 生:元素完全相同. 师:由定义知,上述各任务中所得到的两个集合是相等的.集合之间的关系有哪几种?如何用符号表示? 生:集合 B 是集合 A 的子集表示为 $B\subseteq A$, 集合 B 是集合 A 的真子集表示为 $B\subsetneqq A$, 集合 A 与集合 B 相等表示为 $A=B$	通过任务结果引导学生归纳总结集合相等的概念. 引导学生回顾集合之间的关系及符号表示	在老师的引导下总结集合相等的概念. 总结集合之间的关系及符号表示	通过任务,引导学生归纳总结,使学生对集合相等的概念有更深刻的认识,培养和提升学生的数学抽象能力. 通过回顾,使学生对集合之间的关系有更深刻的认识,加深对符号的印象,提升学生的数学思维能力

教学环节		教学内容	教师活动	学生活动	设计意图与资源
课中实施	探	**例题讲解** 例1 判断集合 $A=\{x\mid\lvert x\rvert=2\}$ 与集合 $B=\{x\mid x^2-4=0\}$ 的关系. 例2 指出下列各题中集合之间的关系: (1)集合 $\{x\mid x^2-6x+8=0\}$ 与集合 $\{2,3,4,5\}$; (2)集合 $\{x\mid 2\leqslant x\leqslant 6\}$ 与集合 $\{2,3,4,5,6\}$; (3)集合 $\{x\mid x^2-3x-10=0\}$ 与集合 $\{-2,5\}$	讲解例题	认真听讲,做好笔记	通过例题讲解,让学生进一步掌握集合相等的概念及集合之间的关系
	练	1. 用适当的符号填空: (1) $\{1,3,5\}$ ____ $\{1,2,3,4,5,6\}$; (2) $\{x\mid x^2=9\}$ ____ $\{3,-3\}$; (3) $\{2\}$ ____ $\{x\mid\lvert x\rvert=2\}$; (4) 2 ____ $\mathbf{N}$; (5) a ____ $\{a\}$; (6) $\{0\}$ ____ $\varnothing$; (7) $\{-1,1\}$ ____ $\{x\mid x^2+1=0\}$. 2. 判断集合 $A=\{x\in\mathbf{N}\mid 4<x<8\}$ 与集合 $\{5,6,7\}$ 的关系	评讲、纠错	完成课堂练习	通过练习,让学生进一步掌握集合之间的关系
	评	1. 集合相等的概念. 2. 集合之间的关系 { 子集,真子集,集合相等	引导学生回顾总结知识点	在老师的引导下回顾总结知识点	通过回顾总结,巩固所学知识
课后拓展	固	1. 预习教材下一节课内容. 2. 练习册训练题 1.2.3 A组			学生完成作业,巩固本节课所学知识

教学反思

从本节课的教学效果来看,实现了本节课的教学目标.回顾整个教学过程,有以下几点值得注意:

1. 教学过程中一定要将集合相等的概念作为教学的重点,引入部分更要现实生动,才能培养和提升学生的数学思维能力和数学抽象能力.

2. "调查＋实例＋讲解＋练习"是一个很好的教学过程,不仅能够充分激发学生的学习积极性,带动学习氛围,而且能使学生更好地掌握知识,从而运用知识,教学工作也能顺利地完成.

3. 在数学教学中,教师的讲授仍然是重要的教学方式之一,但要注意的是必须关注学生的主体参与,多用问题引导,师生互动,贯穿"以学生为主体,教师为主导"的教学理念.

5　交集

四川省绵阳财经学校　蔡　琪

教学分析

授课时间	1课时	选用教材	高等教育出版社《数学（基础模块）上册》（第三版）
授课对象	会计专业学生	授课类型	新授课
教学内容	本节课是集合的运算第1课时,内容包括交集的定义,用列举法表示集合的交集、用描述法表示集合的交集,以及交集的性质. 学好交集为学习第2章的不等式关系奠定基础,也为今后使用分类讨论的方法提供基本思想.很多重要的数学分支,如概率统计、拓扑学等都建立在集合论的基础上,本节课的学习对学生今后阅读科普读物有很大的帮助		
学情分析	知识基础	从知识层面来说,学生已经学习了集合的定义,为本节课提供了知识和技能准备,但学生基础知识欠缺,学习上还有很大的提升空间	
	认知能力	从能力层面来说,学生有一定的自主学习能力,但学生的数学抽象和逻辑思维能力有待提高	
	学习特点	从情感层面上来说,学生思维敏捷,动手能力强,积极性高,喜欢参与活动、展示自我,喜欢轻松的课堂气氛	
	专业特性	学生的探索能力、钻研精神不足,团队合作能力不强	
教学目标	理解交集的概念,会求两个集合的交集. 经历求两个集合交集的过程,体会数形结合的思想		
教学重难点	重点	交集的概念	
	难点	通过数形转换、观察得出用描述法表示的集合的交集	
教学策略	教法	情境教学法、启发式教学法、任务驱动法、问题探究法	
	学法	自主学习法、探究学习法、合作学习法	
	教学资源与手段	多媒体设备、数学学习软件等	

教学设计

流程设计	以"三心二意"教学主张为引领,将教学内容进行结构化处理,采用"线上+线下"混合式教学模式,将整个教学过程分为学、导、探、练、评、固六个教学环节.					
	学	导	探	练	评	固
	课前准备 复习旧知	创设情境 导入新课	小组合作 探索新知	变式练习 及时检测	课堂小结 小组评价	优化作业 巩固提高
板书设计	**交集** 交集的定义 交集的性质			多媒体展示区		例题、练习区

教学实施

教学环节		教学内容	教师活动	学生活动	设计意图与资源
课前准备	学	课前在"洋葱数学"发布学习任务,引导学生预习本节课的内容	发布课前预习任务,评改预习作业	预习并完成测评,提交导学单,复习旧知	充分利用教材及相关教学资源复习以前知识、预习本节课的内容,为新课学习奠定知识基础
课中实施	导	**情境1:** 高铁已成为中国装备制造一张亮丽的名片,高铁也改变了我们的生活,绵阳至成都从原来的1.5小时提速到现在的最快0.5小时,拉近了城市与城市之间的距离.下面表格分别给出了C6301次、C6315次列车从绵阳到成都的沿途停靠站点信息,请问:有哪些站点既是C6301次列车的停靠站点又是C6315次列车的停靠站点? {表格} **情境2:** 已知集合$A=\{1,3,5,7\}$,$B=\{2,3,4,5\}$,$C=\{3,5\}$. **思考:**集合C的元素与集合A,B的元素有什么关系	创设与学生生活相关的情境,引出本节课的课题.引导学生利用Venn图表示集合A,B,C,发现集合A,B的公共元素所组成的集合即为集合C	画出Venn图,了解生活中的集合,思考问题	以解决实际问题为背景,引出交集的概念

情境1表格:

车次	停靠站点		
C6301	绵阳	德阳	成都东
C6315	绵阳　罗江东　德阳 广汉北　新都东　成都东		

教学环节		教学内容	教师活动	学生活动	设计意图与资源
课中实施	探	一般地,对于两个给定的集合 A,B,由既属于 A 又属于 B 的所有元素所组成的集合叫做 A 与 B 的交集,记作 $A\bigcap B$(读作"A 交 B"),即 $A\bigcap B=\{x\mid x\in A$ 且 $x\in B\}$(公共元素). 集合 A 与集合 B 的交集可用下图表示: $A\cap B$ 求两个集合交集的运算叫做交运算. 例1　已知集合 A,B,求 $A\bigcap B$. (1)$A=\{2,3,5\}$,$B=\{-1,0,2,3\}$; (2)$A=\{a,b\}$,$B=\{c,d,e,f\}$; (3)$A=\{1,2,4\}$,$B=\{1,2,3,4\}$; (4)$A=\{1,3,5\}$,$B=\varnothing$. 分析:集合都是由列举法表示的,因为 $A\bigcap B$ 是由集合 A 和集合 B 中相同的元素组成的集合,所以可以通过列举出集合的所有相同元素得到集合的交集. 解:(1)相同元素是 2 和 3, $A\bigcap B=\{2,3,5\}\bigcap\{-1,0,2,3\}=\{2,3\}$. (2)没有相同元素, $A\bigcap B=\{a,b\}\bigcap\{c,d,e,f\}=\varnothing$. (3)因为 A 中的每一个元素都是集合 B 中的元素,所以 $A\bigcap B=A$. (4)因为 A 是含有三个元素的集合,$\varnothing$ 是不含任何元素的集合,所以它们的交集是不含任何元素的空集,即 $A\bigcap B=\varnothing$. 例2　设 $A=\{x\mid-1<x\leqslant2\}$,$B=\{x\mid0<x\leqslant3\}$,求 $A\bigcap B$. 分析:这两个集合都是用描述法表示的集合,并且无法列举出集合的元素. 我们知道,这两个集合都可以在数轴上表示出来,如下图所示. 观察图形可以得到这两个集合的交集. 解:$A\bigcap B=\{x\mid0<x\leqslant2\}$. 小结:对于任意两个集合 A,B,都有 $A\bigcap B=B\bigcap A$; $A\bigcap A=A$,$A\bigcap\varnothing=\varnothing$; $A\bigcap B\subseteq A$,$A\bigcap B\subseteq B$; 如果 $A\subseteq B$,那么 $A\bigcap B=A$	引导学生用集合语言和图形语言表示交集. 采用启发式教学法与学生探讨,并以学生为主体,师生共同解题. 引导学生分小组讨论得出结论	体会符号语言的简洁美、图形语言的直观性,以及图形语言体现的数形结合思想. 思考交流,动手求解. 观察思考,总结归纳	通过导入,得出交集的概念,培养学生数学思维,提高学生分析问题和解决问题的能力,引导学生发现和总结规律. 通过一组简单的求交集的题目,使学生初步掌握交集的定义. 通过画图,强化学生的动手能力和数形结合能力,为学习交集性质打下基础. 通过分组讨论,让学生大胆猜想,培养学生观察、分析、抽象、概括的能力

教学环节		教学内容	教师活动	学生活动	设计意图与资源
课中实施	探	例3　设集合 $A=\{(x,y)\mid x+y=0\}$，$B=\{(x,y)\mid x-y=4\}$，求 $A\cap B$. 分析：集合 A 表示方程 $x+y=0$ 的解集，集合 B 表示方程 $x-y=4$ 的解集. 两个解集的交集就是二元一次方程组 $\begin{cases}x+y=0,\\x-y=4\end{cases}$ 的解集. 解：解方程组 $\begin{cases}x+y=0,\\x-y=4,\end{cases}$ 得 $\begin{cases}x=2,\\y=-2.\end{cases}$ 所以 $A\cap B=\{(2,-2)\}$	引导学生思考怎样才能用集合的形式表示方程组的解	思考交流，动手求解	通过例题讲解，进一步加深对交集的理解
	练	1. 已知集合 $A=\{-3,0,1,2\}$，集合 $B=\{0,1,4,6\}$，求 $A\cap B$. 2. 已知集合 $A=\{x\mid -1<x<3\}$，集合 $B=\{x\mid -3<x\leqslant 2\}$，求 $A\cap B$. 3. 设集合 $A=\{(x,y)\mid 2x+y=8\}$，$B=\{(x,y)\mid 3x-y=7\}$，求 $A\cap B$	指导学生完成练习	求解，交流	通过练习，巩固所学的知识，及时发现问题、解决问题
	评	**归纳小结　强化思想** 1. 集合的交集的概念. 2. 在进行集合交运算时的注意事项. 3. 集合用列举法和描述法表示时进行交运算需要注意的问题. **自我反思　目标检测** 1. 本节课采用了怎样的学习方法？ 2. 你是如何进行学习的？ 3. 你的学习效果如何		回忆，反思，交流，自主归纳	通过归纳小结，培养学生总结反思学习过程的能力
课后拓展	固	1. 阅读作业：教材下一节课内容. 2. 书面作业：教材练习 1.3.1. 3. 实践调查：收集跟专业或生活息息相关的信息，利用集合的思想进行分析			学生完成课后拓展内容，巩固本节课所学知识

教学反思

　　在本节课的设计中，为了让学生形成学习动机，突出学生的体验感受，教师以实际生活事例为背景创设情境，激发学生的学习兴趣，继而对学生进行任务驱动，与学生合作探索形成概念，引导学生观察图形，体会数形结合的思想. 教师设置拓展任务，学生小组合作交流，体验实践应用，轻松愉悦获得技能. 从课堂反应来看，学生创造潜能是无限的，思维是相当活跃的，因此教师要重视学生的主体作用，调动学生的学习积极性，培养学生的综合能力.

6　并集

四川省绵阳职业技术学校　魏敬爱

教学分析

授课时间	1 课时	选用教材	高等教育出版社《数学(基础模块)上册》(第三版)
授课对象	学前教育专业学生	授课类型	概念课
教学内容	本节课是集合的运算第 2 课时,内容包括并集的定义,求用列举法表示的集合的并集、用描述法表示的集合的并集,并集的性质		
学情分析	知识基础	学生理解了集合的交集运算,会用列举法和描述法表示交集的运算,提供了知识和技能的储备,可以由类比、对比的方法学习本节课的知识	
	认知能力	通过交集运算的学习,学生已具有一定的数学抽象能力和逻辑思维能力	
	学习特点	学生动手能力与模仿能力强,喜欢参与活动,小组合作意识好且有表现自己的欲望,但对抽象的数学知识缺乏深度思考与主动学习的能力	
	专业特性	学前教育专业的学生有一定的美术功底,具备一定的动手操作能力,对收集整理事物比较在行	
教学目标	理解并集的定义,会求出两个集合的并集. 经历利用图形研究集合运算的过程,培养数形结合的数学思想及数学抽象和直观想象的核心素养. 经历集合运算的过程,感受利用数学语言研究实际问题的乐趣,提升学好数学的信心,提高学习数学的兴趣. 通过具体实例提高思维能力,养成自主学习的好习惯		
教学重难点	重点	并集的定义	
	难点	通过数形转换、观察得出描述法表示的集合的并集	
教学策略	教法	情境教学法、任务驱动法、问题探究法	
	学法	自主学习法、探究学习法、合作学习法	
	教学资源与手段	多媒体设备、数学学习软件等	

教学设计

以"三心二意"教学主张为引领,将教学内容进行结构化处理,采用"线上＋线下"混合式教学模式,将整个教学过程分为学、导、探、练、评、固六个教学环节.

流程设计						
	学	导	探	练	评	固
	对比交集 想象并集	创设情境 导入新课	抽象概念 探索新知	巩固练习 及时检测	课堂小结 小组评价	分层作业 巩固提高

板书设计	**并集**		
	并集的定义 并集的性质	多媒体展示区	例题、练习区

教学实施

教学环节		教学内容	教师活动	学生活动	设计意图与资源
课前准备	学	让学生在已经学习了交集运算的基础上,找出交集与并集的联系与区别	课前发布任务,布置复习题	完成任务	通过比较,预习本节课的内容,并提起学习的兴趣
课中实施	导	**课前反馈** 请同学们说出自己对并集的理解,讨论其与交集的联系与区别. **创设情境** **情境1:** 播放幻灯片,展示国家级非物质文化遗产图片和省级非物质文化遗产图片. 我市非物质文化遗产(国家级):羌年、跳曹盖、文昌洞经古乐、潼川豆豉酿制技艺. 我市非物质文化遗产(省级):羌笛演奏技艺、龙舞、梓潼片粉制作技艺. 提问:根据以上信息,说一说我市国家级和省级非物质文化遗产共有哪些项目	结合生活实际,创设问题情境	分组讨论,尝试解决	结合生活实际创设情境,激发学习兴趣,树立爱国、爱家、爱传统文化的意识
	探	**任务一:找关系** 已知集合 $A=\{1,3,5,7\}$,$B=\{2,3,4,5\}$,$D=\{1,2,3,4,5,7\}$. 思考:集合 D 的元素与集合 A,B 的元素有什么关系? **任务二:画 Venn 图** 	启发学生观察,并得出结论:集合 D 是由集合 A 与集合 B 的所有元素构成的	分析实例,发现关系. 动手画图,形象理解并集概念	引导学生从实例中抽象出数学关系,体会并集的本质,提升数学抽象能力,为概念的生成做准备

教学环节		教学内容	教师活动	学生活动	设计意图与资源
课中实施	探	**任务三:写定义** 并集定义:一般地,对于两个给定的集合 A,B,由所有属于 A 或属于 B 的元素组成的集合,叫做集合 A 与 B 的并集,记作 $A\cup B$(读作"A 并 B"),即 $A\cup B=\{x\mid x\in A$ 或 $x\in B\}$(所有元素). 求两个集合并集的运算叫做并运算. **任务四:补充 Venn 图** 例1　已知集合 A,B,求 $A\cup B$. (1) $A=\{2,3,5\},B=\{-1,0,2,3\}$; (2) $A=\{a,b\},B=\{c,d,e,f\}$; (3) $A=\{1,2,4\},B=\{1,2,3,4\}$; (4) $A=\{1,3,5\},B=\varnothing$. 分析:因为 $A\cup B$ 是由集合 A 和集合 B 的所有元素组成,当集合都用列举法表示时,通过列举这两个集合的元素,可以得到并集,注意相同的元素只列举一次. 解:(1) $A\cup B=\{2,3,5\}\cup\{-1,0,2,3\}=\{-1,0,2,3,5\}$. (2) $A\cup B=\{a,b\}\cup\{c,d,e,f\}=\{a,b,c,d,e,f\}$. (3)集合 A 是集合 B 的真子集,$A\cup B=\{1,2,3,4\}=B$. (4)因为 $\varnothing$ 是不含任何元素的集合,所以 $A\cup B=\{1,3,5\}\cup\varnothing=\{1,3,5\}=A$. 由并集定义和上面的例题,可以得到:对于任意的两个集合 A 与 B,都有 (1) $A\cup B=B\cup A$; (2) $A\cup A=A,A\cup\varnothing=A$; (3) $A\subseteq A\cup B,B\subseteq A\cup B$; (4)如果 $B\subseteq A$,那么 $A\cup B=A$. 例2　设集合 $A=\{x\mid -1<x\leqslant2\},B=\{x\mid 0<x\leqslant3\}$,求 $A\cup B$. 分析:这两个集合都是用描述法表示的集合,并且无法列举出集合的元素.我们知道,这两个集合都可以在数轴上表示出来,如下图所示.观察图形可以得到这两个集合的并集. 解:$A\cup B=\{x\mid -1<x\leqslant3\}$	引导学生利用 Venn 图分析得出并集定义. 与学生探讨,共同解题,引导学生思考观察.指导学生画出数轴表示集合,提醒学生注意两端点空心和实心所代表的含义与区别	对比交集的定义,思考、讨论,概括出并集的定义. 思考、讨论,解决问题. 画数轴,并通过图形找到集合间的关系	通过与交集对比,加深对并集的理解,培养学生的概括能力和数学语言的表达能力,并体会类比的思想方法. 通过一组简单的求并集的题目,使学生初步掌握求并集的方法. 通过画数轴求并集,培养学生的动手能力、观察能力、表达能力,让学生体会数形结合的数学思想

续表

教学环节		教学内容	教师活动	学生活动	设计意图与资源
课中实施	练	1. 已知集合 $A=\{-3,0,1,2\}$,集合 $B=\{0,1,4,6\}$,求 $A\cap B$,$A\cup B$. 2. 已知集合 $A=\{x\mid -1<x<3\}$,集合 $B=\{x\mid -3<x\leqslant 2\}$,求 $A\cap B$,$A\cup B$	评讲、纠错	完成课堂练习,组内讨论如何求交集、并集	学生动手做练习,巩固所学的知识,及时发现问题、解决问题
	评	思考并回答下面的问题: 1. 集合的并集和交集有什么区别?（定义和符号） 由集合 A 和集合 B 的公共元素组成的集合叫做集合 A 与集合 B 的交集,$A\cap B=\{x\mid x\in A$ 且 $x\in B\}$. 由集合 A 和集合 B 的所有元素组成的集合叫做集合 A 与集合 B 的并集,$A\cup B=\{x\mid x\in A$ 或 $x\in B\}$. 2. 在进行集合的并运算和交运算时各自的特点是什么? 交运算是寻找两个集合的公共元素,并运算是将两个集合所有的元素进行合并. 3. 集合用列举法和描述法表示时进行运算需要注意的问题是什么? 集合用列举法表示时,求解时元素要不重不漏;集合用描述法表示时,求解时要利用好数轴并注意端点的处理		小组抢答进行总结,小组自评、互评,最后选出本节课优胜小组	课堂小结,通过组间挑战激发学生的学习斗志,既肯定努力的学生,又激励学生后续学习
课后拓展	固	1. 阅读作业:教材下一课时内容. 2. 书面作业:教材练习 1.3.2. 3. 实践作业:举出与交集和并集有关的生活事例			作业分为三个层次,既巩固所学,又为学有余力的同学留出自由发展的空间,培养学生的创新意识和探索精神,同时为下节课做好准备

教学反思

　　集合这章概念不多,但涉及内容广,逻辑思维能力要求高.在实际教学时,注意帮助学生理解概念.求解并集问题时,先教会学生对元素的性质进行分析,再反复训练,但没有必要去设计一些难度较大的题.引导学生充分运用数形结合的思想,借助图形思考,让抽象的集合运算建立在直观的基础上,使解题思路直观明了,有利于问题的解决.培养学生掌握数字语言、符号语言、图形语言的运用和互换,提高学生分析问题、解决问题的能力.

7　补集

四川省绵阳职业技术学校　赖巧巧

教学分析

授课时间	1课时	选用教材	高等教育出版社《数学（基础模块）上册》（第三版）
授课对象	计算机专业高一年级学生	授课类型	概念课
教学内容	本节课是集合的运算第3课时，内容包括全集与补集的概念，补集的性质，补集的运算．引导学生用直观的方式（数轴或者Venn图）解决数学问题，逐步培养学生的数形结合能力．帮助学生理解数学符号，明确数学符号的方便性，逐步学会用数学符号表示数学语言		
学情分析	知识基础	从知识层面来讲，学生刚学习了如何进行交集运算，提供了知识和技能的储备，可以由类比、对比的方法学习本节课的知识	
	认知能力	从能力层面来讲，学生已经知道运用数形结合的方法来理解集合的运算，这节课还有待巩固和提高． 从情感层面来讲，学生思维敏捷，动手能力强，积极性高，喜欢参与活动，不太容易接受简单枯燥的说教方式，团队合作意识较好并善于表现自己	
	学习特点	学生动手能力强，细心仔细，学习的积极性高，喜欢参与活动，团队合作意识较好且有表现自己的欲望，但是对数学概念、性质的理解缺乏主动性和钻研能力	
	专业特性	计算机专业的学生能够通过直观的物体概括出物体的特征，以图像的形式呈现出来，说明本专业的学生具有一定的直观想象能力，但是缺乏抽象概括的能力，不能在数学的三种语言（文字语言、符号语言、图形语言）之间形成直接的联系	
教学目标	理解补集的概念，会求出集合的补集． 通过数形结合的方法处理问题，培养观察能力；通过对全集与补集问题的研究，培养数学思维能力，符号运用能力；通过合作学习，主动经历求补集的过程，培养学习数学的兴趣与自信． 从生活实例导入全集与补集的概念，提升学习兴趣的同时也感受数学和生活的联系，数学模型是在生活中抽象出来的，体会数学的实用价值． 经历补集表示方法的学习，感受数学语言的不同形式，体会数学语言的多样性，学会欣赏数学		
教学重难点	重点	补集的概念	
	难点	集合并、交、补的综合运算	
教学策略	教法	情境教学法、任务驱动法、启发式教学法、讲练结合法	
	学法	合作学习法、自主学习法、探究学习法	
	教学资源与手段	喀秋莎录屏　学习通 用PPT、"喀秋莎录屏"制作微课视频，帮助学生提前预习，有助于提高学生的自学能力．用"学习通"进行教学，使用抢答、随机抽人、拍照上传、即问即答等功能．学生登录"学习通"，课前观看微课，课后完成作业，教师在平台上对作业进行批改评价	

教学设计

流程设计	以"三心二意"教学主张为引领,将教学内容进行结构化处理,采用"线上＋线下"混合式教学模式,将整个教学过程分为学、导、探、练、评、固六个教学环节.

学	导	探	练	评	固
对比并集想象补集	创设情境导入新课	分析实例抽象概念	巩固练习及时检测	课堂小结小组评价	分层作业巩固提高

板书设计	补集 定义 图示 性质	多媒体展示区	例题、练习区

教学实施

教学环节		教学内容	教师活动	学生活动	设计意图与资源
课前准备	学	通过观看微课,预习本节课的内容	发布微课	观看微课	提前发布学习任务,引导学生预习,提高学生的自学能力
课中实施	导	**问题** 某学习小组学生的集合为 $U=\{$王明,曹勇,王亮,李冰,张军,赵云,冯佳,薛香芹,钱忠良,何晓慧$\}$,其中在学校应用文写作比赛与技能大赛中获得过金奖的学生集合为 $P=\{$王明,曹勇,王亮,李冰,张军$\}$,那么没有获得金奖的学生有哪些? **解决** 没有获得金奖的学生的集合为 $Q=\{$赵云,冯佳,薛香芹,钱忠良,何晓慧$\}$. **结论** 可以看到,集合 P,Q 都是 U 的子集,并且集合 Q 是由属于集合 U 但不属于集合 P 的元素所组成的集合	结合生活实际,创设问题情境	分组讨论,尝试解决	创设与学生生活相关的情境,引出本节课的课题
	探	**概念** 如果一个集合含有我们所研究的各个集合的全部元素,在研究过程中,可以将这个集合叫做全集,一般用 U 来表示,所研究的各个集合都是这个集合的子集. 在研究数集时,常把实数集 **R** 作为全集. 如果集合 A 是全集 U 的子集,那么由 U 中不属于 A 的所有元素组成的集合叫做 A 在全集 U 中的补集. **表示** 集合 A 在全集 U 中的补集记作 $\complement_U A$,读作"A 在 U 中的补集",即 $\complement_U A=\{x\mid x\in U$ 且 $x\notin A\}$. 如果从上下文看全集 U 是明确的,特别是当全集 U 为实数集 **R** 时,可以省略补集符号中的 U,将 $\complement_U A$ 简记为 $\complement A$,读作"A 的补集". 集合 A 在全集 U 中的补集的图形表示,如下图所示: 求集合 A 在全集 U 中的补集的运算叫做补运算	引导学生归纳全集、补集的概念,指导学生用 Venn 图表示补集	理解全集、补集的概念,并尝试用 Venn 图表示补集	引导学生用符号语言和图形语言表示补集.让学生体会到符号语言的简洁美、图形语言的直观性,以及图形语言体现的数形结合思想

教学环节		教学内容	教师活动	学生活动	设计意图与资源
课中实施	探	例1 设 $U=\{1,2,3,4,5,6,7,8,9\}$, $A=\{1,4,7\}$, 求 $\complement_U A$. 解: $U=\{1,2,3,4,5,6,7,8,9\}$, $A=\{1,4,7\}$, ∴ $\complement_U A=\{2,3,5,6,8,9\}$. 例2 设 $U=\mathbf{R}$, $A=\{x\mid -1<x\leqslant 2\}$, 求 $\complement A$. 解: $\complement A=\{x\mid x\leqslant -1\text{ 或 }x>2\}$. 由补集定义和上面的例题, 可以得到对于非空集合 A: $A\cap(\complement_U A)=\varnothing$, $A\cup(\complement_U A)=U$, $\complement_U(\complement_U A)=A$. 例3 设全集 $U=\{0,1,2,3,4,5,6,7,8,9\}$, 集合 $A=\{1,3,4,5\}$, $B=\{3,5,7,8\}$, 求 $\complement_U A$, $\complement_U B$, $(\complement_U A)\cap(\complement_U B)$, $(\complement_U A)\cup(\complement_U B)$, $\complement_U(A\cap B)$, $\complement_U(A\cup B)$. 解: $\complement_U A=\{0,2,6,7,8,9\}$. $\complement_U B=\{0,1,2,4,6,9\}$. $(\complement_U A)\cap(\complement_U B)=\{0,2,6,9\}$. $(\complement_U A)\cup(\complement_U B)=\{0,1,2,4,6,7,8,9\}$. ∵ $A\cap B=\{3,5\}$, ∴ $\complement_U(A\cap B)=\{0,1,2,4,6,7,8,9\}$. ∵ $A\cup B=\{1,3,4,5,7,8\}$, ∴ $\complement_U(A\cup B)=\{0,2,6,9\}$	讲解例题	小组讨论, 尝试解决	通过例题讲解, 进一步加深对全集、补集概念的理解
	练	1. 已知集合 $A=\{0,1,2,4\}$, $B=\{0,2,4,6,8\}$, 求 $\complement_R A$, $\complement_R B$, $\complement_R(A\cup B)$. 2. 已知全集 $U=\mathbf{R}$, 集合 $A=\{x\mid -1\leqslant x<3\}$, 求 $\complement A$	指导、评讲	完成练习	通过课堂测试, 查看学生知识掌握情况, 及时发现问题、解决问题, 完成课堂目标
	评	1. 教师引导学生分组归纳总结. 2. 结合统计数据和学习痕迹, 评出优胜小组		小组自评、互评, 最后选出本节课优胜小组	通过课堂小结, 培养学生反思、总结的能力
课后拓展	固	教材练习1.3.3			学生完成课后作业, 巩固本节课所学知识

教学反思

　　在本节课的设计中, 为了让学生形成学习动机, 突出学生的体验感受, 教师以实际生活事例为背景创设情境, 激发学生的学习兴趣, 继而引导学生合作探索形成概念, 指导学生画出图形, 体会数形结合的思想. 教师设置拓展任务, 学生小组合作交流, 体验实践应用, 轻松愉悦获得技能. 从课堂反应来看, 学生创造潜能是无限的, 思维是相当活跃的, 因此教师要重视学生的主体作用, 调动学生的学习积极性, 培养学生的综合能力.

8 充要条件(一)

江油市职业中学校　罗　艳

教学分析

授课时间	1课时	选用教材	高等教育出版社《数学(基础模块)上册》(第三版)
授课对象	信息专业高考班学生	授课类型	概念课
教学内容	本节课内容选自高等教育出版社《数学(基础模块)上册》(第三版)第1章第4节,根据学生的认知能力,将该节内容分成两课时,第1课时为充分条件、必要条件的概念及判断,第2课时为充要条件的概念及判断,本节课是第1课时		
学情分析	知识基础	学生已明确命题的概念及构成,会准确判断一个命题的题设、结论	
	认知能力	学生会一些简单的逻辑推理,但对较复杂命题不能准确判断真假	
	学习特点	学生对数学概念、原理、性质的理解缺乏主动性和钻研能力,喜欢参与活动,团队合作意识较好且有表现自己的欲望	
	专业特性	该专业学生具备较熟练操作办公软件的能力,对信息化教学感兴趣,但由于逻辑思维能力不强等原因,思维条理性还比较欠缺	
教学目标	理解充分条件、必要条件的概念. 通过充分条件、必要条件的学习与运用,培养逻辑判断能力、数学思维能力. 经历命题条件与结论关系的分析,提升逻辑判断与推理能力		
教学重难点	重点	充分条件、必要条件的概念及判断方法	
	难点	准确进行充分条件、必要条件的判断	
教学策略	教法	情境教学法、游戏教学法、问题探究法	
	学法	自主学习法、探究学习法、合作学习法	
	教学资源与手段	利用多媒体电子白板展示课件. 利用"希沃"学生评价系统了解学生对课堂内容的掌握情况	

教学设计

流程设计	以"三心二意"教学主张为引领,将教学内容进行结构化处理,采用"线上＋线下"混合式教学模式,将整个教学过程分为学、导、探、练、评、固六个教学环节.

	学	导	探	练	评	固
	收集信息 预习新课	创设情境 导入新课	了解概念 探究新知	课堂练习 加深理解	课堂小结 小组评价	课后作业 固巩提高

板书设计	**充要条件(一)** 充分条件:$p \Rightarrow q$,则 p 是 q 的充分条件(也可以说 q 是 p 的必要条件) 必要条件:$p \Leftarrow q$,则 p 是 q 的必要条件(也可以说 q 是 p 的充分条件)	多媒体展示区	例题、练习区

教学实施

教学环节		教学内容	教师活动	学生活动	设计意图与资源
课前准备	学	1. 学生收集初中学过的性质、定理(分小组检查收集情况). 2. 教师利用多媒体电子白板展示充分条件、必要条件相关知识	收集充分条件、必要条件相关知识,并展示	收集性质、定理,观看展示内容	展示相关内容,为新课学习做好准备
课中实施	导	**情境导入** 小明、小李在上学路上偶遇,聊起了天. 小明:"今天星期几? 我突然忘了." 小李:"今天星期五." 小明:"今天会下雨吗?" 小李:"今天是晴天." 小明:"上周末我出去玩,看见了紫色的树叶." 小李:"不可能,树叶都是绿色的." …… 师:下面这几句话分别属于什么类型? 今天星期几? 今天星期五. 今天会下雨吗? 树叶都是绿色的	利用多媒体设备播放视频文件. 抽象出问题	观看并思考	设置情境,让学生有种身临其境的感觉,同时让学生感受数学来源于生活. 从学生熟悉的疑问句与陈述句出发,引入命题的概念

教学环节		教学内容	教师活动	学生活动	设计意图与资源
课中实施	探	**探索新知** 命题的概念:一般地,我们把用语言、符号或式子表达的,可以判断真假的陈述句叫命题. 命题的构成:命题由题设(条件)和结论两部分构成. 例:树叶都是绿色的. 条件:叶子是树叶. 结论:叶子是绿色的. 问题 1 设 $p:x=1$;$q:x^2-1=0$. 思考:由条件 p 成立,能推出结论 q 成立吗? 由结论 q 成立能推出条件 p 成立吗? 问题 2 设 $p:(x-3)(x-1)=0$;$q:x=1$. 思考:由条件 p 成立能推出结论 q 成立吗? 由结论 q 成立能推出条件 p 成立吗? **概念形成** **初步应用** 问题 1 解析:由条件 $p:x=1$ 成立能推出结论 $q:x^2-1=0$ 成立,但由结论 $q:x^2-1=0$ 成立,可得 $x=1$ 或 $x=-1$,因此不能推出条件 p 成立,因此,p 是 q 的充分条件. 问题 2 解析:由条件 $p:(x-3)(x-1)=0$ 成立,可知 $x=3$ 或 $x=1$,不能推出结论 $q:x=1$ 成立,由结论 $q:x=1$ 成立能推出 $(x-3)(x-1)=0$ 成立,因此,p 是 q 的必要条件. **例题讲解** 例 1 指出下列各组条件和结论中,条件 p 与结论 q 的关系. (1) $p:a>0,b>0,q:a+b>0$; (2) $p:$四边形的四条边相等,$q:$四边形是正方形. 解:(1) $a>0,b>0⇒a+b>0$;$a+b>0⇏a>0,b>0$.所以 p 是 q 的充分条件. (2)四边形的四条边相等⇏四边形是正方形;四边形是正方形⇒四边形的四条边相等.所以 p 是 q 的必要条件. **概念运用** 例 2 确定下列各题中,p 是 q 的什么条件. (1) $p:(x-2)(x+1)=0,q:x-2=0$; (2) $p:x=1,q:x^2=1$	讲解什么是充分条件,什么是必要条件. 建立导图,形象展示什么是充分条件,什么是必要条件. 评价学生的解题过程	理解概念. 分小组完成例题	通过问题,让学生逐步理解新概念. 将充分条件与必要条件的概念表示成图形形式,方便学生加深印象. 通过两个简单的例题,让学生学会如何判断充分条件与必要条件.让学生分组讨论完成例题,同时引导学生用正确的逻辑思维方式分析,锻炼思维能力及合作能力
	练	**小游戏:抽卡片** 每两个小组抽卡片进行比赛,先由一个小组抽取数字卡片,并回答卡片对应的题,答对得一分,答错则另一小组得一分,然后由另一个小组抽取数字卡片,并回答卡片对应的题. 卡片对应的 8 道题如下: 1. $x=2$ 是 $(x-1)(x-2)=0$ 的什么条件			

续表

教学环节		教学内容	教师活动	学生活动	设计意图与资源
课中实施	练	2. 若已知非空集合 M,N,且 $M \subseteq N$,则 "$a \in M$ 或 $a \in N$" 是 "$a \in M \cap N$" 的____条件. 3. 对任意的实数 a,b,c,下列命题是真命题的是（　　） A. "$ac>bc$" 是 "$a>b$" 的必要条件 B. "$ac=bc$" 是 "$a=b$" 的必要条件 C. "$ac<bc$" 是 "$a>b$" 的充分条件 D. "$ac=bc$" 是 "$a=b$" 的充分条件 4. 已知 $p:t \neq 2,q:t^2 \neq 4$,则 p 是 q 的什么条件? 5. 已知 $p:\triangle ABC$ 有两个角相等,$q:\triangle ABC$ 是正三角形,则 p 是 q 的什么条件? 6. 已知 $p:x>1,q:x>3$,则 p 是 q 的什么条件? 7. 已知 $p:xy>0,q:x>0,y>0$,则 p 是 q 的什么条件? 8. 已知 $p:\angle A,\angle B$ 是对顶角,$q:\angle A=\angle B$,则 p 是 q 的什么条件	组织游戏	分小组参与游戏答题环节	通过小游戏,提高学生的学习兴趣与参与度,同时培养学生的合作精神与竞争意识
	评	1. 教师引导学生归纳总结:本节课你学到了什么? 小组先进行组内总结,再将自己的想法与同学们一起交流. 2. 结合统计数据和学习痕迹,评出优胜小组		小组抢答进行总结,小组自评、互评,最后选出本节课优胜小组	通过组间挑战,激发学生的学习斗志,既肯定努力的学生,又激励学生后续学习
课后拓展	固	**必做题:** 1. 已知 $p:xy=0,q:x=0$,则 p 是 q 的_____条件. 2. 设 $p:x>3,q:x>2$,那么 p 是 q 的_____条件. 3. $-3<a<3$ 成立的一个必要条件是_____. **选做题:** 1. $x>3$ 的_____条件是 $x>5$. 2. 写出 $xy=0$ 的一个充分条件. 3. 搜集生活中的实例,用本节所学内容去解释生活中的数学问题			作业分层,让学有余力的同学继续提高

教学反思

　　本节课采用了情境导入的方法,提升了学生的学习兴趣,同时也让学生了解到数学知识源于生活,并与实际生活息息相关.随之引出概念,用简单的例题了解充分条件与必要条件的判断方法.本节课的学习是为今后进一步学习其他知识做准备的,随着后续章节的学习,对充要条件的理解和应用将贯彻始终,对逻辑知识的应用将越来越广泛和深入,相应地,对逻辑知识的理解和掌握水平的要求也将越来越高.同时学生的认知是一个循序渐进的过程,片面地强调求难、求偏均不能很好地完成本节课的教学任务,因此本节课的教学一定要从学生实际情况和教材的具体内容出发,提出恰如其分的教学要求.

9 充要条件(二)

江油市职业中学校 罗 艳

教学分析

授课时间	1 课时	选用教材	高等教育出版社《数学(基础模块)上册》(第三版)
授课对象	信息专业高考班学生	授课类型	概念课
教学内容	本节课是充要条件的第二课时,包括充要条件的概念及判断,充分条件、必要条件、充要条件的综合运用		

学情分析	知识基础	学生学习了充分条件、必要条件的概念,能分清条件和结论,知道了"⇒""⇐"符号的意义,能用符号表示条件、结论的关系
	认知能力	通过充分条件、必要条件的学习,学生具有了一定的逻辑思维能力,懂得如何寻找命题中条件与结论之间的关系,从而判断是否具有充分性、必要性
	学习特点	学生的普遍情况是逻辑思维能力不强,知道充分条件、必要条件的概念,但在具体问题中却不能准确判断
	专业特性	该专业学生具备较熟练操作办公软件的能力,对信息化教学感兴趣,但由于逻辑思维能力不强等原因,思维条理性还比较欠缺

教学目标	理解充要条件的概念. 通过充要条件、充分条件、必要条件的综合运用,培养逻辑判断能力. 经历合作学习的过程,树立团队合作意识

教学重难点	重点	充要条件的概念及判断方法
	难点	准确进行充要条件的判断

教学策略	教法	多媒体应用——激发学习兴趣; 问题探究——锻炼思维能力; 实例分析——体会数学源于生活
	学法	自主学习法、探究学习法、合作学习法
	教学资源与手段	利用多媒体电子白板展示课件. 利用"希沃"学生评价系统了解学生对课堂内容的掌握情况

教学设计

以"三心二意"教学主张为引领,将教学内容进行结构化处理,采用"线上＋线下"混合式教学模式,将整个教学过程分为学、导、探、练、评、固六个教学环节.

流程设计	学	导	探	练	评	固
	收集信息 预习新课	创设情境 导入新课	了解概念 巩固强化	课堂练习 加深理解	课堂小结 小组互评	课后作业 巩固提高

板书设计	充要条件(二) 充分条件 必要条件 充要条件	多媒体展示区	例题、练习区

教学实施

教学环节		教学内容	教师活动	学生活动	设计意图与资源
课前准备	学	1. 学生收集初中学过的性质、定理(分小组检查收集情况). 2. 教师利用多媒体电子白板展示充要条件相关知识	收集充要条件相关知识,并展示	收集性质、定理,观看展示内容	通过分组收集,让学生先了解本节课的内容,同时让学生从不同角度理解充要条件
课中实施	导	**情境导入** 下列电路图中,开关 A 闭合是灯泡 B 亮的什么条件? 如图1,开关 A 闭合是灯泡 B 亮的＿＿＿＿条件. 如图2,开关 A 闭合是灯泡 B 亮的＿＿＿＿条件. 图1　　图2	多媒体演示	观看并思考	利用初中学习的电路图,引入新课,让学生在对旧知识的回顾中自然进入对新知识探索的过程
	探	**探索新知** 如图3,开关 A 闭合是灯泡 B 亮的＿＿＿＿条件. 图3	多媒体演示	理解,形成概念	通过对电路图的分析,自然过渡到新概念的引出,使学生容易接受

教学环节		教学内容	教师活动	学生活动	设计意图与资源
课中实施	探	抽选学生分析:若开关 A 闭合,则灯泡 B 会亮,说明开关 A 闭合是灯泡 B 亮的充分条件;若灯泡 B 亮,则必定要开关 A 闭合,说明开关 A 闭合也是灯泡 B 亮的必要条件. 引出新问题:若 $p \Leftrightarrow q$,则 p 是 q 的什么条件? 概念:若条件 p 成立能推出结论 q 成立,同时结论 q 成立也能推出条件 p 成立,则称 p 是 q 的充要条件. 图 3 中,开关 A 闭合是灯泡 B 亮的充要条件. 如图 4,开关 A 闭合是灯泡 B 亮的_____条件. 图4 抽学生分析:开关 A 闭合,灯泡 B 不会亮,说明开关 A 闭合不是灯泡 B 亮的充分条件;若灯泡 B 亮,则必定要开关 C 闭合,而不是 A 闭合,说明开关 A 闭合也不是灯泡 B 亮的必要条件. 概念:若条件 p 成立不能推出结论 q 成立,同时结论 q 成立也不能推出条件 p 成立,则称 p 是 q 的既不充分也不必要条件. **完善概念　形成体系** 注:判断充要条件,既要判断充分性,也要判断必要性. **例题讲解** 例 1　设 p:同位角相等,q:两直线平行,则 p 是 q 的什么条件? 分析:由 p:同位角相等,能推出 q:两直线平行,说明 p 是 q 的充分条件;同时由 q:两直线平行,也能推出 p:同位角相等,说明 p 也是 q 的必要条件.所以 p 是 q 的充分且必要条件,即充要条件. **初步应用** 问题 1　设 p:a 是实数,q:a 是有理数,则 p 是 q 的什么条件? 问题 2　设 p:四边形是菱形,q:四边形是平行四边形,则 p 是 q 的什么条件? 问题 3　设 p:$xy>0$,q:$x>0$ 且 $y>0$ 或 $x<0$ 且 $y<0$,则 p 是 q 的什么条件? 学生分组讨论,再各组交流意见	通过电路图的演示,引导学生理解概念. 引导学生画出思维图. 讲解例题,引导学生思考	在老师的引导下理解概念. 作图,加深对概念的理解	通过概念的引入与例题的讲解,让学生将本节课的内容与上节课内容结合起来. 通过三个小问题,让学生进一步熟悉本节课内容,加深理解

续表

教学环节		教学内容	教师活动	学生活动	设计意图与资源
课中实施	练	1. 指出下列各组条件和结论中,条件 p 与结论 q 的关系. (1) $p:\|x\|<1,q:-1<x<1$; (2) $p:a>b,q:a^2>b^2$. 2. 确定下列各题中,p 是 q 的什么条件. (1) $p:(x-2)(x+1)=0,q:x-2=0$; (2) $p:$内错角相等,$q:$两直线平行; (3) $p:x=1,q:x^2=1$; (4) $p:$四边形的对角线相等,$q:$四边形是平行四边形	指导学生完成练习	分小组讨论,并进行互评	通过练习巩固提高,让学生能灵活运用所学知识,拓展思维
	评	教师引导学生归纳总结,学生分组讨论,总结得失,再各组交流,互相评价,同时老师进行点评. 充分条件 $p\Rightarrow q$ 必要条件 $p\Leftarrow q$ 充要条件 $p\Leftrightarrow q$ 既不充分也不必要条件 $p\not\Rightarrow q,p\not\Leftarrow q$		小组抢答进行总结,小组自评、互评,最后选出本节课优胜小组	通过组间挑战,激发学生的学习斗志,既肯定努力的学生,又激励学生后续学习
课后拓展	固	1. 已知 p,q 都是 r 的必要条件,s 是 r 的充分条件,q 是 s 的充分条件,则 (1) s 是 q 的什么条件? (2) r 是 q 的什么条件? (3) p 是 q 的什么条件? 2. 用集合与集合的关系,探讨充分条件、必要条件与充要条件的判断方法,并相互交流			作业分层,让学有余力的同学继续提高

教学反思

　　本节课采用了初中学习的电路图知识导入,提升了学生的学习兴趣,同时让学生了解到数学知识与我们的生活息息相关,也贯穿各个学科.随之引出概念,用简单的例题了解充要条件的判断方法.本节课的学习也将前一节课的内容融入其中,让学生形成完整的知识体系,为今后进一步学习其他知识做好了准备.教学中采用了学生分组讨论的方法,让学生自主探讨问题,得出结论,锻炼了他们的团结协作能力,也让他们体会到了集体力量的强大.在教学中,采用层层深入的方法,循序渐进,没有急于求成.最后的课后拓展,让学生从另一个层面去思考本节内容,挖掘新的方法,体会方法的多样性,很好地锻炼了学生的动脑能力.

第 ② 章　　不等式

1　比较实数大小的方法

四川省华蓥职业技术学校　李　燕

教学分析

授课时间	1 课时	选用教材	高等教育出版社《数学(基础模块)上册》(第三版)
授课对象	学前教育专业学生	授课类型	新授课
教学内容			比较实数大小的方法是高等教育出版社《数学(基础模块)上册》第 2 章第 1 节第 1 课时内容.本节课紧扣初中通过数轴比较实数大小的方法,引出通过作差比较实数大小的方法,为后面学习不等式性质、函数单调性等打好基础
学情分析	知识基础		学生学习了通过数轴比较实数大小的方法,有一定的基础
	认知能力		学生数学运算能力一般,思维能力较弱,推理判断能力较差
	学习特点		学生具备较强的动手能力和语言表达力,喜欢参与活动,数学运算能力和推理判断能力有待提高
	专业特性		学前教育专业学生大部分要参加单招考试或高考,要具备足够的数学基础知识,本节课对培养学生数学运算、逻辑推理等核心素养有一定的帮助
教学目标			能正确比较两个实数的大小. 能运用作差法比较两个用代数式表示的实数的大小. 通过两个实数的大小比较,培养计算能力、分析推理能力,从而提升数学运算、逻辑推理等核心素养. 通过本节课的学习,体会数学来源于生活又高于生活,提高对数学学习的兴趣和积极性.经历合作学习的过程,培养合作意识
教学重难点	重点		能正确比较两个用代数式表示的实数的大小
	难点		用作差法比较用代数式表示的实数大小时差的符号的判断
教学策略	教法		启发式教学法、情境教学法、讲练结合式教学法
	学法		自主探究学习法、合作学习法
	教学资源与手段		快剪辑　　HiTeach　　云班课 用 PPT 辅助教学,提高课堂效率. 用"快剪辑"制作微课视频,让学生直观感受学习数学的乐趣. 用 HiTeach 进行教学,使用抢答、随机抽人、拍照上传、即问即答等功能. 学生登录"云班课",课前观看微课,课后完成作业,教师在平台上对作业进行批改评价

教学设计

以"三心二意"教学主张为引领,将教学内容进行结构化处理,采用"线上＋线下"混合式教学模式,将整个教学过程分为学、导、探、练、评、固六个教学环节.

流程设计	学	导	探	练	评	固
	观看视频 温故知新	提出问题 导入新课	小组讨论 探究新知	即学即练 及时反馈	课堂小结 多元评价	优化作业 巩固提高
板书设计	比较实数大小的方法 作差法比较大小		多媒体展示区		例题、练习区	

教学实施

教学环节		教学内容	教师活动	学生活动	设计意图与资源
课前准备	学	利用微课复习通过数轴比较两个实数大小的方法: 从数轴上看,实数 b 在实数 a 右边,所以 $b>a$. 设置实数大小比较的抢答题,预习新课	推送视频,发布抢答题	通过"云班课"观看视频,登陆 HiTeach 进行抢答	借助微课视频、抢答提高学生学习的积极性,通过预习环节培养学生自学能力
课中实施	导	**创设情境** 2006 年 7 月 12 日,国际田联超级大奖赛洛桑站男子 110 米栏比赛,刘翔以 12 秒 88 的成绩打破了尘封 13 年的世界纪录 12 秒 91. 师:如何体现两个纪录的差距? 学生讨论,代表发言	创设情境,提出问题,引导学生思考	思考、讨论	创设教学情境,把学生的注意力吸引到课堂中来,让学生直观感知实数大小的比较,激发学生的求知欲,增强学生的学习兴趣,培养学生为国争光的爱国情感
	探	利用观察两个数的差的符号,来比较它们的大小. 因为 $12.88-12.91=-0.03<0$, 所以得到结论:刘翔的成绩比原世界纪录快了 0.03 秒. **任务一:** 问题 1　对于两个任意的实数 a 和 b,有 $a-b>0\Leftrightarrow a>b$ 吗? 学生分小组讨论,代表发言	用 PPT 展示用作差法比较两个实数的大小	分组讨论如何比较两个实数的大小	通过 PPT 展示,让学生理解用作差法比较实数的大小,激发学生深入探究问题的积极性

教学环节		教学内容	教师活动	学生活动	设计意图与资源
课中实施	探	问题2 对于两个任意的实数a和b,有$a-b=0\Leftrightarrow a=b$,$a-b<0\Leftrightarrow a<b$吗? 学生分小组讨论,代表发言. 总结:比较两个实数的大小,只需要考察它们的差,即可通过作差来比较两个实数的大小. **任务二:** 例1 比较$\dfrac{2}{3}$与$\dfrac{5}{8}$的大小. 解:$\dfrac{2}{3}-\dfrac{5}{8}=\dfrac{16-15}{24}=\dfrac{1}{24}>0$,因此,$\dfrac{2}{3}>\dfrac{5}{8}$. **任务三:** 例2 当$a>b>0$时,比较$a+2$和$b-1$的大小. 解:$\because a>b>0$,$\therefore a-b>0$, 故$(a+2)-(b-1)=a-b+3>0$, $\therefore a+2>b-1$. 学生分小组讨论两个代数式差的符号,师生共同写出解题过程. **任务四:** 例3 当$a>b>0$时,比较a^2b与ab^2的大小. 解:因为$a>b>0$,所以$ab>0$,$a-b>0$,故$a^2b-ab^2=ab(a-b)>0$, 因此$a^2b>ab^2$. 学生分小组讨论两个代数式差的符号,师生共同写出解题过程	引导学生理解作差法比较两个用代数式表示的实数的大小	独立思考,分组讨论,积极发言	通过例题探究,让学生理解用作差法比较实数的大小,培养学生的分析推理能力和解决问题的能力
	练	1.比较下列各对实数的大小: (1)$\dfrac{4}{7}$与$\dfrac{5}{9}$;(2)$1\dfrac{3}{5}$与1.63. 2.比较$(x-4)(x+3)$与$(x-6)(x+5)$的大小	用PPT展示练习题	组内交流解题思路、分享解题过程	设计针对性的练习,让学生通过实践来巩固新学知识
	评	1.本节课你收获了哪些知识? 2.结合课堂表现,评出优胜小组	引导学生回顾知识点,总体评价	小组总结,自评、互评	多元评价,提高学生学习数学的积极性
课后拓展	固	**必做题:** 练习册训练题1.1.1 A组. **选做题:** 练习册训练题1.1.1 B组	在"云班课"平台上对作业进行批改、评价	通过"云班课"完成作业	基础题与开放性习题相结合,让学生打牢基础,巩固所学知识

教学反思

从本节课的教学效果来看,实现了本节课的教学目标.回顾整个教学过程,有以下几点值得注意:

1.课前在"云班课"发布微课增强了学生对用数轴比较实数大小的了解,抢答提高了学生学习本节课知识的积极性.

2.本节课学习用作差法比较两个用代数式表示的实数的大小,为后面学习不等式的性质、函数单调性的证明打好基础.

3."学、导、探、练、评、固"是一个很好的教学过程,不仅能够充分激发学生的学习积极性,活跃学习氛围,而且能使学生更好地掌握用作差法比较两个实数的大小,提升学生数学运算、逻辑推理等核心素养.

4.在数学教学中,教师的讲授仍然是重要的教学方式之一,但要注意的是必须关注学生的主体参与,多以问题引导,小组讨论,师生互动,贯穿"以学生为主体,教师为主导"的教学理念.

2　不等式的基本性质

四川省邻水县职业中学　贺单浩

教学分析

授课时间	1 课时	选用教材	高等教育出版社《数学（基础模块）上册》（第三版）
授课对象	财会专业 2018 级 3 班学生	授课类型	综合课
教学内容		不等式的基本性质是第 2 章第 1 节第 2 课时的内容,在上一节课学过的比较实数大小方法的基础上,进一步研究不等式的关系,但本节课内容较为基础,主要是通过探究、推导不等式基本性质培养学生观察问题和解决问题的能力,本节课具有承前启后的作用	

学情分析	知识基础	学生在初中已经学习过不等式的基本性质,有一定的基础
	认知能力	学生普遍具备一定的问题提出能力,但抽象思维能力较弱,推理判断能力较差
	学习特点	学生基础知识掌握不牢,自学能力普遍较差,缺乏钻研精神,但随着年龄的增长,自主学习的意识增强,同时,分析问题并解决问题的能力有所提高
	专业特性	该专业学生需要具有扎实的会计电算化专业知识,以及较强的动手能力,能在生产一线的智能、技能型操作岗位上,以会计电算化等知识为基础,结合企业需求,做到学以致用

教学目标	理解并掌握不等式的三条基本性质,能够运用不等式的基本性质求解不等式问题. 通过探究、推导不等式基本性质的过程,锻炼分析、解决问题的能力,培养合作交流的意识,养成善于思考的学习习惯. 通过实验操作,培养数学直觉,感受学科思维,体会数学知识在生产生活中的应用

教学重难点	重点	理解不等式的三条基本性质并能熟练运用
	难点	不等式传递性的证明及运用

教学策略	教法	启发式教学法、情境教学法、实战训练法
	学法	自主探究学习法、合作学习法
	教学资源与手段	快剪辑　　HiTeach　　云班课 用 PPT 辅助教学,提高课堂效率. 用"快剪辑"制作微课视频,让学生直观感受学习数学的乐趣. 用 HiTeach 软件进行教学,使用抢答、随机抽人、拍照上传、即问即答等功能. 学生登录"云班课",课前观看微课,课后完成作业,教师在平台上对作业进行批改评价

📁 **教学设计**

流程设计	以"三心二意"教学主张为引领,通过数学实验,将整个教学过程按学、导、探、练、评、固六个环节推进.

	学	导	探	练	评	固
	观看视频 温故知新	提出问题 导入新课	小组讨论 探究新知	即学即练 及时反馈	课堂小结 多元评价	优化作业 巩固提高

板书设计	**不等式的基本性质** 不等式的传递性 不等式的加法性质 不等式的乘法性质	多媒体展示区	例题、练习区

📁 **教学实施**

教学环节		教学内容	教师活动	学生活动	设计意图与资源
课前准备	学	1. 利用微课回顾初中学习的不等式的加法性质和乘法性质. 2. 通过图片,展示生活中的不等关系. 谁重?谁轻?	推送视频,展示图片	用"云班课"观看视频,小组内展示自己收集的生活中与不等关系相关的图片,描述跷跷板上谁重谁轻	寻找生活中"不等"的实物模型,运用微课辅助教学,让学生直观感受生活中的"不等式"
课中实施	导	**实验1:** 比较兔妈妈、兔小贝和兔小兔的高矮. (多媒体展示) **不等式基本性质——性质1(传递性)** 如果 $a>b,b>c$,那么 $a>c$. 证明:因为 $a-c=(a-b)+(b-c)$,又由 $a>b,b>c$,即 $a-b>0,b-c>0$,所以 $(a-b)+(b-c)>0$. 因此 $a-c>0$,即 $a>c$	展示图片,引导学生依次比较高矮. 多媒体展示不等式传递性的证明过程	观看图片,体会三者的高矮关系. 观看、思考	利用图片,让学生直观感知高矮的比较过程. 通过多媒体展示,让学生思考不等式传递性的证明过程,激发学生思考问题的积极性
	探	**实验2:** 观察天平两边的升降. (视频演示) 问题 有个问题一直困扰着图图,今年他 6 岁,爸爸 30 岁,再过 25 年,他的年龄就超过爸爸的了,那可怎么办呢? 分析:图图年龄 6<爸爸年龄 30, 25 年后, 图图年龄(6+25)<爸爸年龄(30+25). 假设图图和爸爸的年龄分别为 a,b, $a<b$,则 $a+25<b+25$. 师:50 年后他们的年龄各是多少? 大小关系呢? 5 年前呢? 生:$a+50<b+50,a-5<b-5$	多媒体播放天平升降的视频. 提出问题,引导学生思考不等式的加法性质	分组观察天平两边的变化过程,并进一步讨论、思考问题. 思考问题并解决问题	通过多媒体展示,让学生巩固不等式的加法性质,激发学生深入探究问题的积极性. 通过问题,让学生全面理解不等式的加法性质

续表

教学环节		教学内容	教师活动	学生活动	设计意图与资源
课中实施	探	**不等式基本性质——性质2(加法性质)** 文字表述:不等式两边同时加上(或减去)同一个数,不等号的方向不变. 符号表述:如果 $a>b$,那么 $a+c>b+c(a,b,c$ 均为实数). 猜测:不等式两边都乘(或除以)同一个数(不为零),不等号方向会不会改变呢? 已知 $12<18$,则 12×2____18×2　$12\times(-2)$____$18\times(-2)$ 12×3____18×3　$12\times(-3)$____$18\times(-3)$ $12\div2$____$18\div2$　$12\div(-2)$____$18\div(-2)$ $12\div3$____$18\div3$　$12\div(-3)$____$18\div(-3)$ **不等式基本性质——性质3(乘法性质)** 文字描述:不等式两边同时乘(或除以)同一个正数,不等号方向不变;不等式两边同时乘(或除以)同一个负数,不等号的方向改变. 符号表述:如果 $a>b,c>0$,那么 $ac>bc$; 如果 $a>b,c<0$,那么 $ac<bc$	提出问题,引导学生思考不等式的乘法性质	分组讨论不等号的方向是否改变. 独立思考,分组讨论	通过多媒体展示问题,让学生大胆猜测不等号的方向是否改变,培养学生的探索精神. 通过多媒体展示,培养学生的归纳能力,让学生学有所获,学有所用
	练	1. 填空: (1)若 $m<n,n<p$,则 m____p; (2)若 $2a>3b,3b>9c$,则 $2a$____$9c$; (3)已知 $x+1>0$,两边都减去1,得_____; (4)已知 $x-2<0$,两边都加上2,得_____; (5)若 $a>b$,则 $3a$____$3b$; (6)若 $-2m<-2n$,则 m____n. 2. 用符号">"或"<"填空,并说出应用了不等式的哪条性质. (1)设 $a>b,a-3$____$b-3$; (2)设 $a>b,6a$____$6b$; (3)设 $a<b,-4a$____$-4b$; (4)设 $a<b,5-2a$____$5-2b$. 3. 已知 $a>b>0$,求证:$a^2>b^2$	出示练习题,指导学生完成	组内交流解题思路、分享解题过程	设计针对性的练习,让学生通过实践来巩固新知识
	评	1. 这节课采用了怎样的学习方法?你收获了哪些知识? 2. 结合课堂表现,评出优胜小组	引导学生总结,评出优胜小组	小组内反思、总结,自评、互评	多元评价,激励学生全面发展,让学生在"乐中学、学中乐"的过程中快乐成长
课后拓展	固	**必做题:** 教材练习2.1.2、习题2.1　A组. **选做题:** 教材习题2.1　B组	在"云班课"平台上对作业进行批改、评价	通过"云班课"完成作业	基础题与开放性习题相结合,帮助学生打牢基础,巩固所学知识

教学反思

本节课以新课程标准为指导,结合教学参考,围绕数学学科核心素养进行设计.

本节课首先利用微课复习初中学习的不等式知识,通过跷跷板实物模型,让学生直观感受生活中的不等关系,然后导入新课,通过生活中的高矮现象、升降现象等反观不等式的性质,将直观感知上升到理性认识,最后在练习中不断巩固知识点,运用不等式的性质解决问题,让学生感受到数学的实用价值.

从课后师生交流和作业反馈情况来看,本节课的教学能较好地达成教学目标,突出教学重点,突破教学难点,但由于中职学生普遍基础知识掌握不牢,所以熟练运用不等式基本性质解决问题的能力还不够,有待在日后加强.

3 有限区间

会理县第一职业中学 陈 敏

教学分析

授课时间	1 课时	选用教材	高等教育出版社《数学(基础模块)上册》(第三版)
授课对象	计算机专业 2019 级学生	授课类型	概念课
教学内容	区间是第2章第2节内容. 本节内容是学生学习了集合以及用集合表示不等式解集之后的进一步学习,由于中职学生数学基础差、学习能力弱,本节安排2课时. 第1课时的主要内容是区间及开(闭)区间、半开半闭区间的概念,用有限区间表示集合,集合的运算. 通过数形结合的方法认识区间,明确用区间表示集合是描述法的一种特例,它具有方便、简单、直观的特点,培养学生的观察能力和数学思维能力		
学情分析	知识基础	学生已学过集合的意义及用集合表示不等式的解集. 本节课学习用区间表示特殊的集合(在数轴上两点间的一切实数组成的集合),关键是理解区间的意义及记法,注意端点的取舍	
	认知能力	学生计算能力较差,数形结合思维欠缺,对数学学科的学习缺乏信心	
	学习特点	多数学生缺乏主动学习、勤于思考、善于钻研的学习习惯,原因是基础差、知识漏洞多,造成学习障碍大,但学生有很强的求知欲和上进心,需培养学生勤于动手、善于观察发现问题、敢于思考解决问题的习惯	
	专业特性	计算机专业的学生具有较强的计算机操作能力,对数字、符号表示较熟悉,为区间的学习提供了一定基础	
教学目标	理解区间、有限区间的概念. 掌握利用有限区间表示简单数集的方法. 通过数形结合的学习过程,培养观察能力和数学思维能力,感受数学的形式美和简洁美,提高学习数学的信心,增强学习数学的兴趣		
教学重难点	重点	区间、有限区间的概念,用区间表示数集	
	难点	确定区间是否包含端点,运用区间表示不同的数集	
教学策略	教法	情境教学法、启发式教学法、数形结合法、讲练结合法	
	学法	自主学习法、探究学习法	
	教学资源与手段	多媒体教室、数学软件	

教学设计

流程设计	以"三心二意"教学主张为引领,采用"线上＋线下"混合式教学模式,将整个教学过程分为学、导、探、练、评、固六个教学环节.

	学	导	探	练	评	固
	自主学习 复习旧知	创设情境 导入新课	抽象概念 探索新知	巩固练习 及时检测	课堂小结 小组评价	分层作业 巩固提高

板书设计	有限区间 区间的概念 有限区间 开区间、闭区间、半开半闭区间	多媒体展示区	例题、练习区

教学实施

教学环节		教学内容	教师活动	学生活动	设计意图与资源
课前准备	学	复习用集合表示不等式的解集,引导学生自学教材第30,31页的内容	布置学习任务	主动复习,完成自学任务	培养学生的自主学习能力
课中实施	导	**情境导入** **情境 1:**高速公路上的限速标志: 该限速标志表示:机动车在占用该车道行驶时不能低于每小时 100 千米,不能高于每小时 120 千米.如何表示机动车的行驶速度范围? (1)用集合表示为$\{x\mid 100\leqslant x\leqslant 120\}$; (2)用数轴表示:位于 100 与 120 之间的一段包含端点的线段. **情境 2:**不等式 $2<x<4$ 的解集: (1)用集合表示为$\{x\mid 2<x<4\}$; (2)用数轴表示:位于 2 与 4 之间的一段不包括端点的线段. **情境 3:**不大于 3 的自然数: (1)用集合表示为$\{0,1,2,3\}$; (2)用数轴表示:四个点. 思考:除了用集合和数轴表示这些范围,还有没有更简练的表示方法呢? 分析特征:情境 1 和情境 2 中的集合都能用数轴上的一段线段表示,情境 3 中的集合不能	创设问题情境. 提出问题,引导学生思考	尝试用集合和数轴表示情境中给出的范围. 思考问题,分小组讨论	师生共同分析用不同的方法表示机动车的行驶速度范围、不等式 $2<x<4$ 的解集、不大于 3 的自然数,感知区间的含义,为区间的提出做好铺垫. 通过问题讨论,帮助学生理解区间所能表示的集合的特征

教学环节		教学内容	教师活动	学生活动	设计意图与资源
课中实施	探	**探索新知** 区间的概念:在数轴上两点间的一切实数所组成的集合叫做区间,其中,这两个点叫做区间端点. 集合$\{x\|100\leqslant x\leqslant 120\}$记作区间$[100,120]$; 集合$\{x\|2<x<4\}$记作区间$(2,4)$; 集合$\{0,1,2,3\}$不能用区间表示. 注意:区间的左端点要小于右端点. 区间的表示:一般地,设a,b是两个实数,且$a<b$,则 (1)开区间:满足$a<x<b$的实数x的集合为$\{x\|a<x<b\}$,用数轴表示为 特点:不含等号,不含端点. 记作:(a,b). (2)闭区间:满足$a\leqslant x\leqslant b$的实数x的集合为$\{x\|a\leqslant x\leqslant b\}$,用数轴表示为 特点:含有等号,包含端点. 记作:$[a,b]$. (3)半开半闭区间:满足$a\leqslant x<b$的实数x的集合为$\{x\|a\leqslant x<b\}$,用数轴表示为 满足$a<x\leqslant b$的实数x的集合为$\{x\|a<x\leqslant b\}$,用数轴表示为 特点:一边含有等号,包含端点;另一边不含等号,不含端点. 记作:$[a,b),(a,b]$. 有限区间的概念:区间上的所有实数都是限制在两点之间的,这样的区间称为有限区间. 有限区间的几种常见形式:	提出概念,讲解不同区间的表示方法.	积极讨论,在老师的引导下理解概念,找出开区间、闭区间、半开半闭区间的特点.	让学生初步感知有限区间,强调用区间表示集合时,开区间、闭区间、半开半闭区间表示方法的不同之处,培养学生的观察分析能力.

集合	数轴表示	区间	名称
$\{x\|a\leqslant x\leqslant b\}$		$[a,b]$	闭区间
$\{x\|a<x<b\}$		(a,b)	开区间
$\{x\|a\leqslant x<b\}$		$[a,b)$	半开半闭区间
$\{x\|a<x\leqslant b\}$		$(a,b]$	半开半闭区间

用多媒体展示表格 — 观察表格,理解记忆 — 利用表格呈现有限区间的几种形式,便于学生对比记忆

教学环节		教学内容	教师活动	学生活动	设计意图与资源
	练	**例1** 用区间表示下列集合: (1)$\{x\|-2\leqslant x\leqslant 0\}$; (2)$\{x\|-9\leqslant x<-4\}$; (3)$\{x\|\sqrt{3}<x\leqslant 6\}$; (4)$\{x\|2<x<\sqrt{13}\}$. **练习1:**用区间表示下列不等式的解集: (1)$-2\leqslant x\leqslant 3$; (2)$-3<x\leqslant 5$; (3)$-2\leqslant x\leqslant 3$; (4)$-3<x<4$	讲解例题,指导学生完成练习	认真分析思考,在老师的指导下完成练习	逐层深入,及时巩固有限区间的相关知识,让学生体会用区间表示集合的方便和直观

续表

教学环节		教学内容	教师活动	学生活动	设计意图与资源
课中实施	练	例 2　用集合表示下列区间: (1)(−3,8); (2)[−6,−2); (3)[2,9]. 练习 2:用集合表示下列区间,并在数轴上表示这些区间: (1)[−7,8); (2)(−3,0). 例 3　已知集合 $A=(−1,4)$,集合 $B=[0,5]$,求 $A\cup B$,$A\cap B$. 练习 3:已知集合 $A=(1,7]$,集合 $B=[3,8]$,求 $A\cup B$,$A\cap B$	评讲、纠错	思考、讨论	用区间进行集合的运算,既检测学生集合运算的掌握情况,又巩固本节课所学知识
	评	1. 教师引导学生讨论、反思学习过程中遇到的问题. 2. 教师与学生一起归纳有限区间的表示		小组讨论,回顾本节课所学知识	培养学生反思、归纳总结的习惯
课后拓展	固	1. 阅读作业:教材下一课时内容. 2. 书面作业:教材练习 2.2.1;练习册训练题 2.2.1. 3. 拓展作业:酒驾、醉驾标准规定:每 100 mL 血液中酒精含量达 20 mg 但不足 80 mg,属于饮酒驾驶;每 100 mL 血液中酒精含量达到或超过 80 mg,属于醉酒驾驶. 设字母 m 表示血液中酒精含量(mg/100mL),完成下表: 思考:醉驾情况下,血液中酒精含量可用数轴上位于 80 右边的一段包括端点的射线表示(如图),如何用区间表示? 集合 $\{x\mid x<−4\}$ 可以用数轴上位于 −4 左边的一段不包括端点的射线表示(如图),如何用区间表示?			巩固和拓展所学知识,提高学生数学思维能力

在"固"单元格内的表格:

	酒驾	醉驾
集合	$\{m\mid 20\leqslant m<80\}$	$\{m\mid m\geqslant 80\}$
区间		

教学反思

　　本节课采取讲练结合等教学方法,以学生为主体,由问题情境引入,层层展开,边讲边练,激发了学生的学习兴趣,学生积极主动参与,获得数学学习的成功感,体验数学之美,提高学习数学的信心.本节课既复习了集合的表示方法及运算,又认识了区间,明确了用区间表示集合的方法,提升了学生数形结合的能力,培养了学生动手画图思考问题的习惯.

4 无限区间

会理县第一职业中学　陈　敏

教学分析

授课时间	1 课时		选用教材	高等教育出版社《数学（基础模块）上册》（第三版）
授课对象	计算机专业 2019 级学生		授课类型	概念课
教学内容	第 1 课时已学习了区间、有限区间的概念，以及利用有限区间进行集合相关的运算. 本节课是上节课的延续，主要内容是无限区间的概念，着重理解无穷大的意义及记法，掌握用无限区间表示集合的方法，巩固集合相关运算，进一步理解开区间、闭区间、半开半闭区间的概念，通过数形结合的学习过程，培养学生的观察能力、想象能力和数学思维能力			
学情分析	知识基础	学生上节课已掌握区间的概念，并能利用有限区间进行集合相关的运算，本节课是上节课的延续		
	认知能力	学生学习了用有限区间表示特殊的集合，体验了用区间进行集合运算的简便，但对区间端点的取舍不准确，数形结合能力较差，对数学学科的学习缺乏信心		
	学习特点	多数学生缺乏主动学习、勤于思考、善于钻研的学习习惯，原因是基础差、知识漏洞多，造成学习障碍大，但学生有很强的求知欲和上进心，需培养学生勤于动手、善于观察发现问题、敢于思考解决问题的习惯		
	专业特性	计算机专业的学生具有较强的计算机操作能力，对数字、符号表示较熟悉，为区间的学习提供了一定基础		
教学目标	理解无穷大的意义及记法，以及无限区间的概念. 掌握利用无限区间表示简单的数集的方法. 能够正确理解和使用区间、无穷大等符号进行集合的运算. 通过数形结合的学习过程，培养观察能力、综合归纳能力和数学思维能力，进一步感受数学的形式美和简洁美			
教学重难点	重点	理解无限区间、无穷大的概念		
	难点	使用无限区间表示数集		
教学策略	教法	情境教学法、启发式教学法、数形结合法、讲练结合法		
	学法	自主学习法、探究学习法		
	教学资源与手段	多媒体教室、数学软件		

📁 教学设计

流程设计	以"三心二意"教学主张为引领,将教学内容进行结构化处理,采用"线上＋线下"混合式教学模式,将整个教学过程分为学、导、探、练、评、固六个教学环节.

	学	导	探	练	评	固
	完成练习 复习旧知	创设情境 导入新课	抽象概念 探索新知	巩固练习 及时检测	课堂小结 小组评价	分层作业 巩固提高

板书设计	无限区间 无穷大 无限区间 概念、表示方法	多媒体展示区	例题、练习区

📁 教学实施

教学环节		教学内容	教师活动	学生活动	设计意图与资源
课前准备	学	**完成练习　回顾旧知** 1. 已知集合 $A=(-2,6)$,$B=(1,7)$,求 $A\cap B$,$A\cup B$. 2. 已知集合 $A=(-4,-1)$,$B=(2,5)$,求 $A\cap B$,$A\cup B$. 思考:题目中区间有两个确定的端点,可以用数轴上的一段线段表示,那射线或直线分别可以表示怎样的区间呢	布置学习任务,提出问题	主动复习,完成练习	复习相关知识,培养学生主动学习的习惯
课中实施	导	**情境导入** 1. 酒驾、醉驾标准规定:每 100 mL 血液中酒精含量达 20 mg 但不足 80 mg,属于饮酒驾驶;每100 mL 血液中酒精含量达到或超过 80 mg,属于醉酒驾驶. 设字母 m 表示血液中酒精含量(mg/100 mL). |	酒驾	醉驾 | |---|---|---| | 集合 | $\{m\|20\leqslant m<80\}$ | $\{m\|m\geqslant 80\}$ | | 区间 | | | (1)酒驾情况下,血液中酒精含量用区间表示为_____; (2)醉驾情况下,血液中酒精含量可用数轴上位于 80 右边的一段包括端点的射线表示(如图),如何用区间表示? 2. 集合 $\{x\|x<-4\}$ 可以用数轴上位于 -4 左边的一段不包括端点的射线表示(如图),如何用区间表示? 	创设问题情境,引导学生观察数轴,分析区间特征	思考并画数轴表示集合,思考如何用区间表示这样的集合	让学生体验数学课的乐趣,感受区间的特点,从而引入无限区间的概念

教学环节		教学内容	教师活动	学生活动	设计意图与资源
课中实施	导	分析区间特征: (1)集合$\{m \mid m \geqslant 80\}$表示的区间:左端点为80,不存在右端点,为开区间. (2)集合$\{x \mid x < -4\}$表示的区间:右端点为-4,不存在左端点,为开区间	引导学生分析问题中集合表示的区间特征	思考、讨论	分析两个无限区间的特征,便于学生比较、讨论,探究无限区间的概念
	探	**探索新知** 符号"$+\infty$"读作"正无穷大",表示右端点可以任意大. 符号"$-\infty$"读作"负无穷大",表示左端点可以任意小. 注意:"$-\infty$"与"$+\infty$"都是符号,而不是一个确切的数. 无限区间的概念:区间的左端或者右端为无穷大的区间. 无限区间的表示: 数轴: 不等式: $x \geqslant a$ 　　　　$x \leqslant b$ 集合: $\{x \mid x \geqslant a\}$　　$\{x \mid x \leqslant b\}$ 区间: $[a, +\infty)$　　　$(-\infty, b]$ 注意:(1)实数集 **R** 可以记为$(-\infty, +\infty)$. (2)不存在右端点→用"$+\infty$"表示→向右任意大; 不存在左端点→用"$-\infty$"表示→向左任意小. 无限区间的几种常见形式: 	集合	数轴表示	区间
---	---	---
$\{x \mid x < b\}$		$(-\infty, b)$
$\{x \mid x \leqslant b\}$		$(-\infty, b]$
$\{x \mid x > a\}$		$(a, +\infty)$
$\{x \mid x \geqslant a\}$		$[a, +\infty)$
R		$(-\infty, +\infty)$		提出概念,讲解概念,强调细节. 归纳无限区间的几种常见形式,用PPT展示表格	理解概念,在老师的引导下找出无限区间的特点. 进一步理解记忆无限区间	通过对比集合、数轴、区间三种表示方法,使学生加深对无限区间的理解
	练	**巩固知识　典型例题** 例1　用区间表示集合$\{x \mid x \geqslant 5$ 或 $x < -3\}$. 解:用区间表示为$(-\infty, -3) \cup [5, +\infty)$. 练习1:把集合转化为区间,把区间转化为集合. (1)$\{x \mid x \geqslant -3\} = \underline{\qquad}$; (2)$\{x \mid x < 5\} = \underline{\qquad}$; (3)$\{x \mid x \leqslant -3$ 或 $x > 0\} = \underline{\qquad}$; (4)$(-\infty, -1] = \underline{\qquad}$; (5)$(-5, +\infty) = \underline{\qquad}$. 例2　已知集合 $A = (-\infty, 2)$,集合 $B = (-\infty, 4]$,求 $A \cap B$,$A \cup B$	讲解例题	认真分析思考,完成练习	

教学环节		教学内容	教师活动	学生活动	设计意图与资源
课中实施	练	解:在数轴上表示集合 A,B,如图: $\therefore A \cap B=(-\infty,-2) \cap (-\infty,4]=(-\infty,-2)=A,$ $A \cup B=(-\infty,-2) \cup (-\infty,4]=(-\infty,4]=B.$ 练习2:已知集合 $A=[-2,+\infty)$,集合 $B=(-\infty,3)$,求 $A \cap B, A \cup B.$ 例3　设全集为 **R**,集合 $A=(0,3]$,集合 $B=(2,+\infty)$,求: (1) $\complement A, \complement B$;(2)$A \cap \complement B.$ 解:在数轴上表示集合 A,B,如图: (1) $\complement A=(-\infty,0] \cup (3,+\infty).$ $\complement B=(-\infty,2].$ (2)$A \cap \complement B=(0,2].$ 练习3:教材练习2.2.2第2题. 例4　解不等式组 $\begin{cases} 3x-2>1, \\ 5-x \geqslant 2. \end{cases}$ 解:不等式 $3x-2>1$ 的解集为 $(1,+\infty)$, 不等式 $5-x \geqslant 2$ 的解集为 $(-\infty,3]$, 故不等式组的解集为 $(-\infty,3] \cap (1,+\infty)=(1,3].$ 练习4:教材习题2.2第5题	指导学生完成练习	独立思考,小组讨论	采用"一例一练"的方式逐层深入,使学生熟悉无限区间的应用,体会区间表示集合的方便及简洁美,激发学生的学习兴趣,提高学生主动交流并解决问题的能力
	评	教师引导学生归纳. 有限区间: <table><tr><td>集合</td><td>区间</td><td>数轴表示</td></tr><tr><td>$\{x\|a<x<b\}$</td><td></td><td></td></tr><tr><td>$\{x\|a \leqslant x \leqslant b\}$</td><td></td><td></td></tr><tr><td>$\{x\|a \leqslant x<b\}$</td><td></td><td></td></tr><tr><td>$\{x\|a<x \leqslant b\}$</td><td></td><td></td></tr></table> 无限区间: <table><tr><td>集合</td><td>区间</td><td>数轴表示</td></tr><tr><td>$\{x\|x>a\}$</td><td></td><td></td></tr><tr><td>$\{x\|x \geqslant a\}$</td><td></td><td></td></tr><tr><td>$\{x\|x<b\}$</td><td></td><td></td></tr><tr><td>$\{x\|x \leqslant b\}$</td><td></td><td></td></tr><tr><td>**R**</td><td></td><td></td></tr></table>		小组讨论完成表格,归纳本节知识	通过表格归纳本节知识,有利于学生将知识条理化,便于学生熟练掌握有限区间、无限区间的概念

续表

教学环节		教学内容	教师活动	学生活动	设计意图与资源
课后拓展	巩固	1. 归纳小结,强化数学思想: (1)本节课学了哪些内容?（尽量用图表归纳) (2)通过本节课学习,你会解决哪些新问题了? (3)在学习方法上有哪些体会? 2. 书面作业:教材习题2.2,练习册训练题2.2.2			通过课后作业,既帮助学生巩固所学知识,又提高学生数学思维能力

教学反思

　　本节课采取讲练结合等教学法,以学生为主体,由问题情境引入,层层展开,边讲边练,激发了学生的学习兴趣,学生积极主动参与,获得数学学习的成功感,体验数学之美,提高学习数学的信心.本节课既复习了集合的表示方法及运算,又学习了用区间表示无限集合,提升了学生数形结合的能力,培养了学生的观察能力、想象能力和数学思维能力.

5　一元二次不等式的概念

四川省华蓥市第一中学　彭冬梅

教学分析

课时安排	1 课时	选用教材	高等教育出版社《数学（基础模块）上册》（第三版）
授课对象	旅游服务与管理专业 2019 级 11 班学生	授课类型	新授课
教学内容	一元二次不等式是《数学（基础模块）上册》第 2 章第 3 节的内容.本节课是第 1 课时,地位体现在它的基础性,作用体现在它的工具性.一元二次不等式既是一元一次不等式在知识上的延续和深化,又是第 1 章集合知识的运用与巩固,也为学习下一章函数的定义域和值域做铺垫,起着承上启下的作用.同时,这部分内容较好地反映了方程、不等式、函数知识的内在联系和相互转化,蕴含着归纳、转化、数形结合等丰富的数学思想方法,能较好地培养学生的观察能力、概括能力、探究能力及创新意识.因此,一元二次不等式在整个高中数学教学中具有很强的基础性,体现出很大的工具作用		
学情分析	知识基础	学生在初中已经学习了二次函数的图像、解一元二次方程等知识,本节课从一次函数、一元一次方程与一元一次不等式的关系入手,明晰三者之间的关系,为利用二次函数图像研究一元二次不等式奠定基础	
	认知能力	学生具有一定的观察能力,但缺乏主动钻研的意识	
	学习特点	学生基础知识掌握不牢,自学能力普遍较差,缺乏钻研精神,但随着年龄的增长,自主学习的意识增强	
	专业特性	该专业学生了解一定的旅游服务及管理知识,具备较熟练操作办公软件的能力,还具有较强的人际交往沟通能力、观察发现问题的能力以及解决问题的能力	
教学目标	理解一元二次不等式的概念,掌握一元二次不等式的一般形式. 能通过二次函数图像写出对应一元二次不等式的解集. 通过看图像找解集,培养观察能力及数形结合能力		
教学重难点	重点	一元二次不等式的概念;利用二次函数图像写出对应一元二次不等式的解集	
	难点	通过二次函数图像写出对应一元二次不等式的解集	
教学策略	教法	类比教学法	
	学法	观察法	
	教学资源与手段	快剪辑　GeoGebra　云班课 用 PPT、"快剪辑"制作微课视频"一次函数、一元一次方程与一元一次不等式的关系"和"二次函数的图像",为利用二次函数图像研究一元二次不等式奠定基础. 用 GeoGebra 动态几何软件进行动态几何构图. 学生登录"云班课",课前观看微课,课后完成作业,教师在平台上对作业进行批改评价	

教学设计

以"三心二意"教学主张为引领,将教学内容进行结构化处理,采用"线上＋线下"混合式教学模式,将整个教学过程分为学、导、探、练、评、固六个教学环节.

流程设计						
	学	导	探	练	评	固
	观看视频 温故知新	提出问题 导入新课	小组讨论 探究新知	即学即练 及时检测	课堂小结 多元评价	优化作业 巩固提高

板书设计	一元二次不等式的概念 概念	多媒体展示区	例题、练习区

教学实施

教学环节		教学内容	教师活动	学生活动	设计意图与资源
课前准备	学	利用微课复习"三个一次"的关系和二次函数的图像的知识	推送微课"一次函数、一元一次方程与一元一次不等式的关系"和"二次函数的图像"	阅读教材第33,34页,并观看微课	进一步明确"三个一次"的关系,由二次函数图像进一步理解二次函数的性质
课中实施	导	**情境导入** 观察下面含未知数 x 的不等式: (1) $x^2-4x+3<0$;(2) $5x^2+3x-1>0$. 问:这两个不等式有何共同特点	创设问题情境	观察并讨论	提出问题,引出新课
	探	**探索新知** 师:观察上面两个含未知数 x 的不等式,它们有何共同特点? 这两个不等式有两个共同特点: (1)不等式的左边是含有一个未知数 x 的整式; (2)未知数的最高次数为2. 一元二次不等式的概念: 一般地,含有一个未知数,且未知数的最高次数为2的不等式,叫做一元二次不等式	提出问题,引导学生思考. 引导学生类比一元一次不等式定义得到一元二次不等式定义	观察归纳这两个不等式的特点. 类比一元一次不等式的定义,得出一元二次不等式的定义	培养学生的观察归纳能力

教学环节		教学内容	教师活动	学生活动	设计意图与资源
课中实施	探	请判断下列各式是否为一元二次不等式:(多媒体出示) (1)$3x^2+6x-1<0$; (2)$x^2\geqslant4$; (3)$x^2-x+1>x^2$; (4)$-2x^2+4x\leqslant3$. **一元二次不等式的一般形式:** 一元二次不等式的一般形式为 $ax^2+bx+c>0$ 或 $ax^2+bx+c<0(a\neq0)$. **例题辨析** 例 1　解不等式 $x^2-4x+3>0$. 分析:如何写出一元二次不等式 $x^2-4x+3>0$ 的解集? 什么是一元二次不等式的解? 什么是一元二次不等式的解集? 观察二次函数 $y=x^2-4x+3$ 的图像(如图),回答下列问题: (1)自变量 x 取哪个范围内的值时,函数值 $y>0$? (2)自变量 x 取哪个范围内的值时,函数值 $y<0$?	强调一元二次不等式的概念,对学生给出的答案做出点评. 引导学生归纳出一元二次不等式的一般形式. 出示画图软件所作的函数 $y=x^2-4x+3$ 的图像,引导学生观察函数图像上点的横纵坐标的变化,并给出一元二次不等式的解和解集的定义,得出不等式 $x^2-4x+3>0$ 的解集	以抢答的形式完成此题,并说出判断理由. 观察函数 $y=x^2-4x+3$ 的图像,直接写出不等式解集	通过练习,使学生进一步理解一元二次不等式的概念.培养学生归纳总结的能力. 通过例题,使学生掌握利用函数图像写一元二次不等式的解集,培养学生数形结合的能力,发展学生的数学抽象素养
	练	**巩固练习** 根据函数 $y=x^2-2x-3$ 的图像,回答下列问题. (多媒体出示) (1)当 x _____时,$x^2-2x-3=0$; (2)当 x _____时,$x^2-2x-3<0$; (3)当 x _____时,$x^2-2x-3>0$. **及时检测** 1. 下列不等式中,是一元二次不等式的有:_____ _____. ① $x^2>0$; ② $-x^2-x\leqslant5$; ③ $x^3+5x-6>0$; ④ $mx^2-5y<0(m$ 为常数); ⑤ $ax^2+bx+c>0$. 2. 根据函数 $y=x^2-x-6$ 的图像,直接写出下列不等式的解集. (1)$x^2-x-6\geqslant0$; (2)$x^2-x-6<0$	评讲错误率较高的习题	独立完成,并展示结果. 完成课堂测试	通过做练习,了解学生知识掌握情况. 通过检测,使学生进一步巩固本节课所学知识

续表

教学环节		教学内容	教师活动	学生活动	设计意图与资源
课中实施	评	1. 这节课采用了怎样的学习方法？你收获了哪些知识？ 2. 结合课堂表现，评出优胜小组	引导、补充，总体评价	小组内反思、总结，自评、互评	多元评价，激励学生全面发展，促进学生成长
课后拓展	固	1. 下列不等式是一元二次不等式的是（　　） A.$5x^2-1=0$　　　　B.$x^3>1$ C.$(x-1)^2<(x+3)^2$　　D.$x^2+x\leqslant5$ 2. 写出下列不等式的解集： (1)$3x^2+5x\leqslant0$； (2)$4x^2-4x+1>0$； (3)$-x^2+2x-3>0$. 3. 阅读教材第 34～37 页	批改、点评	完成作业	巩固本节课所学内容，预习下一节课的内容

教学反思

　　本节课以课程标准为指导，结合教学参考，围绕数学学科核心素养进行设计.

　　本节课通过微课复习"三个一次"的关系和二次函数的图像等知识，利用二次函数图像写出一元二次不等式的解集，通过例题讲解和练习，巩固知识点，使学生熟练运用函数图像写出一元二次不等式的解集，发展学生的数学抽象素养.

　　从课后师生交流和作业反馈情况来看，本节课的教学能较好地达成教学目标，突出教学重点，突破教学难点，但存在某些学生书写不规范，不能正确写出一元二次不等式的解集等情况.

6　一元二次方程的求解公式

四川省华蓥市第一中学　彭冬梅

教学分析

授课时间	1 课时	选用教材	高等教育出版社《数学（基础模块）上册》（第三版）
授课对象	旅游服务与管理专业 2019 级 11 班学生	授课类型	复习课
教学内容	本节课的内容主要是一元二次方程的求根公式，它是解一元二次不等式的基础，也是函数等重要数学思想方法的基础		
学情分析	知识基础	学生在初中已经学习了解一元二次方程，通过本节课让学生更加熟练地运用公式法求解一元二次方程	
	认知能力	学生数学运算素养普遍不高，对抽象的数学语言理解不透	
	学习特点	学生基础知识掌握不牢，自学能力普遍较差，缺乏钻研精神，但随着年龄的增长，自主学习的意识增强	
	专业特性	该专业学生了解一定的旅游服务及管理知识，具备较熟练操作办公软件的能力，具有较强的人际交往沟通能力、观察发现问题的能力以及解决问题的能力	
教学目标	能运用公式法解一元二次方程. 能够根据一元二次方程的结构特点，灵活选择方法解一元二次方程. 体现以学生为主体的理念，创设有利于学生进行自主探索和合作交流的情境，鼓励学生探索解法的多样性，培养学生观察、发现、归纳、概括的能力和合作交流意识，以及敢于挑战、勇于探索的精神和善于观察、耐心细致的学习品质		
教学重难点	重点	用公式法解一元二次方程	
	难点	理解求根公式的推导过程	
教学策略	教法	启发式教学法、讨论式教学法	
	学法	自主探究学习法、合作学习法	
	教学资源与手段	快剪辑　　HiTeach　　云班课 用 PPT 辅助教学，提高课堂效率. 用"快剪辑"制作微课视频"一元二次方程根的判别式""一元二次方程求根公式的推导"，帮助学生更好地回顾初中所学知识. 用 HiTeach 软件进行教学，使用抢答、随机抽人、拍照上传、即问即答等功能. 学生登录"云班课"，课前观看微课，课后完成作业，教师在平台上对作业进行批改评价	

📁 **教学设计**

	以"三心二意"教学主张为引领,采用"线上＋线下"混合式教学模式,将整个教学过程按学、导、探、练、评、固六个环节推进:
流程设计	学　导　探　练　评　固
	观看视频　提出问题　小组讨论　即学即练　课堂小结　优化作业 复习旧知　导入新课　探究归纳　及时检测　多元评价　巩固提高
板书设计	**一元二次方程的求解公式**　　　　多媒体展示区　　　　　例题、练习区 一元二次方程根的判别式 一元二次方程的求根公式

📁 **教学实施**

教学环节		教学内容	教师活动	学生活动	设计意图与资源
课前准备	学	课前对学生进行分组,在"云班课"学习群中发布教学任务,上传任务卡供学生自主学习,并发布微课"一元二次方程根的判别式""一元二次方程求根公式的推导"	制作课前检测题上传到"云班课"平台,推送视频	自主学习,完成检测题,登陆"云班课"观看微课	课前发布任务,培养学生自主学习的能力和主动学习的意识
课中实施	导	**情境导入** 1. 我们学了一元二次方程的哪些解法? 2. 当 $b^2-4ac>0$ 时,一元二次方程 $ax^2+bx+c=0(a\neq0)$ 有_____实数根; 当 $b^2-4ac=0$ 时,一元二次方程 $ax^2+bx+c=0(a\neq0)$ 有_____实数根; 当 $b^2-4ac<0$ 时,一元二次方程 $ax^2+bx+c=0(a\neq0)$ _____实数根. 3. 一元二次方程 $ax^2+bx+c=0(a\neq0)$ 的求根公式: 当 $b^2-4ac\geqslant0$ 时,$x=$_____	利用多媒体展示问题情境	回顾知识,回答问题	以旧导新,体现知识的系统性与延续性,提高学生学习积极性
	探	**例题辨析** 例1　判断下列一元二次方程根的情况: (1) $x^2-2x-3=0$; (2) $4x^2-4x+1=0$; (3) $-x^2+2x-3=0$; (4) $x^2-x-6=0$; (5) $x^2-5x=0$. 例2　用公式法解下列方程: (1) $2x^2+7x-4=0$; (2) $x^2+3=2\sqrt{3}x$. 用公式法解一元二次方程的一般步骤: (1)把方程化成一般形式; (2)求出 $\Delta=b^2-4ac$ 的值,并判断方程是否有根; (3)若方程有根,则利用求根公式求出方程的根	利用多媒体展示例题,引导学生归纳用公式法解一元二次方程的一般步骤	小组合作,主动求解,归纳用公式法解一元二次方程的一般步骤	通过例题使学生进一步掌握知识,并能熟练运用公式求一元二次方程的根

教学环节		教学内容	教师活动	学生活动	设计意图与资源
课中实施	练	巩固练习 1. 解下列方程: (1)$x^2+2x=3$; (2)$x^2-3x+5=0$. 2. 两人为一组,一人出题,一人计算,轮换进行. 及时检测 1. 方程 $3x^2+27=0$ 的解是(　　) A. $x=\pm 3$　　　B. $x=-3$ C. 无实数根　　　D. 以上都不对 2. 用适当的方法解下列方程: (1)$4(x-5)^2=16$; (2)$x^2-6x+9=0$	评讲、纠错	组内交流解题思路、分享解题过程	设计针对性的练习,让学生通过实践来巩固知识
	评	1. 这节课采用了怎样的学习方法? 你收获了哪些知识? 2. 结合课堂表现,评出优胜小组	引导、补充,总体评价	小组内反思、总结,自评、互评	多元评价,激励学生全面发展,促进学生成长
课后拓展	固	1. 解方程: (1)$3x^2+5x-2=0$; (2)$0.3x(x-2)+0.4=0$; (3)$3x^2-1=2x$; (4)$(x+1)^2=3x-2$. 2. 总结归纳解一元二次方程的方法	在平台上对作业进行批改评价	通过"云班课"完成作业	学生完成作业,并根据教师点评及时发现问题、解决问题

教学反思

本节课以课程标准为指导,结合教学参考,围绕数学学科核心素养进行设计.

本节课利用微课复习初中学习的一元二次方程的知识,并通过例题和练习进行巩固,使学生能熟练运用公式求一元二次方程的根.

从课后师生交流和作业反馈情况来看,本节课的教学能较好地达成教学目标,突出教学重点,突破教学难点,但由于中职学生普遍基础知识掌握不牢,所以还是有部分学生不能完全掌握本节课的内容.

7　一元二次不等式的解法（一）

四川省成都市中和职业中学　侯　雷

教学分析

授课时间	1课时	选用教材	高等教育出版社《数学（基础模块）上册》（第三版）
授课对象	烹饪、汽修、会计专业学生	授课类型	新授课
教学内容	\multicolumn{3}{l}{一元二次不等式的解法作为高中数学最重要的内容之一，既是集合知识的运用与巩固，也是学习函数的定义域和值域的基础，起着承上启下的作用. 这部分内容较好地反映了方程、不等式、函数知识的内在联系和相互转化关系，蕴含着归纳、转化、数形结合等丰富的数学思想方法，能较好地培养学生的观察能力、概括能力、探究能力及创新意识. 本节课的主要内容是用图像法求解简单的一元二次不等式（$a>0$）}

学情分析	知识基础	学生在初中已经学习了二次函数、一元二次方程，而二次函数又是学生在初中数学学习中的一个薄弱环节，因此要重视引导学生经历探索、解决问题的过程，深刻理解二次函数、一元二次方程与一元二次不等式"三个二次"之间的关系
	认知能力	学生数学抽象素养普遍不高，用抽象的数学语言来描述、归纳概念的能力还比较欠缺
	学习特点	职高学生主要喜欢模仿学习，喜欢参与活动，团队合作意识较好且有表现自己的欲望，但是自信心欠缺，对数学概念、原理、性质的理解缺乏主动性和钻研能力
	专业特性	会计专业学生喜欢模仿，书写比较规范，但是缺少创新思维；汽修、烹饪专业学生思维比较发散，反应比较快，但是书写过程不够规范，容易省略中间过程
教学目标	\multicolumn{2}{l}{熟练掌握用图像法解一元二次不等式（$a>0$），体会数形结合的数学思想. 经历灵活应用图像法解一元二次不等式（$a>0$）的相关问题的过程，培养观察能力、数学思维能力和规范意识，发展严谨的作风，感受利用数学知识描述和研究实际问题的乐趣，提高学好数学课程的信心. 经历合作学习的过程，树立团队合作意识，提升分析问题、解决问题的能力，养成一丝不苟的品格}
教学重难点	重点	用图像法解一元二次不等式（$a>0$）
	难点	用图像法解一元二次不等式（$a>0$）
教学策略	教法	启发发现法、直观教学法、电化教学法（辅）、分层教学法
	学法	自主学习法、合作探究法
	教学资源与手段	Link+ 希沃授课助手　乐 乐乐课堂 用"快剪辑"制作微课视频"一元二次不等式的解法"，帮助学生自学用图像法解一元二次不等式. 用"希沃授课助手"进行教学，使用抢答、随机抽人、拍照上传、即问即答等功能. 学生登录"乐乐课堂"观看微课视频，并完成相关练习，教师在平台上批改评价

教学设计

以"三心二意"教学主张为引领,将教学内容进行结构化处理,采用"线上＋线下"混合式教学模式,将整个教学过程分为学、导、探、练、评、固六个教学环节.

流程设计	学	导	探	练	评	固
	观看视频温故知新	提出问题导入新课	小组讨论探究新知	即学即练及时检测	课堂小结多元评价	优化作业巩固提高

板书设计	一元二次不等式的解法(一) 一元二次不等式的解法 一元二次不等式的一般形式 一元二次不等式的解	多媒体展示区	例题、练习区

教学实施

教学环节		教学内容	教师活动	学生活动	设计意图与资源
课前准备	学	教师课前在"乐乐课堂"发布学习任务,学生复习旧知并预习本节课的内容. 复习旧知: (1)不等式的性质; (2)一元一次方程、一元一次不等式、一次函数三者之间的关系; (3)一元二次方程的解法. 自主学习: (1)观看微课"一元二次不等式的解法"; (2)完成测评	推送微课"一元二次不等式的解法",发布学习任务	复习旧知,观看微课并完成任务	课前复习初中的相关知识,预习本节课的内容,培养学生自主学习的能力和主动学习的意识
课中实施	导	1. 一元二次不等式的概念:含有一个未知数,并且未知数的最高次数为2的不等式,叫做一元二次不等式. 2. 一元二次不等式的一般形式:$ax^2+bx+c>0$ 或 $ax^2+bx+c<0(a\neq0)$. 3. 一元二次不等式的解与解集:使一元二次不等式成立的未知数的值,叫做这个一元二次不等式的解,其解的集合,称为这个一元二次不等式的解集. **思考** 二次函数的图像、一元二次方程与一元二次不等式之间存在着哪些联系	引导学生给出一元二次不等式的概念、一般形式,以及一元二次不等式的解与解集的概念,提出问题	复习一元二次不等式的相关知识,分组讨论,思考问题	利用多媒体展示教学内容,以旧导新,体现知识的系统性与延续性,提高学生学习积极性

续表

教学环节		教学内容	教师活动	学生活动	设计意图与资源
课中实施	探	**问题** 已知二次函数 $y=x^2-x-6$. (1)怎样画这个二次函数的草图? (2)根据二次函数的图像,能求出抛物线 $y=x^2-x-6$ 与 x 轴的交点吗? 其交点将 x 轴分成几段? (3)根据二次函数的图像,分别找出纵坐标大于0、等于0、小于0的点. (4)根据二次函数的图像,分别求出纵坐标大于0、等于0、小于0的那些点所对应的横坐标的取值范围. **解决** 解方程 $x^2-x-6=0$ 得 $x_1=-2$,$x_2=3$. 观察图像可以看到,方程 $x^2-x-6=0$ 的解恰好为函数图像与 x 轴交点的横坐标;在 x 轴上方的函数图像所对应的自变量 x 的取值范围为 $\{x\|x<-2$ 或 $x>3\}$,此时 $y=x^2-x-6>0$;在 x 轴下方的函数图像所对应的自变量 x 的取值范围为 $\{x\|-2<x<3\}$,此时 $y=x^2-x-6<0$. 总结:利用二次函数 $y=ax^2+bx+c(a>0)$ 的图像可以解不等式 $ax^2+bx+c>0$,$ax^2+bx+c<0$. (1)当 $\Delta=b^2-4ac>0$ 时,方程 $ax^2+bx+c=0$ 有两个不相等的实数解 x_1 和 $x_2(x_1<x_2)$,二次函数 $y=ax^2+bx+c$ 的图像与 x 轴有两个交点 $(x_1,0)$,$(x_2,0)$(如图1所示). 此时,不等式 $ax^2+bx+c<0$ 的解集是 (x_1,x_2),不等式 $ax^2+bx+c>0$ 的解集是 $(-\infty,x_1)\cup(x_2,+\infty)$. 图1 图2 图3 (2)当 $\Delta=b^2-4ac=0$ 时,方程 $ax^2+bx+c=0$ 有两个相等的实数解 x_0,二次函数 $y=ax^2+bx+c$ 的图像与 x 轴只有一个交点 $(x_0,0)$(如图2所示). 此时,不等式 $ax^2+bx+c<0$ 的解集是 $\varnothing$;不等式 $ax^2+bx+c>0$ 的解集是 $(-\infty,x_0)\cup(x_0,+\infty)$. (3)当 $\Delta=b^2-4ac<0$ 时,方程 $ax^2+bx+c=0$ 没有实数解,二次函数 $y=ax^2+bx+c$ 的图像与 x 轴没有交点(如图3所示). 此时,不等式 $ax^2+bx+c<0$ 的解集是 $\varnothing$;不等式 $ax^2+bx+c>0$ 的解集是 **R**	提出问题,引导学生动手画图并观察图像,找出关键点,与学生一起总结	动手画一画,仔细观察图像,小组讨论,积极发言,与老师一起总结	学生动手画图、观察图像,培养学生数形结合的思想,提高学生的观察能力、总结能力,以及对比学习能力

续表

教学环节		教学内容	教师活动	学生活动	设计意图与资源
课中实施	探	如下表所示： （下表） **例题辨析** 例题 解下列各一元二次不等式： (1) $x^2+2x-3>0$； (2) $x^2<9$. 分析：首先判定二次项系数是否为正数，再研究对应一元二次方程解的情况，最后对照表格写出不等式的解集	讲解例题，规范书写要求	小组讨论注意事项，写出过程和答案	通过例题分析，提高学生解决问题的能力和数学运算能力
	练	**巩固练习** 利用图像法解下列各一元二次不等式： (1) $x^2+x-6>0$； (2) $x^2+3x-10>0$. **及时检测** 利用图像法解下列各一元二次不等式： (1) $x^2-2x-8<0$； (2) $x^2-2x+8\leqslant0$； (3) $x^2-3x-4\leqslant0$	评讲错误率较高的习题	完成课堂练习，组内讨论如何解一元二次不等式． 完成课堂检测，查看知识掌握情况	通过练习、检测，了解学生知识掌握情况
	评	本节课学了哪些内容？重点和难点各是什么？ 一元二次不等式的概念； 一元二次不等式的一般形式； 一元二次不等式的解与解集； 一元二次不等式的解法（图像法）； "三个二次"之间的关系		小组抢答进行总结，小组自评、互评，选出本节课优胜小组	用思维导图进行课堂小结，通过组间挑战激发学生的学习斗志，提高学生的语言表达能力
课后拓展	固	利用图像法解下列各一元二次不等式： (1) $x^2+x-2>0$； (2) $x^2+3x-4>0$； (3) $x^2+3x+2>0$； (4) $x^2+3x<0$			学生完成作业，巩固所学知识

表格（"如下表所示"）：

方程或不等式	解集		
	$\Delta>0$	$\Delta=0$	$\Delta<0$
$ax^2+bx+c=0$	$\{x_1,x_2\}$	$\{x_0\}$	$\varnothing$
$ax^2+bx+c>0$	$(-\infty,x_1)\cup(x_2,+\infty)$	$(-\infty,x_0)\cup(x_0,+\infty)$	$\mathbf{R}$
$ax^2+bx+c\geqslant0$	$(-\infty,x_1]\cup[x_2,+\infty)$	$\mathbf{R}$	$\mathbf{R}$
$ax^2+bx+c<0$	(x_1,x_2)	$\varnothing$	$\varnothing$
$ax^2+bx+c\leqslant0$	$[x_1,x_2]$	$\{x_0\}$	$\varnothing$

教学反思

　　本节课利用多媒体教学，提高了教学效率，在课堂实施中师生关系融洽，学生参与度比较高．通过对课前发布的测试题以及课前预习情况的反馈，发现学生在初中所学习的一元二次方程、二次函数相关知识的遗漏问题，帮助学生树立学习数学的自信心．二次函数的图像问题，可以留多点时间让学生画图、观察图像，培养学生的数形结合的思想，同时由函数图像写出一元二次不等式的解集是一个难点，可以留更多的时间让学生讨论，引导学生找出"三个二次"之间的关系．

8 一元二次不等式的解法(二)

四川省成都市中和职业中学 侯 雷

教学分析

授课时间	1 课时	选用教材	高等教育出版社《数学(基础模块)上册》(第三版)
授课对象	烹饪、汽修、会计专业学生	授课类型	新授课

<table>
<tr><td rowspan="1">教学内容</td><td colspan="2">一元二次不等式的解法作为高中数学最重要的内容之一,既是集合知识的运用与巩固,也是学习函数的定义域和值域的基础,起着承上启下的作用. 这部分内容较好地反映了方程、不等式、函数知识的内在联系和相互转化关系,蕴含着归纳、转化、数形结合等丰富的数学思想方法,能较好地培养学生的观察能力、概括能力、探究能力及创新意识. 本节课的主要内容是用图像法求解简单的一元二次不等式($a<0$)</td></tr>
<tr><td rowspan="4">学情分析</td><td>知识基础</td><td>学生在初中已经学习了二次函数、一元二次方程,而二次函数又是学生在初中数学学习中的一个薄弱环节,因此要重视引导学生经历探索、解决问题的过程,深刻理解二次函数、一元二次方程与一元二次不等式"三个二次"之间的关系</td></tr>
<tr><td>认知能力</td><td>学生数学抽象素养普遍不高,用抽象的数学语言来描述、归纳概念的能力还比较欠缺</td></tr>
<tr><td>学习特点</td><td>职高学生主要喜欢模仿学习,喜欢参与活动,团队合作意识较好且有表现自己的欲望,对数学概念、原理、性质的理解缺乏主动性和钻研能力</td></tr>
<tr><td>专业特性</td><td>会计专业学生喜欢模仿,书写比较规范,但是缺少创新思维;汽修、烹饪专业学生思维比较发散,反应比较快,但是书写过程不够规范,容易省略中间过程</td></tr>
<tr><td>教学目标</td><td colspan="2">熟练掌握用图像法解一元二次不等式($a<0$),体会数形结合的数学思想.
经历灵活应用图像法解一元二次不等式的相关问题的过程,培养观察能力、数学思维能力和规范意识,发展严谨的作风,提高学好数学课程的信心.
经历合作学习的过程,树立团队合作意识,提升分析问题、解决问题的能力,养成一丝不苟的品格</td></tr>
<tr><td rowspan="2">教学重难点</td><td>重点</td><td>用图像法解一元二次不等式($a<0$)</td></tr>
<tr><td>难点</td><td>用图像法解一元二次不等式($a<0$);应用图像法解决一元二次不等式的相关问题</td></tr>
<tr><td rowspan="3">教学策略</td><td>教法</td><td>启发发现法、直观教学法、电化教学法(辅)、分层教学法</td></tr>
<tr><td>学法</td><td>自立学习法、合作探究法</td></tr>
<tr><td>教学资源与手段</td><td>用"快剪辑"制作微课视频"一元二次不等式的解法",帮助学生自学用图像法解一元二次不等式.
用"希沃授课助手"进行教学,使用抢答、随机抽人、拍照上传、即问即答等功能.
学生登录"乐乐课堂"观看微课视频,并完成相关练习,教师在平台上批改评价</td></tr>
</table>

教学设计

以"三心二意"教学主张为引领,将教学内容进行结构化处理,采用"线上＋线下"混合式教学模式,将整个教学过程分为学、导、探、练、评、固六个教学环节.

流程设计	学	导	探	练	评	固
	观看视频 温故知新	提出问题 导入新课	小组讨论 探究新知	即学即练 及时检测	课堂小结 多元评价	优化作业 巩固提高
板书设计	一元二次不等式的解法(二) 解一元二次不等式的一般步骤		多媒体展示区		例题、练习区	

教学实施

教学环节		教学内容	教师活动	学生活动	设计意图与资源
课前准备	学	教师课前在"乐乐课堂"发布学习任务,学生复习旧知,预习本节课的内容. 复习旧知: (1)不等式的性质; (2)一元一次方程、一元一次不等式、一次函数三者之间的关系; (3)一元二次方程的解法; (4)用图像法解一元二次不等式($a>0$). 自主学习: (1)观看微课"一元二次不等式的解法"; (2)完成测评	推送微课"一元二次不等式的解法",发布学习任务	复习旧知,观看微课并完成测评	课前复习相关知识,预习本节课的内容,培养学生自主学习的能力和主动学习的意识
课中实施	导	**思考** 对于 $a>0$ 的一元二次不等式如何用图像法求解? 对于 $a<0$ 的一元二次不等式如何用图像法求解	提出问题	分组讨论,尝试解决	培养学生严谨的思维
	探	**探索新知** 二次函数 $y=ax^2+bx+c(a>0)$ 的图像如图所示: 由图像可得,当 $a>0$ 时,一元二次方程或不等式的解集如下表所示:	引导学生复习用图像法解一元二次不等式($a>0$)的相关知识. 引导学生将表格补充完整	在老师的引导下进行复习. 将表格补充完整,仔细观察表格	以旧导新,体现知识的系统性与延续性,提高学生学习的积极性. 学生动手将表格补充完整,观察图像及表格,培养学生数形结合的思想,提高学生的观察能力、总结能力和语言表达能力

方程或不等式	解集		
	$\Delta>0$	$\Delta=0$	$\Delta<0$
$ax^2+bx+c=0$	$\{x_1,x_2\}$	$\{x_0\}$	$\varnothing$
$ax^2+bx+c>0$			$\mathbf{R}$
$ax^2+bx+c\geqslant0$		$\mathbf{R}$	
$ax^2+bx+c<0$	(x_1,x_2)	$\varnothing$	$\varnothing$
$ax^2+bx+c\leqslant0$	$[x_1,x_2]$	$\{x_0\}$	$\varnothing$

教学环节		教学内容	教师活动	学生活动	设计意图与资源
课中实施	探	提问:当$a<0$时,怎么由二次函数图像得到一元二次方程或不等式的解集呢? 例1 求不等式$-x^2+x+6>0$的解集. 分析:将$-x^2+x+6>0$转化成$x^2-x-6<0$,然后按照$a>0$的一元二次不等式求解. 解:二次项系数为$-1<0$,将$-x^2+x+6>0$两边同时乘-1,得到$x^2-x-6<0$. 解方程$x^2-x-6=0$得$x_1=-2$,$x_2=3$. 所以不等式$x^2-x-6<0$的解集为$(-2,3)$,即不等式$-x^2+x+6>0$的解集为$(-2,3)$. 例2 求不等式$-x^2+2x-3>0$的解集. 解:不等式可化为$x^2-2x+3<0$. 因为$\Delta=-8<0$,所以原不等式的解集为$\varnothing$. 例3 当x是什么实数时,$\sqrt{3x^2-x-2}$有意义? 解:根据题意需要解不等式$3x^2-x-2\geq0$. 解方程$3x^2-x-2=0$得$x_1=-\dfrac{2}{3}$,$x_2=1$. 所以不等式$3x^2-x-2\geq0$的解集为$\left(-\infty,-\dfrac{2}{3}\right]\cup[1,+\infty)$,即当$x\in\left(-\infty,-\dfrac{2}{3}\right]\cup[1,+\infty)$时,$8\sqrt{3x^2-x-2}$有意义	讲解例题,引导学生分析思考	观察一元二次不等式的特点,小组讨论,积极发言	通过例题的讲解与分析,培养学生的转化思想,提高学生解决问题的能力,使学生掌握用图像法解一元二次不等式($a<0$)
	练	1. 解下列各一元二次不等式: (1)$-x^2+x+2>0$; (2)$-x^2+6x+9>0$. 2. 当x是什么实数时,$\sqrt{-3x^2-x+2}$有意义	评讲错误率较高的题目	完成课堂练习,查看知识掌握情况	通过练习,了解学生知识的掌握情况
	评	解一元二次不等式的基本步骤: (1)判断二次项系数是否为正数,如果不是,那么将不等式两边同时乘-1; (2)判断对应方程解的情况,如果有解,求出方程的解; (3)根据图表写出一元二次不等式的解集		小组抢答进行总结,小组自评、互评,选出本节课优胜小组	通过组间挑战激发学生的学习斗志,提高学生的语言表达能力、总结能力、团队合作能力
课后拓展	固	1. 解下列各一元二次不等式: (1)$-x^2-x+2>0$; (2)$-x^2-4x-4>0$. 2. 教材习题2.3			学生完成作业,巩固所学知识

教学反思

本节课利用多媒体教学,提高了教学效率,通过对课前发布的测试以及课前预习情况的反馈,了解学生对上一节课所学习的一元二次不等式解法的掌握情况.由于部分学生在初中学习解一元二次方程的时候存在一定的问题,所以可以多训练学生画二次函数的图像加以巩固,这样可以使学生更加熟练地掌握用图像法解一元二次不等式.

9　含绝对值不等式的解法(一)

四川省邻水县职业中学　张建军

教学分析

课时安排	1 课时	选用教材	高等教育出版社《数学(基础模块)上册》(第三版)
授课对象	汽修专业 2019 级 2 班学生	授课类型	概念课
教学内容	本节课的主要内容是借助数轴理解绝对值的几何意义,理解 $|x|>a$ 或 $|x|<a(a>0)$ 型不等式的含义,掌握 $|x|>a$ 或 $|x|<a(a>0)$ 型不等式的解法		
学情分析	知识基础	学生在初中已经学习了绝对值的概念,对一元一次不等式、一元一次不等式组的解法有初步了解,在高中阶段又学习了集合的概念,对不等式的解集的表示更准确. 这些均为不等式的求解提供了知识准备	
	认知能力	学生数学抽象素养普遍不高,对绝对值的概念缺乏认识,对 $|x|>a$ 或 $|x|<a(a>0)$ 型不等式的含义理解不透,所以需借助数轴让 $|x|>a$ 或 $|x|<a(a>0)$ 型不等式的含义具体化	
	学习特点	学生对看得见、摸得着的具体事物或直观图形有清楚的认识,能进行思考,对数学概念、原理、性质的理解缺乏基本认识和一定的想象力,喜欢参与活动,团队合作意识较好且有表现自己的欲望	
	专业特性	该专业学生具有扎实的数控加工专业知识,有较强的动手能力,对汽车原理及其专业知识具有一定的兴趣,对文化课知识的学习积极性不高	
教学目标	了解绝对值的几何意义. 理解 $|x|>a$ 或 $|x|<a(a>0)$ 型不等式的含义. 掌握 $|x|>a$ 或 $|x|<a(a>0)$ 型不等式的解法. 通过数形结合的方法,理解含绝对值不等式的含义,提升数学运算、逻辑推理、数学思维能力和数学抽象等核心素养		
教学重难点	重点	含有绝对值的不等式的解法	
	难点	理解绝对值的几何意义	
教学策略	教法	数形结合法、讨论式教学法、讲练结合法	
	学法	自主学习法、探究学习法、合作学习法	
	教学资源与手段	 EV录屏　快剪辑　HiTeach　云班课 用 PPT、"EV 录屏"、"快剪辑"制作微课视频"绝对值",帮助学生复习数学知识,弥补知识的不足,体会教育发达地区的教学资源,激发学生的学习热情. 用 HiTeach 软件进行教学,使用抢答、随机抽人、拍照上传、即问即答等功能. 学生登录"云班课",课前观看微课,课后完成作业,教师在平台上对作业进行批改评价	

教学设计

以"三心二意"教学主张为引领,将教学内容进行结构化处理,采用"线上+线下"混合式教学模式,将整个教学过程分为学、导、探、练、评、固六个教学环节.

流程设计	学	导	探	练	评	固
	自主学习 复习旧知	分组讨论 导入新课	抽象概念 探究新知	巩固练习 及时检测	课堂小结 加深印象	分层作业 巩固提高

板书设计	**含绝对值不等式的解法(一)** $\|a\|$ 的几何意义 两类不等式的解法(其中 $a>0$) $\|x\|<a \Leftrightarrow -a<x<a$ $\|x\|>a \Leftrightarrow \begin{cases} x>a \\ x<-a \end{cases}$	多媒体展示区	例题、练习区

教学实施

教学环节		教学内容	教师活动	学生活动	设计意图与资源
课前准备	学	课前发布微课小视频"绝对值",学习七年级优质公开课	推送微课小视频	观看相关教学视频	借助"云班课"发布微课,帮助学生复习初中数学知识,弥补初中知识的不足
课中实施	导	学生分小组讨论,谈谈对绝对值的认识,并抽选小组长展示本小组对绝对值的认识成果. 教师通过对学生的回答进行梳理、启发、引导,引出绝对值的几何意义	对学生的回答进行梳理,引出绝对值的几何意义	分组讨论	通过分组学习活动,培养学生的团队合作意识
	探	**探索新知** 【提问】3的绝对值等于几? -3的绝对值等于几? 绝对值等于3的数有哪些? 在数轴上表示出来. 【讲述】求绝对值等于3的数可以用方程 $\|x\|=3$ 来表示,这样的方程叫绝对值方程,显然它有两个解,一个是3,另一个是-3,在数轴上表示如图所示: $$\overset{\bullet}{-3}\quad\underset{O}{\qquad}\quad\overset{\bullet}{3}\quad x$$ 绝对值的几何意义:在数轴上,表示实数 a 的点到原点的距离等于实数 a 的绝对值. 【提问】如何解绝对值不等式? 【设问】 (1)解绝对值不等式 $\|x\|<2$,并用数轴表示出它的解集. (2)解绝对值不等式 $\|x\|>2$,并用数轴表示出它的解集. 【讲述】如图1,根据绝对值的几何意义,由数轴可以看出,不等式 $\|x\|<2$ 的解集就是数轴上到原点	引导学生思考,充分调动学生的积极性	画出坐标轴,并在坐标轴上表示出这两个数,理解绝对值的几何意义	通过画图,帮助学生巩固对坐标轴的认识

教学环节		教学内容	教师活动	学生活动	设计意图与资源
课中实施	探	距离小于 2 的点的集合. 图 1 不等式 $\lvert x \rvert \leqslant 2$ 的解集又如何表示呢？ 类比两种情况，归纳出口诀：小于取中间. 如图 2，不等式 $\lvert x \rvert > 2$ 的解集就是数轴上到原点距离大于 2 的点的集合. 图 2 $\lvert x \rvert \geqslant 2$ 的解集又如何表示呢？ 类比两种情况，归纳出口诀：大于取两边. 【结论】一般地，不等式 $\lvert x \rvert < a(a>0)$ 的解集是 $(-a,a)$；不等式 $\lvert x \rvert > a(a>0)$ 的解集是 $(-\infty,-a)\bigcup(a,+\infty)$. $\lvert x \rvert < a(a>0)$ 的几何意义是到原点的距离小于 a 的点，其解集是 $(-a,a)$. $\lvert x \rvert > a(a>0)$ 的几何意义是到原点的距离大于 a 的点，其解集是 $(-\infty,-a)\bigcup(a,+\infty)$. **例题辨析** 例 1　解下列各不等式： (1) $3\lvert x \rvert -1>0$； (2) $2\lvert x \rvert \leqslant 6$. 分析：将不等式化成 $\lvert x \rvert < a$ 或 $\lvert x \rvert > a$ 的形式后求解. 解：(1) 由不等式 $3\lvert x \rvert -1>0$，得 $\lvert x \rvert > \dfrac{1}{3}$，所以原不等式的解集为 $\left(-\infty,-\dfrac{1}{3}\right)\bigcup\left(\dfrac{1}{3},+\infty\right)$. (2) 由不等式 $2\lvert x \rvert \leqslant 6$，得 $\lvert x \rvert \leqslant 3$，所以原不等式的解集为 $[-3,3]$	引导学生根据绝对值的几何意义在数轴上表示出 $\lvert x \rvert <2$，$\lvert x \rvert >2$ 的解集，总结出口诀"小于取中间，大于取两边"，强调不等式解集的书写规范. 引导学生总结解含绝对值的不等式的方法：一化标准来判断；二用口诀来转化；三用集合来规范. 指导学生利用总结的方法解题，提醒学生注意确定不等式的种类	在数轴上表示出不等式 $\lvert x \rvert <2$，$\lvert x \rvert >2$ 的解集，并思考如何表示 $\lvert x \rvert \leqslant 2$，$\lvert x \rvert \geqslant 2$ 的解集. 和老师一起总结解含绝对值的不等式的方法，并解不等式	根据绝对值的几何意义自然引出含绝对值的不等式 $\lvert x \rvert <a$，$\lvert x \rvert >a(a>0)$ 的解法及几何意义，使学生学会正确求解 $\lvert x \rvert <a$ 或 $\lvert x \rvert >a(a>0)$ 型不等式，提高学生的数形结合能力. 通过两道例题巩固知识，规范求解含绝对值的不等式的方法与步骤： 一化标准来判断； 二用口诀来转化； 三用集合来规范
	练	**巩固练习** 解下列各不等式： (1) $2\lvert x \rvert -3\geqslant 5$；　　(2) $2\lvert x \rvert -1<3$； (3) $5-2\lvert x \rvert \leqslant 1$；　　(4) $3-\lvert x \rvert >3$. **及时检测** 1. 不等式 $7-3\lvert x \rvert >1$ 的整数解的个数是（　　） A. 3　　　　B. 4　　　　C. 5　　　　D. 6 2. 不等式 $2-\lvert x \rvert >0$ 的解集为（　　） A. $x<-2$ 或 $x>2$ B. $-2<x<2$ C. $\{x \mid -2<x<2\}$ D. $\{x \mid x<-2$ 或 $x>2\}$	评讲错误率较高的题目	完成课堂练习，组内讨论如何求解含绝对值的不等式	使用 HiTeach 教学软件进行练习、检测，根据反馈了解学生知识掌握情况

续表

教学环节		教学内容	教师活动	学生活动	设计意图与资源
课中实施	评	1. 教师引导学生归纳总结： 含绝对值不等式的解法 — 绝对值的几何意义 含绝对值不等式的解法 — 不等式 $\|x\|<a$ → $-a<x<a$ 含绝对值不等式的解法 — 不等式 $\|x\|>a$ → $x<-a$ 或 $x>a$ 2. 结合统计数据和学习痕迹，评出优胜小组		小组抢答进行总结，小组自评、互评，选出本节课优胜小组	用思维导图进行课堂小结，通过组间挑战激发学生的学习斗志，既肯定努力的学生，又激励学生后续学习
课后拓展	固	1. 不等式 $2\|x\|-5>3$ 解集为 _____. 2. 如图，若点 A,C 在数轴上表示的两个数绝对值相等，点 B 表示的数为 a，则不等式 $\|x\|-5<a$ 的解集为（　　） 　　　　　A　　B　　　　C x A. $-4<x<4$　　　B. $-2<x<2$　　　C. $\{x\|-2<x<2\}$　　　D. $\{x\|-4<x<4\}$ 3. 解不等式： (1) $\|x\|+1\leqslant3$；　　(2) $\|2x+1\|+1\leqslant3$.（选做）			学生完成作业，巩固本节课所学. 作业分层，让学有余力的同学继续提高

教学反思

　　中职学生普遍学习基础不好，充分利用信息平台发送初中优秀课程资源，让学生充分利用课余时间补一些基础知识，从而做好课程衔接，增加了学生对数学知识的了解，提高了学生学习数学的激情.

　　数形结合在数学中运用得比较广泛，先利用数轴上的一段来表示绝对值不等式解集，然后又从数轴表示回到集合表示，这样不但提高了学生的数学抽象素养，而且丰富了绝对值不等式的内涵. 最后用三句话来强化解题步骤：一化标准来判断，二用口诀来转化，三用集合来规范，再次加深了学生对不等式解法的理解，从而突出本节课的重点.

　　课堂练习设计为巩固练习、及时检测，加深学生对知识的理解，了解学生掌握情况. HiTeach 教学软件中抢答、随机抽人等功能调动了学生积极性，拍照上传、即问即答等功能则及时反馈了学生的知识掌握情况. 利用思维导图、组间挑战的方式帮助学生梳理本节课主要内容，激发学生学习斗志.

　　通过作业反馈情况看，这节课起到较好的教学效果，大多数学生能正确地完成作业，仅少量学生解题过程不细心，解集表示不够规范.

10　含绝对值不等式的解法(二)

四川省邻水县职业中学　张建军

教学分析

授课时间	1 课时	选用教材	高等教育出版社《数学(基础模块)上册》(第三版)
授课对象	汽修专业 2019 级 2 班学生	授课类型	概念课
教学内容	本节课的主要内容是在掌握了 $\|x\| < a$ 或 $\|x\| > a(a > 0)$ 型不等式的解法的基础上,运用类比思想,利用变量替换解 $\|a+b\| < c$ 或 $\|ax+b\| > c(c > 0)$ 型的不等式		
学情分析	知识基础	学生对绝对值的概念有初步了解,前面又掌握了 $\|x\| < a$ 或 $\|x\| > a(a > 0)$ 型不等式的解法,为本节课的学习奠定了基础	
	认知能力	学生数学基础不扎实,对抽象的数学语言缺乏认识,理解不透,但他们模仿能力强,可以运用类比思想将 $\|ax+b\| < c$ 或 $\|ax+b\| > c(c > 0)$ 型不等式用变量替换法化为 $\|x\| < a$ 或 $\|x\| > a(a > 0)$ 型不等式	
	学习特点	学生对看得见、摸得着的具体事物或直观图形有直观的认识,能进行思考,对数学概念、原理、性质的理解缺乏基本认识和一定的想象力,喜欢参与活动,团队合作意识较好且有表现自己的欲望	
	专业特性	该专业学生具有扎实的数控加工专业知识,有较强的动手能力,对汽车原理及其专业知识具有一定的兴趣,对文化课知识学习积极性不高	
教学目标	掌握 $\|ax+b\| < c$ 或 $\|ax+b\| > c(c > 0)$ 型不等式的解法. 通过类比两类不等式的解法,理解变量替换的实质,从而提升数学运算、逻辑推理、数学思维能力和数学抽象等核心素养		
教学重难点	重点	掌握 $\|ax+b\| < c$ 或 $\|ax+b\| > c(c > 0)$ 型不等式的解法	
	难点	理解绝对值的几何意义与变量替换的实质	
教学策略	教法	讨论式教学法、讲练结合法、数形结合法	
	学法	自主学习法、探究学习法、合作学习法	
	教学资源与手段	EV录屏　　快剪辑　　HiTeach　　云班课 用 PPT、"EV 录屏"、"快剪辑"制作篮球比赛短视频,渗透整体法思想,激发学生的学习热情. 用 HiTeach 软件进行教学,使用抢答、随机抽人、拍照上传、即问即答等功能. 学生登录"云班课",课前观看微课,课后完成作业,教师在平台上对作业进行批改评价	

📁 **教学设计**

以"三心二意"教学主张为引领,将教学内容进行结构化处理,采用"线上＋线下"混合式教学模式,将整个教学过程分为学、导、探、练、评、固六个教学环节.

流程设计	学	导	探	练	评	固
	复习旧知 温故知新	创设情境 导入新课	对比分析 探究新知	巩固练习 及时检测	课堂小结 加深印象	分层作业 巩固提高

板书设计	含绝对值不等式的解法(二) 变量替换 两类不等式的解法(其中 $c>0$) $\|ax+b\|<c \Leftrightarrow -c<ax+b<c$ $\|ax+b\|>c \Leftrightarrow \begin{cases} ax+b>c \\ ax+b<-c \end{cases}$	多媒体展示区	例题、练习区

📁 **教学实施**

教学环节		教学内容	教师活动	学生活动	设计意图与资源
课前准备	学	教师通过"云班课"发布作业,并在平台上对作业进行批改,特别注意作业完成情况. 学生通过作业复习 $\|x\|>a$ 或 $\|x\|<a(a>0)$ 型不等式的解法	通过"云班课"发布作业,在平台上对作业进行批改	完成作业	借助"云班课"发布作业,复习含绝对值的不等式的解法
课中实施	导	**创设情境** 炎热的夏季,我县组织了首届"邻州府"篮球赛,每当比赛进行时,体育场便传来阵阵喝彩声……我们除了关注运动员高超的球技和娴熟的配合外,其实我们更关注球队的输赢(整体得分多少),在数学中,我们也经常从整体考虑. 提问:已知 $a-2b=5$,怎么求 $12-a+2b$ 的值	推送视频,提出问题	观看视频,回答问题	通过情境引入课题,激发学生兴趣,通过简单的数学问题渗透整体法思想,层层推进
	探	**探索新知** 【问题一】 $\|x\|<a(a>0)$ 的几何意义是到原点的距离小于 a 的点,其解集是 $(-a, a)$. 如何通过 $\|x\|<a(a>0)$ 求解不等式 $\|2x+1\|<3$? 分析:在不等式 $\|2x+1\|<3$ 中,设 $m=2x+1$,则不等式 $\|2x+1\|<3$ 化为 $\|m\|<3$,解该不等式得 $-3<m<3$,即 $-3<2x+1<3$. 利用不等式的性质,可得 $-3-1<2x<3-1$, $-4<2x<2$, $-2<x<1$. 故不等式 $\|2x+1\|<3$ 的解集为 $(-2, 1)$. 结论:可以通过"变量替换"的方法求解 $\|ax+b\|<c$ 型不等式. 类比 $\|x\|<a(a>0) \Leftrightarrow -a<x<a$,得 $\|ax+b\|<c(c>0) \Leftrightarrow -c<ax+b<c(c>0)$. (说明、强调 $\|ax+b\|\leqslant c$ 的情况)	提出问题. 引导学生说出整体法思想,强调设 $m=2x+1$,事实上就是把变量 $2x+1$ 当作一个整体与 m 进行置换,强调变量替换与类比法	分组讨论 $\|x\|<a$ 与 $\|2x+1\|<3$ 的相同点和不同点	培养学生观察、分析问题的能力

续表

教学环节		教学内容	教师活动	学生活动	设计意图与资源
课中实施	探	【问题二】 $\|x\|>a(a>0)$ 的几何意义是到原点的距离大于 a 的点,其解集是 $(-\infty,-a)\cup(a,+\infty)$. 如何通过 $\|x\|>a(a>0)$ 求解不等式 $\|2x+1\|>3$? 分析:在不等式 $\|2x+1\|>3$ 中,设 $m=2x+1$,则不等式 $\|2x+1\|>3$ 化为 $\|m\|>3$,解该不等式得 $m>3$ 或 $m<-3$,即 $2x+1>3$ 或 $2x+1<-3$. 利用不等式的性质,可得 $2x>3-1$ 或 $2x<-3-1$, $x>1$ 或 $x<-2$. 故不等式 $\|2x+1\|>3$ 的解集为 $(-\infty,-2)\cup(1,+\infty)$. 结论:类比 $\|x\|>a(a>0)\Leftrightarrow x<-a$ 或 $x>a$,得 $\|ax+b\|>c(c>0)\Leftrightarrow ax+b<-c$ 或 $ax+b>c(c>0)$. (说明、强调 $\|ax+b\|\geqslant c$ 的情况) 由此可见,形如 $\|ax+b\|<c$ 或 $\|ax+b\|>c(c>0)$ 的不等式可以通过"变量替换"的方法求解,实际运算中,可以省略变量替换的书写过程. **例题辨析** 例 1　解不等式 $\|2x-1\|\leqslant 5$. 解:由原不等式可得 $-5\leqslant 2x-1\leqslant 5$, 于是 $-5+1\leqslant 2x\leqslant 5+1$, 即 $-2\leqslant x\leqslant 3$. 所以原不等式的解集为 $[-2,3]$. 例 2　解不等式 $\|2x+5\|>7$. 解:由原不等式得 $2x+5<-7$ 或 $2x+5>7$, 整理,得 $x<-6$ 或 $x>1$. 所以原不等式的解集为 $(-\infty,-6)\cup(1,+\infty)$	引导学生在前面分析的基础上自行得出结论. 引导学生利用得出的结论解题,提醒学生注意先确定不等式的种类,再选用相关方法解题,注重书写格式和解题过程的规范	在老师的引导下分析、思考,理解"变量替换"的方法. 仿照前面的分析过程,自行归纳总结,得出结论. 和老师一起从实际问题中判断不等式的种类,并求解不等式	通过小组分工与合作,培养学生互帮互学、团结协作的习惯. 通过让学生自己归纳总结,提升学生的观察、分析能力. 通过两道例题巩固知识,规范不等式求解的方法与步骤
	练	**巩固练习** 解下列各不等式: (1) $\|x+4\|>9$;　　(2) $\left\|x+\dfrac{1}{4}\right\|\leqslant\dfrac{1}{2}$; (3) $\|5x-4\|<6$;　　(4) $\left\|\dfrac{1}{2}x+1\right\|\geqslant 2$. **及时检测** 1. 不等式 $\|x-2\|\leqslant 5$ 的整数解有(　　) A.11 个　　B.10 个　　C.9 个　　D.7 个 2. 不等式 $\|2x-5\|>1$ 的解集是(　　) A.$\{x\|x<2\}$　　　　B.$\{x\|x>3\}$ C.$\{x\|x<2$ 或 $x>3\}$　　D.$\{x\|2<x<3\}$ 3. 要使 $\sqrt{4-\|x-3\|}$ 有意义,则 x 的取值范围是_____	评讲错误率较高的题目	完成课堂练习,组内讨论如何求解含绝对值的不等式	使用 HiTeach 教学软件进行练习、检测,根据反馈了解学生知识掌握情况

教学环节		教学内容	教师活动	学生活动	设计意图与资源
课中实施	评	1. 教师引导学生归纳总结： 含绝对值不等式的解法 ├ 不等式 $\lvert x \rvert < a(a>0)$ → $-a<x<a$ ├ 不等式 $\lvert ax+b \rvert < c(c>0)$ → $-c<ax+b<c$ ├ 不等式 $\lvert x \rvert > a$ → $x<-a$ 或 $x>a$ └ 不等式 $\lvert ax+b \rvert < c(c>0)$ → $ax+b<-c$ 或 $ax+b>c$ 2. 结合统计数据和学习痕迹，评出优胜小组		小组抢答进行总结，小组自评、互评，选出本节课优胜小组	用思维导图进行课堂小结，通过组间挑战激发学生的学习斗志，既肯定努力的学生，又激励学生后续学习
课后拓展	固	**必做作业：** 1. 解不等式： (1)$2\lvert x \rvert - 3 \leqslant 7$;　　(2)$\lvert 3x+2 \rvert \geqslant 5$. 2. 不等式 $\lvert 3-x \rvert < 1$ 的整数解构成的集合为＿＿＿＿＿＿. 3. 不等式 $\lvert x-a \rvert < b$ 的解集为 $(-3,9)$，则 $a=$＿＿＿，$b=$＿＿＿. **选做作业：** 设集合 $A=\{x \mid x^2-2x-8 \geqslant 0\}$，$B=\{x \mid 1-\lvert x-a \rvert > 0\}$. (1)分别用区间表示集合 A,B; (2)若 $A \cap B = \varnothing$，求 a 的取值范围			学生完成作业，巩固本节课所学知识. 作业分层，让学有余力的同学继续提高

📁 教学反思

　　本节课主要渗透了变量替换法和类比法思想，让学生不但会解不等式，更要理解这两种思想方法，授人以鱼不如授人以渔，切实提高学生能力，让学生动脑、动手，还课堂于学生，以学生为主体，教师只是课堂的设计者.

　　课堂练习设计为巩固练习、及时检测，加深学生对知识的理解，了解学生掌握情况. HiTeach 教学软件中抢答、随机抽人等功能调动了学生积极性，拍照上传、即问即答等功能则及时反馈了学生的知识掌握情况. 利用思维导图、组间挑战的方式帮助学生梳理本节课主要内容，激发学生学习斗志.

　　通过作业反馈情况看，这节课起到较好的教学效果，大多数学生能正确地完成必做作业和选做作业，仅少量学生解题过程不细心，解集表示不规范.

第二部分 函 数

第 ③ 章　　　　　函 数

1　函数的概念

四川天府新区职业学校　冯晓娟

教学分析

授课时间	1 课时	选用教材	高等教育出版社《数学(基础模块)上册》(第三版)
授课对象	社区公共事务管理专业 2019 级 1 班学生	授课类型	概念课
教学内容	函数是中职数学的主线之一,更是今后学习高等数学的基础.函数概念是现代数学最基本的概念,是描述客观世界中变量关系和变化规律的最基本的数学工具和语言.对社区公共事务管理专业的学生而言,老龄化的现状分析、老年人的健康指标监测等问题的学习,都需要用函数关系去观察、用函数思想去思考、用函数方法去解决. 本节课是本章的第 1 节课,主要内容是理解函数的概念,并会求函数值		
学情分析	知识基础	学生在初中已经学习了函数概念,对一次函数、二次函数及反比例函数有初步了解;高中阶段又学习了集合的概念,对集合及其关系、运算有一定的认识.这为用集合的观点认识函数概念提供了知识准备	
	认知能力	学生数学抽象素养普遍不高,用抽象的数学语言来描述、归纳概念的能力还比较欠缺	
	学习特点	学生对看得见、摸得着的具体事物或直观图形可以进行思考,对数学概念、原理、性质的理解缺乏主动性和钻研能力,喜欢参与活动,团队合作意识较好且有表现自己的欲望	
	专业特性	该专业学生了解一定的社区工作、健康管理的政策法规,具备较熟练操作办公软件的能力,具有较强的写作能力、人际交往沟通能力,但由于逻辑思维能力不强等原因,条理性还比较欠缺	
教学目标	通过观察、辨析具体实例的共同属性,逐步抽象出用集合的语言刻画的函数的概念. 在从图形语言和文字语言到符号语言表达的过程中,发展数学抽象素养. 理解函数的概念及函数的两个要素. 通过求函数值,提高数学运算能力,发展数学运算素养. 通过实例增强爱国意识、环保意识,结合专业强化尊老、爱老、敬老的专业理念		
教学重难点	重点	函数的概念,求函数值	
	难点	对函数概念的理解	

续表

教学策略	教法	启发式教学法、讨论式教学法
	学法	自主学习法、探究学习法、合作学习法
	教学资源与手段	EV录屏　快剪辑　HiTeach　云班课 用PPT、"EV录屏"、"快剪辑"制作微课视频"'函数'一词的来历",帮助学生感受数学历史,体会中国灿烂的数学文化和数学家的伟大成就,激发爱国热情. 用HiTeach软件进行教学,使用抢答、随机抽人、拍照上传、即问即答等功能. 学生登录"云班课",课前观看微课,课后完成作业,教师在平台上对作业进行批改评价

📁 教学设计

流程设计	以"三心二意"教学主张为引领,将教学内容进行结构化处理,采用"线上＋线下"混合式教学模式,将整个教学过程分为学、导、探、练、评、固六个教学环节.
	学 ＞ 导 ＞ 探 ＞ 练 ＞ 评 ＞ 固
	观看微课　创设情境　抽象概念　巩固练习　课堂小结　分层作业 复习旧知　导入新课　探究新知　及时检测　小组评价　巩固提高

板书设计	**函数的概念** 概念	多媒体展示区	例题、练习区

📁 教学实施

教学环节		教学内容	教师活动	学生活动	设计意图与资源
课前准备	学	1. 通过微课视频"'函数'一词的来历"了解函数背景知识. **函数——最早出自清朝数学家李善兰的《代数学》** 2. 复习初中学习的函数知识	推送微课"'函数'一词的来历"	观看微课,并复习初中学习的函数知识	借助"云班课"发布微课,帮助学生了解"函数"一词的来历,渗透数学文化,激发学生文化自信

教学环节		教学内容	教师活动	学生活动	设计意图与资源
课中实施	导	**情境导入** 情境1:为响应国家关于"低碳环保,绿色出行"的号召,小王同学出行一般选择共享单车.某天,小王以 20 km/h 的速度匀速骑行外出,那么,路程 s(km)与时间 t(h)之间有什么关系? 情境2:国际上常用恩格尔系数 r 反映一个国家平均家庭生活质量的情况,恩格尔通过研究得出规律:一个家庭收入越少,恩格尔系数就越大.反之,恩格尔系数就越小. 下表为近八年来我国居民恩格尔系数情况,请问:恩格尔系数 r 与年份 x 之间有什么关系? （表：年份 x：2012 2013 2014 2015 2016 2017 2018 2019；恩格尔系数 r：33% 31.2% 31% 30.6% 30.1% 29.3% 28.4% 28.2%） 情境3:某地某天的气温变化图如下: 气温 T 与时间 t 之间有什么关系	结合生活实际,创设问题情境	分组讨论,尝试解决	结合生活实际创设情境,激发学生的学习兴趣,树立爱国、环保意识
	探	**探索新知** 情境1中,路程 s(km)与时间 t(h)之间的关系可以表示为 $s=20t$.时间 t 的变化范围是数集 $D=\{t\mid t>0\}$.对于数集 D 中的每一个 t,按照 $s=20t$,路程 s 都有唯一确定的值与它对应. 情境2中,由表可知,对于数集 $D=\{2012,2013,2014,2015,2016,2017,2018,2019\}$ 中的每一个年份 x,恩格尔系数 r 都有唯一确定的值与它对应.例如,当 $x=2019$ 时,有 $r=28.2\%$ 与它对应,即 2019 年我国居民恩格尔系数为 28.2%. 情境3中,由气温变化图可知,气温 T 是时间 t 的函数.对于数集 $D=\{t\mid 0\leqslant t\leqslant24\}$ 中的每一个时刻 t,气温 T 都有唯一确定的值与它对应.例如,当 $t=8$ 时,有 $T=24$ 与它对应,即 8 时的气温为 24 ℃. 上述三种对应关系就是我们今天要学习的函数. 定义:在某一个变化过程中有两个变量 x 和 y,设变量 x 的取值范围为数集 D,如果对于 D 内的每一个 x 值,按照某个对应法则 f,y 都有唯一确定的值与它对应,那么,把 x 叫做自变量,把 y 叫做 x 的函数,记作 $y=f(x)$. 变量 x 叫做自变量,数集 D 叫做函数的定义域.当 $x=x_0$ 时,函数 $y=f(x)$ 对应的值 y_0 叫做函数 $y=f(x)$ 在点 x_0 处的函数值,记作 $y_0=f(x_0)$.函数值的集合 $\{y\mid y=f(x),x\in D\}$ 叫做函数的值域	分析情境,引导学生得出问题情境中两个变量之间的关系	分析实例,发现生活中的函数,理解函数的概念	引导学生从实例中抽象出数量关系,体会函数的本质,提升数学抽象素养,为概念的生成做准备

教学环节		教学内容	教师活动	学生活动	设计意图与资源
课中实施	探	注意:(1)观察情境3,$t=12$和$t=18$时,温度均为30℃,也就是允许多个x对应一个y.函数可以是一对一,也可以是多对一. (2)符号"f"可以看作"加工厂",它把x加工成y.还可以用符号$g(x),h(x),G(x),F(x)$等来表示函数. (3)定义域和对应法则是函数的两个要素,它们一旦确定,函数值域也就随之确定了. (4)求函数在某处的值,只需将式子中的x替换成该数字. **例题辨析** 例1 (1)全球老龄化统计图如下,其中有函数关系吗? 2000~2013年全球人口老龄化统计图 (2)因为老年人口的急剧增多,某镇现需要修建一所养老院.根据规定,养老院的建筑面积人均最低标准为6(m^2),修建养老院的最少建筑面积$S(m^2)$和人数x之间构成函数关系吗?如果是,关系式是什么?定义域是什么?值域是什么? (3)某护工外出为老人采购茶杯,发现商店有这样一张表格: 该表中存在函数关系吗?如果存在,该函数的定义域是什么?值域是什么? 例2 已知函数表达式为$f(x)=\dfrac{2x+1}{3}$,求$f(2)$,$f(b)$,$f(-x)$	把概念中的重难点细化讲解,并结合情境来解析定义. 进一步完善概念,解释定义域、值域和求函数值的方法. 引导学生进行分析,辨析生活中的函数问题. 引导学生利用定义进行判断. 引导学生用替换的方法求函数值	理解一对一和多对一,理解符号"$f(x)$"的含义. 记忆函数的两个要素和求函数值的方法. 和老师一起从实际问题中抽象出数学问题,并判断是否构成函数关系	结合情境分析,进一步理解函数的概念,掌握求函数值的方法,感受数学替换思想,提高数学运算素养. 通过简单的实际问题,提高学生的观察、分析能力,提升数学抽象素养
	练	**巩固练习** 1. 判断下列关系能否表示y是x的函数. (1)$y=|x|$; (2)$|y|=x$; (3)$y=x^2$; (4)$y^2=x$. 2. 已知函数$f(x)=ax-2$,若$f(-1)=2$,则$f(1)=($) A. -2 B. 2 C. -6 D. 0 3. 已知$f(x)=x^2+1$,求$f(x+2)$. **及时检测** 1. 下列图像中不能作为函数图像的是( ) 2. 已知$f(x)=x^2+2x-1$,则$f(1)=($) A.1 B.2 C.3 D.4	评讲错误率较高的题目	组内讨论,完成课堂练习、检测	使用 HiTeach 教学软件进行练习、检测,根据反馈,了解学生知识掌握情况

在例1(3)的表格内容:

x/个	1	2	3	4
y/元	5	10	15	20

教学环节		教学内容	教师活动	学生活动	设计意图与资源
课中实施	评	1. 教师引导学生归纳总结： (1)函数的概念； (2)函数的两个要素； (3)如何求函数值. 2. 结合统计数据和学习痕迹,评出优胜小组		小组抢答进行总结,小组自评、互评,选出本节课优胜小组	通过组间挑战激发学生的学习斗志,既肯定努力的学生,又激励学生后续学习
课后拓展	固	**必做作业：** 1. 如图所示,能够作为函数图像的有 _____ . 　① 　　② 　　③ 　　④ 　　⑤ 2. 设函数 $f(x)=2x^2-5$,求 $f(0),f(a),f(-x)$. 3. 举出几个实际生活中函数的例子. **选做作业：** 1. 已知 $f(2x-1)=4x-2$,求 $f(3)$. 2. 已知 $f(x)=2x^2+1$,求 $f(x+1)$			作业分层,让学有余力的同学继续提高

教学反思

　　本节课是函数这一章的起始课,是非常重要的内容,在教学中要引导学生从实际情境中抽象出数量的对应关系,并逐步抽象出函数的概念,函数的概念生成后,还需引导学生用函数的概念判断与专业相关的实例中的函数关系,反复加深对函数概念的理解,才能突破本节课的难点.

　　通过作业反馈情况来看,这节课起到较好的教学效果,大多数学生能正确地完成必做作业和选做作业,仅少量学生解题过程不细心导致错误.

2　函数的定义域

蓬溪县中等职业技术学校　田仁勇

教学分析

授课时间	1 课时	选用教材	高等教育出版社《数学(基础模块)上册》(第三版)
授课对象	计算机专业 2020 级春班学生	授课类型	概念、应用课
教学内容	求函数的定义域与值域是教材第 3 章第 1 节的内容,本节课是本节第 2 课时,主要内容是理解函数的定义域、值域等概念,掌握求函数的定义域的方法.在用代数式表示对应法则的函数中,函数的定义域是使这个代数式有意义的自变量取值的集合,在实际问题中,函数的定义域由问题的实际意义确定		
学情分析	知识基础	学生在初中已经学习了函数的概念,会求函数表达式中自变量的取值范围,已知自变量的值能求出对应的函数值	
	认知能力	学生数学抽象素养普遍不高,用抽象的数学语言来描述、归纳概念的能力还比较欠缺	
	学习特点	学生学习积极性高,有一定的学习兴趣,但基础不扎实,运算能力较差	
	专业特性	学生了解一定的计算机基础知识,具备一定的办公软件使用能力	
教学目标	理解函数的定义域与值域的概念. 经历根据函数的表达式和问题的实际意义求函数的定义域,已知函数的表达式和自变量的值求相应的函数值的过程,培养分类讨论的数学思想和合作探究的团队精神,提高分析问题、解决问题的能力		
教学重难点	重点	函数定义域与值域的概念,求函数定义域的方法	
	难点	求函数定义域	
教学策略	教法	问题探究法、启发式教学法	
	学法	小组合作学习法、自主学习法	
	教学资源与手段	多媒体电子白板、网络资源等	

教学设计

流程设计	以"三心二意"教学主张为引领,将教学内容进行结构化处理,采用"线上＋线下"混合式教学模式,将整个教学过程分为学、导、探、练、评、固六个教学环节.
	学　导　探　练　评　固
	自主复习　　提出问题　　抽象概念　　巩固练习　　课堂小结　　分层作业 完成检测　　导入新课　　探究新知　　及时检测　　小组评价　　巩固提高
板书设计	**函数的定义域** 函数的概念　　　　　多媒体展示区　　　　　例题、练习区 函数的定义域 函数的值域

教学实施

教学环节		教学内容	教师活动	学生活动	设计意图与资源
课前准备	学	学生自主复习函数的概念、求函数表达式中自变量取值范围的方法	设计课前检测题	自主学习，完成检测题	课前自主复习，培养学生自主学习的能力和主动学习的意识
课中实施	导	**知识回顾** 提问：我们在初中学习过哪些函数？ 在一个变化过程中，有两个变量 x 和 y，如果对于 x 的每一个确定的值，y 都有唯一的值与其对应，那么我们就说 x 是自变量，y 是 x 的函数. 一次函数：$y=kx+b\,(k\neq0)$； 二次函数：$y=ax^2+bx+c\,(a\neq0)$； 反比例函数：$y=\dfrac{k}{x}\,(k\neq0)$. **实例导入** 学校商店销售某种果汁饮料，售价每瓶 2.5 元，购买果汁饮料的瓶数与应付款之间具有什么关系呢？ 分析：设购买果汁饮料 x 瓶，应付款为 y 元，则 $y=2.5x$. 因为 x 表示购买果汁饮料瓶数，所以 x 可以取集合 $\{0,1,2,3,\cdots\}$ 中的任意一个值，由于 $y=2.5x$，则应付款 y 有唯一的值与之对应. 两个变量之间的这种对应关系叫做函数关系	引导学生回顾初中所学函数知识. 引导、启发学生分析两个变量之间的对应关系	回顾初中所学函数知识，分析问题，体会对应关系	以旧导新，体现知识的系统性与延续性，提高学生学习积极性
	探	**巩固定义，探究新知** 请同学们思考以下两个问题： (1) $y=1$ 是函数吗？ (2) $y=x$ 与 $y=\dfrac{x^2}{x}$ 是同一个函数吗？ 显然，仅用初中函数的概念很难回答这些问题. 因此，需要从新的角度认识函数. 概念：在某一个变化过程中有两个变量 x 和 y，设变量 x 的取值范围为数集 D，如果对于 D 内的每一个 x 值，按照某个对应法则 f，y 都有唯一确定的值与它对应，那么，把 x 叫做自变量，把 y 叫做 x 的函数，记作 $y=f(x)$. 其中变量 x 叫做自变量，数集 D 叫做函数的定义域. 当 $x=x_0$ 时，函数 $y=f(x)$ 对应的值 y_0 叫做函数 $y=f(x)$ 在点 x_0 处的函数值，记作 $y_0=f(x_0)$. 函数值的集合 $\{y\mid y=f(x),x\in D\}$ 叫做函数的值域	引导学生思考. 引导学生进一步理解函数的概念	思考问题. 理解函数的概念	通过问题引发学生的求知欲，激发学生的学习兴趣，自然引出新的函数概念，体会引入新知的必要性

教学环节		教学内容	教师活动	学生活动	设计意图与资源
课中实施	探	函数的定义域与对应法则一旦确定,函数的值域也就确定了,因此函数的定义域与对应法则叫做函数的两个要素. 说明: 定义域与对应法则都相同的函数视为同一个函数,而与选用的字母无关. 例如函数 $y=\sqrt{x}$ 与 $s=\sqrt{t}$,虽然选用的字母不同,但表示的是同一个函数. 再如,函数 $y=\dfrac{x^2}{x}$ 的定义域为 $\{x\mid x\neq 0\}$,函数 $y=x$ 的定义域为 **R**. 它们的定义域不同,因此不是同一个函数;函数 $y=\sqrt{x^2}=\begin{cases}x, & x\geqslant 0,\\ -x, & x<0\end{cases}$ 与 $y=x$ 的定义域相同,都是 **R**,但是它们的对应法则不同,因此不是同一个函数. **典型例题** 例1 求下列函数的定义域: $(1) f(x)=\dfrac{1}{x+1}$;$(2) f(x)=\sqrt{1-2x}$. 分析:如果函数的对应法则是用代数式表示的,那么函数的定义域就是使得这个代数式有意义的自变量取值的集合. 解:(1)为使分式 $\dfrac{1}{x+1}$ 有意义,必须使 $x+1\neq 0$,即 $x\neq -1$, 所以函数的定义域为 $\{x\mid x\neq -1\}$,即 $(-\infty,-1)\cup(-1,+\infty)$. (2)为使根式 $\sqrt{1-2x}$ 有意义,必须使 $1-2x\geqslant 0$,即 $x\leqslant \dfrac{1}{2}$, 所以函数的定义域为 $\left(-\infty,\dfrac{1}{2}\right]$. 归纳:代数式中含有分式,使得代数式有意义的条件是分式的分母不等于零;代数式中含有二次根式,使得代数式有意义的条件是被开方式大于或等于零. 例2 已知 $f(x)=\dfrac{2x-1}{3}$,求 $f(0)$,$f(2)$,$f(-5)$,$f(b)$. 分析:本题是求自变量 $x=x_0$ 时对应的函数值,方法是将 x_0 代入函数表达式求值. 解:$f(0)=\dfrac{2\times 0-1}{3}=-\dfrac{1}{3}$; $f(2)=\dfrac{2\times 2-1}{3}=1$; $f(-5)=\dfrac{2\times(-5)-1}{3}=-\dfrac{11}{3}$; $f(b)=\dfrac{2\times b-1}{3}=\dfrac{2b-1}{3}$	引导学生理解函数的定义域、值域,理解值域由定义域、对应法则唯一确定. 引导学生理解相同函数. 讲解例题,引导学生分析、思考	在老师的引导下理解函数的相关概念. 思考问题,小组讨论	归纳函数及其相关的概念,加深学生对概念的理解. 通过例题强化学生对函数定义域的理解,培养学生的概括能力和数学语言表达的能力,体会分类的必要性,渗透分类思想. 用代入求值的方法求函数值,培养学生的运算能力

教学环节		教学内容	教师活动	学生活动	设计意图与资源
课中实施	练	运用知识　强化练习 1. 求下列各函数的定义域： $(1)f(x)=\dfrac{2}{x+4}$; $(2)f(x)=\sqrt{x^2-6x+5}$. 2. 已知函数 $f(x)=3x-2$,求 $f(0)$,$f(1)$,$f(a)$. 3. 判定下列各组函数是否为同一个函数： $(1)f(x)=x$,$f(x)=\sqrt[3]{x^3}$; $(2)f(x)=x+1$,$f(x)=\dfrac{x^2-1}{x-1}$	指导学生完成练习	小组讨论,完成练习	通过练习帮助学生加深对本节课所学知识和方法的理解
	评	1. 教师引导学生归纳总结： (1)求函数定义域的方法； (2)已知函数的解析式和自变量的值,求函数值的方法. 2. 评出优胜小组		小组抢答进行总结,小组自评、互评,最后评选出本节课优胜小组	知识梳理,构建知识体系,加深对本节课所学知识的理解
课后拓展	固	1. 练习册训练题 3.1.1. 2. 教材练习 3.1.1			学生独立完成作业,教师批改并及时点评,了解学生知识掌握情况

教学反思

　　通过对课前布置的复习任务及课前预习情况的反馈,发现学生对函数及其相关概念的学习存在畏难情绪,数学语言的表达不太准确,学生普遍觉得概念较为抽象.因此在本节课的教学中教师要帮助学生理解数学语言中的关键词、符号及其意义,通过典型例题的教学使学生加深对知识和方法的理解.

3 函数的表示法

蓬溪县中等职业技术学校 田仁勇

教学分析

授课时间	1课时	选用教材	高等教育出版社《数学（基础模块）上册》（第三版）
授课对象	计算机专业2020级春班学生	授课类型	概念课
教学内容	\multicolumn{3}{}{函数的表示法是教材第3章第1节的内容．学生已经学习了函数的概念，会求函数的表达式和自变量的取值范围，已知自变量的值能求出对应的函数值，会用"描点法"画出一些函数的图像．本节课在学习了函数概念的基础上进一步学习函数的三种表示方法}		
学情分析	知识基础	\multicolumn{2}{}{学生在初中已经学习了函数概念，对一次函数、二次函数及反比例函数有初步了解，前面两节课又从集合的角度学习了函数概念}	
	认知能力	\multicolumn{2}{}{学生数学理解能力普遍不强，用数学语言来归纳、叙述概念的能力还比较欠缺}	
	学习特点	\multicolumn{2}{}{学生学习积极性高，有一定的学习兴趣，团队合作意识较好且有表现自己的欲望，但基础不扎实，运算能力较差，对数学概念、性质的理解能力不强}	
	专业特性	\multicolumn{2}{}{该专业学生了解一定的计算机基础知识，具备一定的办公软件使用能力}	
教学目标	\multicolumn{3}{}{理解函数的三种表示方法——解析法、列表法和图像法． 了解解析法、列表法和图像法的优点． 会用"描点法"画已知解析式的函数的图像}		
教学重难点	重点	\multicolumn{2}{}{函数的表示方法，用"描点法"画函数的图像}	
	难点	\multicolumn{2}{}{函数的三种表示方法}	
教学策略	教法	\multicolumn{2}{}{问题探究法、启发式教学法}	
	学法	\multicolumn{2}{}{小组合作学习法、自主学习法}	
	教学资源与手段	\multicolumn{2}{}{多媒体电子白板、网络资源等}	

教学设计

流程设计	以"三心二意"教学主张为引领，将教学内容进行结构化处理，采用"线上＋线下"混合式教学模式，将整个教学过程分为学、导、探、练、评、固六个教学环节．

学 导 探 练 评 固

布置任务 复习旧知	创设情境 导入新课	抽象概念 探究新知	巩固练习 及时检测	课堂小结 小组评价	分层作业 巩固提高

板书设计	**函数的表示法** 一、函数的表示法 1. 解析法 2. 列表法 3. 图像法 二、画函数图像的一般步骤	多媒体展示区	例题、练习区

教学实施

教学环节		教学内容	教师活动	学生活动	设计意图与资源
课前准备	学	**知识回顾** 1. 什么是函数? 2. 怎样求函数的定义域? 怎样根据函数的表达式求函数值	布置复习任务	自主复习	让学生自主复习函数概念及其相关知识,培养学生自主学习的能力
课中实施	导	**实例回顾　导入新知** 商店销售某种饮料,售价每瓶 2.5 元,设购买饮料瓶数为 x(瓶),应付款为 y(元),则计算应付款的算式 $y=2.5x$ 清晰地反映出函数 y 与自变量 x 之间的关系. 像这样,利用等式表示函数的方法叫做解析法,这个等式叫做函数的解析式. 请大家回忆一下,初中学习过的函数中有哪些是利用解析法表示的? 一次函数 $y=kx+b(k\neq0)$; 二次函数 $y=ax^2+bx+c(a\neq0)$; 反比例函数 $y=\dfrac{k}{x}(k\neq0)$.	结合生活实际,引导学生归纳总结什么叫做解析法,回顾初中学习过的三种函数,加深对解析法的认识和理解.		通过回顾实例,使学生加深对函数概念的理解,引入解析法,激发学生的学习兴趣.
		实例再现　导入新知 商店的售货员为了计费方便起见,经常将购买果汁饮料瓶数 x(瓶)与应付款 y(元)的对应关系列成如下表格. 	x/瓶	1	2	3	4	5	6	7	8	9	…
y/元	2.5	5	7.5	10	12.5	15	17.5	20	22.5	… | 这个表格清晰地反映出函数 y 与自变量 x 之间的函数关系.像这样,用表格来表示函数的方法叫做列表法.	分析情境,引导学生理解用表格的形式来表示实例中的两个变量之间的函数关系(列表法).	分组讨论,理解函数的三种表示方法	通过实例再现,引入列表法,培养学生的概括能力和语言表达能力.
		创设情境　兴趣导入 某气象站用温度自动记录仪记录下来的某天 0 时至 14 时的气温 T(℃)随时间 t(h)变化的曲线如下图所示: 该曲线形象地反映出气温 T(℃)与时间 t(h)在时间段 $[0,14]$ 内的对应关系,对定义域中的任意时间 t,都有唯一的气温 T 与之对应.像这样,利用图像表示函数的方法叫做图像法	创设情境,帮助学生认识和理解图像法		通过创设情况,使学生理解图像法,提高学生的观察力

教学环节		教学内容	教师活动	学生活动	设计意图与资源
课中实施	探	**归纳总结 加深印象** 常用的函数表示方法有解析法、列表法和图像法三种. 解析法:利用等式表示函数的方法,这个等式叫做函数的解析式. 优点:简明、全面地概括了变量间的关系,可以通过解析式求出任意一个自变量的值所对应的函数值. 列表法:用表格来表示函数的方法. 优点:不需要计算,直接看出与自变量的值相对应的函数值. 图像法:利用图像表示函数的方法. 优点:直观、形象地表示出自变量和相应的函数值的变化趋势.	引导学生归纳总结,加深印象.	在老师的引导下归纳总结.	归纳总结知识点,让学生了解函数的三种表示方法的优点,加深对函数表示方法的理解.
		巩固新知 典型例题 例1 文具店内出售某种铅笔,每支售价为 0.12 元,应付款是购买铅笔数的函数,当购买 6 支以内(含 6 支)的铅笔时,请用三种方法表示这个函数. 分析:设购买的铅笔为 x(支),应付款为 y(元),则函数的定义域为 $\{1,2,3,4,5,6\}$,分别根据三种函数表示法的要求表示函数. 解:(1)根据题意得,函数的解析式为 $y=0.12x$,故函数的解析法表示为 $y=0.12x,x\in\{1,2,3,4,5,6\}$. (2)依照售价,分别计算出购买1~6支铅笔所需应付款,列成表格,得到函数的列表法表示如下:	讲解例题,引导学生思考.	分析思考、小组讨论,尝试解决,和老师一起根据实际问题画出函数图像.	从简单的实际问题出发,提高学生的观察、分析能力,培养学生的概括能力和语言表达能力.

x/支	1	2	3	4	5	6
y/元	0.12	0.24	0.36	0.48	0.6	0.72

(3)以上表中的 x 值为横坐标,对应的 y 值为纵坐标,在直角坐标系中依次作出点 $(1,0.12)$,$(2,0.24)$,$(3,0.36)$,$(4,0.48)$,$(5,0.6)$,$(6,0.72)$,得到函数的图像法表示如下:

由例1的解题过程可以归纳出"已知函数的解析式,作函数图像"的具体步骤:
(1)确定函数的定义域;
(2)选取自变量 x 的若干值(例1中全部选取,一般选取某些代表性的值)计算出它们对应的函数值 y,列出表格;
(3)以表格中 x 值为横坐标,对应的 y 值为纵坐标,在直角坐标系中描出相应的点 (x,y);
(4)根据题意确定是否将描出的点连接成光滑的曲线.
这种作函数图像的方法叫做"描点法"

引导学生归纳

小组归纳、总结

结合实际问题进行归纳,使学生掌握"已知函数的解析式,作函数图像"的步骤

续表

教学环节		教学内容	教师活动	学生活动	设计意图与资源
课中实施	探	例2　利用"描点法"作出函数 $y=\sqrt{x}$ 的图像,并判断点 $(25,5)$ 是否为图像上的点(求对应函数值时,精确到0.01). 解:(1)函数的定义为 $[0,+\infty)$. (2)在定义域内取几个自然数,分别求出对应函数值,列表如下: 	x	0	1	2	3	4	5	…
---	---	---	---	---	---	---	---
y	0	1	1.41	1.73	2	2.24	… | (3)以表中的 x 值为横坐标,对应的 y 值为纵坐标,在直角坐标系中依次作出相应的点 (x,y). (4)用光滑曲线连接这些点,得到函数图像. (5)由于 $f(25)=\sqrt{25}=5$,所以点 $(25,5)$ 是图像上的点	强调注意事项:用解析法表示函数,通常要注明自变量的取值范围	小组合作,根据"已知函数的解析式,作函数图像"的一般步骤作出函数图像	通过典型例题训练学生应用知识的能力,进一步帮助学生加深对本节课知识的理解和记忆
	练	**应用知识　强化练习** 1. 判断点 $M_1(1,-2)$,$M_2(-2,6)$ 是否在函数 $y=1-3x$ 的图像上. 2. 市场上土豆的价格是 3.2 元/kg,应付款 y(元)是购买土豆质量 x(kg)的函数.请分别用解析法和图像法表示这个函数	评讲错误率较高的题目	完成课堂练习	通过课堂练习,巩固本节课所学知识
	评	1. 教师引导学生归纳总结: (1)函数的概念; (2)函数的定义域、函数值、相同函数; (3)函数的表示方法; (4)作函数图像的步骤. 2. 结合统计数据和学习痕迹,评出优胜小组		小组抢答进行总结,小组自评、互评,最后选出本节课优胜小组	课堂小结,通过小组间挑战激发学生的学习斗志
课后拓展	固	1. 练习册训练题3.1.2. 2. 教材练习3.1.2			学生完成作业,巩固本节课所学知识

教学反思

　　通过对课前布置的复习任务及课前预习情况的反馈,发现学生对函数及其相关概念的理解存在一定困难,数学语言表述不太准确,对初中学习过的函数的三种表示方法认识不深刻,学生普遍觉得概念较为抽象,函数的解析式难求,自变量的取值范围不好确定,不太会画函数的图像.因此在本节课的教学中教师要帮助学生理解函数的表示方法,通过典型例题的教学加深对知识和方法的理解.

4 画函数的图像

四川省遂宁市安居职业高级中学校 杨富华

教学分析

授课时间	1 课时	选用教材	高等教育出版社《数学（基础模块）上册》（第三版）
授课对象	计算机网络技术专业高一年级学生	授课类型	概念课
教学内容	本节课在学习了函数概念的基础上,进一步讨论函数的图像,学习函数图像的画法和从函数图像上获取信息,初步讨论函数的变化规律和变化趋势.同时这节课对于函数的后续学习,以及培养学生的探索能力、拓展学生的空间想象力也有十分重要的意义		

学情分析	知识基础	学生通过前面的学习,已经掌握了变量的概念和平面直角坐标系中有序实数对表示点的坐标.学生在分析函数图像的过程中可能会遇到一些困难,在教学中需要通过大量的实例去引导学生进行分析,从而提高学生分析函数图像信息的能力
	认知能力	学生数学抽象素养普遍不高,用抽象的数学语言来描述、归纳概念的能力还比较欠缺
	学习特点	学生学习积极性高,团队合作意识较好,但基础不扎实,对数学概念、性质的理解能力不强
	专业特性	该专业学生具有较强的处理文档、图表、数据的能力,但逻辑思维能力不强

教学目标	学会通过列表、描点、连线画函数图像. 学会观察、分析函数图像信息. 体会数形结合思想,并利用它解决问题,提高解决问题的能力. 认识数学在解决问题中的重要作用从而提升学习数学的兴趣		

教学重难点	重点	函数图像的画法;观察、分析函数图像信息
	难点	通过列表、描点的情况,想象函数图像的走势,从而连线画出函数图像

教学策略	教法	启发式教学法、讨论式教学法
	学法	自主学习法、探究学习法、合作学习法
	教学资源与手段	**Hi** HiTeach 云班课 用 HiTeach 软件进行教学,使用抢答、随机抽人、拍照上传、即问即答等功能. 学生登录云班课,课前观看微课,课后完成作业,教师在平台上对作业进行批改评价

教学设计

以"三心二意"教学主张为引领,将教学内容进行结构化处理,采用"线上+线下"混合式教学模式,将整个教学过程分为学、导、探、练、评、固六个教学环节.

流程设计	学	导	探	练	评	固
	观看视频温故知新	提出问题导入新课	小组讨论探究新知	即学即练及时反馈	课堂小结多元评价	优化作业巩固提高

板书设计	画函数的图像 函数图像的画法及意义 列表　描点　连线	多媒体展示区	例题、练习区

教学实施

教学环节		教学内容	教师活动	学生活动	设计意图与资源
课前准备	学	师:同学们在前面学习了函数的定义,并掌握了函数关系式的确立. 有些函数问题很难用函数关系式表示出来,然而可以通过图形来直观反映,例如用心电图表示心脏生物电流与时间的关系. 即使对于能列式表示的函数关系,通过画图表示也会使函数关系更清晰.我们这节课就来解决如何画函数图像的问题及解读函数图像信息	推送微课"初中函数知识"	观看微课,复习函数知识	借助"云班课"发布微课,帮助学生复习初中函数知识
课中实施	导	**情境导入** 正方形的面积 S 关于边长 x 的函数解析式为 $S=x^2$. 根据问题的实际意义,可知自变量 x 的取值范围是 $x>0$. 计算并填写下表: 	x	0	1	2	3	4
S					| 思考:自变量 x 的一个确定的值与它所对应的唯一的函数值 S,是否确定了一个点 (x,S) 呢? 问题:在直角坐标系中,我们要怎么画出函数 $S=x^2$ 的图像呢	结合生活实际,创设问题情境	分组讨论,尝试解决	结合生活创设情境,激发学生的学习兴趣
	探	函数图像的画法: 第一步:列表(表中给出一些自变量的值以及对应的函数值); 	x	0	1	2	3	4
S	0	1	4	9	16 | 第二步:描点(在直角坐标系中,以自变量为横坐标,相应的函数值为纵坐标,描出表格中的数值对应的各点)	引导学生总结画函数图像的步骤,并画出函数图像	总结画函数图像的步骤,并画出函数图像	从实例中归纳出画函数图像的一般步骤,提升学生的数学抽象能力和数学归纳能力

教学环节		教学内容	教师活动	学生活动	设计意图与资源
课中实施	探	第三步:连线(按照横坐标由小到大的顺序把所描的各点用光滑的曲线连接起来). 问题:下图是自动测温仪记录的图像,它反映了北京某天气温 T 如何随时间 t 的变化而变化.你从图像中得到了哪些信息? 思考:用图像表示函数有什么优点? 函数图像上的所有点与函数关系式中的两个变量的关系是一一对应的,它能使函数关系更直观,在解决一些用函数关系式很难表示的函数关系很实用. **例题辨析** 例题 请画出下列函数的图像. (1)$y=x+0.5$;　　(2)$y=\dfrac{6}{x}(x>0)$. 解:(1)从 x 的取值范围中选取一些数值,算出 y 的对应值,列表如下: 根据表中数值描点 (x,y),并用光滑曲线连接这些点,得到函数图像如下: 从函数图像可以看出,直线从左向右上升,即当 x 由小变大时,$y=x+0.5$ 随之由小变大	引导学生感知图像的走势,体会图像的形状,并找出其中的信息. 引导学生从两个变量的对应关系上认识函数图像. 引导学生根据用"描点法"画函数图像的步骤画出函数图像	观察图像,找出其中的信息. 思考、讨论. 通过列表、描点、连线画出函数图像并观察图像走势	结合具体问题,让学生体会图像的直观性、优越性,提高学生对图像的分析能力、认识水平. 通过例题分析,使学生掌握用"描点法"画函数图像的一般步骤

x	···	-2	-1	0	1	2	···
y	···	-1.5	-0.5	0.5	1.5	2.5	···

教学环节		教学内容	教师活动	学生活动	设计意图与资源
课中实施	探	（2）列表如下： 	x	1	2	3	4	6
y	6	3	2	1.5	1 | 根据表中数值描点(x,y)，并用光滑曲线连接这些点，得到函数图像如下： 从函数图像可以看出，曲线从左向右下降，即当x由小变大时，$y=\dfrac{6}{x}$随之由大变小． 总结：用"描点法"画函数图像的一般步骤： 第一步：列表．在自变量取值范围内选定一些值，通过函数关系式求出对应函数值，列成表格． 第二步：描点．在直角坐标系中，以自变量的值为横坐标，相应函数值为纵坐标，描出表中对应各点． 第三步：连线．按照横坐标由小到大的顺序把所有点用光滑曲线连接起来	引导学生观察函数图像． 与学生一起总结用"描点法"画函数图像的一般步骤	观察函数图像，小组讨论． 与老师一起总结用"描点法"画函数图像的一般步骤	总结用"描点法"画函数图像的一般步骤，加深学生的理解
	练	1. 判断点 $A(-2.5,-4)$，$B(1,3)$，$C(2.5,4)$ 是否在函数 $y=2x-1$ 的图像上． 2. 画出函数 $y=x^2$ 的图像． 3. 甲、乙两人在一次赛跑中，路程 s 与时间 t 的关系如图所示，下列结论错误的是（　　） A. 这是一次 100 米赛跑 B. 甲比乙先到达终点 C. 乙跑完全程需 12.5 秒 D. 甲的速度比乙的速度慢	评讲、纠错	完成课堂练习	通过课堂练习，了解学生对本节课知识点的掌握情况，为后续的教学提供一定依据

教学环节		教学内容	教师活动	学生活动	设计意图与资源
课中实施	评	1. 教师引导学生归纳总结： (1)如何画函数的图像？ (2)这节课采用了怎样的学习方法？你收获了哪些知识？ 2. 结合统计数据和学习痕迹,评出优胜小组		小组抢答进行总结,小组自评、互评,选出本节课优胜小组	进行课堂小结,通过组间挑战激发学生的学习斗志,既肯定努力的学生,又激励学生后续学习
课后拓展	固	**必做作业：** 教材习题3.1　A组. **选做作业：** 星期天张老师从家里出发,乘汽车去学校办事,汽车的速度为25千米/时,经过2小时到达学校,在学校办事用了1小时后,骑自行车回家,经过3小时到家.在直角坐标系中,用x轴表示时间,单位是时,用y轴表示路程,单位是千米,大致画出张老师这次去学校办事再返回家中的过程中路程与时间的关系图			作业分层,让学有余力的同学继续提高

教学反思

　　本节课的教学目标是让学生认识并掌握用"描点法"画函数的图像,能从函数图像中获取有用信息,初步体会函数图像和函数关系式的对应关系.教学中,首先结合生活实际创设问题情境,激发学生的学习兴趣,然后通过现实生活中的实例,让学生体会函数图像在函数研究中的优点,渗透数形结合的思想,引导学生感受这一思想方法的作用,为以后探索函数的性质做好铺垫,最后通过课堂练习、小组总结,使学生进一步理解并掌握本节课所学知识.

5　函数的单调性

四川天府新区职业学校　冯晓娟

教学分析

授课时间	1 课时	选用教材	高等教育出版社《数学（基础模块）上册》（第三版）
授课对象	社区公共事务管理专业 2019 级 1 班学生	授课类型	概念课
教学内容	函数的单调性是函数的重要性质之一．本课时主要借助函数图像对函数单调性有一个初步了解，并在此基础上进行定量刻画，然后用数学符号语言形成单调性的定义．这种研究函数单调性的过程与方法，有利于发展学生的数形结合思想，提高学生的数学抽象与直观想象素养．利用函数图像观察生活中的增长、缩减现象，有利于学生认识社会现象、分析社会问题，为学习专业课程打下基础		
学情分析	知识基础	学生在初中已经学习了一次函数、二次函数和反比例函数及其图像，在本章又学习了函数的概念及其表示法，这些都为学习本节课提供了知识准备	
	认知能力	学生已具备了初步的数形结合能力，但用抽象的数学语言来描述图像性质的能力还比较欠缺	
	学习特点	学生喜欢探究式小组合作学习，习惯于对具体事物、直观事物的思考，不善于抽象的思维，对数学概念、性质的理解较差	
	专业特性	该专业学生具有较强的人际协调、沟通交流的能力，了解一定的社区工作、健康管理的政策法规，具备较熟练操作办公软件的能力	
教学目标	理解增函数、减函数的概念． 能利用图像法直观判断函数的单调性． 结合与专业相关实例激发关心、关爱老人的情感		
教学重难点	重点	函数单调性的理解	
	难点	函数单调性的判断	
教学策略	教法	启发式教学法、讨论式教学法	
	学法	自主学习法、探究学习法、合作学习法	
	教学资源与手段	 EV录屏　快剪辑　HiTeach　云班课 用 PPT、"EV 录屏"、"快剪辑"制作微课视频"函数的单调性"，帮助学生了解函数的单调性． 用 HiTeach 软件进行教学，使用抢答、随机抽人、拍照上传、即问即答等功能． 学生登录"云班课"，课前观看微课，课后完成作业，教师在平台上对作业进行批改评价	

📁 **教学设计**

<table>
<tr>
<td rowspan="2">流程
设计</td>
<td colspan="6">以"三心二意"教学主张为引领,将教学内容进行结构化处理,采用"线上＋线下"混合式教学模式,将整个教学过程分为学、导、探、练、评、固六个教学环节.</td>
</tr>
<tr>
<td colspan="6">

学 ▶ 导 ▶ 探 ▶ 练 ▶ 评 ▶ 固

<table>
<tr><td>观看微课
课前预习</td><td>创设情境
导入新课</td><td>抽象概念
探究新知</td><td>巩固练习
及时检测</td><td>课堂小结
小组评价</td><td>分层作业
巩固提高</td></tr>
</table>
</td>
</tr>
<tr>
<td>板书
设计</td>
<td colspan="2">**函数的单调性**
增函数、减函数
单调区间</td>
<td colspan="2">多媒体展示区</td>
<td colspan="2">例题、练习区</td>
</tr>
</table>

📁 **教学实施**

教学环节		教学内容	教师活动	学生活动	设计意图与资源
课前准备	学	借助微课,了解什么是函数的单调性	推送微课"函数的单调性"	观看微课	借助"云班课"发布微课,帮助学生了解函数的单调性,为本节课的教学做好准备
课中实施	导	**情境导入** 观察某城市某天的气温时段图,此图反映了0时至14时的气温(℃)随时间(h)变化的情况. 你能回答下面的问题吗? (1)＿＿＿时,气温最低,最低气温为＿＿＿℃,＿＿＿时气温最高,最高气温为＿＿＿℃. (2)随着时间的增加,在时间段(0,6)内,气温不断地＿＿＿;在时间段(6,14)内,气温不断地＿＿＿	提出问题,引导学生思考	思考并作答	结合生活实例创设情境,激发学生的学习兴趣,为概念的生成做铺垫
	探	**探索新知** 观察气温时段图,容易看出:(1)凌晨6时,气温最低,最低气温是2.2℃,午后14时,气温最高,最高气温是12.5℃. (2)随着时间的增加,在时间段(0,6)内,气温不断地下降;在时间段(6,14)内,气温不断地上升. 像这样,函数值随着自变量的增大而增大(或减小)的性质叫做函数的单调性			

教学环节		教学内容	教师活动	学生活动	设计意图与资源
课中实施	探	观察图 1 可以发现,函数图像自左至右呈上升趋势,即函数值随着自变量的增大而增大.函数的这种性质描述为: 设函数 $y=f(x)$ 在区间 (a,b) 内有意义.如果对于区间 (a,b) 内的任意 x_1,x_2,当 $x_1<x_2$ 时,都有 $f(x_1)<f(x_2)$,那么函数 $f(x)$ 叫做区间 (a,b) 上的增函数,区间 (a,b) 称为函数 $f(x)$ 的增区间. 图1　　　　图2 观察图 2 可以发现,函数图像自左至右呈下降趋势,即函数值随着自变量的增大而减小.函数的这种性质描述为: 设函数 $y=f(x)$ 在区间 (a,b) 内有意义.如果对于区间 (a,b) 内的任意 x_1,x_2,当 $x_1<x_2$ 时,都有 $f(x_1)>f(x_2)$,那么函数 $f(x)$ 叫做区间 (a,b) 上的减函数,区间 (a,b) 称为函数 $f(x)$ 的减区间. **知识升华** 如果函数 $f(x)$ 在区间 (a,b) 内是增函数(或减函数),那么称函数 $f(x)$ 在区间 (a,b) 内具有单调性,区间 (a,b) 叫做函数 $f(x)$ 的单调区间. 注意:(1)函数的单调区间可以是开区间,也可以是半开区间或闭区间. (2)函数的单调性是函数的一个局部性质,对定义域内某个区间而言的. **例题辨析** 例 1　小明从家里出发,去学校取书,顺路将自行车送还王伟同学.小明骑了 30 min 自行车,到王伟家送还自行车后,又步行 10 min 到学校取书,最后乘公交车经过 20 min 回到家.这段时间内,小明离开家的距离与时间的关系如下图所示.请指出这个函数的单调性. 例 2　某位患有糖尿病的老人注射短效胰岛素,注射后效果强度与时间的关系如下图: 请指出这个函数的单调区间	引导学生观察图像,分析得出增函数、减函数的定义,强调函数的单调性与单调区间. 强调函数的单调性、单调区间. 引导学生观察、分析,简单介绍老年人为什么容易患糖尿病	观察图像,理解函数的单调性. 理解、记忆增函数、减函数的定义. 理解单调性、单调区间的定义. 观察图像,找出函数的单调区间	从图像中抽象出增、减函数的概念,提升学生的数学抽象素养. 加深学生对函数单调性的认识. 通过例题分析,使学生提高观察、分析能力,提升直观想象素养. 结合专业特征,让学生了解老年人的常见疾病之一,激发学生关心、关爱老人的情感

教学环节		教学内容	教师活动	学生活动	设计意图与资源
课中实施	练	**巩固练习** 1. 判断题.(正确的打"√",错误的打"×") (1)若函数 $f(x)$ 为 **R** 上的减函数,则 $f(-3) > f(3)$.(　　) (2)定义在 R 上的函数 $y=f(x)$,若 $f(-1) < f(3)$,那么函数 $y=f(x)$ 在 **R** 上单调递增.(　　) 2. 根据图像说出下列函数的增区间和减区间. (1) $y=x^2$;　　　　(2) $y=\dfrac{1}{x}$. 3. 按照世界卫生组织(WHO)及国内的标准,正常的血糖值为:空腹血糖 $3.9\sim6.1$ mmol/L;餐后 2 小时血糖低于 7.8 mmol/L.若空腹血糖连续两次超过 7.0 mmol/L 或餐后血糖大于 11.10 mmol/L,一般可诊断为糖尿病. 某老年人在餐后两小时内测得的血糖值与时间的关系如下图. (1)请指出这个函数的单调区间; (2)试分析该老人是否患有糖尿病	指导学生完成练习,评讲错误率高的题目. 给学生简单介绍糖尿病的危害	完成练习,小组讨论	使用 HiTeach 教学软件的抢答功能,在调动课堂气氛的同时使学生巩固对增函数、减函数定义的理解,熟悉二次函数、反比例函数的单调区间
	评	1. 教师引导学生归纳总结: 2. 结合统计数据和学习痕迹,评出优胜小组		小组抢答进行总结,小组自评、互评,选出本节课优胜小组	用思维导图进行课堂小结,通过组间挑战激发学生的学习斗志,既肯定努力的学生,又激励学生后续学习

续表

教学环节		教学内容	教师活动	学生活动	设计意图与资源
课后拓展	固	**必做作业：** 1. 判断.（正确的打"√"，错误的打"×"） (1)在区间 D 上存在 x_1，x_2，当 $x_1<x_2$ 时，有 $f(x_1)<f(x_2)$，则 $f(x)$ 在区间 D 上是增函数.（　　） (2)若函数 $y=f(x)$ 在区间 D 上是减函数，则当 x_1，$x_2\in D$，且 $f(x_1)<f(x_2)$ 时，有 $x_1>x_2$.（　　） (3)函数 $f(x)=\dfrac{1}{x}$ 在区间 $(-\infty,0)$，$(0,+\infty)$ 上都是减函数，则 $f(x)$ 在 **R** 上为减函数.（　　） 2. 若函数 $f(x)$ 是 $[-2,2]$ 上的减函数，则 $f(1)$ _____ $f(2)$.（填"＞""＜"或"＝"） 3. 若函数 $f(x)$ 在 $(-\infty,-1]$ 上是增函数，则 $f\left(-\dfrac{3}{2}\right)$，$f(-1)$，$f(-2)$ 的大小顺序是 _____. 4. 根据图像说出函数 $y=f(x)$ 的增区间和减区间. **实践作业：** 德国心理学家艾宾浩斯以自己为实验对象，对记忆的数量随时间的推移而变化的规律进行了系统的研究，并给出了如下图所示的"遗忘曲线". 以 x 表示时间（天），y 表示记忆的数量（％），由图可知，记忆的数量 y 是时间 x 的函数，记这个函数为 $y=f(x)$. 这个函数反映出记忆具有什么规律？根据这个规律，我们应制订怎样的学习策略			学生在"云班课"完成作业，巩固本节课所学，理解增、减函数的定义，并能正确写出增、减区间. 作业分层，让学有余力的同学继续提高

教学反思

　　该节课是函数性质的第 1 课时，是非常重要的内容. 在教学中要引导学生观察函数图像，发现图像的变化规律，抽象出函数单调性的概念，提高学生的数学抽象素养. 概念生成后，还需引导学生用概念判断与生活或专业相关的实例中函数的单调性，找出函数的单调区间，反复加深对概念的理解，才能突破本节课的难点.

　　从作业反馈情况来看，这节课起到了很好的教学效果，但个别学生在书写时会将多个单调区间用并集符号连接，因此在下一节课还需多强调细节.

6　对称点的坐标特征

四川省遂宁市安居职业高级中学校　杨富华

教学分析

授课时间	1 课时	选用教材	高等教育出版社《数学（基础模块）上册》（第三版）
授课对象	计算机网络技术专业高一年级学生	授课类型	概念课
教学内容	本节课是在学生已经学习了平面直角坐标系的一些基本知识和轴对称图形、中心对称图形及其作法的基础上进行教学的.本节课将轴对称、中心对称和坐标联系起来，是数形结合的一个典范，从数量关系的角度刻画轴对称和中心对称，包括关于坐标轴及原点对称.目的在于让学生感受图形经过轴对称变换和中心对称变换之后的坐标的变化，把"形"和"数"紧密地结合在一起，把坐标思想和图形变换思想联系起来，为探究函数奇偶性做准备		
学情分析	知识基础	学生已经初步具有了综合应用知识的意识，并且在学习中有了想自己动手、运用知识解决实际问题的欲望	
	认知能力	学生普遍具备一定的提出问题的能力，但抽象思维能力较弱，判断能力较差	
	学习特点	学生基础知识掌握不牢，自学能力普遍较差，缺乏吃苦精神，受所学专业影响，他们善于动手操作，对探索形象、直观的事物很感兴趣	
	专业特性	该专业学生具有较强的处理文档、图表、数据的能力，但由于逻辑思维能力不强等原因，专业技术还比较欠缺	
教学目标	理解图形的几种对称形式. 理解对称图形中对称点的坐标特征. 体会数形结合思想，并利用它解决问题		
教学重难点	重点	对称图形中对称点的坐标特征	
	难点	找对称点的坐标之间的关系及其变化的规律	
教学策略	教法	直观教学法、启发式教学法	
	学法	自主探究学习法、合作学习法	
	教学资源与手段	云班课 用 PPT 辅助教学，提高课堂效率. 学生登录"云班课"，课前观看微课，课后完成作业，教师在平台上对作业进行批改评价	

教学设计

流程设计	以"三心二意"教学主张为引领,将数学内容进行结构化处理,采用"线上＋线下"混合式教学模式,将整个教学过程按学、导、探、练、评、固六个环节推进:

学	导	探	练	评	固
观看视频温故知新	提出问题导入新课	小组讨论探究新知	即学即练及时反馈	课堂小结多元评价	优化作业巩固提高

板书设计	**对称点的坐标特征** 轴对称 中心对称	多媒体展示区	例题、练习区

教学实施

教学环节		教学内容	教师活动	学生活动	设计意图与资源
课前准备	学	利用微课复习对称图形. 下列图形中,哪些是轴对称图形? 哪些是中心对称图形? 长方形　正方形　圆　等腰三角形	推送微课,提出问题	微课观看	通过复习前面学过的和本节课内容有联系的知识点,加强学生对知识点的理解,从而更好地学习新的内容
课中实施	导	初中平面几何中,我们曾经学习了关于轴对称图形和中心对称图形的知识. 问题1:假如在平面直角坐标系中有一点 $P(3,2)$,怎样作点 P 关于 x 轴、y 轴及原点 O 对称的点呢? 问题2:假如把点 P 的坐标改为 (a,b),怎么求点 P 关于 x 轴、y 轴及原点 O 对称的点的坐标	提出问题	小组讨论,尝试解决问题	直接进入主题,目的明确. 这样既能让学生复习轴对称与中心对称的作图,又能锻炼学生的归纳能力
	探	如图所示,点 $P(3,2)$ 关于 x 轴的对称点是沿着 x 轴对折,可与点 P 相重合的点 P_1,其坐标为$(3,-2)$;点 $P(3,2)$关于 y 轴的对称点是沿着 y 轴对折,可与点 P 相重合的点 P_2,其坐标为$(3,-2)$;点 $P(3,2)$关于原点 O 的对称点是线段 OP 绕着原点 O 旋转 $180°$,可与点 P 相重合的点 P_3,其坐标为$(-3,-2)$. 			通过作图,复习前面的知识点,同时为新知识点的学习收集数据

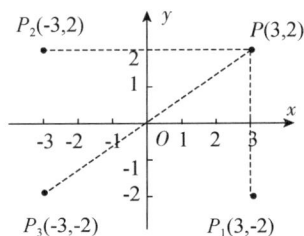

续表

教学环节		教学内容	教师活动	学生活动	设计意图与资源
课中实施	探	我们可以观察点 $P(3,2)$ 关于 x 轴和 y 轴的对称点的坐标和点 P 坐标的关系.关于 x 轴的对称点 P_1 $(3,-2)$ 与点 P 的横坐标相同,纵坐标互为相反数;关于 y 轴的对称点 $P_2(-3,2)$ 与点 P 的横坐标互为相反数,纵坐标相同;关于原点 O 的对称点 P_3 $(-3,2)$ 与点 P 的横、纵坐标均互为相反数. 结论:一般地,设点 $P(a,b)$ 为平面上的任意一点,则 (1)点 $P(a,b)$ 关于 x 轴的对称点的坐标为 $(a,-b)$; (2)点 $P(a,b)$ 关于 y 轴的对称点的坐标为 $(-a, b)$; (3)点 $P(a,b)$ 关于原点 O 的对称点的坐标为 $(-a, -b)$. 例题 (1)已知点 $P(-2,3)$,写出点 P 关于 x 轴的对称点的坐标; (2)已知点 $P(x,y)$,写出点 P 关于 y 轴的对称点的坐标与关于原点 O 的对称点的坐标; (3)设函数 $y=f(x)$,在函数图像上任取一点 $P(a, f(a))$,写出点 P 关于 y 轴的对称点的坐标与关于原点 O 的对称点的坐标	引导学生归纳,得出结论	小组讨论,得出结论,掌握坐标变化规律	让学生经历观察数据、分析数据、发现规律、提出猜想、验证猜想、归纳总结并表述的过程,感受数学的严谨性
	练	1.已知点 $A(2a+4b,-4)$ 和点 $B(8,3a+2b)$ 关于 x 轴对称,那么 $a+b=$ _____. 2.已知点 $P(3,-4)$,写出点 P 关于 x 轴、y 轴及原点 O 的对称点的坐标. 3.已知函数 $y=f(x)$ 在 $(-\infty,0]$ 内的图像如图,你能作出函数在 $(0,+\infty)$ 内的图像吗? 	指导学生完成练习	完成练习,小组交流	让学生及时巩固新学的知识,加深学生对知识的理解,检验学生对新知识的掌握情况
	评	1. 总结本节课的知识点,并强调本节课的重难点. 2. 结合统计数据和学习痕迹,评出优胜小组	引导、补充	小组内反思、总结,自评、互评	多元评价,激励学生全面发展,促进学生成长
课后拓展	固	1.求满足下列条件的点的坐标: (1)与点 $(-2,1)$ 关于 x 轴对称; (2)与点 $(-1,-3)$ 关于 y 轴对称; (3)与点 $(2,-1)$ 关于坐标原点对称; (4)与点 $(-1,0)$ 关于 y 轴对称. 2.寻找生活中的对称现象,并说出其对称规律	在平台上对作业进行批改评价	通过"云班课"完成作业	基础题与开放性习题相结合,鼓励学生自由设想,培养创新思维

教学反思

本节课以课程标准为指导,结合教学参考,围绕数学学科核心素养进行设计.

本节课从作图入手,观察、归纳得出坐标平面内一点关于 x 轴、y 轴或原点 O 对称的点的坐标的对应关系,并进一步探讨了如何利用这种关系在平面直角坐标系中作出一个图形关于 x 轴、y 轴或原点 O 对称的图形.目的在于让学生感受图形经过轴对称变换或中心对称变换之后的坐标的变化,把"形"和"数"紧密地结合在一起,把坐标思想和图形变换思想联系起来.

7　函数的奇偶性

遂宁市职业技术学校　蒋　美

教学分析

授课时间	1 课时	选用教材	高等教育出版社《数学（基础模块）上册》（第三版）
授课对象	汽车运用与维修专业 2018 级 2 班学生	授课类型	概念课
教学内容	函数的奇偶性是高等教育出版社《数学（基础模块）上册》第 3 章第 2 节的内容.奇偶性是函数的性质之一,是中等数学研究函数的一个重要内容.它既是函数概念的拓展和深化,又是后续研究指数函数、对数函数、幂函数、三角函数等的基础		
学情分析	知识基础	学生已经学过一次函数、反比例函数、二次函数以及轴对称图形和中心对称图形等知识	
	认知能力	学生有了一定的研究函数的方法和观察函数图像变化规律的能力,但从"形"和"数"两个方面来理解"对称",从而理解函数奇偶性会有一定困难	
	学习特点	学生基础知识掌握不牢,自学能力普遍较差,感性认识强于理性思维,但思维活跃	
	专业特性	该专业学生有较强的动手能力,能在生产一线的智能、技能型操作岗位上从事机械加工和设备操作与管理,但基础知识掌握较差,逻辑思维能力不足	
教学目标	理解函数奇偶性的定义. 能根据图像以及定义判断函数的奇偶性,并用正确的符号语言刻画函数的奇偶性. 经历探究函数奇偶性的过程,培养数形结合的思想,提高分析问题、解决问题的能力,提升直观想象、逻辑思维、数学抽象的核心素养.		
教学重难点	重点	函数奇偶性的定义以及用定义判断函数奇偶性	
	难点	对函数奇偶性定义的理解	
教学策略	教法	直观演示法、启发式教学法	
	学法	自主探究学习法、合作学习法	
	教学资源与手段	快剪辑　　几何画板　　云班课 用 PPT 辅助教学,提高课堂效率. 用"快剪辑"制作微课视频,帮助学生复习轴对称图形和中心对称图形. 用"几何画板"进行动态几何构图. 学生登录"云班课",课前观看微课,课后完成作业,教师在平台上对作业进行批改评价	

📁 **教学设计**

流程设计	以"三心二意"教学主张为引领,将教学内容进行结构化处理,采用"线上＋线下"混合式教学模式,将整个教学过程分为学、导、探、练、评、固六个教学环节.
	学 ＞ 导 ＞ 探 ＞ 练 ＞ 评 ＞ 固
	观看视频 温故知新 / 提出问题 导入新课 / 小组讨论 探究新知 / 即学即练 及时反馈 / 课堂小结 多元评价 / 优化作业 巩固提高
板书设计	**函数的奇偶性** 偶函数 奇函数 多媒体展示区 例题、练习区

📁 **教学实施**

教学环节		教学内容	教师活动	学生活动	设计意图与资源
课前准备	学	1.观看微课,复习轴对称图形和中心对称图形. 2.填空. (1)点(3,2)关于 x 轴对称的点为_____; (2)点(3,2)关于 y 轴对称的点为_____; (3)点(3,2)关于原点对称的点为_____. 3.思考:(1)关于 y 轴对称的点有何特征? (2)关于原点对称的点有何特征	推送微课,发布学习任务	观看微课,思考任务单上的问题	利用微课对轴对称图形和中心对称图形进行复习,为本节课内容的学习打好基础
课中实施	导	**问题导入** 问题1:下列图形中哪些是轴对称图形？哪些是中心对称图形？ 问题2:函数图像是否也具有对称的特性呢	提出问题	观察图形,找出轴对称图形和中心对称图形	以汽车标志引入,与学生专业相联系,激发学生的学习兴趣

教学环节		教学内容	教师活动	学生活动	设计意图与资源
课中实施	探	**探究活动1:** 已知函数 $f(x)=x^2$, $f(x)=|x|$,作出这两个函数的图像,观察并思考以下问题: (1)这两个函数图像有何共同特征? (2)对于这两个函数,$f(1)$ 与 $f(-1)$,$f(2)$ 与 $f(-2)$,$f(3)$ 与 $f(-3)$ 有什么关系? (3)$f(x)$ 与 $f(-x)$ 有什么关系?用数学语言怎样来描述这种关系? 思考1:根据以上我们的讨论结果,可以怎样定义偶函数呢? 偶函数:如果对于函数 $f(x)$ 的定义域内任意的一个 x,都有 $f(x)=f(-x)$,那么函数 $f(x)$ 就叫做偶函数. 思考2:函数 $f(x)=x^2$, $x\in[-3,2]$ 是偶函数吗?偶函数的定义域有什么特征? 小试牛刀1:判断下列函数是否为偶函数. (1)$f(x)=x^2$, $x\in[-1,1]$; (2)$f(x)=x^2$, $x\in[-1,2]$. **探究活动2:** 已知函数 $f(x)=x$, $f(x)=\dfrac{1}{x}$,作出这两个函数的图像,仿照讨论偶函数的过程,回答下列问题,共同完成探究: (1)仔细观察两个函数图像,他们有什么共同特征? (2)你能尝试利用数学语言描述函数图像的这个特征吗? (3)你能给奇函数下一个定义吗? 奇函数:如果对于函数 $f(x)$ 的定义域内任意的一个 x,都有 $f(-x)=-f(x)$,那么函数 $f(x)$ 就叫做奇函数. 小试牛刀2:判断下列函数是否为奇函数. (1)$f(x)=x^3$, $x\in[-1,1]$; (2)$f(x)=x^3$, $x\in[-1,1)$. 例题　利用定义判断函数 $f(x)=x^3+2x$ 的奇偶性	动画演示,引导学生观察、探讨、总结. 讲解例题	小组合作,观察、探讨、归纳,以小组为单位,以竞答形式向全班展示合作学习的结果,若有不足,其他小组可进行补充. 思考、理解	函数图像是学生的一个难点,所以根据学生已有知识设置问题,由浅到深,引导学生积极思考. 观察图像特点以及自变量互为相反数时,函数值的关系,从而从"形"和"数"上来理解对称性,突破难点,培养学生直观想象、数学抽象、逻辑思维等核心素养. 以小组合作学习的形式,提高学生学习的积极性,争取人人参与,体会探索学习的乐趣,培养学生团队合作意识. 类比偶函数,探究奇函数,让学生学会方法的迁移,掌握研究函数性质的方法.培养学生直观想象、数学抽象、逻辑思维等核心素养. 通过例题使学生进一步掌握函数奇偶性的判断方法,并能熟练运用

教学环节		教学内容	教师活动	学生活动	设计意图与资源
课中实施	练	利用定义判断下列函数的奇偶性： (1) $f(x)=x-\dfrac{1}{x}$； (2) $f(x)=x^2+1$	评讲、纠错	独立完成,组内交流解题思路、分享解题过程	通过练习,及时巩固所学知识,突破重点
	评	1. 这节课采用了怎样的学习方法？你收获了哪些知识？ 2. 结合课堂表现,评出优胜小组	引导、补充	小组内反思、总结,自评、互评	多元评价,激励学生全面发展,促进学生成长
课后拓展	固	1.判断下列函数的奇偶性： (1) $f(x)=\dfrac{x}{x^2+1}$； (2) $f(x)=x^3-2x.$ 2.已知 $f(x)$ 是奇函数,$f(-3)=5$,求 $f(3)$	在平台上对作业进行批改评价	完成作业	课后布置作业,让学生巩固本节课所学知识,学有所得

教学反思

　　本节课的亮点是学生分小组合作,采用探究式学习法与合作学习法,充分调动了学生的积极性,设置由浅入深的问题组引导学生从"形"和"数"上理解对称,培养学生数形结合的思想,提高学生的观察能力,帮助学生认识事物的特殊性与一般性之间的辩证关系.由于学生基础的参差不齐,可能有同学不能完全掌握用定义判断函数奇偶性的方法.

8　函数的实际应用举例

四川省大英县中等职业技术学校　蒋文杰

教学分析

授课时间	1 课时	选用教材	高等教育出版社《数学(基础模块)上册》(第三版)
授课对象	旅游专业学生	授课类型	新授课
教学内容	函数的实际应用举例是《数学(基础模块)上册》第3章第3节内容,主要介绍函数在生产、生活中的应用举例.本课时通过实例分析抽象出分段函数的概念,帮助学生提高从特殊到一般的思维能力,培养学生的建模能力及分析、解决问题的能力,提高学生的计算能力		
学情分析	知识基础	学生已经学习了一次函数、二次函数及反比例函数以及函数求值问题,但在将实际问题转化为数学问题,再利用数学知识解决问题仍然是一个难点	
	认知能力	通过初中函数知识及本章前两节内容的学习,学生已经具备利用表格、图像、解析式表达两个变量之间关系的能力	
	学习特点	学生在学习中参与意识、合作意识强,但实际问题转化为数学问题求解的能力不强,学习主动性不够	
	专业特性	旅游专业学生在舞台展示、临场模仿等方面能力强,有较强的团队合作意识和很好的动手能力	
教学目标	理解分段函数的概念. 理解表格、解析式、图像是从不同角度表示函数的. 能够根据自变量所在的范围选择对应解析式并求值. 通过分段函数的学习,明白人生的不同阶段应该有不同的学习、生活目标,明白个人与集体、家庭与国家的关系,培养家国情怀		
教学重难点	重点	分段函数的认识与理解	
	难点	分段函数的概念	
教学策略	教法	启发式教学法、讲练结合教学法	
	学法	自主探究学习法、小组合作学习法	
	教学资源与手段	用 PPT 辅助教学,提高课堂效率. 制作微课视频,帮助学生熟悉旧知	

教学设计

流程设计	以"三心二意"教学主张为引领,将教学内容进行结构化处理,采用"线上＋线下"混合式教学模式,将整个教学过程分为学、导、探、练、评、固六个教学环节.
	学　导　探　练　评　固
	温故知新　创设情境　抽象概念　巩固练习　课堂小结　布置作业 激发兴趣　导入新课　探究新知　及时检测　多元评价　巩固提高
板书设计	函数的实际应用举例　分段函数　　多媒体展示区　　例题、练习区

教学实施

教学环节		教学内容	教师活动	学生活动	设计意图与资源
课前准备	学	利用微课复习一次函数、二次函数、反比例函数的相关知识	推送微课	观看微课	利用微课帮助学生复习,为后面学习做准备
课中实施	导	**情境导入** 我国是一个缺水的国家,很多城市的生活用水远远低于世界的平均水平.为了加强公民的节水意识,某城市制定了每户每月用水收费(含用水费和污水处理费)标准: 表格: 水费种类 / 用水量不超过10 m³的部分 / 用水量超过10 m³的部分 用水费/(元/m³): 1.30 / 2.00 污水处理费/(元/m³): 0.30 / 0.80 试写出每户每月用水量 x(m³)与应交水费 y(元)之间的函数解析式	指导学生探究	自主探究,小组讨论	结合生活实际,创设问题情境、激发学生的学习兴趣,培养学生的节水意识
	探	**新知讲解** 分段函数:在自变量的不同取值范围内,有不同的对应法则,需要用不同的解析式来表示的函数叫做分段表示的函数,简称分段函数. 说明:(1)分段函数是一个函数,只不过此函数在定义域的不同范围内有不同的对应法则,需要用相应的解析式来表示; (2)处理分段函数问题时,首先要确定自变量的取值属于哪个区间段,从而选取相应的解析式; (3)分段函数的定义域:自变量的各个不同取值范围的并集; (4)求分段函数的函数值时,首先应该判断自变量 x 所属的取值范围,然后再把 x 代入相应的解析式中进行计算. **典型例题** 例1 设函数 $f(x)=\begin{cases}2x-1,x\leqslant 0,\\ x^2,x>0.\end{cases}$ (1)求函数的定义域; (2)求 $f(2)$,$f(0)$,$f(-1)$ 的值. 例2 某考生计划步行前往考场,出发后经过0.5 h走了2 km,估计步行不能准时到达,于是他改乘出租车又经过0.25 h提前赶到了考场,设出租车的平均速度为30 km/h. (1)写出考生经过的路程 s 与时间 t 的函数关系; (2)作出函数图像; (3)求考生出行0.6 h时所经过的路程. 例3 作出函数 $y=|x|$ 的图像	引导学生自主探究. 指导学生解决问题	自主探究,小组讨论. 小组讨论,解决问题	学生对新知识自主探究有利于对知识的理解.小组讨论可以激发学生对知识的探究兴趣,加深学生对知识的理解

续表

教学环节		教学内容	教师活动	学生活动	设计意图与资源
课中实施	探	例 4　某市"招手即停"公共汽车的票价按下列规则制定： ①5 km 以内(含 5 km)，票价 2 元； ②5 km 以上，每增加 5 km，票价增加 1 元(不足 5 km 的部分按 5 km 计算). 如果某条线路的总里程为 20 km，请根据题意，写出票价与里程之间的函数关系，并画出函数的图像			
	练	**强化练习** 1. 设函数 $y=f(x)=\begin{cases}2x+1, & -2<x\leqslant0, \\ 1-x^2, & 0<x<3.\end{cases}$ (1)求函数的定义域； (2)求 $f(2)$, $f(0)$, $f(-1)$ 的值. 2. 某大学推出校内固定电话收费标准：每次通话 3 分钟以内(含 3 分钟)，收费 0.22 元；超过 3 分钟后，超过部分每分钟(不足 1 分钟的部分按 1 分钟计算)收费 0.11 元. 如果通话时间不超过 6 分钟，试写出通话应付费用与通话时间之间的函数关系	检查学生的练习情况，并对学生做适当指导	完成练习，小组交流	当堂练习有助于学生对知识的理解与掌握，让学生能够及时有效地对新知识进行二次认知
	评	1.学生自评，总结本节课的得与失. 2.学生互评，主要指出同一小组的同学的优点与不足. 3.师生互评，总结本节课的优点与不足		积极发言	自评、互评，让学生的思维再次动起来，总结得与失
课后拓展	固	1. 设函数 $f(x)=\begin{cases}2x+1, & -2<x\leqslant0, \\ -1, & 0<x<3.\end{cases}$ (1)求函数的定义域； (2)求 $f(2)$, $f(0)$, $f(-1)$ 的值； (3)作出函数图像. 2. 我国国内平信计费标准是：投寄本埠平信，每封信的质量不超过 20 g，付邮资 0.80 元；质量超过 20 g 后，每增加 20 g(不足 20 g 的部分按照 20 g 计算)，邮资增加 0.80 元. 试建立每封平信应付的邮资 y(元)与信的质量 x(g)之间的函数关系(设 $0<x<60$)，并作出函数图像			课后练习让学生巩固新知识，提升学生的思维能力. 适量的作业可以让学生保持长久的学习活力

教学反思

　　本节课的教学从生活中的水费问题入手，引出分段函数的概念，将数学与生活中的实际问题联系起来. 让学生观察与生活相关的数学模型，从中提炼出数学概念，培养学生的观察、分析、概括能力，本节课所选例题多与实际生活相关，通过本节课教学要让学生明白数学源于生活，要善于发现生活中的数学知识.

　　在教学过程中发现，直接从实例中得出分段函数的概念学生理解起来比较困难，可以结合家庭成员与家庭、小组与班级的关系进行讲解，学生就可以更好地理解分段函数的概念.

9 函数的最值(一)

四川省射洪职业中专学校 韩洪清

教学分析

授课时间	1课时	选用教材	高等教育出版社《数学(基础模块)上册》(第三版)
授课对象	机械专业2019级5班学生	授课类型	新授课
教学内容	函数的最值是《数学(基础模块)上册》第3章第3节第2课时的内容.本节课在学生学习了函数的概念、函数的性质后,继续学习函数知识在实际生活中的应用,让学生明白数学来源于生活,又可运用于生活.本节课很好地体现了数学学以致用的功能		
学情分析	知识基础	学生已经学习了函数的有关概念、函数的单调性,但函数的应用中,求函数的最值是考查的重点,学生有待学习	
	认知能力	学生能初步掌握一次函数、二次函数最值的求法,但运用单调性求函数的最值以及数形结合的能力有待提高	
	学习特点	学生学习积极主动,参与度高,团队合作意识较强,敢于表达自己的想法,但基础较差,计算速度较慢	
	专业特性	该专业学生有较强的动手能力,能在生产一线的智能、技能型操作岗位上从事机械加工和设备操作与管理,但逻辑思维能力较差	
教学目标	理解函数最大值和最小值的概念. 掌握求函数最值的方法,培养数形结合的思想和用数学语言准确叙述和表达数学问题的核心素养		
教学重难点	重点	理解函数最大值和最小值的概念	
	难点	掌握求函数最值的常用方法	
教学策略	教法	启发式教学法、讲练结合教学法	
	学法	自主学习法、合作学习法	
	教学资源与手段	多媒体设备与教学软件等	

教学设计

以"三心二意"的教学主张为引领,将教学内容进行结构化处理,采用"线上+线下"混合式教学模式,将整个教学过程分为学,导,探,练,评,固六个教学环节.

流程设计	学	导	探	练	评	固
	课前准备 复习旧知	创设情境 导入新课	抽象概念 探究新知	典型例题 巩固练习	课堂小结 小组评价	基础作业 巩固提高

板书设计	函数的最值(一) 1.函数的最值的概念 (1)最大值 (2)最小值 2.函数最值的求法 (1)图像法 (2)单调性法	多媒体展示区	例题、练习区

📁 教学实施

教学环节		教学内容	教师活动	学生活动	设计意图与资源
课前准备	学	1. 单调函数的定义: (1)增函数: $x_1 < x_2 \Rightarrow f(x_1) < f(x_2)$,图像是上升的. (2)减函数: $x_1 < x_2 \Rightarrow f(x_1) > f(x_2)$,图像是下降的. 2. 判断函数单调性的方法: (1)图像法. (2)定义法. 3. 利用定义证明函数单调性的一般步骤: (1)取值;(2)作差;(3)判号;(4)下结论	引导学生复习	小组交流,复习旧知	帮助学生复习前面所学知识,为后面的学习做准备
课中实施	导	如图为某城市某天的气温变化图. 几时气温最高?几时气温最低?对应图像有何特点	创设情境,提出问题	小组讨论,分析思考	创设情境,激发学生的学习兴趣
	探	引入新知 函数最值的定义: 1. 一般地,设函数 $y = f(x)$ 的定义域为 D. 如果: (1)对于任意 $x \in D$,有 $f(x) \leqslant M$ 恒成立; (2)存在定值 $x_0 \in D$,使得 $f(x_0) = M$,即 $f(x) \leqslant f(x_0) = M$. 则称 M 为函数 $y = f(x)$ 的最大值,记作 $y_{max} = f(x_0) = M$. (可理解为:函数在自变量取 x_0 时产生了最大值,为 M) 2. 一般地,设函数 $y = f(x)$ 的定义域为 D. 如果: (1)对于任意 $x \in D$,有 $f(x) \geqslant m$ 恒成立; (2)存在定值 $x_0 \in D$,使得 $f(x_0) = m$,即 $f(x) \geqslant f(x_0) = m$. 则称 m 为函数 $y = f(x)$ 的最小值,记作 $y_{min} = f(x_0) = m$. (可理解为:函数在自变量取 x_0 时产生了最小值,为 m)	引导学生得出定义	记忆和理解定义	培养学生的概括能力和数学语言的表达能力
	练	典例解析 例1 求下列函数的最大值和最小值: (1)$y = 2x + 1, x \in [-1, 1]$; (2)$y = -x - 1, x \in [-1, 1]$. 思考:一次函数 $y = kx + b (k \neq 0)$ 的最值与哪些量有关? 解:(1)∵ $y = 2x + 1$,∴ $k = 2 > 0$, ∴ $y = 2x + 1$ 在 **R** 上为增函数. ∵ $x \in [-1, 1]$, ∴ 当 $x = -1$ 时,$y_{min} = 2 \times (-1) + 1 = -1$			

教学环节		教学内容	教师活动	学生活动	设计意图与资源
课中实施	练	当 $x=1$ 时，$y_{max}=2\times1+1=3$. (2) $\because y=-x-1,\therefore k=-1<0$, $\therefore y=-x-1$ 在 **R** 上为减函数. $\therefore$ 当 $x=-1$ 时，$y_{max}=-(-1)-1=0$； 当 $x=1$ 时，$y_{min}=-1-1=-2$. 例2 求函数 $y=\dfrac{2}{x-1}$ 在区间 $[2,6]$ 上的最大值和最小值. 解：(方法一)画出函数在区间 $[2,6]$ 上的大致图像，如图： 观察图像可知，当 $x=2$ 时，$y_{max}=2$，当 $x=6$ 时，$y_{min}=\dfrac{2}{5}$. (方法二)设 $2\leqslant x_1<x_2\leqslant6$，则 $y_1-y_2=\dfrac{2}{x_1-1}-\dfrac{2}{x_2-1}=\dfrac{2(x_2-x_1)}{(x_1-1)(x_2-1)}$, $\because x_1-1>0,x_2-1>0,x_2-x_1>0$, $\therefore y_1-y_2>0$，即 $y_1>y_2$, $\therefore$ 函数 $y=\dfrac{2}{x-1}$ 在区间 $[2,6]$ 上是增函数. $\therefore$ 当 $x=2$ 时，$y_{max}=\dfrac{2}{2-1}=2$； 当 $x=6$ 时，$y_{min}=\dfrac{2}{6-1}=\dfrac{2}{5}$. 说明：自变量的取值区间发生变化一般会导致函数最值发生变化，函数最值要相对于自变量的取值区间而言	引导学生利用两种方法求函数的最值	小组讨论，解决问题	通过利用图像法和单调性法求函数的最值，提升学生的数形结合能力和计算能力
	评	1. 函数最大值和最小值的概念. 2. 函数最大值和最小值的求法： (1)图像法； (2)单调性法	引导学生总结	回顾本节课所学，归纳总结出本节课所学知识点	通过课堂总结，加深学生对本节课所学知识的理解
课后拓展	固	1. 分别在下列各范围内求函数 $y=x^2+2x-3$ 的最值. (1)**R**； (2)$1\leqslant x\leqslant2$； (3)$-2\leqslant x\leqslant2$. 2. 二次函数 $y=ax^2+bx+c(a\neq0)$ 的最值与哪些量有关	完成作业	学生完成课后作业，为下节课的学习做准备

教学反思

本节课通过创设问题情境，让学生认识到生活中存在着许多与函数最值相关的问题，激发起学生的学习热情，然后给出函数最大值和最小值的概念，引导学生寻找求函数最值的方法，并通过例题分析，让学生总结归纳出求函数最值的两种方法，整个过程都让学生积极参与.在例题的分析求解过程中，让学生多思考，用规范的数学语言写出解题过程，养成严谨细心的学习习惯.

本节课在教学过程中让学生多动手、多动脑、多动口，提高学生的思维能力和动手解题的能力.

10　函数的最值(二)

遂宁市职业技术学校　蒋　美

教学分析

授课时间	1 课时	选用教材	高等教育出版社《数学(基础模块)上册》(第三版)
授课对象	汽车运用与维修专业 2018 级 2 班学生	授课类型	习题课
教学内容	函数的最值是《数学(基础模块)上册》第 3 章第 3 节的内容.本节课在学生学习了函数的概念、函数的性质后,继续学习函数知识在实际生活中的应用,让学生明白数学来源于生活,又可运用于生活		
学情分析	知识基础	学生已经学习了函数的有关概念,函数的单调性,掌握了初步研究函数的方法	
	认知能力	学生利用数形结合求函数最值还有一定困难	
	学习特点	学生基础知识掌握不牢,自学能力普遍较差,但思维活跃,学习积极主动,参与度高	
	专业特性	该专业学生有较强的动手能力,能在生产一线的智能、技能型操作岗位上,从事机械加工和设备操作与管理,但逻辑思维能力较差	
教学目标	掌握数形结合法求二次函数的最值,并解决实际生活中的问题,培养和提升学生的逻辑思维、数学建模的核心素养		
教学重难点	重点	求二次函数的最值;利用数学建模解决实际生活中的问题	
	难点	根据实际问题构建数学模型,用数学知识解决问题	
教学策略	教法	情境教学法、问题探究法	
	学法	自主探究学习法、合作学习法	
	教学资源与手段	快剪辑　　HiTeach 用 PPT 辅助教学,提高课堂效率. 用"快剪辑"制作微课视频,帮助学生复习旧知. 用 HiTeach 软件进行教学,使用抢答、随机抽人、拍照上传、即问即答功能	

教学设计

以"三心二意"教学主张为引领，将教学内容进行结构化处理，采用"线上＋线下"混合式教学模式，将整个教学过程按学、导、探、练、评、固六个环节推进：

流程设计	学	导	探	练	评	固
	复习旧知 温故知新	提出问题 导入新课	小组讨论 探究新知	即学即练 及时反馈	课堂小结 小组评价	优化作业 巩固提高
板书设计	**函数的最值(二)** 函数最值的概念与求法 函数最值的应用		多媒体展示区		例题、练习区	

教学实施

教学环节		教学内容	教师活动	学生活动	设计意图与资源
课中实施	学	函数最值的定义： 1. 一般地,设函数 $y＝f(x)$ 的定义域为 D. 如果： (1)对于任意 $x∈D$,有 $f(x)≤M$ 恒成立； (2)存在定值 $x_0∈D$,使得 $f(x_0)＝M$,即 $f(x)≤f(x_0)＝M$. 则称 M 为函数 $y＝f(x)$ 的最大值,记作 $y_{max}＝f(x_0)＝M$. (可理解为：函数在自变量取 x_0 时产生了最大值,为 M) 2. 一般地,设函数 $y＝f(x)$ 的定义域为 D. 如果： (1)对于任意 $x∈D$,有 $f(x)≥m$ 恒成立； (2)存在定值 $x_0∈D$,使得 $f(x_0)＝m$,即 $f(x)≥f(x_0)＝m$. 则称 m 为函数 $y＝f(x)$ 的最小值,记作 $y_{min}＝f(x_0)＝m$. (可理解为：函数在自变量取 x_0 时产生了最小值,为 m)	推送微课	观看微课	利用微课进行复习,帮助学生巩固对函数最值的定义的理解
	导	问题：(1)求函数的最值时应注意什么？ (2)生活中有哪些可利用函数的最值来解决的问题	提出问题	小组讨论	提出问题,引导学生进入本节课的学习
	探	例1 分别在下列各范围内求函数 $y＝x^2＋2x－3$ 的最值. (1)**R**;(2)$1≤x≤2$;(3)$-2≤x≤2$. 例2 某人计划靠墙围一块矩形养鸡场,他已备足了可以围 10 米长的竹篱笆,问：矩形的长和宽各是多少时场地的面积最大？最大面积是多少？	引导学生思考,点评、讲解	小组合作,观察、探讨,解决问题	帮助学生掌握求二次函数最值的方法,培养和提升学生逻辑推理、数学运算等核心素养

续表

教学环节		教学内容	教师活动	学生活动	设计意图与资源
课中实施	练	1. 求函数 $y=x^2-6x+5$ 在下列范围内的最值. (1) **R**; (2) $3<x\leqslant 4$; (3) $2\leqslant x\leqslant 4$; (4) $-1<x<0$. 2. 用一根长 2 米的铁丝围成一个矩形,当长、宽各为多少时矩形的面积最大？最大值为多少	评讲、纠错	独立完成,组内交流解题思路、分享解题过程	学以致用,提升学生数学运算、逻辑思维等核心素养
	评	1. 这节课采用了怎样的学习方法？你收获了哪些知识？ 2. 结合课堂表现,评出优胜小组	引导、补充	小组内反思、总结,自评、互评	多元评价,激励学生全面发展,促进学生成长
课后拓展	固	求下列函数的最大值和最小值: (1) $y=3-2x-x^2$, $x\in\left[-\dfrac{5}{2},\dfrac{3}{2}\right]$; (2) $y=|x+1|-|x-2|$	批改、评价	完成作业	巩固求函数最值的方法,学以致用

教学反思

本节课采用课件演示,数形结合,让学生多动手、多动脑、多动口,提高学生的思维能力和动手解题的能力.在例题和练习的过程中,让学生多思考,学会用规范的数学语言表示解题过程,养成严谨细心的学习习惯.

第 ④ 章 指数函数与对数函数

1 n 次根式

攀枝花市经贸旅游学校　唐兴兰

📁 教学分析

授课时间	1 课时	选用教材	高等教育出版社《数学(基础模块)上册》(第三版)
授课对象	学前教育专业 2019 级 6 班学生	授课类型	概念课
教学内容			n 次根式是高等教育出版社《数学(基础模块)上册》第 4 章第 1 节第 1 课时的内容.本节课在复习初中学过的二次根式的基础上,推广 n 次根式的概念,体现了由特殊到一般的思想方法.本节课是学习实数指数幂及运算法则的基础和前提
学情分析	知识基础		学生已经学习了整数次幂的概念,数的平方根、立方根的概念,以及二次根式的性质,这为本节课的学习奠定了知识基础
	认知能力		大部分学生具备基本的类比、归纳能力,但是运算能力还有待提高
	学习特点		学前教育专业的学生讨厌循规蹈矩的课堂,喜欢形式多样、能够积极参与的课堂.班上同学两极分化严重,一部分乐于学习,思维活跃;另一部分厌倦学习,畏惧困难
	专业特性		学前教育专业的学生了解过蒙台梭利教学中的课程,能动手进行平方彩色串珠、立方彩色串珠等教具的操作,为 n 次根式的导入奠定了良好的基础,但是学生的数学抽象素养不高,对教具操作中蕴含的数学知识感受不深,计算能力有待提高
教学目标			类比平方根、立方根的概念,理解 n 次方根的概念. 理解 n 次方根的性质,能进行根式的运算. 根据 n 次方根的概念,结合具体实例,总结 n 次方根的性质,培养数学抽象与逻辑推理的能力和勇于探索的精神,体会由特殊到一般的研究方法,发展数学运算素养. 通过实例感受伟大祖国建设的艰辛,增强爱国主义精神
教学重难点	重点		n 次方根的概念和性质
	难点		n 次方根的性质
教学策略	教法		启发式教学法、讨论式教学法
	学法		自主探究学习法、合作学习法
	教学资源与手段		多媒体教室、"雨课堂"等数学软件

教学设计

流程设计	以"三心二意"教学主张为引领,将教学内容进行结构化处理,采用"线上＋线下"混合式教学模式,将整个教学过程分为学、导、探、练、评、固六个教学环节.

学 ＞ 导 ＞ 探 ＞ 练 ＞ 评 ＞ 固

动手操作 课前预习	复习旧知 导入新课	分组讨论 探究新知	即学即用 巩固练习	课堂小结 小组评价	分层作业 巩固提高

板书设计	n 次根式 n 次根式的定义 n 次根式的性质	多媒体展示区	例题、练习区

教学实施

教学环节		教学内容	教师活动	学生活动	设计意图与资源
课前准备	学	1. 学生分组完成蒙台梭利课程中平方彩色串珠、立方彩色串珠的教具操作,抽象出二次根式、三次根式. 2. 教师在"雨课堂"布置预习任务	制作课前检测题上传到"雨课堂"	分组完成教具操作,感受其中蕴含的数学知识,自主预习,完成检测题	通过教具操作感受生活中的数学,激发学习兴趣
课中实施	导	复习平方根、立方根的概念: 问题1:如果已知一个正方形的面积为 a,那么它的边长是多少? 问题2:如果已知一个正方体的体积为 a,那么它的棱长是多少? 说一说: 如果 $x^2=9$,则 $x=$＿＿＿＿ 叫做 9 的＿＿＿＿; 如果 $x^2=3$,则 $x=$＿＿＿＿ 叫做 3 的＿＿＿＿; 如果 $x^3=8$,则 $x=$＿＿＿＿ 叫做 8 的＿＿＿＿; 如果 $x^3=-8$,则 $x=$＿＿＿＿ 叫做 -8 的＿＿＿＿	提出问题,引导学生复习	回忆平方根、立方根的概念	通过实例让学生复习平方根、立方根的概念,导出本节课的研究对象,使学生明确学习目标,并利用之前学习形成的思维习惯对接新知,为学习 n 次方根做铺垫
	探	**新课探究** **探究一:n 次方根的定义** 类比学习:$(\pm2)^4=16$,±2 叫做 16 的＿＿＿; $2^5=32$,2 叫做 32 的＿＿＿＿. 由特殊到一般:若 $x^n=a$,则 x 叫做 a 的＿＿＿＿. 得出新知:一般地,如果 $x^n=a(n\in\mathbf{N}^*$ 且 $n>1)$,那么 x 叫做 a 的 n 次方根. 问题3:结合实例 $(\pm2)^4=16$,$2^5=32$,n 取偶数 4 时,2 和 -2 是 16 的偶次方根,偶次方根有两个;n 取奇数 5 时,2 是 32 的奇次方根,奇次方根只有一个. 由此,我们可以发现一个数的 n 次方根的个数有什么特点呢	提出问题引导学生思考	通过类比学习四次方根、五次方根的概念,推广得到 n 次方根的概念	采用类比学习的方法,通过由特殊到一般的过程,引导学生正确理解 n 次方根的概念,培养和发展学生数学抽象和数学运算的核心素养

教学环节		教学内容	教师活动	学生活动	设计意图与资源
课中实施	探	分类讨论: (1)当 n 为偶数时,正数 a 的 n 次方根有两个,这两个数互为相反数,分别表示为 $\sqrt[n]{a}$ 和 $-\sqrt[n]{a}$,其中 $\sqrt[n]{a}$ 叫做 a 的 n 次算数根;零的 n 次方根是零;负数的 n 次方根没有意义. (2)当 n 为奇数时,实数 a 的 n 次方根只有一个,记作 $\sqrt[n]{a}$. 即学即练: (1)$x^4=70$,则 $x=$ _____; (2)$x^2=-121$,则 x _____; (3)$x^n=0$,则 $x=$ _____; (4)$x^5=9$,则 $x=$ _____; (5)$x^3=-27$,则 $x=$ _____. 概念:形如 $\sqrt[n]{a}$($n\in \mathbf{N}^*$ 且 $n>1$)的式子叫做 a 的 n 次根式,其中 n 叫做根指数,a 叫做被开方数. 注意:当根指数 n 是偶数时,被开方数 a 应为非负数,当根指数 n 是奇数时,被开方数 a 可为任意实数. n 次方根的个数及符号的确定: (1)n 的奇偶性决定了 n 次方根的个数; (2)n 为奇数时,a 的正负决定着 n 次方根的符号. **探究2:n 次根式的性质** 问题4:求一个数的 n 次方根的运算叫做开 n 次方,它与乘方 x^n 互为逆运算.我们知道乘方运算有一些基本的运算性质,那么开方运算是否有运算性质呢? 想一想: (1)$(\sqrt{4})^2=$ _____; (2)$(\sqrt[5]{4})^5=$ _____; (3)$(\sqrt[5]{-4})^5=$ _____. 将结论推广到一般情况可以得到结论:$(\sqrt[n]{a})^n=a$. 问题5:$(\sqrt[n]{a})^n=a$ 中,n 与 a 的取值有无限制? 强调:$n\in \mathbf{N}^*$ 且 $n>1$,当根指数 n 是偶数时,被开方数 a 应为非负数,当根指数 n 是奇数时,被开方数 a 可为任意实数. 性质1:$(\sqrt[n]{a})^n=a$. 问题6: (1)$\sqrt[5]{4^5}=$ _____; (2)$\sqrt[5]{(-4)^5}=$ _____; (3)$\sqrt[4]{8^4}=$ _____; (4)$\sqrt[4]{(-8)^4}=$ _____. 问题7:$\sqrt[n]{a^n}=a$ 一定成立吗? 注意:n 为偶数且 $a<0$ 时,$\sqrt[n]{a^n}=-a$. 性质2:n 为大于1的奇数时,被开方数为一切实数,对任意的 a,$\sqrt[n]{a^n}=a$.n 为大于1的偶数时,$a\geq 0$ 时,$\sqrt[n]{a^n}=a$;$a<0$ 时,$\sqrt[n]{a^n}=-a$. 总结归纳,n 次根式的性质: (1)$(\sqrt[n]{a})^n=a$. (2)n 为大于1的奇数,$\sqrt[n]{a^n}=a$; n 为大于1的偶数,$\sqrt[n]{a^n}=|a|=\begin{cases}a,a\geq 0\\-a,a<0\end{cases}$	补充总结一个数的 n 次方根的个数及表示. 提出问题,引导学生思考	观察分析,得出 n 次方根的个数与 n 的奇偶性有关. 完成练习. 小组讨论,归纳总结 n 次根式的性质	通过分类讨论 n 的奇偶性、被开方数 a 的符号,得到一个数的 n 次方根的个数及表示,并且在练习中设置针对性的问题加深理解,帮助学生通过讲练结合的方式强化分类的意识,突破重难点. 从一些具体的实例出发,通过计算,观察规律,猜想 n 次根式的性质,并紧扣 a 的 n 次方根的定义进行说明,让学生体会研究数学问题的一般方法步骤,即计算、观察、类比猜想、证明

续表

教学环节		教学内容	教师活动	学生活动	设计意图与资源
课中实施	探	**典型例题** 例 1 (1)27 的立方根是_____;16 的 4 次方根是_____. (2)已知 $x^6=2016$,则 $x=$_____. (3)若 $\sqrt[4]{x+3}$ 有意义,则实数 x 的取值范围是_____. 解析:(1)27 的立方根是 3;16 的 4 次方根是 ±2. (2)因为 $x^6=2016$,所以 $x=\pm\sqrt[6]{2016}$. (3)要使 $\sqrt[4]{x+3}$ 有意义,则需要 $x+3\geqslant 0$,即 $x\geqslant -3$.所以实数 x 的取值范围是 $[-3,+\infty)$. 例 2 化简下列各式: (1) $\sqrt[5]{(-2)^5}+(\sqrt[5]{-2})^5$; (2) $\sqrt[6]{(-2)^6}+(\sqrt[6]{2})^6$. 解:(1)原式 $=(-2)+(-2)=-4$. (2)原式 $=|-2|+2=2+2=4$	讲解典型例题	理解领会	通过例题进一步巩固知识点,加深学生对知识的理解
	练	1. $\sqrt[4]{16}$ 的运算结果是( ) A.2 B.-2 C.± 2 D.$\pm\sqrt{2}$ 2. 若 m 是实数,则下列式子中可能没有意义的是( ) A. $\sqrt[4]{m^2}$ B. $\sqrt[5]{m}$ C. $\sqrt[6]{m}$ D. $\sqrt[5]{-m}$ 3. 若 $x^3=-5$,则 $x=$_____. 4. 求下列各式的值: (1) $\sqrt[7]{(-8)^7}$; (2) $\sqrt{(-10)^2}$; (3) $\sqrt[4]{(3-\pi)^4}$; (4) $\sqrt{(a-b)^2}$	评讲、纠错	完成练习	通过练习进一步强化知识点,检测学生对知识的掌握情况,增强应用意识
	评	1. 教师引导学生归纳总结本节课的知识点. 2. 评出优胜小组		归纳总结	回忆本节课知识,使学生加深理解
课后拓展	固	必做题: 1. 练习册训练题 4.1.1 A 组. 2. 预习教材下一节课内容. 选做题: $\sqrt{(a-b)^2}+\sqrt[5]{(a-b)^5}$ 的值是_____			作业分层,帮助学生巩固本节课所学知识

教学反思

    本节课是平方根、立方根知识的延伸,课堂上采用类比学习的方法,通过由特殊到一般的过程,引导学生正确理解 n 次根式的概念,归纳 n 次根式的性质,培养和发展学生数学抽象和数学运算的核心素养.本节课教学目标明确,课堂讨论气氛热烈,学生参与度高,课程内容兼顾了学生的基础,循序渐进,课堂衔接较好.在课堂中遇到一些问题,比如学生对 n 次方根的个数模糊不清,对 n 次根式的性质及应用没有方向性,经过观察分析,产生这一问题的原因是:学生在解题的时候总是忘记分析 n 的奇偶性,因此在教学中要加强对的 n 奇偶性进行讨论的训练;另外本节课的课后评价比较单一,未能体现多层次、多角度的评价,忽略了评价在课堂中的使用.

2 分数指数幂

盐源职业技术中学校　陈　静　周国英

教学分析

授课时间	1课时	选用教材	高等教育出版社《数学(基础模块)上册》(第三版)
授课对象	农学专业2019级3班学生	授课类型	新授课
教学内容	本节课内容选自高等教育出版社《数学(基础模块)上册》(第三版)第4章第1节,主要是分数指数幂与根式的互化,是在学习了整数指数幂和根式的运算基础上进行的,同时也是后面幂的运算法则推广到有理数范围内和实数范围内并进行进一步的计算和化简的基础,因此具有承上启下的重要作用		
学情分析	知识基础	学生知道平方根、立方根的定义,理解n次幂的概念	
	认知能力	学生能自觉地根据教学需求去感知相关事物,有一定的逻辑思维能力,能够进行简单的分析计算	
	学习特点	学生学习兴趣不够浓,学习动力不强,学习效率较低,对数学问题的合作探究欲望不高	
	专业特点	该专业学生具有一定的动手能力,具备一定的逻辑思维能力,但对专业知识或具体事物中蕴含的数学知识感悟不深	
教学目标	理解分数指数幂的含义. 掌握分数指数幂与根式之间的互化,能运用实数指数幂的运算法则及分数指数幂与根式的互换进行运算. 通过观察、比较、归纳得到分数指数幂的含义,提高观察问题、解决问题的能力,渗透转化的数学思想		
教学重难点	重点	理解分数指数幂的含义	
	难点	分数指数幂与根式之间的互化	
教学策略	教法	启发式教学法、讲练结合教学法	
	学法	自主学习法、合作学习法	
	教学资源与手段	多媒体教室、数学软件等	

教学设计

流程设计	以"三心二意"教学主张为引领,将教学内容进行结构化处理,采用"线上＋线下"混合式教学模式,将整个教学过程分为学、导、探、练、评、固六个教学环节.					
	学	导	探	练	评	固
	复习旧知 温故知新	提出问题 导入新课	小组讨论 导入新课	典型例题 巩固练习	课堂小结 小组评价	基础作业 巩固提高
板书设计	**分数指数幂** 定义 分数指数幂与根式之间的互化		多媒体展示区		例题、练习区	

教学实施

教学环节		教学内容	教师活动	学生活动	设计意图与资源
课前准备	学	1. $a^n(n\in\mathbf{N}^*)$ 的意义:$a^n=\underbrace{a\cdot a\cdot\cdots\cdot a}_{n\uparrow}$. 2. 整数指数幂的运算:$(m,n\in\mathbf{N}^*)$ $a^m\cdot a^n=a^{m+n}$; $\dfrac{a^m}{a^n}=a^{m-n}(m>n,a\neq 0)$; $(a\cdot b)^m=a^m\cdot b^m$; $a^{-n}=\dfrac{1}{a^n}(a\neq 0)$; $a^0=1(a\neq 0)$. 3. n 次根式的性质: $(\sqrt[n]{a})^n=a(a>1,n\in\mathbf{N}^*)$; $\sqrt[n]{a^n}=\begin{cases}a,n\text{ 为正奇数},\\ |a|,n\text{ 为正偶数}\end{cases}$	通过提问的方式引导学生复习相关知识	思考并回答问题,复习前面的知识	帮助学生复习前面的知识,为后面的学习做铺垫
课中实施	导	当 $a>0$ 时, $\sqrt[5]{a^{10}}=\sqrt[5]{(a^2)^5}=a^2=a^{\frac{10}{5}}$; $\sqrt{a}=\sqrt{(a^{\frac{1}{2}})^2}=a^{\frac{1}{2}}$. 类比计算: $\sqrt[3]{a^{12}}=\sqrt[3]{(a^4)^3}=\underline{\qquad}=\underline{\qquad}$; $\sqrt[3]{a^6}=\sqrt[3]{(a^2)^3}=\underline{\qquad}=\underline{\qquad}$; $\sqrt[3]{a^2}=\sqrt[3]{(a^{\frac{2}{3}})^3}=\underline{\qquad}$. 问题:被开方数的指数与最后 a 的分数指数有什么关系	提出问题	完成计算,小组讨论,思考问题	通过类比计算,为观察规律得出概念做铺垫
	探	观察计算结果可知,分母对应根指数,分子对应被开方数的指数. 可简单的记为:分母在根号外面,分子在根号里面. 归纳:$\sqrt[n]{a^m}=a^{\frac{m}{n}}(m,n\in\mathbf{N}^*,\text{且 }n>1)$. 通过上述推导过程我们可以得出正分数指数幂的意义. 定义:$a^{\frac{m}{n}}=\sqrt[n]{a^m}(m,n\in\mathbf{N}^*\text{ 且 }n>1)$. 当 n 为奇数时,$a\in\mathbf{R}$,当 n 为偶数时,$a\geqslant 0$. 当 $a^{\frac{m}{n}}$ 有意义,且 $a\neq 0$ 时,规定 $a^{-\frac{m}{n}}=\dfrac{1}{\sqrt[n]{a^m}}$. 这样就将整数指数幂推广到有理数指数幂. 注意:(1)分数指数幂是根式的另一种表现形式,根式与分数指数幂可以互化. (2)0 的正分数幂等于 0,0 的负分数幂无意义. (3)有了分数指数幂,整数指数幂的相关运算法则就可以推广到有理数范围内. (4)根指数为 2 时省略不写	归纳总结,强调注意事项	理解记忆	提出概念并强调注意事项,帮助学生加深对概念的理解

教学环节		教学内容	教师活动	学生活动	设计意图与资源
课中实施	练	例1 将下列各分数指数幂写成根式的形式: (1)$a^{\frac{4}{7}}$;(2)$a^{\frac{3}{5}}$;(3)$a^{\frac{3}{2}}$. 解:(1)∵$n=7,m=4$, ∴$a^{\frac{4}{7}}=\sqrt[7]{a^4}$. (2)∵$n=5,m=3$, ∴$a^{\frac{3}{5}}=\sqrt[5]{a^3}$. (3)∵$n=2,m=3$, ∴$a^{\frac{3}{2}}=\dfrac{1}{\sqrt{a^3}}$. 例2 将下列各根式写成分数指数幂的形式. (1)$\sqrt[3]{x^2}$;(2)$\sqrt[3]{a^4}$;(3)$\dfrac{1}{\sqrt[5]{a^3}}$. 解:(1)∵$n=3,m=2$, ∴$\sqrt[3]{x^2}=x^{\frac{2}{3}}$. (2)∵$n=3,m=4$, ∴$\sqrt[3]{a^4}=a^{\frac{4}{3}}$. (3)∵$n=5,m=3$, ∴$\dfrac{1}{\sqrt[5]{a^3}}=a^{-\frac{3}{5}}$.	讲解例题	思考、讨论	通过例题讲解,帮助学生掌握分数指数幂与根式之间的互化
	评	1.教师引导学生归纳总结: 根式与分数指数幂怎样互化?有什么要求? 2.结合统计数据和学习痕迹,评出优胜小组		小组抢答进行总结,小组自评、互评,选出本节课优胜小组	知识梳理,帮助学生加深对本节课所学知识的理解,构建知识体系
课后拓展	固	1.教材练习4.1.1. 2.练习册训练题4.1.1			学生独立完成作业,巩固本节课所学知识

📁 **教学反思**

　　本节课围绕数学学科核心素养进行设计,融入课堂思政元素.通过复习、计算、猜想、归纳总结等环节,让学生亲历知识产生、发展的过程,促进了学生归纳概括能力、逻辑推理能力以及计算能力的发展.本节课的教学能较好地达成教学目标,突出教学重点,突破教学难点,但在教学过程中发现中职学生整体基础较差,计算中错误较多,有待在日后教学中加强.

3　实数指数幂及其运算法则

四川省德昌县职业高级中学　陈世碧

教学分析

授课时间	1 课时	选用教材	高等教育出版社《数学（基础模块）上册》（第三版）
授课对象	学前教育专业 2019 级 2 班学生	授课类型	性质课、应用课
教学内容	本节课的主要内容是将有理数指数幂推广到实数指数幂，将幂的运算法则由整数指数幂推广到实数指数幂，并结合幂的意义及运算法则进行计算或化简．在分析、解决问题的过程中向学生渗透重要的数学思想，如类比的思想、由特殊到一般的思想		

学情分析	知识基础	学生刚学习了分数指数幂，且在初中已掌握了整数指数幂及整数指数幂的运算法则
	认知能力	部分学生对根式的计算，负指数幂、分数指数幂的意义没有完全掌握，不能灵活解决问题
	学习特点	学生独立分析问题、解决问题的能力较弱，且不善于进行知识的归纳和总结
	专业特性	学前教育专业的学生具备一定的观察和分析能力，以及逻辑推理和语言表达能力

教学目标	准确理解实数指数幂． 掌握实数指数幂的运算法则，能熟练地应用实数指数幂的运算法则进行化简或计算，发展数学运算的能力，提升借助数学运算分析问题和解决问题的能力． 通过对实数指数幂及其运算法则的探究，渗透由特殊到一般、类比与转化等数学思想，培养观察、比较、想象、概括等能力． 经历探究学习的过程，培养勇于探索，敢于创新的精神

教学重难点	重点	实数指数幂的运算法则及应用
	难点	应用实数指数幂的运算法则及分数指数幂与根式间的互化进行计算或化简

教学策略	教法	讲授法、讨论式教学法
	学法	探究学习法、合作学习法
	教学资源与手段	EV 录屏　　快剪辑 用 PPT、"EV 录屏"、"快剪辑"制作微课视频"有理数指数幂""整数指数幂的运算法则"，帮助学生回顾整数指数幂、分数指数幂及幂的运算． 以旧知识为指引，带着问题进行思考、分析和探究，运用逐步推广的思想解决问题，运用类比的思想进行理解和消化，在一讲一练中加强、巩固，发展数学运算的能力，提升数学抽象素养

教学设计

流程设计	以"三心二意"教学主张为引领,将教学内容进行结构化处理,采用"线上＋线下"混合式教学模式,将整个教学过程分为学、导、探、练、评、固六个教学环节. 学 ▷ 导 ▷ 探 ▷ 练 ▷ 评 ▷ 固 观看微课 / 提出问题 / 类比思考 / 巩固练习 / 课堂小结 / 分层作业 复习旧知 / 导入新课 / 探索新知 / 及时检测 / 小组评价 / 巩固提高
板书设计	**实数指数幂及其运算法则** 实数指数幂 实数指数幂的运算法则　　　　　多媒体展示区　　　　　例题、练习区

教学实施

教学环节		教学内容	教师活动	学生活动	设计意图与资源
课前准备	学	借助微课"有理数指数幂""整数指数幂的运算法则"复习整数指数幂、分数指数幂,以及幂的运算	推送微课	观看微课	复习整数指数幂、分数指数幂及整数指数幂的运算法则,为新知识的学习做铺垫
课中实施	导	**问题导入** 问题1:有理数指数幂能继续推广吗? 若能,能推广到什么范围呢? 问题2:整数指数幂的运算法则能推广吗? 问题3:以下式子如何计算? ①$a^{\frac{1}{5}} \cdot a^{\frac{3}{5}}$;②$a^{\frac{3}{5}} \div a^{\frac{1}{5}}$;③$(a^{\frac{1}{7}})^2$;④$a^{\frac{1}{3}} \times b^{\frac{1}{3}}$	结合实际,创设问题情境	分组讨论,尝试解决	结合实际创设问题情境,激发学生的学习兴趣,培养学生合作、交流的意识
	探	**探索新知** 实数指数幂: 当$a>0$时,可以把有理数指数幂推广到无理数指数幂. 所以,幂的概念可以推广到实数指数幂,即 实数指数幂 $\begin{cases} \text{有理数指数幂} \\ \text{无理数指数幂} \end{cases}$ 实数指数幂的运算法则: 1. 探究:分数指数幂的运算法则: (1)$a^{\frac{1}{5}} \cdot a^{\frac{3}{5}} = \sqrt[5]{a} \times \sqrt[5]{a^3} = \sqrt[5]{a^4} = \underline{a^{\frac{4}{5}}}$, 即$a^{\frac{1}{5}} \cdot a^{\frac{3}{5}} = \underline{a^{\frac{1}{5}+\frac{3}{5}}} = \underline{a^{\frac{4}{5}}}$; (2)$a^{\frac{3}{5}} \div a^{\frac{1}{5}} = \sqrt[5]{a^3} \div \sqrt[5]{a} = \sqrt[5]{a^2} = \underline{a^{\frac{2}{5}}}$, 即$a^{\frac{3}{5}} \div a^{\frac{1}{5}} = \underline{a^{\frac{3}{5}-\frac{1}{5}}} = \underline{a^{\frac{2}{5}}}$; (3)$(a^{\frac{1}{7}})^2 = (\sqrt[7]{a})^2 = \sqrt[7]{a} \times \sqrt[7]{a} = \sqrt[7]{a^2} = \underline{a^{\frac{2}{7}}}$	引导学生计算、填空、思考、探究、归纳、总结	计算、思考,小组讨论	引导学生从实例中总结出分数指数幂的运算法则,体会幂的运算法则的推广,培养学生的逻辑推理能力,提升学生的数学抽象素养

续表

教学环节		教学内容	教师活动	学生活动	设计意图与资源
课中实施	探	即 $(a^{\frac{1}{7}})^2 = a^{\frac{1}{7} \times 2} = a^{\frac{2}{7}}$； ④ $a^{\frac{1}{3}} \times b^{\frac{1}{3}} = \sqrt[3]{a} \times \sqrt[3]{b} = \sqrt[3]{ab} = (ab)^{\frac{1}{3}}$， 即 $(ab)^{\frac{1}{3}} = a^{\frac{1}{3}} \cdot b^{\frac{1}{3}}$． 2. 有理数指数幂的运算法则： (1)同底数幂的乘法： $a^p \cdot a^q = a^{p+q} (a>0, p,q \in \mathbf{Q})$； (2)同底数幂的除法： $a^p \div a^q = a^{p-q} (a>0, p,q \in \mathbf{Q})$； (3)幂的乘方： $(a^p)^q = a^{pq} (a>0, p,q \in \mathbf{Q})$； (4)积的乘方： $(a \cdot b)^p = a^p \cdot b^p (a,b>0, p \in \mathbf{Q})$． 有理数指数幂的运算法则对于实数指数幂仍然成立． 3. 实数指数幂的运算法则： (1)同底数幂的乘法： $a^p \cdot a^q = a^{p+q} (a>0, p,q \in \mathbf{R})$； (2)同底数幂的除法： $a^p \div a^q = a^{p-q} (a>0, p,q \in \mathbf{R})$； (3)幂的乘方： $(a^p)^q = a^{pq} (a>0, p,q \in \mathbf{R})$； (4)积的乘方： $(a \cdot b)^p = a^p \cdot b^p (a,b>0, p \in \mathbf{R})$． **例题辨析** 例1　计算下列各式： $(1)8^{\frac{2}{3}}$；$(2)\left(\frac{81}{16}\right)^{-\frac{3}{4}}$；$(3)\left(1\frac{7}{9}\right)^{\frac{1}{2}}$； $(4)0.125^{\frac{1}{3}}$；$(5)\sqrt{3} \times \sqrt[3]{3} \div \sqrt[6]{3}$． 例2　化简下列各式： $(1)\frac{(2a^4b^3)^4}{(3a^3b)^2}$； $(2)(a^{\frac{1}{2}}+b^{\frac{1}{2}})(a^{\frac{1}{2}}-b^{\frac{1}{2}})$	引导学生总结出有理数指数幂的运算法则，并进一步推广到实数指数幂． 引导学生进行思考、分析、计算，总结规律及方法	理解有理数指数幂的运算法则． 记忆实数指数幂的运算法则． 在老师的引导下积极思考、讨论、计算、总结	将整数指数幂的运算法则推广到有理数指数幂，再推广到实数指数幂，让学生在理解的过程中感悟逐步推广、层层深入的学习方法及生活态度，从而更好地深入理解实数指数幂的运算法则，为运算法则的应用打下坚实的基础． 通过实数指数幂运算法则的推导过程，让学生感受类比思想，提高学生的数学运算素养． 综合运用实数指数幂的运算法则进行计算、化简，探寻计算、化简幂的方法及技巧，帮助学生巩固知识点的同时提高观察、分析能力，提升数学抽象、数学运算素养
	练	**巩固练习** 1. 计算下列各式： $(1)\sqrt{3} \times \sqrt[3]{9} \times \sqrt[4]{27}$；$(2)(2^{\frac{2}{3}}4^{\frac{1}{2}})^3(2^{-\frac{1}{4}}4^{\frac{5}{8}})^4$． 2. 化简下列各式： $(1)a^{\frac{1}{3}} \cdot a^{-\frac{2}{3}} \cdot a^2 \cdot a^0$； $(2)(a^{\frac{2}{3}}b^{\frac{1}{2}})^3 \cdot (2a^{-\frac{1}{2}}b^{\frac{5}{8}})^4$； $(3)\frac{a^{\frac{3}{4}}(a^{\frac{1}{2}}b^{\frac{1}{4}})^4}{(a^{\frac{1}{2}})^3}$； $(4)(a^{\frac{1}{3}}+b^{\frac{1}{3}})(a^{\frac{1}{3}}-b^{\frac{1}{3}})$	评讲、纠错	完成课堂练习，组内讨论	通过巩固练习，帮助学生掌握实数指数幂的运算法则，提高计算能力

教学环节		教学内容	教师活动	学生活动	设计意图与资源
课中实施	评	1. 学生归纳、总结知识要点,老师补充、完善. (1)实数指数幂: 实数指数幂 { 有理数指数幂 { 整数指数幂 { 正整数指数幂:$a^n = a \cdot a \cdots a$(n 个 a) 零指数幂:$a^0 = 1(a \neq 0)$ 负整数指数幂:$a^{-n} = \dfrac{1}{a^n}(a \neq 0, n \in \mathbf{N}^*)$ 分数指数幂 { 正分数指数幂:$a^{\frac{m}{n}} = \sqrt[n]{a^m}(a \geqslant 0)$ 负分数指数幂:$a^{-\frac{m}{n}} = \dfrac{1}{\sqrt[n]{a^m}}(a > 0)$ 无理数指数幂 (2)实数指数幂的运算法则. (3)化简、计算幂的方法及规律. 2. 学生总结本堂课掌握不好,课后还须加强、巩固的地方	小组抢答进行总结,小组自评、互评	让学生对本节课的知识要点进行总结,帮助学生巩固知识点,同时培养学生的语言表达能力. 让学生查找存在的问题,培养学生认真反思的学习态度及生活意识
课后拓展	固	基础题: 1. 计算下列各式: (1)$3^{-2} \times 81^{\frac{3}{4}}$; (2)$16^{-1} \times 64^{\frac{3}{4}} \times 32^{\frac{1}{2}}$; (3)$\left(\dfrac{3}{7}\right)^5 \times \left(\dfrac{8}{21}\right)^0 \div \left(\dfrac{9}{7}\right)^4$; (4)$3^{-2} \times 4^4 \times 0.25^4$. 2. 化简下列各式: (1)$(x^{\frac{9}{5}} y^{-\frac{6}{5}})^{-\frac{1}{3}} \cdot (xy)^{\frac{3}{5}}$; (2)$\dfrac{(x^6 y^2)^{-\frac{1}{3}}}{(y^{-\frac{1}{3}})^4}$. 提升题: 化简下列各式: (1)$\dfrac{a^2 \sqrt[3]{a^2 b}}{\sqrt{ab}}$; (2)$\dfrac{(b\sqrt{ab})^3 \sqrt[3]{a^2 b}}{\sqrt[3]{ab^2}}$			学生自主完成作业,巩固本节课所学知识. 作业分层,让学有余力的同学继续提高

教学反思

回顾本节课的教学过程,有以下几点做得较好:

1. 用类比的思想及由特殊到一般的思想推导实数指数幂的概念及其运算法则,学生易理解并掌握.

2. 针对学生实际设计例题,知识点覆盖全面且针对性强,层层深入,示范性强.

3. 例题讲解及练习都以学生自主分析、思考为主,老师引导为辅. 该方式充分调动了学生学习的积极性和主动性,让学生在参与中体验学习的乐趣.

4　幂函数举例

攀枝花市经贸旅游学校　刘　聪

教学分析

授课时间	1 课时	选用教材	高等教育出版社《数学(基础模块)上册》(第三版)
授课对象	信息技术专业学生	授课类型	应用课
教学内容			

教学内容	幂函数举例是高等教育出版社《数学(基础模块)上册》第4章第1节的内容,本节课的内容主要是幂函数的定义以及常见幂函数的图像和性质. 幂函数是基本初等函数之一,从整体安排上看,学习幂函数是为了让学生确立利用函数的定义域、值域、奇偶性、单调性研究函数的方法,这节课主要是让学生自己去体会研究函数的方法,为后面学习指数函数和对数函数打下良好的基础

学情分析	知识基础	在前几章节学生已经学习了函数、n 次根式等知识,为本节课内容学习提供了知识准备
	认知能力	学生普遍具备一定的问题提出能力,但抽象思维能力较弱,推理判断能力较差.
	学习特点	信息技术专业的学生大多有一定的逻辑思考能力,大部分学生已经逐渐养成良好的预习习惯,有自主学习的能力
	专业特性	信息技术专业的学生动手能力强,具备较强的表现力和语言表达能力,积极性较高,喜欢参与活动,有一定的团队合作意识

教学目标	了解幂函数的定义,了解几种常见幂函数的图像和性质. 通过举例说明、讲练结合,培养观察能力和概括能力. 体会幂函数的认知过程,树立严谨的思维习惯

教学重难点	重点	常见幂函数的图像和性质
	难点	常见幂函数的图像和性质

教学策略	教法	启发式教学法、讨论式教学法、讲练结合式教学法
	学法	自主学习法、合作学习法
	教学资源与手段	用 PPT 制作课件,用电子白板组织教学,用数学软件辅助教学

教学设计

流程设计	以"三心二意"教学主张为引领,将教学内容进行结构化处理,采用"线上＋线下"混合式教学模式,将整个教学过程分为学、导、探、练、评、固六个教学环节.

	学	导	探	练	评	固
	自主学习 引出课题	创设情境 导入新课	分析实例 探究新知	巩固练习 及时检测	课堂小结 小组评价	分层作业 巩固提高

板书设计	**幂函数举例** 定义 图像、性质	多媒体展示区	例题、练习区

教学实施

教学环节		教学内容	教师活动	学生活动	设计意图与资源
课前准备	学	解决下列问题： (1)如果张红购买了每千克1元的蔬菜 x 千克，那么她需要支付的费用 $y=$ _____元； (2)如果正方形的边长为 x，那么正方形的面积 $y=$ _____； (3)如果正方体的边长为 x，那么正方体的体积 $y=$ _____； (4)如果某人 x s 内骑车行进 1 km，那么他骑车的平均速度 $y=$ _____ km/s	发布问题	预习本节课的内容并解决问题	通过提前预习并解决问题，让学生知道之前其实学习过很多幂函数，增加学习的信心
	导	(1)如果张红购买了每千克1元的蔬菜 x 千克，那么她需要支付的费用 $y=$ _ x _元； (2)如果正方形的边长为 x，那么正方形的面积 $y=$ _ x^2 _； (3)如果正方体的边长为 x，那么正方体的体积 $y=$ _ x^3 _； (4)如果某人 x s 内骑车行进 1 km，那么他骑车的平均速度 $y=$ _ $\dfrac{1}{x}$ _ km/s. 观察函数 $y=x$，$y=x^2$，$y=\dfrac{1}{x}$，回忆三个函数的图像和相关性质	评讲、引导	回忆、讨论	回忆已学习过的幂函数的图像和性质，自然引入本节课的学习
课中实施	探	由于 $y=x=x^1$，$y=\dfrac{1}{x}=x^{-1}$，故这三个函数都可以写成 $y=x^\alpha(\alpha\in\mathbf{R})$ 的形式. 一般地，形如 $y=x^\alpha(\alpha\in\mathbf{R})$ 的函数叫做幂函数. 其中 α 为常数，x 为自变量. 例1 指出幂函数 $y=x^3$ 和 $y=x^{\frac{1}{2}}$ 的定义域，并在同一个坐标系中作出它们的图像. 解：函数 $y=x^3$ 的定义域为 $\mathbf{R}$，函数 $y=x^{\frac{1}{2}}$ 的定义域为 $[0,+\infty)$. 分别取 x 的一些值，列表如下： _（见下表）_ 以表中的每组 x，y 的值为坐标，描出相应的点 (x, y)，再用光滑的曲线依次连接这些点，分别得到函数 $y=x^3$ 和函数 $y=x^{\frac{1}{2}}$ 的图像，如下图所示. 	引导学生首先分别确定各函数的定义域，然后再利用"描点法"分别作出它们的图像，并观察	在老师的引导下作出两个函数的图像并观察	通过例题分析，让学生熟悉研究函数的方法，提高学生的逻辑思维能力

x	...	-2	-1	0	1	2	...
$y=x^3$	...	-8	-1	0	1	8	...

x	...	0	$\dfrac{1}{4}$	1	4	9	...
$y=x^{\frac{1}{2}}$	...	0	$\dfrac{1}{2}$	1	2	3	...

教学环节		教学内容	教师活动	学生活动	设计意图与资源
课中实施	导	观察函数图像可知,这两个函数在定义域内都是增函数,两个函数的图像都经过坐标原点和点(1,1),函数 $y=x^3$ 的图像关于原点对称. 例2　指出幂函数 $y=x^{-2}$ 的定义域,并作出函数图像. 分析:考虑到 $x^{-2}=\dfrac{1}{x^2}$,因此定义域为 $(-\infty,0)\bigcup(0,+\infty)$,由于 $\dfrac{1}{(-x)^2}=\dfrac{1}{x^2}$,故函数为偶函数. 其图像关于 y 轴对称,可以先作出 $y=x^{-2}$ 在区间 $(0,+\infty)$ 内的图像,然后再利用对称性作出函数在区间 $(-\infty,0)$ 内的图像. 解:$y=x^{-2}$ 的定义域为 $(-\infty,0)\bigcup(0,+\infty)$,是偶函数,其图像关于 y 轴对称. 在区间 $(0,+\infty)$ 内,取 x 的一些值列表如下: 	x	…	$\frac{1}{2}$	1	2	…
$y=x^{-2}$	…	4	1	$\frac{1}{4}$	… | 以表中的每组 x,y 的值为坐标,描出相应的点 (x,y),再用光滑的曲线依次连接各点,得到函数在区间 $(0,+\infty)$ 内的图像. 再作出图像关于 y 轴的对称图形,从而得到函数 $y=x^{-2}$ 的图像,如下图所示. 观察函数图像可知,函数 $y=x^{-2}$ 在 $(-\infty,0)$ 内是增函数,在 $(0,+\infty)$ 内是减函数. 函数的图像不经过坐标原点,但是经过点 $(1,1)$. 一般地,幂函数 $y=x^\alpha$ 具有如下特征: (1)随着指数 α 取不同值,函数 $y=x^\alpha$ 的定义域、单调性和奇偶性会发生变化; (2)当 $\alpha>0$ 时,函数图像经过原点 $(0,0)$ 与点 $(1,1)$;当 $\alpha<0$ 时,函数图像不经过原点 $(0,0)$,但经过点 $(1,1)$	引导学生确定函数的定义域,作出函数图像并观察	在老师的引导下总结幂函数的特征	通过对三个幂函数图像的观察分析,总结出幂函数的特征,提高学生的观察分析能力和归纳能力,帮助学生掌握研究函数的一般方法
	练	1.选择题: (1)下列各函数中,不是幂函数的是(　　) A.$y=x^2-x+1$　　B.$y=\dfrac{1}{x}$ C.$y=x$　　D.$y=x^{-3}$ (2)函数 $y=x^{-2}$ 的图像经过点(　　) A.$(-1,-1)$　　B.$(0,0)$ C.$(1,-2)$　　D.$\left(2,\dfrac{1}{4}\right)$ (3)函数 $y=x^3$ 的图像(　　) A. 关于 x 轴对称　　B. 关于 y 轴对称 C. 关于原点对称　　D. 不具有对称性 2.用"描点法"作出函数 $y=x^4$ 和 $y=x^{-3}$ 的图像,并指出函数的奇偶性和单调性	巡视、评讲	分小组完成练习	通过小组间竞争练习,让学生进一步掌握幂函数的定义和性质,激发学生的学习斗志,提升学生集体荣誉感

教学环节		教学内容	教师活动	学生活动	设计意图与资源
课中实施	评	1.引导学生归纳总结: 一般地,形如 $y=x^{\alpha}(\alpha\in\mathbf{R})$ 的函数叫做幂函数. 幂函数 $y=x^{\alpha}$ 具有如下特征: (1)随着指数 α 取不同值,函数 $y=x^{\alpha}$ 的定义域、单调性和奇偶性会发生变化; (2)当 $\alpha>0$ 时,函数图像经过原点$(0,0)$与点$(1,1)$;当 $\alpha<0$ 时,函数图像不经过原点$(0,0)$,但经过点$(1,1)$. 2.结合学习记录和数据,对小组和个人进行评价		小组抢答进行总结,选出优胜小组	通过归纳总结,帮助学生回顾本节课所学内容,加深学生对知识点的理解
课后拓展	固	1. 教材练习 4.1.3. 2. 练习册训练题 4.1.3			学生完成作业,巩固本节课所学知识

教学反思

回顾本节课的教学过程,有以下几点值得注意:

1. 教学中应进一步挖掘中职德育教育与数学课程教学的融合点,将思政教育真正融入数学课程教学中,真正做到立德树人,三全育人.

2. 虽然有信息技术手段的引入,但是运用信息技术手段来提高教学效率,提升教学质量的力度还需加强,信息技术手段与课堂融合度还有待提高.应不断学习教育教学理论,更新教育教学观念,学习新的信息技术手段,指导自己的实践工作,尽早形成具有自己特色的教学模式,让其真正达到提升学生学习效果的目的.

3. 设计问题时还要注意问题的情境性、启发性、层次性和逻辑性,苍白、难度过高的问题不可能激起学生的兴趣.问题要精选,设计的问题要有利于促进学生动脑,提升主动探究知识的能力,有利于集体研究,促进合作学习,不提出过于简单、不假思索就能解决的问题.问题要明确,小组合作学习探讨的问题要紧紧扣住教学目标,特别是本节课的重点、难点,设计出的问题切忌模棱两可.

4. 小组合作时,部分学生的参与度不够,合作氛围不够浓厚.应根据不同班级、不同情况的学生,采取多种相应形式创设合作的情境,调动学生参与的积极性.

5 指数函数及其图像与性质

四川省绵阳财经学校 蔡 琪

教学分析

授课时间	1 课时	选用教材	高等教育出版社《数学（基础模块）上册》（第三版）
授课对象	会计专业学生	授课类型	新授课
教学内容	本节课是高等教育出版社《数学（基础模块）上册》第4章第2节第1课时，主要内容是指数函数的概念、图像及性质. 指数函数是在学生学习了函数的概念及性质，掌握了指数与指数的运算性质的基础上展开研究的.作为重要的基本初等函数之一，指数函数既是继函数的定义及性质后的应用，也为今后研究其他函数提供了方法和模式，为后续的学习奠定基础.指数函数在知识体系中起了承上启下的作用，同时，实际生活中的很多问题，如人口增长、存贷款利率等，都需要利用指数函数来解决		
学情分析	知识基础	在初中，学生研究过一次函数、二次函数、反比例函数等具体函数，能借助列表、描点、连线的方法作图，通过观察图像，获得对函数基本性质的直观认识. 到中职一年级，学生已初步掌握了函数的基本性质和指数运算技能，基本掌握了运用"描点法"描绘函数图像，以及从图像上寻找函数性质的方法	
	认知能力	学生具有一定的观察、分析能力，但数形结合能力还有待提高	
	学习特点	学生喜欢参与活动，小组合作意识较好，但对抽象的数学知识缺乏深度的思考与学习	
	专业特性	该专业的学生具有较好的数学基础，运算能力较强	
教学目标	理解指数函数的概念. 掌握指数函数的图像和性质，培养观察、分析、归纳等思维能力，体会由特殊到一般、数形结合等数学方法		
教学重难点	重点	指数函数的概念、图像及其性质	
	难点	指数函数中底的取值范围的理解； 根据具体函数的图像与性质归纳一般函数的图像与性质	
教学策略	教法	情境教学法、任务驱动法、问题探究法	
	学法	自主学习法、探究学习法、合作学习法	
	教学资源与手段	借助多媒体教室、数学教学软件等辅助教学	

教学设计

以"三心二意"教育主张为引领,将教学内容进行结构化处理,采用"线上+线下"混合式教学模式,将整个教学过程分为学、导、探、练、评、固六个教学环节.

流程设计	学	导	探	练	评	固
	课前复习 温故知新	创设情境 导入新课	小组合作 探究新知	变式练习 及时巩固	课堂小结 小组评价	课后作业 巩固提高

板书设计	指数函数及其图像与性质 定义 图像 性质	多媒体展示区	例题、练习区

教学实施

教学环节		教学内容	教师活动	学生活动	设计意图与资源
课前准备	学	借助微课复习函数的性质及研究函数的一般方法	推送微课	观看微课	充分利用相关教学资源复习旧知,为新课学习奠定知识基础
课中实施	导	**情境1:细胞分裂** 某种细胞分裂时,由一个分裂成2个,2个分裂成4个,4个分裂成8个……按照这个规律分裂 x 次,相应细胞个数为 y,如何描述这两个变量的关系? 分裂次数 x: 1, 2, 3, 4, …, n 细胞个数 y: 2, 4, 8, 16, …, ? 通过对细胞数的分析,发现两个变量之间的函数关系:$y=2^x(x\in\mathbf{N}^*)$. **情境2:一尺之棰** 《庄子·天下篇》中有一句名言:"一尺之棰,日取其半,万世不竭."请你写出截取 x 次后,木棍的剩余长度 y(尺)与 x 的函数关系. 截取次数 x: 1, 2, 3, 4, …, n 剩余长度 y: $\frac{1}{2}$, $\frac{1}{4}$, $\frac{1}{8}$, $\frac{1}{16}$, …, ? 通过对剩余长度的分析,发现两个变量之间的函数关系:$y=\left(\frac{1}{2}\right)^x(x\in\mathbf{N}^*)$. **情境3:网络造谣** 一则"消息"从一名造谣者传出,他把"消息"转发给3个人;这3个人收到"消息"后,每人又转发给另外3个人;这9个人收到"消息"后,每人又转发给另外3个人……如此下去,设将有 y 个人在第 x 次转发时收到"消息",如何描述这两个变量的关系	创设与学生生活相关的情境,引出本节课的课题. 引导学生思考,得出三个函数关系并分析它们的共同点	小组讨论,尝试得出各情境中两个变量之间的关系. 在老师的引导下写出三个函数关系式,并观察关系式,找出它们的共同点	本环节遵循从具体到抽象认识事物的规律.通过创设与生活相关的情境,让学生感受数学来源于生活. 通过对三个函数关系式的观察、对比,发现它们的相同点,为指数函数的学习做准备,提升学生的分析、归纳能力.探讨结构特征,有利于降低学习概念的难度

教学环节		教学内容	教师活动	学生活动	设计意图与资源
	导	<table><tr><td>转发次数 x</td><td>1</td><td>2</td><td>3</td><td>4</td><td>…</td><td>n</td></tr><tr><td>收到人数 y</td><td>3</td><td>9</td><td>27</td><td>81</td><td>…</td><td>?</td></tr></table> 通过对人数的分析,发现两个变量之间的函数关系:$y=3^x(x\in \mathbf{N}^*)$ 思考:三个函数关系式有什么共同特点?(在结构上有什么共同点)			
	探	一般地,形如 $y=a^x$ 的函数叫做指数函数,其中底 $a(a>0$ 且 $a\neq 1)$ 为常量.指数函数的定义域为 **R**,值域为 $(0,+\infty)$. 例如 $y=2^x$,$y=\left(\dfrac{1}{2}\right)^x$,$y=3^x$ 都是指数函数	给出概念,强调 a 的取值范围	理解、记忆	在学生观察了函数结构特征的基础上给出指数函数的概念,有利于学生对概念的理解
	练	下列函数中,哪些是指数函数? (1)$y=2^x+1$;　(2)$y=\left(\dfrac{1}{4}\right)^x$;　(3)$y=x^2$; (4)$y=3\times 2^x$;　(5)$y=(3\times 2)^x$;　(6)$y=2^{-x}$. 方法提炼:指数函数的形式:系数为_____,指数为_____,底数为_____,且_____	提问、指导	思考、交流	通过简单的概念辨析题,一方面检测学生对概念的理解,另一方面增加学生学习的成就感
课中实施	探	**探索新知** 问题:怎样绘制指数函数的图像? (1)绘制 $y=2^x$ 的图像; (2)绘制 $y=\left(\dfrac{1}{2}\right)^x$ 的图像; (3)绘制 $y=3^x$ 的图像; (4)绘制 $y=\left(\dfrac{1}{3}\right)^x$ 的图像; 绘制函数图像的方法:列表→描点→连线. 注意:(1)注意自变量的取值范围,选取特殊值; (2)用光滑的曲线连接各点. 归纳图像的特征: (1)函数图像都在 x 轴的上方,向上无限伸展,向下无限接近于 x 轴; (2)函数图像都经过点 $(0,1)$; (3)函数 $y=2^x$ 和函数 $y=3^x$ 的图像自左至右呈上升趋势;函数 $y=\left(\dfrac{1}{2}\right)^x$ 和函数 $y=\left(\dfrac{1}{3}\right)^x$ 的图像自左至右呈下降趋势. 思考:指数函数是否都具有这样的图像特征? 一般地,指数函数 $y=a^x(a>0$ 且 $a\neq 1)$ 具有下列性质: (1)函数的定义域是 $(-\infty,+\infty)$,值域为 $(0,+\infty)$; (2)函数图像经过点 $(0,1)$,即当 $x=0$ 时,函数值 $y=1$; (3)当 $a>1$ 时,函数在 $(-\infty,+\infty)$ 内是增函数;当 $0<a<1$ 时,函数在 $(-\infty,+\infty)$ 内是减函数	提出问题,指导学生画出函数图像. 引导学生归纳函数图像的特征. 利用作图软件作出 a 取不同值时的指数函数的图像.引导学生总结指数函数的性质	分小组画出函数图像. 小组讨论,得出函数图像的特征. 观察图像,总结指数函数的性质,理解、记忆	借助作图软件模拟"描点法"作图,提高学生学习兴趣. 设置填空形式的总结,降低难度,增强学生的信心. 利用作图软件绘制底不相同的指数函数的图像,分组讨论总结指数函数的性质,帮助学生更好地理解,突破难点

续表

教学环节		教学内容	教师活动	学生活动	设计意图与资源
课中实施	练	判断下列函数在$(-\infty,+\infty)$内的单调性,并作出函数的图像. (1)$y=4^x$;　　　　(2)$y=4^{-x}$	指导学生完成练习	思考、求解,小组交流	通过练习检测学生对知识的灵活运用程度
	评	**归纳小结　强化思想** 1.结合教师提问归纳总结本节课知识点. 2.根据提示,梳理本节课的学习过程,强调探究方法,明确函数研究的三部曲:画函数图像—观察归纳特征—用数学语言描述性质. **自我反思　目标检测** 1.本节课采用了怎样的学习方法? 2.你是如何进行学习的? 3.你的学习效果如何		回忆反思,小组交流	从不同角度进行归纳总结,培养学生总结反思学习过程的习惯
课后拓展	固	1.阅读作业:教材第4章第2节. 2.书面作业:练习册训练题4.2.1. 3.实践作业:将厚度为0.1毫米的纸张对折30次,其厚度可超过珠穆朗玛峰的高度,是真的吗			作业分层,让学有余力的学生继续提高

教学反思

　　本节课以与生活相关的情境引入,让学生感受到数学来源于生活,并应用于生活,激发了学生的学习兴趣,并且在解决问题的过程中获得成功的喜悦.在教学过程中,以小组合作的方法进行探究,培养学生的团队合作意识,以信息技术为工具,既提高了课堂效率,也让学生更形象直观地理解知识.

6　指数函数应用举例

攀枝花市经贸旅游学校　张文彬

教学分析

授课时间	1课时	选用教材	高等教育出版社《数学(基础模块)上册》(第三版)
授课对象	信息技术专业2018级1班学生	授课类型	应用课
教学内容	指数函数应用举例是高等教育出版社《数学(基础模块)上册》第4章第2节第2课时内容.本节课在学生理解指数函数的概念、图像及性质之后,进一步探究指数模型在生活中的应用		
学情分析	知识基础	学生已经学习了指数函数的概念、图像与性质,为本节课内容的学习提供了知识准备	
	认知能力	学生对指数函数形式已有了初步认识,但根据实际问题建立函数模型的能力较弱,且数学抽象素养不高,用抽象的数学语言来描述实际问题的能力还比较欠缺	
	学习特点	信息技术专业的学生习惯通过函数来处理数据,也善于利用作图软件画图,且有数学建模意识,喜欢通过网络查阅相关资料	
	专业特性	该专业的学生擅长计算机的操作,具备一定的数据处理能力,但缺乏科学、理性的思维,用信息技术解决数学问题的能力较弱	
教学目标	了解指数模型和指数函数的应用. 通过实际生活、生产中指数模型的建立,提高数学思维能力和分析、解决问题的能力		
教学重难点	重点	了解指数模型	
	难点	实际问题中指数模型的建立	
教学策略	教法	启发式教学法、讨论式教学法、讲练结合式教学法	
	学法	自主学习法、探究学习法、小组合作学习法	
	教学资源与手段	利用多媒体、数学软件等辅助教学	

教学设计

流程设计	以"三心二意"教学主张为引领,将教学内容进行结构化处理,采用"线上＋线下"混合式教学模式,将整个教学过程分为学、导、探、练、评、固六个教学环节.
	学 — 导 — 探 — 练 — 评 — 固
	观看微课　　创设情境　　分析实例　　巩固练习　　课堂小结　　分层作业 复习旧知　　导入新课　　探究新知　　及时检测　　小组评价　　巩固提高
板书设计	**指数函数应用举例**　　　　　多媒体展示区　　　　　例题、练习区 指数模型

教学实施

教学环节		教学内容	教师活动	学生活动	设计意图与资源
课前准备	学	1. 复习内容： 指数函数的概念. 指数函数的图像与性质. 2. 预习内容： 查找指数函数在生活中的应用	推送微课	观看微课，查阅资料	回顾前一节课的内容，初步了解实际生活中指数函数的应用，为本节课的学习做好准备
课中实施	导	**情境导入** 问题 1：按复利计算利率的一种储蓄，每期的利率为 r，设本金为 a 元，存期为 x，本利和为 y，那么要知道存一定期限之后所得的本利和，就要写出本利和 y 随着存期 x 变化的函数式. 假设存入的本金为 1000 元，每期的利率为 2.25%，那么五期后的本利和是多少？ 问题 2：2011 年，全世界就拥有了 70 亿的人口，并且每年的增长率约为 1.3%，以这样的速度增长，到 2050 年世界人口将会达到 100 多亿. 在我国，人口问题更加突出，以占全世界 7% 的耕地养活着占世界 22% 的人口. 所以，中国的人口问题成为重要的社会问题. 2010 年第六次人口普查，中国人口已达到 13.7 亿，年增长率约为 0.57%，那么 2025 年我国人口将达到多少？ 指数函数在生活中的应用是多方面的，存款利率问题、人口增长问题、劳动力锐减问题、车房等商品的贬值问题以及房产税等一系列问题的解决均离不开指数函数. 指数函数作为一种基本的数学模型在解决人们生活中的一些常见的问题中有着广泛的应用，利用指数函数可以将一些复杂的问题简单化、精确化，从而更容易找到解决问题的方案	创设问题情境，引导学生思考	小组讨论，解决问题	结合生活实际创设情境，激发学生学习兴趣，让学生了解指数函数在生活中的广泛应用，为本节课的学习做铺垫
	探	**探索新知** 例 1　某市 2008 年国内生产总值为 20 亿元，计划在未来 10 年内，平均每年按 8% 的增长率增长，分别预测该市 2013 年与 2018 年的国内生产总值（精确到 0.01 亿元）. 分析：国内生产总值每年按 8% 增长是指后一年的国内生产总值是前一年的 $(1+8\%)$ 倍. 解：设在 2008 年后的第 x 年该市国内生产总值为 y 亿元，则 第 1 年：$y = 20 \times (1+8\%) = 20 \times 1.08$， 第 2 年：$y = 20 \times 1.08 \times (1+8\%) = 20 \times 1.08^2$， 第 3 年：$y = 20 \times 1.08^2 \times (1+8\%) = 20 \times 1.08^3$， …… 由此得到，第 x 年该市国内生产总值为 $y = 20 \times 1.08^x \ (x \in \mathbf{N}$ 且 $1 \leqslant x \leqslant 10)$	引导学生构建指数函数模型，提醒学生，对于实际问题，应该注意自变量的取值范围	分小组探索，利用计算器计算	小组合作探究，让学生初步体会数学建模的思路和方法. 培养学生分析问题和整理数据的能力

教学环节		教学内容	教师活动	学生活动	设计意图与资源
课中实施	探	当 $x=5$ 时,得到 2013 年该市国内生产总值为 $y=20\times1.08^5\approx29.39$(亿元). 当 $x=10$ 时,得到 2018 年该市国内生产总值为 $y=20\times1.08^{10}\approx43.18$(亿元). **例 2**　设磷-32 经过一天的衰变,其残留量为原来 95.27%.现有 10 g 磷-32,设每天的衰变速度不变,经过 14 天衰变还剩下多少克(精确到 0.01 g)? 分析:残留量为原来的 95.27% 的意思是,如果原来的磷-32 为 a(g),经过一天的衰变后,残留量为 $a\times0.9527$(g),经过两天的衰变后,残留量为 $a\times0.9527\times0.9527=a\times0.9527^2$(g), 经过三天的衰变后,残留量为 $a\times0.9527^2\times0.9527=a\times0.9527^3$(g), …… 解:设 10 g 磷-32 经过 x 天衰变,残留量为 y g.依题意可以得到经过 x 天衰变,残留量为 $y=10\times0.9527^x$. 故经过 14 天衰变,残留量为 $y=10\times0.9527^{14}\approx5.07$(g). **新知讲解** 上面两道例题中的函数解析式都可以写成 $y=ca^x$ 的形式,其中 $c>0$ 为常数,底 $a>0$ 且 $a\neq1$.函数模型 $y=ca^x$ 叫做指数模型.当 $a>1$ 时,叫做指数增长模型;当 $0<a<1$ 时,叫做指数衰减模型. **例 3**　服用某种感冒药,每次服用的药物含量为 a,随着时间 t 的变化,体内的药物含量为 $f(t)=0.57^t a$(其中 t 以小时为单位).问:服药 4 小时后,体内药物的含量为多少? 8 小时后,体内药物的含量为多少? 解:因为 $f(t)=0.57^t a$,利用计算器容易算得 $f(4)=0.57^4 a\approx0.11a$, $f(8)=0.57^8 a\approx0.01a$. 故服药 4 小时后,体内药物的含量为 $0.11a$,服药 8 小时后,体内药物的含量为 $0.01a$	利用作图软件作出函数图像,引导学生结合函数解析式和图像特点理解指数模型. 引导学生判断该问题是指数增长模型还是指数衰减模型	观察图像,小组讨论,在探究中自然地生成新知. 和老师一起从实际问题中抽象出数学问题,并判断是哪种指数模型	再一次让学生体会数据整理、数据分析、构建函数、分析应用的四个步骤,经历构建指数函数模型的过程. 让学生体会到专业作图软件的便捷,提高学习兴趣,培养学生数形结合的思想,提升学生思维能力. 归纳总结形成新知,有助于学生对知识的理解与记忆,也更符合学生的认知规律,同时培养学生数学抽象的素养. 通过实际问题的探究,帮助学生加深对指数模型的理解
	练	**巩固练习** 1.某省 2020 年粮食总产量为 150 亿 kg.现按每年平均 5.2% 的增长速度,求该省 5 年后的年粮食总产量(精确到 0.01 亿 kg). 2.某家庭拥有一套价值 500 万元的房子.如果房子以每年 2% 的幅度贬值,那么请预测 70 年后这套房子的价值	指导、讲解	完成课堂练习,小组讨论交流	通过小组间竞争练习,让学生进一步掌握指数模型,同时激发学生的学习兴趣,提升学生集体荣誉感

续表

教学环节		教学内容	教师活动	学生活动	设计意图与资源
课中实施	评	1. 教师引导学生归纳总结: 指数函数的应用举例 构造指数模型解决问题的步骤　　模型种类 数据整理　数据分析　构造模型　分析应用　指数增长模型　指数衰减模型 2. 结合统计数据和学习痕迹,评出优胜小组		小组抢答进行归纳总结,小组自评、互评,选出本节课优胜小组	用思维导图进行课堂小结,通过组间挑战激发学生的学习斗志,既肯定努力的学生,又激励学生后续学习
课后拓展	固	1. 教材习题4.2　A组. 2. 练习册训练题4.2.2			学生完成作业,巩固本节课所学知识

教学反思

　　在整个教学设计中,以问题为主线,引导学生有逻辑地思考,充分调动学生的积极性.在教学过程中,坚持以学生为主体的教育理念,在学生已有的认知基础上,结合实际生活中指数函数的模型进行设问,引导学生从实际问题中提炼出指数模型,强调学生的品德、思维、心理等方面的发展.注重时间的合理分配,将更多的时间留给学生思考,注重思维的展示,深入各小组指导学生进行有效的合作,落实"三教"改革的思想.

7　对数的概念

攀枝花市经贸旅游学校　刘　聪

教学分析

授课时间	1 课时	选用教材	高等教育出版社《数学（基础模块）上册》（第三版）
授课对象	信息技术专业学生	授课类型	概念课
教学内容	对数的概念是高等教育出版社《数学（基础模块）上册》第4章第3节第1课时的内容,本节课的内容有对数的定义及性质、指数式和对数式的定义,以及对数式和指数式的互化. 对数对于学生来说是一个全新的概念,之前同学们学习了指数运算和指数函数,明白了指数运算是已知底数和指数求幂的值,而对数运算则是已知底数和幂的值求指数,二者互逆,对数的学习既可加深对指数运算的理解,还为后面学习对数函数打下基础		
学情分析	知识基础	学生已经学习了指数运算和指数函数等知识,为本节课内容学习提供了知识准备	
	认知能力	通过对指数运算和指数函数的学习,学生的逻辑思维得到一定的锻炼,已经具备了探索对数定义的能力	
	学习特点	信息技术专业的同学喜欢参与活动,团队合作意识较好且有表现自己的欲望	
	专业特性	信息技术专业的同学动手能力强,具备较强的表现力和语言表达能力,积极性较高,喜欢参与活动,有一定的团队合作意识	
教学目标	理解对数的概念,了解指数式和对数式的关系,理解对数的性质. 掌握指数式和对数式的互化,培养观察能力、类比能力、归纳能力		
教学重难点	重点	对数的概念,指数式和对数式的互化	
	难点	对数的概念、对数的性质的理解	
教学策略	教法	启发式教学法、讨论式教学法、讲练结合式教学法	
	学法	自主学习法、合作学习法	
	教学资源与手段	用 PPT 制作课件,用电子白板组织教学,用数学软件辅助教学	

教学设计

流程设计	以"三心二意"教学主张为引领,将教学内容进行结构化处理,采用"线上＋线下"混合式教学模式,将整个教学过程分为学、导、探、练、评、固六个教学环节.
	学　导　探　练　评　固
	自主学习　提出问题　分析实例　巩固练习　课堂小结　课后作业 引出课题　导入新课　探究新知　及时检测　小组评价　巩固提高
板书设计	**对数的概念** 定义　　　　　　　　多媒体展示区　　　　　　　例题、练习区 性质

教学实施

教学环节		教学内容	教师活动	学生活动	设计意图与资源
课前准备	学	学生自主预习,并思考下列问题: (1)2 的多少次幂等于 8? (2)2 的多少次幂等于 9	布置预习任务	预习本节课的内容并完成预习任务	课前预习,为本节课的学习做好准备
课中实施	导	师:2 的多少次幂等于 8? 生:2 的 3 次幂等于 8. 2 的多少次幂等于 9? (让学生利用指数函数的知识进行思考) 师:同学们猜猜约等于多少? 生:这个数大于 3 且小于 4. ($2^3=8,2^4=16$) 师:已知底和幂,如何求出指数? 如何用底和幂表示出指数	通过提问的形式引导学生思考	思考,回答问题	通过问答的方式师生互动,激发学生的学习兴趣,既加深了学习对指数函数的理解,又为对数的引入做了铺垫
课中实施	探	师:为了解决这些问题,引进一个新的概念——对数. 定义:如果 $a^b=N(a>0,a\neq1)$,那么 b 叫做以 a 为底 N 的对数,记作 $b=\log_a N$,其中 a 叫做对数的底,N 叫做真数. 例如,$2^3=8$ 可以写作 $\log_2 8=3$,3 叫做以 2 为底 8 的对数;$9^{\frac{1}{2}}=3$ 可以写作 $\log_9 3=\frac{1}{2}$,$\frac{1}{2}$ 叫做以 9 为底 3 的对数;$10^{-3}=0.001$ 可以写作 $\log_{10}0.001=-3$,-3 叫做以 10 为底 0.001 的对数. 形如 $a^b=N$ 的式子叫做指数式,形如 $\log_a N=b$ 的式子叫做对数式. 当 $a>0$ 且 $a\neq1$,$N>0$ 时, $$a^b=N\Leftrightarrow\log_a N=b$$ 容易得到对数的如下性质: (1)$\log_a 1=0$; (2)$\log_a a=1$; (3)$N>0$,即零和负数没有对数. 例 1 将下列指数式写成对数式: (1)$\left(\frac{1}{2}\right)^4=\frac{1}{16}$; (2)$27^{\frac{1}{3}}=3$; (3)$4^{-3}=\frac{1}{64}$; (4)$10^x=y$. 解:(1)$\log_{\frac{1}{2}}\frac{1}{16}=4$; (2)$\log_{27}3=\frac{1}{3}$; (3)$\log_4\frac{1}{64}=-3$; (4)$\log_{10}y=x$	引导学生思考,通过举例对定义进行讲解. 强调指数式与对数式中字母的对应关系. 引导学生总结对数的性质	理解对数的定义. 理解对数式和指数式互相转化的方法. 理解并记忆对数的性质	通过问题引出对数的概念,从而得到指数式与对数式互化的方法,进一步得出对数的性质,层层递推,帮助学生理解,提升学生的逻辑思维能力

续表

教学 环节		教学内容	教师活动	学生活动	设计意图 与资源
课中实施	探	例 2　将下列对数式写成指数式： (1)$\log_2 32 = 5$；　　　　(2)$\log_3 \frac{1}{81} = -4$； (3)$\log_{10} 1000 = 3$；　　(4)$\log_2 \frac{1}{8} = -3$. 解：(1)$2^5 = 32$；　　　(2)$3^{-4} = \frac{1}{81}$； (3)$10^3 = 1000$；　　(4)$2^{-3} = \frac{1}{8}$. 例 3　求下列对数的值. (1)$\log_3 3$；　　　　(2)$\log_7 1$. 解：(1)由于底与真数相同，由对数的性质（2）知 $\log_3 3 = 1$. (2)由于真数为1，由对数的性质（1）知$\log_7 1 = 0$	讲解例题	小组合作，思考、讨论	通过三道不同类型的例题，帮助学生理解指数式和对数式的互化，加深学生对对数的定义及性质的理解
	练	1. 将下列指数式写成对数式： (1)$5^3 = 125$；　　　　(2)$0.9^2 = 0.81$； (3)$0.2^x = 0.008$；　　(4)$343^{-\frac{1}{3}} = \frac{1}{7}$. 2. 把下列对数式写成指数式： (1)$\log_{\frac{1}{2}} 4 = -2$；　　(2)$\log_3 27 = 3$； (3)$\log_5 625 = 4$；　　(4)$\log_{0.01} 10 = -\frac{1}{2}$. 3. 求下列对数的值： (1)$\log_7 7$；　　　　(2)$\log_{0.5} 0.5$； (3)$\log_{\frac{1}{3}} 1$；　　　(4)$\log_2 1$	指导学生完成练习	完成课堂练习，组内讨论交流	通过小组间竞争练习，让学生进一步掌握对数的定义和性质，激发学生的学习斗志，提升学生集体荣誉感
	评	1. 教师引导学生归纳总结： (1)如果 $a^b = N(a > 0, a \neq 1)$，那么 b 叫做以 a 为底 N 的对数，记作 $b = \log_a N$. 其中 a 叫做对数的底，N 叫做真数. (2)形如 $a^b = N$ 的式子叫做指数式，形如 $\log_a N = b$ 的式子叫做对数式. 当 $a > 0$ 且 $a \neq 1$，$N > 0$ 时， $$a^b = N \Leftrightarrow \log_a N = b$$ (3)对数的性质： ①$\log_a 1 = 0$； ②$\log_a a = 1$； ③$N > 0$，即零和负数没有对数. 2.结合学习记录和统计数据，对小组和个人进行评价		在老师的引导下归纳总结. 小组自评、互评，选出本节课优胜小组	课堂小结，通过回顾本节课的知识，加深学生的理解，强化记忆

教学环节		教学内容	教师活动	学生活动	设计意图与资源
课后拓展	固	练习册训练题 4.3.1			学生完成作业,巩固本节课所学知识

教学反思

回顾本节课的教学过程,有以下几点值得注意:

1. 教学中应进一步挖掘中职德育教育与数学课程教学的融合点,将思政教育真正融入数学课程教学中,真正做到立德树人,"三全"育人.

2. 虽然有信息技术手段的引入,但是运用信息技术手段来提高教学效率,提升教学质量的力度还需加强,信息技术手段与课堂融合度还有待提高.应不断学习教育教学理论,更新教育教学观念,学习新的信息技术手段,指导自己的实践工作,尽早形成具有自己特色的教学模式,让其真正达到提升学生学习效果的目的.

3. 设计问题时还要注意问题的情境性、启发性、层次性和逻辑性,苍白、难度过高的问题不可能激起学生的兴趣.问题要精选,设计的问题要有利于促进学生动脑,提升主动探究知识的能力,有利于集体研究,促进合作学习,不提过于简单、不假思索就能解决的问题.问题要明确,小组合作学习探讨的问题要紧紧扣住教学目标,特别是本节课的重点、难点,设计出的问题切忌模棱两可.

4. 小组合作时,部分学生的参与度不够,合作氛围不够浓厚.应根据不同班级、不同情况的学生,采取多种相应形式创设合作的情境,调动学生参与的积极性.

8　常用对数与自然对数

攀枝花市建筑工程学校　伍太香

教学分析

授课时间	1 课时	选用教材	高等教育出版社《数学（基础模块）上册》（第三版）
授课对象	会计专业 2019 级 1 班学生	授课类型	概念课
教学内容	常用对数与自然对数是高等教育出版社《数学（基础模块）上册》第 4 章第 3 节第 2 课时内容. 本节课的主要内容是常用对数与自然对数的概念及相关简单运算,是在对数概念基础上的进一步拓展. 通过这部分内容的学习,既可以帮助学生更加深入理解对数这一基本概念,又为对数函数的学习做必要的准备		
学情分析	知识基础	学生已经学习了实数指数幂和对数的概念等知识,为本节课内容的学习提供了知识准备	
	认知能力	学生通过对实数指数幂的运算以及指数式与对数式之间的互化的学习,已具备了一定的运算能力,初步掌握了类比、转化的思想	
	学习特点	会计专业的学生大部分做事认真、仔细,对数字较敏感,学习中喜欢参与活动,小组合作意识较好,但学习的自主性较差,且学习的信心不足,对数学存在或多或少的恐惧感	
	专业特性	会计专业的学生已学习了加减乘除、乘方、开方等基本运算,但运算能力还需继续提高,由于会计专业知识学习具有一定的繁杂性,所以该专业学生处理问题较为细致	
教学目标	掌握常用对数和自然对数的定义,并会进行有关运算. 理解常用对数和自然对数的定义,培养观察、分析、归纳等能力. 经历常用对数与自然对数的相关运算过程,培养和提升数学运算的核心素养. 在体验知识生成的过程中,培养会计专业学生应具备的精益求精、吃苦耐劳的大国工匠精神		
教学重难点	重点	常用对数和自然对数的定义	
	难点	常用对数和自然对数的简单计算	
教学策略	教法	启发式教学法、讨论式教学法、讲练结合式教学法	
	学法	自主学习法、合作学习法	
	教学资源与手段	多媒体设备与数学软件等	

📁 教学设计

流程设计	以"三心二意"教学主张为引领,将教学内容进行结构化处理,采用"线上＋线下"混合式教学模式,将整个教学过程分为学、导、探、练、评、固六个教学环节.

学 ＞ 导 ＞ 探 ＞ 练 ＞ 评 ＞ 固

自主学习 预习新知	提出问题 导入新课	典型例题 探究新知	星级挑战 知识比拼	课堂小结 小组评价	课后作业 巩固提高

板书设计	**常用对数与自然对数** 常用对数的定义 自然对数的定义	多媒体展示区	例题、练习区

📁 教学实施

教学环节		教学内容	教师活动	学生活动	设计意图与资源
课前准备	学	课前对学生进行分组,在"学习通"平台上发布教学任务,上传任务卡引导学生自主学习	制作课前检测题上传到"学习通"平台	自主学习,完成检测题	课前预习,培养学生自主学习的能力和主动学习的意识
课中实施	导	**问题导入** 问题:常用对数是人们使用最频繁的对数,它表示的是以 10 为底的对数,为什么以 10 为底的对数最常用呢? 这跟天文学很有关系,天文学里经常要处理庞大的数,对于这些数而言,大家更关心的是它们的量级而不是精确值.如光速的大小,我们一般不会关心它的精确值是多少,只需知道约等于 3×10^8 m/s,太阳与地球之间的距离,我们一般不会精确到多少米,只用知道约等于 1.5×10^{11} m. 由于我们的自然数是十进制的,对这些大数取以 10 为底的对数,结果就可以直接反映出数的量级.例如:$\log_{10} 1000 = 3$,而 $1000 = 1.0 \times 10^3$,$\log_{10}(3 \times 10^8) \approx 8.48$,通过以 10 为底的对数值,很容易看出两个数是否为同一量级	讲解、引导	思考、讨论	举例说明数学源于生活,服务于生活,让学生感知数学在生产生活中的实用性
	探	概念:以 10 为底的对数叫做常用对数,$\log_{10} N$ 简记为 $\lg N$,如 $\log_{10} 2$ 简记为 $\lg 2$. 以无理数 $e(e = 2.718\,28\cdots)$ 为底的对数叫做自然对数,$\log_e N$ 简记为 $\ln N$,如 $\log_e 5$ 简记为 $\ln 5$. 例 1 计算下列常用对数的值. (1)$\lg 1$;(2)$\lg 1000$;(3)$\lg 0.01$;(4)$\lg \sqrt{10}$. 解:(1)∵$\lg 1 = \log_{10} 1$,$10^0 = 1$, ∴$\lg 1 = 0$	举例诠释常用对数与自然对数的定义	理解、记忆. 思考分析,小组讨论	通过举例加深学生对常用对数和自然对数的理解

续表

教学环节		教学内容	教师活动	学生活动	设计意图与资源
课中实施	探	(2)∵ $\lg 1000 = \log_{10} 1000, 10^3 = 1000$, ∴ $\lg 1000 = 3$. (3)∵ $\lg 0.01 = \log_{10} 0.01, 10^{-2} = 0.01$, ∴ $\lg 0.01 = -2$. (4)∵ $\lg \sqrt{10} = \log_{10} \sqrt{10}, 10^{\frac{1}{2}} = \sqrt{10}$, ∴ $\lg \sqrt{10} = \frac{1}{2}$. 例 2　计算下列自然对数的值: (1)$\ln e$;(2)$\ln e^3$;(3)$\ln \sqrt{e}$. 解:∵ $\ln e = \log_e e, e^1 = e$, ∴ $\ln e = 1$. (2)∵ $\ln e^3 = \log_e e^3, e^3 = e^3$, ∴ $\ln e^3 = 3$. (3)∵ $\ln \sqrt{e} = \log_e \sqrt{e}, e^{\frac{1}{2}} = \sqrt{e}$, ∴ $\ln \sqrt{e} = \frac{1}{2}$	详细讲解例题,强调计算过程中容易出错的地方. 对学生的答题过程进行点评,强调书写格式	分组合作,并通过抢答进行组间挑战	通过两个例题的讲解,加深学生对符号"lg"和"ln"的理解,有利于学生比较记忆,培养学生的类比思想. 通过抢答调动学生的积极性,发挥学生的主动性,以学生为中心,突出教学过程中学生的主体地位
		星级挑战 【☆】计算下列各式的值: (1)$\lg \frac{1}{10}$;　(2)$\lg 100$;　(3)$\ln 1$;　(4)$\ln \frac{1}{e}$. 解:(1)∵ $\lg \frac{1}{10} = \log_{10} \frac{1}{10}, 10^{-1} = \frac{1}{10}$, ∴ $\lg \frac{1}{10} = -1$, (2)∵ $\lg 100 = \log_{10} 100, 10^2 = 100$, ∴ $\lg 100 = 2$. (3)∵ $\ln 1 = \log_e 1, e^0 = 1$, ∴ $\ln 1 = 0$. (4)∵ $\ln \frac{1}{e} = \log_e \frac{1}{e}, e^{-1} = \frac{1}{e}$, ∴ $\ln \frac{1}{e} = -1$. 【☆☆】将下列指数式化为对数式,对数式化为指数式. (1)$y = e^x$;　(2)$y = 10^x$;　(3)$\lg \frac{1}{1000} = -3$; (4)$3 = \ln x$. 解:(1)$y = e^x$ 化为对数式为 $x = \ln y$. (2)$y = 10^x$ 化为对数式为 $x = \lg y$. (3)$\lg \frac{1}{1000} = -3$ 化为指数式为 $10^{-3} = \frac{1}{1000}$. (4)$3 = \ln x$ 化为指数式为 $e^3 = x$. 【☆☆☆】选择题. (1)$\ln(\lg x) = 0$,则 x 的值为(　　) A. 0　　B. e　　C. 10　　D. 1 (2)设 $5^{\lg x} = 25$,则 x 的值等于(　　) A. 10　　B. ±10　　C. ±100　　D. 100 分析:(1)∵ $\ln(\lg x) = 0$, ∴ $e^0 = \lg x$,即 $\lg x = 1$. ∴ $x = 10^1 = 10$. (2)∵ $5^{\lg x} = 25$,∴ $\lg x = 2$, ∴ $x = 10^2 = 100$	把控挑战时间,收集易错点,最后对易错点进行讲解	以小组为单位,选派代表讲解自己的思路、所运用的知识点,并板演运算过程	通过小组间竞争练习,让学生进一步掌握本节课的知识点,激发学生的学习斗志,提升学生集体荣誉感

教学环节		教学内容	教师活动	学生活动	设计意图与资源
课中实施	评	1. 教师引导学生归纳总结: (1)总结本节课的重点知识,两种特殊对数的定义; (2)说说学完本节课内容,有没有还存在疑点的地方; (3)指出运用本节课知识解题的过程中,哪些地方易错. 2. 结合统计数据和学习痕迹,评出优胜小组		归纳总结,小组自评、互评,选出本节课优胜小组	知识梳理,回顾反思,帮助学生加深对本节课知识的理解
课后拓展	固	1. 阅读作业:预习教材 4.3.3. 2. 练习册训练题 4.3.2			学生独立完成作业,并根据答案分析,及时巩固所学知识

教学反思

教学效果	1.课前在"学习通"上传任务卡,帮助学生提高了自主学习的能力和主动学习的意识. 2.以问题驱动,引导学生掌握常用对数和自然对数的定义,并会进行简单的运算,培养了学生的观察、分析、归纳等思维能力,让学生养成了勇于发现、勇于探索、勇于创新的精神与合作交流的良好品质
亮点特色	1.在巩固练习中设置星级挑战,帮助学生以难度递增的方式对本节课的知识进行巩固,提高学习效率. 2.利用多媒体技术与数学软件等提高课堂效率
诊断改进	在教学过程中发现,设计的教学内容稍多,每个环节比较匆忙,没有留下充足的时间让学生自主活动

9 积、商、幂的对数

攀枝花市建筑工程学校 伍太香

教学分析

授课时间	1课时	选用教材	高等教育出版社《数学(基础模块)上册》(第三版)
授课对象	会计专业2019级1班学生	授课类型	性质课

教学内容	积、商、幂的对数是《数学(基础模块)上册》第4章第3节第3课时内容.课程标准要求理解对数的运算性质,能灵活运用对数运算性质进行对数运算.本节课是在学习了对数的概念以及常用对数与自然对数后进行的,它是上节课内容的延续与深入,同时也是研究学习对数函数与其性质的必备基础知识

学情分析	知识基础	对数是一个全新的概念,对数运算是一种类似于但又不同于实数的加减乘除、指数运算的全新运算.通过上节课的学习,学生已经能够利用对数定义进行简单对数计算,能够进行对数式与指数式的相互转化.学生还熟知指数运算的性质
	认知能力	大部分学生已经逐渐养成良好的预习习惯,有自主学习的能力,并能通过合作探究,发现简单的数学性质
	学习特点	会计专业的学生大部分做事认真、仔细,对数字较敏感,学习中喜欢参与活动,小组合作意识较好,但学习的自主性较差,且学习的信心不足,对数学存在或多或少的恐惧感
	专业特性	会计专业的学生已学习了加减乘除、乘方、开方等基本运算,但运算能力还需继续提高,由于会计专业知识学习具有一定的繁杂性,所以该专业学生处理问题较为细致

教学目标	掌握对数的运算性质,并能理解推导这些性质的依据和过程. 通过对数的运算性质的探索及推导过程,培养合情推理能力、等价转化、演绎归纳的数学思想方法,以及创新意识. 通过本节课的学习,体会数学来源于生活又高于生活,提高学习数学的兴趣. 通过数学思想的运用,培养勇于发现、勇于探索、勇于创新的精神,以及合作交流的良好品质. 通过对知识的探究、证明、应用,锻炼面对挫折勇往直前、不屈不挠的精神;从探索中获得成功的体验,实现自我价值,培养自信心,树立正确的人生观

教学重难点	重点	积、商、幂的对数运算性质
	难点	积、商、幂的对数运算性质的推导

教学策略	教法	启发式教学法、讨论式教学法、讲练结合式教学法
	学法	自主学习法、合作学习法、探究学习法
	教学资源与手段	多媒体设备与数学软件等

📁 教学设计

流程设计	以"三心二意"教学主张为引领,将教学内容进行结构化处理,采用"线上+线下"混合式教学模式,将整个教学过程分为学、导、探、练、评、固六个教学环节.
	学 ▶ 导 ▶ 探 ▶ 练 ▶ 评 ▶ 固
	分组学习 / 完成检测 ┊ 创设情境 / 导入新课 ┊ 小组合作 / 探究新知 ┊ 典型例题 / 巩固练习 ┊ 课堂小结 / 小组评价 ┊ 分层作业 / 巩固提高
板书设计	**积、商、幂的对数** 性质1 性质2 性质3 ┊┊┊ 多媒体展示区 ┊┊┊ 例题、练习区

📁 教学实施

教学环节		教学内容	教师活动	学生活动	设计意图与资源
课前准备	学	课前对学生进行分组,在"学习通"平台学习群中发布教学任务,上传任务卡供学生自主学习	制作课前检测题上传到"学习通"平台	自主学习,完成检测题	课前预习,培养学生自主学习的能力和主动学习的意识
课中实施	导	**问题篇:** 对数,就注定要孤独一生吗?大家好,我是 lg 2,是对数村一枚孤独的"小正太",对数村的村民都很孤独,因为大家都玩不到一块儿.听说隔壁指数村的村民曾经也很孤独,后来一位神仙路过指数村,传授了一种秘术——"指数乘法合体术".同底数的指数相乘,就可以合体出新的指数,比如:$2^3 \times 2^4 = 2^7$,$3^{-2} \times 3^3 \times 3^4 = 3^5$.学会了秘术,指数村的村民经常在一起修炼,这样他们就不孤独了.对数村的村民很羡慕他们,而我也曾经拉着 lg 3 站在山顶上,大喊着"乘法合体",嗓子都喊哑了,但悲催的是,什么也没发生……难道对数注定就要孤独一生吗?我不甘心,于是,我离开了对数村,经历了很多磨难,终于找到了那位神仙.神仙告诉我,对数和指数天赋不一样,适合修炼的秘术也不一样,强迫对数修炼乘法合体术,就像逼猴子学飞行,那怎么能行呢?而适合对数的是"对数加法合体术".听到这些,我兴奋地赶回村子,又拉上 lg3 站上山顶大喊一声"加法合体",然后奇迹就出现了,我们就合体成了 lg 6(即 lg 2+lg 3=lg 6).后来秘术在村子里传开了,渐渐地,更多的奇迹出现了,比如有一次我和 lg 5 合体,竟然得到了 1(即 lg 2+lg 5=1).两个对数竟然合体出了整数,虽然不明白为什么,但的确很厉害.我们也不孤独了	形象生动地讲故事	认真听老师讲故事并思考	以故事的形式引入新课,激发学生的好奇心与求知欲,增强学生的学习兴趣

教学环节		教学内容	教师活动	学生活动	设计意图与资源
课中实施	探	**解密篇：** 对数的天赋就是把乘法变成加法.同学们好,我就是那位好心的神仙,前几天刚给 lg 2 指导过对数合体的事,其实在人类世界,这早已不是什么秘密啦! 问题:求下列各式的值,并分别用一个以相应底为底的对数表示出来,据此你有什么猜想? (1) $\lg 10 + \lg 100$; (2) $\log_{\frac{1}{2}} \frac{1}{4} + \log_{\frac{1}{2}} 8$; (3) $\log_a a^2 + \log_a a^5$. 解决:(1) $\log 10 + \log 100 = 1 + 2 = 3$, $3 = \lg 1000 = \lg(10 \times 100)$. (2) $\log_{\frac{1}{2}} \frac{1}{4} + \log_{\frac{1}{2}} 8 = -1$, $-1 = \log_{\frac{1}{2}} 2 = \log_{\frac{1}{2}} \left(\frac{1}{4} \times 8 \right)$. (3) $\log_a a^2 + \log_a a^5 = 2 + 5 = 7$, $7 = \log_a a^7 = \log_a(a^2 \times a^5)$. 猜想:$\log_a(MN) = \log_a M + \log_a N\,(a>0, a \neq 1, M>0, N>0)$. 证明:设 $\log_a M = p, \log_a N = q$, 由对数的定义可得 $M = a^p, N = a^q$. $\therefore MN = a^p a^q = a^{p+q}$, $\therefore \log_a(MN) = p + q$. 即证得 $\log_a(MN) = \log_a M + \log_a N$. **性质 1**:$\log_a(MN) = \log_a M + \log_a N\,(a>0, a \neq 1, M>0, N>0)$.(正因数积的对数等于各因数对数的和) 根据这条性质,两个底数相同的对数相加可以合并. 例如:$\lg 2 + \lg 3 = \lg(2 \times 3) = \lg 6$; $\lg 2 + \lg 5 = \lg(2 \times 5) = \lg 10 = 1$. 类似地,多个同底的对数相加也可以合并,比如: $\log_5 2 + \log_5 \frac{3}{2} + \log_5 \frac{4}{3} + \log_5 \frac{5}{4}$ $= \log_5 \left(2 \times \frac{3}{2} \times \frac{4}{3} \times \frac{5}{4} \right) = \log_5 5 = 1$. 类比性质 1,可猜想:$\log_a \frac{M}{N} = \log_a M - \log_a N$. 证明:设 $\log_a M = p, \log_a N = q$, 由对数的定义可得 $M = a^p, N = a^q$. $\therefore \frac{M}{N} = \frac{a^p}{a^q} = a^{p-q}$, $\therefore \log_a \frac{M}{N} = p - q$. 即证得 $\log_a \frac{M}{N} = \log_a M - \log_a N$. **性质 2**:$\log_a \frac{M}{N} = \log_a M - \log_a N\,(a>0, a \neq 1, M>0, N>0)$.(正因数商的对数等于各因数对数的差)	引导学生完成计算并提出猜想,强调猜想只有经过理论证明之后才可以确定它是成立的. 引导学生进行证明,得出性质 1. 引导学生类比性质 1 提出猜想并证明,得出性质 2	计算,小组讨论,提出猜想. 以小组为单位,对猜想进行证明,交流证明思路. 类比性质 1 得出性质 2,并理解、记忆	以学生为主体,通过小组合作的方式得出新知,让学生亲自体验知识生成的过程,培养学生的团队精神和团队合作意识

教学环节		教学内容	教师活动	学生活动	设计意图与资源
课中实施	探	**进化篇：** 我是对数村村主任——lg 好几万，我们村的"小正太"从神仙那里学到了"对数加法合体术"，后来我们才弄明白，它是从"指数乘法合体术"（$a^m \cdot a^n = a^{m+n}$）演变过来的，最近，我们又得到了一个令人震惊的消息，"指数乘法合体术"还可以进化，哪怕只有一个指数也可以自娱自乐，例如，指数 a^m 对自己施展"n 次方合体术"，他就可以变成另一个指数，即 $(a^m)^n = a^{mn}$．我想我们对数也该有相应的一招秘术吧．身为村主任，我有责任把它调查清楚． 猜想：$\log_a M^n = n\log_a M$． 证明：设 $a^m = M$，则 $m = \log_a M$， $\therefore a^{mn} = (a^m)^n = M^n$， $\therefore mn = \log_a M^n$， $\therefore n\log_a M = \log_a M^n$． 即证得 $\log_a M^n = n\log_a M$． 性质 3：$\log_a M^n = n\log_a M\ (a>0, a\neq1, M>0, N>0)$．（正数幂的对数等于幂的指数乘幂的底数的对数）	以讲故事的方式引导学生思考	分析思考，小组讨论，理解性质 3	继续以故事为线索，提高学生探索新知的兴趣，培养学生的逻辑思维能力
	练	**应用篇：** 例 1　用 lg x，lg y，lg z 表示下列各式： (1)lg(xyz)；　(2)lg $\dfrac{x}{yz}$；　(3)lg $\dfrac{x^2\sqrt{y}}{z^3}$． 解：(1)lg(xyz) = lg x + lg y + lg z． (2)lg $\dfrac{x}{yz}$ = lg x - lg(yz) = lg x - (lg y + lg z). 　　= lg x - lg y - lg z． (3)lg $\dfrac{x^2\sqrt{y}}{z^3}$ = lg x^2 + lg $\sqrt{y}$ - lg z^3 = 2lg x + $\dfrac{1}{2}$ lg y 　　 - 3lg z． 练习 1：用 lg x，lg y，lg z 表示下列各式： (1)lg $\sqrt{x}$；　(2)lg $\dfrac{xy}{z}$；　(3)lg $\left(\dfrac{y}{x}\right)^2$． 解：(1)lg $\sqrt{x}$ = lg $x^{\frac{1}{2}}$ = $\dfrac{1}{2}$ lg x	多媒体展示例题和练习，讲解例题，强调易错点	分组合作，抢答完成练习	通过一例一练的方式，让学生理解对数的运算性质，在运用对数的运算性质计算的过程中提升学生的运算能力

续表

教学环节		教学内容	教师活动	学生活动	设计意图与资源
课中实施	练	$(2)\lg \dfrac{xy}{z}=\lg(xy)-\lg z=\lg x+\lg y-\lg z.$ $(3)\lg\left(\dfrac{y}{x}\right)^2=2\lg\dfrac{y}{x}=2(\lg y-\lg x)=2\lg y-2\lg x.$ 例2　化简 $2\lg 5+\lg 12-\lg 3.$ 方法一(合并): 解:原式$=\lg 5^2+\lg 12-\lg 3$ $=\lg 25+\lg 12-\lg 3$ $=\lg(25\times 12\div 3)$ $=\lg 100$ $=2.$ 方法二(拆分): 解:原式$=2\lg 5+(\lg 2+\lg 2+\lg 3)-\lg 3$ $=2\lg 5+2\lg 2$ $=2(\lg 5+\lg 2)$ $=2\times \lg 10$ $=2\times 1$ $=2.$ 练习2:计算下列各式的值. $(1)\log_3(27\times 9^2)$;　$(2)\lg 100^2$; $(3)\log_2 6-\log_2 3$;　$(4)\lg 4+\lg 25+\lg 10.$ 解:$(1)\log_3(27\times 9^2)$ $=\log_3 27+\log_3 9^2$ $=3+2\log_3 9$ $=3+2\times 2$ $=7.$ $(2)\lg 100^2$ $=2\lg 100$ $=2\times 2$ $=4.$ $(3)\log_2 6-\log_2 3$ $=\log_2\dfrac{6}{3}$ $=\log_2 2$ $=1.$ $(4)\lg 4+\lg 25+\lg 10$ $=\lg(4\times 25)+\lg 10$ $=\lg 100+\lg 10$ $=2+1$ $=3$	对学生的解题过程进行点评,突出本节课的知识点,强调运算性质的运用	以小组为单位,选派代表讲解自己的思路、所运用的知识点,并板演运算过程	通过小组间竞争练习,让学生进一步掌握对数运算的三个性质,巩固本节课的知识点,锻炼学生开放的思维模式,激发学生的学习斗志,提升学生集体荣誉感

教学环节		教学内容	教师活动	学生活动	设计意图与资源
课中实施	评	1. 教师引导学生归纳总结： 积、商、幂的对数 $\begin{cases}性质1\\性质2\\性质3\end{cases}$ 2. 结合统计数据和学习痕迹,评出优胜小组		小组抢答进行总结,小组自评、互评,选出本节课优胜小组	知识梳理,回顾反思,加深对本节课知识的理解
课后拓展	固	必做题:教材习题4.3　A组. 选做题:根据今天所学的知识自编一道题,并给出答案			作业分层,帮助学生及时巩固,继续提升

教学反思

教学效果	课前在"学习通"上传任务卡,培养了学生主动学习的意识,提高了学生学习数学的激情.用故事贯穿整个教学过程,课堂氛围良好,学生掌握了对数运算的三个性质,并能解决相关问题,达到了教学目标.通过相关练习,学生的运算能力得到了提高
亮点特色	教学过程通过"故事＋实例＋讲解＋练习＋比拼"的模式,能够充分激发学生的学习积极性,带有比拼的环节可以让学生充满求知欲,发挥他们的拼搏精神,不仅带动了学习氛围,而且更能使学生掌握知识,从而更好地运用,教学工作也能顺利地完成
诊断改进	学生的数学学习活动不应只限于对概念、结论的记忆以及对技能的接受和模仿,独立思考、自主探索、动手实践、合作交流、阅读自学等都是学习数学的重要方式.在数学教学中,教师的讲授仍然是重要的教学方式之一,但要注意的是必须关注学生的主体参与,多以问题引导,师生互动,贯穿"以学生为主体,教师为主导"的教学理念

10　对数函数及其图像与性质(一)

攀枝花市建筑工程学校　杜　婧

教学分析

授课时间	1 课时	选用教材	高等教育出版社《数学(基础模块)上册》(第三版)
授课对象	建筑工程施工专业 2019 级 2 班学生	授课类型	概念课
教学内容			

教学内容	本节课是高等教育出版社《数学(基础模块)上册》第 4 章第 4 节的第 1 课时,主要内容是对数函数的概念及其图像与性质. 课本通过指数函数中细胞分裂的例子,让学生用逆向思维思考知道分裂得到的细胞个数如何求分裂次数,引出对数函数的概念.对数函数是重要的基本初等函数,学习它的过程,既是对指数函数、对数知识的应用,也是对函数这一重要数学思想的进一步认识与理解

学情分析	知识基础	学生在初中已经学习了函数概念,对一次函数、二次函数及反比例函数有初步了解;在高中阶段又学习了集合的概念、指数函数,可进行简单的函数研究
	认知能力	学生研究函数性质的能力较弱,数学抽象素养普遍不高,把实例用抽象的数学语言来描述、归纳概念、建立函数模型的能力还比较欠缺
	学习特点	学生对数学学习缺乏信心,同时也缺乏实践经验和对各学科知识的综合运用能力,但他们对新鲜事物具有较强的好奇心,喜欢通过小组合作探讨问题
	专业特性	该专业学生具有一定的动手能力,识图、画图的能力较强,具备一定的逻辑思维能力和动手操作的能力,但对专业知识或具体事物中蕴含的数学知识感悟不深,对数学来源于现实生活感悟不够

教学目标	理解对数函数的概念,了解其图像及性质. 通过对数函数的学习,培养观察、分析函数图像,归纳、总结相关性质的能力. 通过体会对数函数的认知过程,树立严谨的思维习惯,提高数学抽象、直观想象、数学运算的数学素养;经历合作学习的过程,树立团队合作意识

教学重难点	重点	对数函数的概念、图像、性质
	难点	底数 a 对对数函数图像与性质的影响

教学策略	教法	引导探究法、分类讨论法、师生互动法
	学法	对照比较法、小组合作学习法、反馈练习法
	教学资源与手段	喀秋莎录屏　　几何画板　　学习通 用 PPT、"喀秋莎录屏"制作微课视频. 用"几何画板"作图,直观观察底数 a 对对数函数图像与性质的影响. 学生登录"学习通",课前观看微课,课后完成作业,教师在平台上对作业进行批改评价

教学设计

以"三心二意"教学主张为引领,将教学内容进行结构化处理,采用"线上＋线下"混合式教学模式,将整个教学过程分为学、导、探、练、评、固六个教学环节.

流程设计	学	导	探	练	评	固
	观看微课 复习旧知	创设情境 导入新课	抽象概念 探究新知	巩固练习 及时检测	课堂小结 小组评价	分层作业 巩固提高
板书设计	对数函数及其图像与性质(一) 概念 图像与性质		多媒体展示区		例题、练习区	

教学实施

教学环节		教学内容	教师活动	学生活动	设计意图与资源
课前准备	学	1. 教师在"学习通"平台推送微课,并布置学习任务. 2. 学生借助微课复习指数函数和对数的计算公式等知识	推送微课,布置学习任务	观看微课,完成任务	学生通过对任务的完成进一步熟悉指数函数和对数的相关知识,为后面的学习打好基础
课中实施	导	**情境导入** 情境1:某种细胞分裂时,由1个分裂成2个,2个分成4个……那么,知道分裂得到的细胞个数如何求分裂次数呢? 1个细胞分裂 x 次以后,细胞个数 y 与分裂次数 x 的函数关系式为 $y=2^x$,代入分裂次数 x 的值就可以求得细胞个数 y. 反过来如果我们知道细胞个数 y,如何求分裂次数 x 呢? 一个细胞大约经过多少次分裂达到32个、64个、1024个呢? 情境2:《庄子·天下篇》中有"一尺之棰,日取其半,万世不竭". 知道剩余木棍的长度如何求截取次数呢? 剩余长度 y 随截取次数 x 变化的函数关系式为 $y=\left(\dfrac{1}{2}\right)^x$. 反过来,如果我们知道剩余长度 y,如何求截取次数 x 呢? 要解决上面问题,可将 $y=2^x$,$y=\left(\dfrac{1}{2}\right)^x$ 写成对数式,即 $x=\log_2 y$,$x=\log_{\frac{1}{2}} y$. 总结:形如 $y=\log_2 x$ 和 $y=\log_{\frac{1}{2}} x$ 的函数叫做对数函数	结合生活实际,创设问题情境	分组讨论	创设问题情境,通过回顾旧知识,使新旧知识得到联系. 让学生主动用逆向思维去思考问题,从生活中发现问题,提升学生的求知欲,激发其学习兴趣,初步建立对数函数模型
	探	**探索新知** 概念:一般地,形如 $y=\log_a x$ 的函数叫做以 a 为底的对数函数,其中 a 为常数($a>0$ 且 $a\neq1$). 对数函数的定义域为 $(0,+\infty)$,值域为 $(-\infty,+\infty)$	给出对数函数概念,引导学生正确认识	理解对数函数的概念	

教学环节		教学内容	教师活动	学生活动	设计意图与资源
课中实施	探	思考:为什么规定 $a>0$ 且 $a\neq 1$? 随堂练习: (1)函数 $y=\log_5 x$ 是底数 $a=$ _____ 的 _____ 函数,定义域是 _____,值域是 _____. (2)函数 $y=\log_{0.4} x$ 是底数 $a=$ _____ 的 _____ 函数,定义域是 _____,值域是 _____. 对数函数 $y=\log_a x$ 中,底数 a 的取值范围被分成了 $0<a<1$ 和 $a>1$ 两个部分,不妨取 $a=\dfrac{1}{2}$ 和 $a=2$ 来进行研究. 采用"描点法"(列表、描点、连线)作出函数 $y=\log_2 x$ 和 $y=\log_{\frac{1}{2}} x$ 的图像,如图: 观察图像,可知 (1)函数图像都在 y 轴的 _____; (2)函数图像都经过点 _____; (3)函数 $y=\log_2 x$ 的图像自左至右呈 _____ 趋势,函数 $y=\log_{\frac{1}{2}} x$ 的图像自左至右呈 _____ 趋势. 提出猜想:$a>1$ 这一类对数函数图像、性质与 $a=2$ 时一致;$0<a<1$ 这一类对数函数图像、性质与 $a=\dfrac{1}{2}$ 时一致. (学生先尝试作图验证猜想,再由老师利用"几何画板"绘制动态图验证) 对数函数 $y=\log_a x(a>0$ 且 $a\neq 1)$ 的图像与性质如下表:	引导学生利用"描点法"作图. 引导学生观察图像. 引导学生进行总结	利用"描点法"作图. 观察图像并填空. 理解记忆	通过随堂练习,让学生掌握对数函数的概念,加深对 a 的取值范围的理解. 通过作图,让学生直观感知图像的形成过程,体会数形结合与分类讨论的数学思想,为得出对数函数的图像与性质作铺垫. 将知识图表化,便于学生理解记忆.通过归纳总结,培养学生的直观想象和抽象概括能力

		$a>1$	$0<a<1$
图像			
性质	定义域:	$(0,+\infty)$	
	值域:	$(-\infty,+\infty)$	
	过特殊点:	$(1,0)$	
		在 $(0,+\infty)$ 内是增函数	在 $(0,+\infty)$ 内是减函数

教学环节		教学内容	教师活动	学生活动	设计意图与资源
课中实施	探	**例题辨析** 例题 求下列函数的定义域: (1) $y=\log_2(x+4)$; (2) $y=\dfrac{1}{\ln x}$. 分析:依据"对数的真数大于零"求定义域. 解:(1)由 $x+4>0$ 得 $x>-4$, 故函数 $y=\log_2(x+4)$ 的定义域为 $(-4,+\infty)$. (2)由 $\ln x\neq 0$ 且 $x>0$ 得 $x\neq 1$ 且 $x>0$, 故函数 $y=\dfrac{1}{\ln x}$ 的定义域为 $(0,1)\cup(1,+\infty)$	引导学生进行分析	小组讨论	通过例题讲解,帮助学生理解当真数为代数式时,可将其看作一个整体进行求解,培养学生数学运算能力
	练	**巩固练习** 1. 求函数 $y=\lg(10-x)$ 的定义域. 2. 选择题: (1)若函数 $y=\log_a x$ 的图像经过点 $(2,-1)$,则 a =(　　) A. 2　　　B. -2　　　C. $\dfrac{1}{2}$　　　D. $-\dfrac{1}{2}$ (2)下列对数函数在区间 $(0,+\infty)$ 内为减函数的是(　　) A. $y=\lg x$　　　　　B. $y=\log_{\frac{1}{2}}x$ C. $y=\ln x$　　　　　D. $y=\log_2 x$	评讲、纠错	完成课堂练习	当堂检测学生的学习情况,及时发现问题、解决问题
	评	1. 教师引导学生归纳总结: 2.结合统计数据和学习痕迹,评出优胜小组		小组抢答进行总结,小组自评、互评,选出本节课优胜小组	用知识图表进行课堂小结,通过组间挑战激发学生的学习斗志,既肯定努力的学生,又激励学生后续学习

	$a>1$	$0<a<1$
图像	$y=\log_a x$ 图像	$y=\log_a x$ 图像
性质	定义域:$(0,+\infty)$	
	值域:$(-\infty,+\infty)$	
	过特殊点:$(1,0)$	
	在 $(0,+\infty)$ 内是增函数	在 $(0,+\infty)$ 内是减函数

教学环节		教学内容	教师活动	学生活动	设计意图与资源
课后拓展	固	**必做作业：** 教材练习 4.4. **选做作业：** 教材习题 4.4　B组			学生完成作业,巩固本节课所学.作业分层,让学有余力的同学继续提高

教学反思

　　本节课综合运用多种信息化教学手段进行教学,以学生为主体、教师为主导,以探究为主线、信息技术为工具,给学生创造一个良好的学习环境,有效地激发学生学习的兴趣,发挥学生的主体作用.通过精心的设问,引导学生进行积极思考,使学生学会合作学习,提高学生的探究能力,体会分类讨论、数形结合的数学思想,经历从特殊到一般、从具体到抽象的研究过程,理解数学是来源于实践,并为实践服务的道理.

　　通过作业反馈情况来看,这节课达到了较好的教学效果,完成了教学目标.大多数学生能正确地完成必做作业和选做作业,仅少量学生解题过程不细心,出了错误.不足之处在于实例不够创新,教学思路较常规,没有突破.

11 对数函数及其图像与性质(二)

攀枝花市建筑工程学校 杜 婧

教学分析

授课时间	1 课时	选用教材	高等教育出版社《数学(基础模块)上册》(第三版)
授课对象	建筑工程施工专业 2019 级 2 班学生	授课类型	概念课
教学内容	本节课是高等教育出版社《数学(基础模块)上册》第 4 章第 4 节的第 2 课时,主要内容是利用对数函数图像与性质解决实际问题、求对数型复合函数的定义域,以及比较同底对数值的大小,为后面学习对数函数应用举例做铺垫		
学情分析	知识基础	学生在初中已经学习了函数概念,对一次函数、二次函数及反比例函数有初步了解;在高中阶段又学习了集合的概念、指数函数、对数函数,这为应用对数函数概念及其图像与性质解决相关问题提供了知识准备	
	认知能力	学生初步具备了利用对数函数的图像和性质解决简单问题的能力,不过对知识的综合运用能力较弱,稍加变化则无法完成	
	学习特点	学生对学习抽象的理论知识有畏难心理,生动具体的实例较能引起他们的注意,同时他们的动手能力较强,喜欢在实践中进行学习	
	专业特性	该专业学生具有一定的动手能力,识图、画图的能力较强,具备一定的逻辑思维能力和动手操作的能力,但对专业知识或具体事物中蕴含的数学知识感悟不深,对数学来源于现实生活感悟不够	
教学目标	理解对数函数的定义、图像与性质. 能利用对数函数的图像与性质解决问题,意识到数学的实用价值,树立正确的劳动观念,培养数学运算等数学素养. 经历合作学习的过程,树立团队合作意识		
教学重难点	重点	用对数函数的单调性比较同底对数值的大小和求函数的定义域	
	难点	较复杂的对数型复合函数的定义域求法	
教学策略	教法	启发式教学法、讲练结合教学法	
	学法	自主学习法、小组合作学习法	
	教学资源与手段	喀秋莎录屏　几何画板　学习通 用 PPT、"喀秋莎录屏"制作微课视频. 用"几何画板"作图,观察底数 a 对对数函数图像与性质的影响. 学生登录"学习通",课前观看微课,课后完成作业,教师在平台上对作业进行批改评价	

教学设计

以"三心二意"教学主张为引领,将教学内容进行结构化处理,采用"线上＋线下"混合式教学模式,将整个教学过程分为学、导、探、练、评、固六个教学环节.

流程设计	学	导	探	练	评	固
	观看微课 复习旧知	完成任务 导入新课	小组合作 探究新知	巩固练习 及时检测	课堂小结 小组评价	分层作业 巩固提高
板书设计	对数函数及其图像与性质(二) 对数函数的图像与性质		多媒体展示区		例题、练习区	

教学实施

教学环节		教学内容	教师活动	学生活动	设计意图与资源
课前准备	学	借助微课复习对数函数知识	推送微课	观看微课	借助"学习通"发布微课,帮助学生复习对数函数知识
课中实施	导	任务一:复习上节课所学的对数函数的图像、性质. （表格：$a>1$ 与 $0<a<1$ 的图像；性质：定义域:$(0,+\infty)$；值域:$(-\infty,+\infty)$；过特殊点:$(1,0)$；在$(0,+\infty)$内是增函数／在$(0,+\infty)$内是减函数） 任务二:画出函数 $y=\log_3 x$ 和 $y=\log_{\frac{1}{3}} x$ 的图像	利用"几何画板"展示动态图,引导学生回顾	分组交流,完成任务	让学生再次直观感知图像的变化规律,巩固旧知,为解决问题提供理论支撑
	探	**探索新知** 例1 张榜超同学家今年芒果总产量为 10 万千克,年产量平均增长率为 10%,那么大约经过几年后他家芒果年总产量可以翻一番	引导学生分析	分析实例,发现生活中的函数知识	设置贴近学生生活的例子,吸引学生的注意力,让学生体会到生活中处处有数学,培养学生分析与解决实际问题的能力,提高数学运算素养

教学环节		教学内容	教师活动	学生活动	设计意图与资源
课中实施	导	解:设经过 x 年后他家芒果年总产量为 y(万千克),则 $y=10(1+10\%)^x$. 令 $y=10(1+10\%)^x=20$,得 $1.1^x=2$. 两边取常用对数,得 $\lg 1.1^x=\lg 2$, 即 $x\lg 1.1=\lg 2$, 所以 $x=\dfrac{\lg 2}{\lg 1.1}\approx\dfrac{0.3010}{0.0414}\approx 7.3$. 故大约经过 7 年后,张榜超家芒果年总产量可以翻一番. 例2 求下列函数的定义域: (1)$y=\log_2(2x-1)$; (2)$y=\log_4 x^2$. 分析:依据"对数的真数大于零"求定义域. 解:(1)由 $2x-1>0$,得 $x>\dfrac{1}{2}$, 故函数 $y=\log_2(2x-1)$ 的定义域为 $\left(\dfrac{1}{2},+\infty\right)$. (2)由 $x^2>0$,得 $x\neq 0$, 故函数 $y=\log_4 x^2$ 的定义域为 $(-\infty,0)\bigcup(0,+\infty)$. 例3 利用对数函数的单调性分别比较下列每组对数的大小: (1)$\log_2 5.3$ 和 $\log_2 6.3$; (2)$\log_{0.3}1.5$ 和 $\log_{0.3}1.7$. 解:(1)考察函数 $y=\log_2 x$, $\because$ 底数 $a=2>1$,$\therefore y=\log_2 x$ 是增函数, $\because 5.3<6.3$,$\therefore \log_2 5.3<\log_2 6.3$. (2)考察函数 $y=\log_{0.3}x$, $\because$ 底数 $a=0.3$,$0<0.3<1$,$\therefore y=\log_{0.3}x$ 是减函数, $\because 1.5<1.7$,$\therefore \log_{0.3}1.5>\log_{0.3}1.7$	引导学生进行分析,对易错点进行讲解	小组讨论,交流解题方法	通过例题分析,帮助学生掌握求对数函数定义域的方法和利用单调性比较对数值大小的方法
	练	**巩固练习** 1.求下列函数的定义域; (1)$y=\log_2(1-x)$; (2)$y=\log_{0.4}(2x+3)$. 2.比较下列每组对数的大小: (1)$\log_3 0.4$ 和 $\log_3 0.5$; (2)$\log_{0.6}2.1$ 和 $\log_{0.6}1.2$	评讲、纠错	完成课堂练习	通过练习反馈,初步了解学生的知识掌握情况

续表

教学环节		教学内容	教师活动	学生活动	设计意图与资源
课中实施	评	1. 教师引导学生再次归纳对数函数的性质： 2. 结合统计数据和学习痕迹,评出优胜小组		小组抢答进行总结,小组自评、互评,选出本节课优胜小组	用知识图表进行课堂小结,通过组间挑战激发学生的学习斗志,既肯定努力的学生,又激励学生后续学习
课后拓展	固	**必做作业：** 练习册训练题 4.4.1　A 组. **选做作业：** 练习册训练题 4.4.1　B 组			学生完成作业,巩固本节课所学.作业分层,让学有余力的同学继续提高

教学反思

　　本节课课前在"学习通"发布微课,帮助学习复习对数函数及其图像与性质.教学中,先让学生画出 $y=\log_3 x$ 和 $y=\log_{\frac{1}{4}} x$ 的图像,再次直观感知对数函数图像的变化规律,进而巩固旧知,然后通过精心设置的例题和练习,引导学生进行积极思考,进一步加深对对数函数性质的理解,并认识到数学来源于实践,又为实践服务的道理.通过作业反馈情况来看,这节课的教学效果较好,大多数学生能正确地完成必做作业和选做作业,仅少量学生解题过程不细心造成错误.

12 对数函数应用举例

攀枝花市经贸旅游学校 张文彬

教学分析

授课时间	1课时	选用教材	高等教育出版社《数学（基础模块）上册》（第三版）
授课对象	计算机应用专业2018级1班学生	授课类型	应用课
教学内容			对数函数应用举例是高等教育出版社《数学（基础模块）上册》第4章第4节第3课时内容.本节课的内容是通过实例介绍对数函数的应用,是学生理解对数函数的概念、图像及性质之后,进一步探究对数函数在生活中的应用,体会数学来源于生活,又服务于生活

学情分析	知识基础	学生已经学习了对数函数及其图像与性质,为本节课内容的学习提供了知识准备
	认知能力	学生对对数函数的形式已有了初步认识,但将实际问题转化成函数问题的能力较弱,数学抽象素养普遍不高,用抽象的数学语言来描述实际问题的能力还比较欠缺
	学习特点	对于计算机应用专业的学生而言,已在专业学习中具备输入函数来处理数据的能力,也有函数建模意识,另外通过网络查阅资料的能力较强,但将实际问题转化成数学问题,并建立指数函数模型的能力较弱
	专业特性	计算机应用专业的学生擅长计算机软件和计算器的操作,具备一定的数据处理能力,但缺乏科学、理性的思维,用信息技术解决数学问题的能力较弱

教学目标	了解对数函数的实际应用;了解放射性碳定年法. 通过搜索资料、阅读资料,了解文物年代鉴定的主要手段. 运用计算器进行对数的运算,提高计算工具使用技能. 通过将实际问题抽象成函数模型,培养数学建模思想

教学重难点	重点	放射性碳定年法;利用计算器进行对数运算
	难点	将实际问题转化成对数函数问题

教学策略	教法	启发式教学法、讲练结合式教学法
	学法	自主学习法、探究学习法、小组合作学习法
	教学资源与手段	借助多媒体设备、数学软件等辅助教学

教学设计

	以"三心二意"教学主张为引领,将教学内容进行结构化处理,采用"线上＋线下"混合式教学模式,将整个教学过程分为学、导、探、练、评、固六个教学环节.
流程设计	学　导　探　练　评　固
	复习旧知　创设情境　分析实例　巩固练习　课堂小结　分层作业 预习新知　导入新课　探究新知　及时检测　小组评价　巩固提高
板书设计	对数函数应用举例　　　　多媒体展示区　　　　例题、练习区 放射性碳定年法

教学实施

教学环节		教学内容	教师活动	学生活动	设计意图与资源
课前准备	学	1. 复习内容: (1)对数函数的解析式是什么? (2)对数函数的图像是什么样的? 对数函数的性质有哪些? 2. 预习内容: (1)对数函数在生活中的应用有哪些? (2)查找关于碳-14 的资料	布置复习任务和预习任务	完成任务	让学生回顾前面学习的内容并查阅资料,为本节课的学习做好准备
课中实施	导	资料 1:计算地震里氏震级. 资料 2:推算马王堆汉墓女尸的年代. 资料 3:计算古莲子年代. 资料 4:鉴定达·芬奇的著名肖像画是不是赝品. 大气中的碳-14 和其他碳原子一样,能跟氧原子结合成二氧化碳. 植物在进行光合作用时,吸收水和二氧化碳,合成体内的淀粉、纤维素……碳-14 也就进入了植物体内. 当植物死亡后,它就停止吸入大气中的碳-14. 从这时起,植物体内的碳-14 得不到外界补充,而在自动发出放射线的过程中,数量不断减少. 研究资料显示,大约经过 5730 年,碳-14 含量减少一半. 呈指数衰减的物质,减少到一半所经历的时间叫做该物质的半衰期. 因此,物理学家将 5730 年称为碳-14 的"半衰期". 只要用仪器检测出文物中现有的碳-14 含量,再与它原始的碳-14 水平相比,就能进行年代鉴定. 科学家利用碳－14 的放射性进行年代鉴定的道理是什么? 科学家根据什么数学模型来进行计算呢	多媒体分享课前收集的资料	阅读对数函数实际运用的相关资料. 思考问题,小组讨论	通过地震里氏震级的介绍,增强学生安全意识,提高自我保护能力. 通过资料,让学生充分了解对数函数在生活中有着广泛的应用,特别是碳-14 的广泛应用,突出重点

教学环节		教学内容	教师活动	学生活动	设计意图与资源
课中实施	探	**问题1：文物鉴定问题.** 碳-14的半衰期为5730年，2009年某古董市场有一幅达·芬奇(1452～1519)的绘画，测得其碳-14的含量为原来的94.1%，根据这个信息，请你从时间上判断这幅画是不是赝品. **问题2：放射性物质的半衰期问题.** 现有一种放射性物质经过衰变，一年后残留量为原来的84%，设每年的衰变速度不变，问该物质的半衰期是多少年？(结果保留整数) 例题　我们已经知道碳-14的半衰期为5730年. 湖南长沙马王堆汉墓女尸出土时碳-14的残余量约为原始的76.7%，试推算马王堆汉墓女尸的年代. 	提出问题，引导学生思考. 引导学生分析问题	在老师的引导下分析问题，小组合作解决问题	探究放射性碳定年法的原理，建立对数模型解决实际问题，发展学生的数学建模素养. 将实际问题转化成数学问题，培养学生的数学抽象素养. 让学生自主探究，体现以学生为主体的教学模式，同时培养学生逻辑思维能力
	练	1. 某钢铁公司的年产量为 a 万吨，计划每年比上一年增产10%，问：经过多少年产量翻一番？(保留2位有效数字) 2. 已知放射性物质镭经过100年，残留量为原来质量的95.76%，计算它的半衰期.(保留4位有效数字)	巡视、指导	小组合作，完成课堂练习	通过小组间竞争练习，让学生进一步掌握本节课的知识
	评	1. 教师引导学生归纳总结. 2. 结合统计数据和学习痕迹，评出优胜小组		小组抢答进行总结，小组自评、互评，选出本节课优胜小组	进行课堂小结，通过组间挑战激发学生的学习斗志，既肯定努力的学生，又激励学生后续学习

教学环节		教学内容	教师活动	学生活动	设计意图与资源
课后拓展	固	**必做作业：** 教材复习题4　A组. **选做作业：** 教材复习题4　B组			学生完成作业，巩固本节课所学.作业分层，让学有余力的同学继续提高

教学反思

　　本节课通过大量的实际问题，让学生体会数学来源于生活，又服务于生活，在探究过程中，充分发挥学生的自主意识.在根据实际问题建立函数模型的过程中，教师递进式引导，帮助学生一步一步突出重点、突破难点.

　　本节课计算量较大，由于时间关系，是让小组合作完成的，因此个别学生未使用计算器计算，没有掌握使用计算器计算的技能.在以后的教学中，要注重时间的合理分配，将更多的时间留给学生.

第 ⑤ 章 三角函数

1 任意角的概念

四川省达县职业高级中学 王君强

教学分析

授课时间	1课时	选用教材	高等教育出版社《数学(基础模块)上册》(第三版)
授课对象	机电技术应用专业学生	授课类型	概念课
教学内容	任意角的概念是教材第5章第1节的内容,本节课的教学重点是角的概念、象限角及界限角的概念.本节课的内容起着联系旧知识,开启新知识的作用,重要性不言而喻		

学情分析	知识基础	学生在初中已经学习了角的概念,对角的概念有初步了解,并且对旋转图形也有一定的认识,这为用旋转的观点认识角的概念提供了知识准备
	认知能力	学生数学抽象素养普遍不高,用抽象的数学语言来描述、归纳概念的能力还比较欠缺
	学习特点	学生动手能力强,学习积极性高,喜欢参与活动,愿意主动学习
	专业特性	机电技术应用专业的学生经常使用工具,比如使用扳手旋松、旋紧螺母,旋转的角度问题与数学知识有着紧密联系

教学目标	了解正角、负角和零角的含义. 知道象限角、界限角的概念;了解角所在象限的判定方法. 经历推广角的概念及随之带来的新知识的认知过程,树立科学探究精神	

教学重难点	重点	任意角的概念;角所在象限的判定方法
	难点	角所在象限的判定方法

教学策略	教法	启发式教学法、讨论式教学法
	学法	自主学习法、探究学习法、合作学习法
	教学资源与手段	利用多媒体设备、数学软件辅助教学

教学设计

以"三心二意"教学主张为引领,将教学内容进行结构化处理,采用"线上＋线下"混合式教学模式,将整个教学过程分为学、导、探、练、评、固六个教学环节.

流程设计	学	导	探	练	评	固
	复习旧知 预习新知	提出问题 导入新课	小组合作 探究新知	巩固练习 及时检测	课堂小结 小组评价	课后作业 巩固提高

板书设计	**任意角的概念** 角(始边,终边,顶点) 正角、负角、零角 象限角 界限角	多媒体展示区	例题、练习区

教学实施

教学环节		教学内容	教师活动	学生活动	设计意图与资源
课前准备	学	课前复习初中所学角的相关内容,预习本节课内容,收集生活中关于旋转形成的角的实例,并思考与本专业的知识是否有一定的关联	布置课前任务	完成任务	充分利用课本及相关资源复习初中所学角的相关内容,预习本节课内容,为新课学习做准备
课中实施	导	实例1:游乐场的摩天轮,每一个轿厢挂在一个旋臂上,小明与小华两人同时登上摩天轮,旋臂转过一圈后,小明下了摩天轮,小华继续乘坐一圈.那么,小华走下来时,旋臂转过的角度是多少呢? 实例2:用活络扳手旋松螺母,当扳手按逆时针方向旋转时,就形成一个角.在扳手由初始位置逆时针旋转一周的过程中,就形成了 0° 到 360° 之间的角;扳手继续旋转下去,就形成了大于 360° 的角.如果用扳手旋紧螺母,就需将扳手按顺时针方向旋转,这时形成的角应该怎样表示呢	多媒体演示,提出问题	思考问题,小组讨论	通过生活中摩天轮旋转,用扳手旋松、旋紧螺母的实例,让学生明白数学来源于生活,明白现有知识的不足,激发学生的学习兴趣,顺利进入新知识的学习

教学环节		教学内容	教师活动	学生活动	设计意图与资源
课中实施	探	一条射线由原来的位置 OA,绕着它的端点 O,按逆时针(或顺时针)方向旋转到另一位置 OB 形成的图形叫做角.旋转开始位置的射线 OA 叫做角的始边,终止位置的射线 OB 叫做角的终边,端点 O 叫做角的顶点. 规定:按逆时针方向旋转所形成的角叫做正角(如图1),按顺时针方向旋转所形成的角叫做负角(如图2).当射线没有作任何旋转时,也认为形成了一个角,这个角叫做零角. 图1　　　　　图2 经过这样的推广以后,角包含任意大小的正角、负角和零角.除了使用角的顶点或顶点与边的字母表示角,将角记为"$\angle O$"或"$\angle AOB$"外,今后经常用小写希腊字母 $\alpha,\beta,\gamma,\cdots$ 来表示角. 数学中经常在平面直角坐标系中研究角.将角的顶点与坐标原点重合,始边与 x 轴的非负半轴重合,此时,角的终边在第几象限,就把这个角叫做第几象限的角(或者说这个角在第几象限).如图所示,$30°,390°,-330°$ 角都是第一象限的角,$120°$ 角是第二象限的角,$-120°$ 角是第三象限的角,$-60°,300°$ 角都是第四象限的角. 终边在坐标轴上的角叫做界限角,例如,$0°,90°,180°,270°,360°,-90°,-270°$ 角等都是界限角	多媒体演示并讲解	小组讨论,理解记忆	通过多媒体演示,让学生直观感受角的大小和方向,培养学生的抽象思维能力和直观想象能力,加深学生对概念的理解

续表

教学环节		教学内容	教师活动	学生活动	设计意图与资源
课中实施	练	在直角坐标系中分别作出下列各角,并指出它们是第几象限的角: (1)60°; (2)−210°; (3)225°; (4)−300°	巡视、指导	完成练习,小组交流	通过课堂练习,帮助学生巩固所学知识,加深对新知识的理解
	评	1.本节课学了哪些内容? 2.本节课的重点和难点各是什么		总结、反思	通过课堂总结,培养学生总结反思学习过程的能力
课后拓展	固	1.阅读作业:教材 5.1.2. 2.书面作业:练习册训练题 5.1.1			学生完成课后拓展内容,巩固新知,强化技能

教学反思

从本节课的教学效果来看,实现了本节课的教学目标.回顾整个教学过程,有以下两点值得注意:

1.判定角所在的象限是本节课的重点,也是本节课的难点.因此,在教学过程中一定要特别注意象限角的概念,以及正角、负角的旋转方向.

2.学生的数学学习活动不应只限于对概念、符号的记忆以及对技能的接受和模仿,独立思考、自主探索、动手实践、合作交流、阅读自学等都是学习数学的重要方式.在数学教学中,教师的讲授仍然是重要的教学方式之一,但要注意的是必须关注学生的主体参与,多以问题引导,师生互动,贯穿"以学生为主体,教师为主导"的教学理念.

2 终边相同的角

四川省达县职业高级中学 王君强

教学分析

授课时间	1课时	选用教材	高等教育出版社《数学(基础模块)上册》(第三版)
授课对象	机电技术应用专业学生	授课类型	概念课
教学内容	终边相同的角是教材第5章第1节的内容,本节课的教学重点是终边相同的角的概念.本节课的内容对后面的学习有至关重要的奠基作用.通过这部分内容的学习,培养学生的观察能力、计算能力、数学思维能力		

学情分析	知识基础	从知识层面来说,学生已经学习了任意角的概念,理解了象限角、界限角等相关知识,为本节课学习终边相同的角提供了知识和技能储备
	认知能力	学生思维敏捷,积极性高,喜欢参与活动,合作意识较好,并善于表现自己,不太容易接受简单枯燥的说教方式
	学习特点	学生对于具体的事物比较感兴趣,对于抽象的数学概念的学习不感兴趣
	专业特性	机电技术应用专业的学生动手能力较强,但逻辑思维能力较弱

教学目标	了解终边相同的角的概念及判定方法. 经历终边相同的角的获得过程,培养观察能力与计算能力	
教学重难点	重点	终边相同的角的概念
	难点	求指定范围内与已知角终边相同的角
教学策略	教法	启发式教学法、讲练结合式教学法、探究式教学法
	学法	自主学习法、小组合作探究学习法
	教学资源与手段	多媒体课件、电子白板、实验演示用具(两根硬纸条、一颗图钉)

教学设计

流程设计	以"三心二意"教学主张为引领,将教学内容进行结构化处理,采用"线上＋线下"混合教学模式,将整个教学过程按学、导、探、练、评、固六个环节推进.

	学	导	探	练	评	固
	课前准备 预习新知	演示实验 导入新课	小组合作 探究新知	课堂练习 及时检测	课堂小结 小组评价	课后作业 巩固提高

板书设计	**终边相同的角** 与 30°角终边相同的角的集合 $\{\beta\mid\beta=30°+k\cdot360°,k\in\mathbf{Z}\}$ 与角 a 终边相同的角的集合 $\{\beta\mid\beta=\alpha+k\cdot360°,k\in\mathbf{Z}\}$	多媒体展示区	例题、练习区

教学实施

教学环节		教学内容	教师活动	学生活动	设计意图与资源
课前准备	学	复习角的概念、象限角、界限角等相关知识	设置复习任务	复习相关内容,完成任务	充分利用课本及相关资源复习相关知识,为本节课终边相同的角的学习和运用提供知识和技能储备
课中实施	导	实验:用图钉连接两根硬纸条,将其中一根固定在 OA 的位置,将另一根先转动到 OB 的位置(如图),然后再按照顺时针方向或逆时针方向转动,观察硬纸条重复转到 OB 的位置时所形成角的特征. 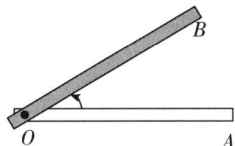	演示、讲解	观察、思考,小组讨论	通过实验让学生直观感受到终边相同的角,帮助学生理解终边相同的角的概念,培养学生的观察能力、空间想象能力和抽象概括能力

教学环节		教学内容	教师活动	学生活动	设计意图与资源
课中实施	探	问题:在直角坐标系中作出 $390°$,$-330°$和 $30°$角,这些角的终边有何关系? $390°$与 $-330°$可以分别写成 $390°=30°+1×360°$,$-330°=30°+(-1)×360°$. 即 $390°$,$-330°$都可以表示成 $30°$与 $360°$的整数倍的和.它们是角的始边绕坐标原点旋转到 $30°$角的终边位置后,分别继续按逆时针或顺时针方向再旋转一周所形成的角.显然,这三个角的终边相同,叫做终边相同的角. 与 $30°$角终边相同的角还有: $750°=30°+2×360°$; $-690°=30°+(-2)×360°$; $1110°=30°+3×360°$; $-1050°=30°+(-3)×360°$; …… 所有与 $30°$角终边相同的角(包括 $30°$角)都可以表示为 $30°$与 $360°$的整数倍的和,即都可以表示为 $30°+k·360°(k∈\mathbf{Z})$ 的形式.因此,与 $30°$角终边相同的角的集合为 $\{β\|β=30°+k·360°,k∈\mathbf{Z}\}$. 一般地,与角 $α$ 终边相同的角(包括角 $α$ 在内),都可以表示为 $α+k·360°(k∈\mathbf{Z})$ 的形式.可见与角 $α$ 终边相同的角有无限多个,它们所组成的集合为 $\{β\|β=α+k·360°,k∈\mathbf{Z}\}$. 例1　写出与下列各角终边相同的角的集合,并把其中在 $-360°\sim720°$范围内的角写出来: (1)$70°$;　(2)$-114°$. 分析:首先要写出与已知角 $α$ 终边相同的角的集合 $\{β\|β=α+k·360°,k∈\mathbf{Z}\}$,然后选取整数 k 的值,使得 $α+k·360°(k∈\mathbf{Z})$ 在指定的范围内. 解:(1)与 $70°$角终边相同的角的集合是 $\{β\|β=70°+k·360°,k∈\mathbf{Z}\}$. 当 $k=-1$ 时,$70°+(-1)×360°=-290°$; 当 $k=0$ 时,$70°+0×360°=70°$; 当 $k=1$ 时,$70°+1×360°=430°$. 所以在 $-360°\sim720°$之间与 $70°$角终边相同的角为 $-290°$,$70°$和 $430°$. (2)与 $-114°$角终边相同的角的集合是 $\{β\|β=-114°+k·360°,k∈\mathbf{Z}\}$. 当 $k=0$ 时,$-114°+0×360°=-114°$; 当 $k=1$ 时,$-114°+1×360°=246°$; 当 $k=2$ 时,$-114°+2×360°=606°$. 所以在 $-360°\sim720°$之间与 $-114°$角终边相同的角为 $-114°$,$246°$和 $606°$	多媒体演示并讲解. 引导学生找出在指定范围内与已知角终边相同的角	作图并观察,小组交流. 小组合作,解决问题	通过学生自己绘图,让学生在绘图的过程中发现 $390°$,$-330°$角都是先将角的始边按逆时针方向旋转到 $30°$角的终边位置,再继续按逆时针或顺时针方向旋转一周所形成的角,从而得出终边相同的角的概念,培养学生的观察能力和抽象概括能力,突破本节课的难点. 通过例1的设置,巩固学生对终边相同的角的概念的理解,让学生能熟练地写出与一个角终边相同的角的集合

续表

教学环节		教学内容	教师活动	学生活动	设计意图与资源
课中实施	探	例 2　写出终边在 y 轴上的角的集合. 分析:在 $0°\sim360°$ 范围内,终边在 y 轴非负半轴上的角为 $90°$,终边在 y 轴非正半轴上的角为 $270°$,因此,终边在 y 轴非负半轴、非正半轴上的所有的角分别是 $k\cdot360°+90°=2k\cdot180°+90°$,① $k\cdot360°+270°=(2k+1)\cdot180°+90°$,② 其中 $k\in\mathbf{Z}$. ①式等号右边表示 $180°$ 的偶数倍再加上 $90°$;②式等号右边表示 $180°$ 的奇数倍再加上 $90°$.可以将它们合并为 $180°$ 的整数倍再加上 $90°$. 解:终边在 y 轴上的角的集合是 $\{\beta\mid\beta=n\cdot180°+90°,n\in\mathbf{Z}\}$. 当 n 取偶数时,角的终边在 y 轴非负半轴上;当 n 取奇数时,角的终边在 y 轴非正半轴上	引导学生结合图形进行分析	画图分析	通过例 2 的设置,培养学生的作图能力和逻辑思维能力
	练	1. 在 $0°\sim360°$ 范围内,找出与下列各角终边相同的角,并指出它们是哪个象限的角: (1) $405°$;　(2) $-165°$;　(3) $1563°$;　(4) $-5421°$. 2. 写出与下列各角终边相同的角的集合,并把其中在 $-360°\sim360°$ 范围内的角写出来: (1) $45°$;　(2) $-55°$;　(3) $-220°45'$;　(4) $1330°$. 3. 写出终边在 x 轴上的角的集合	指导学生完成练习	思考,独立完成	通过练习,帮助学生巩固所学知识,培养学生主动思考、独立思考的好习惯
	评	**归纳小结　强化思想** 本节课学了哪些内容?重点和难点各是什么? **自我反思　目标检测** 本节课采用了怎样的学习方法?学习效果如何		思考、总结	通过课堂小结,培养学生总结、反思的好习惯
课后拓展	固	1.阅读作业:教材 5.2.1. 2.书面作业:练习册训练题 5.1.2			学生完成课后拓展内容,巩固新知,强化技能

教学反思

从本节课的教学效果来看,实现了本节课的教学目标.回顾整个教学过程,有以下两点值得注意:

1.终边相同的角的概念以及找出与已知角终边相同的角是本节课的重点,因此,在教学过程中一定要让学生自己绘图,然后教师引导学生发现这些角终边相同,并找到终边相同的角之间的关系.

2.学生的数学学习活动不应只限于对概念、符号的记忆以及对技能的接受和模仿,独立思考、自主探索、动手实践、合作交流、阅读自学等都是学习数学的重要方式.在数学教学中,教师的讲授仍然是重要的教学方式之一,但要注意的是必须关注学生的主体参与,多以问题引导,师生互动,贯穿"以学生为主体,教师为主导"的教学理念.

3 弧度制

四川省宣汉职业中专学校 胡开泽

教学分析

授课时间	1 课时	选用教材	高等教育出版社《数学（基础模块）上册》（第三版）
授课对象	机电技术应用专业学生	授课类型	概念课
教学内容	弧度制是教材第 5 章第 2 节的内容,本节课的教学重点是弧度制的概念、弧度与角度的换算.本节课的内容起着承上启下的作用,在弧度制下,任意角的集合和实数集建立起一一对应的关系,为三角函数的学习奠定基础		

学情分析	知识基础	学生在初中已经学习了角度制概念,对角度、圆、扇形等图形有初步了解,这为学习弧度制概念提供了知识准备.学生在初中已经学过角的度量单位"度"并且在上节课学了任意角的概念,已掌握了一些基本单位转换方法,并能体会不同的单位制给问题解决带来的方便
	认知能力	通过初中对圆、圆心角的学习,学生已经具备一定的观察能力和直观想象能力,但逻辑推理能力和抽象概括能力还不强
	学习特点	学生对看得见、摸得着的具体事物或直观图形可以进行思考,对数学概念、原理、性质的理解缺乏主动性和钻研能力,喜欢参与活动,团队合作意识较好且有表现自己的欲望
	专业特性	该专业的学生动手能力较强,知道数学知识在机械加工、机械制造等方面的应用,因此对数学知识的学习有一定兴趣

教学目标	了解 1 弧度的定义及弧度制的概念. 理解角度和弧度的互化. 理解任意角的集合和实数集之间一一对应的关系. 理解弧长、半径、圆心角之间的关系. 以本节课的知识作为载体,渗透类比的思想、归纳推理的思想以及数形结合的思想

教学重难点	重点	弧度制的概念;弧度与角度的换算
	难点	弧度制的概念

教学策略	教法	问题驱动式教学法、探究与讲授相结合教学法
	学法	自主学习法、小组合作探究法
	教学资源与手段	利用多媒体、数学软件等辅助教学

教学设计

流程设计	以"三心二意"教学主张为引领,将教学内容进行结构化处理,采用"线上＋线下"混合式教学模式,将整个教学过程分为学、导、探、练、评、固六个教学环节.

	学	导	探	练	评	固
	课前准备 复习旧知	提出问题 导入新课	小组合作 探究新知	课堂练习 及时检测	课堂小结 回顾反思	课后作业 巩固提高

板书设计	**弧度制** 定义 弧度与角度的转化关系	多媒体展示区	例题、练习区

教学实施

教学环节		教学内容	教师活动	学生活动	设计意图与资源
课前准备	学	复习初中学习的角度制的相关知识以及前面学习的任意角的概念	布置复习任务	完成任务	通过复习角度制为新知识的学习做好铺垫
课中实施	导	问题:角是如何度量的? 角的单位是什么? 解决:将圆周的 $\frac{1}{360}$ 所对的圆心角叫做 1 度角,记作 $1°$. 1 度等于 60 分($1°=60'$),1 分等于 60 秒($1'=60''$).以度为单位来度量角的单位制叫做角度制. 因为度、分、秒采用的是 60 进位制,所以在角度制下,计算两个角的加、减运算时,经常会带来单位转换上的麻烦. 思考:是否还有其他度量角的方法呢	提问,引导学生自主思考	思考问题,小组讨论	通过说明在角度制下进行角度计算的不方便,自然引出本节课的知识

教学环节		教学内容	教师活动	学生活动	设计意图与资源
课中实施	探	概念:将等于半径长的圆弧所对的圆心角叫做 1 弧度的角,记作 1 弧度或 1 rad. 以弧度为单位来度量角的单位制叫做弧度制. 若圆的半径为 r,圆心角 $\angle AOB$ 所对的圆弧长为 $2r$,那么 $\angle AOB$ 的大小就是 $\frac{2r}{r}$ 弧度,即 2 弧度,如图所示. 规定:正角的弧度数为正数,负角的弧度数为负数,零角的弧度数为零. 思考:怎样求圆心角 α 的弧度数? 由定义知道,角 α 的弧度数的绝对值等于圆弧长 l 与半径 r 的比,即 $\|\alpha\| = \frac{l}{r}$(rad). 半径为 r 的圆的周长为 $2\pi r$,故周角的弧度数为 $\frac{2\pi r}{r}$(rad)$=2\pi$(rad). 由此得到两种单位制之间的换算关系: $360° = 2\pi$ rad,即 $180° = \pi$ rad. 因此角度与弧度的换算公式为 $1° = \frac{\pi}{180}$(rad)$\approx 0.017\,45$(rad). $1\text{ rad} = \left(\frac{180}{\pi}\right)° \approx 57.3° \approx 57°18'$. 说明:(1)角度的单位不能省略,弧度的单位可以省略. (2)采用弧度制以后,每一个角都对应唯一的一个实数;反之,每一个实数都对应唯一的一个角. 于是,在角的集合与实数集之间,建立起了一一对应的关系. 角的集合　实数集 常用特殊角的弧度与角度之间的换算:	多媒体演示:1 弧度角,2 弧度角,—3 弧度角的生成过程. 提出问题,引导学生思考. 对换算公式进行补充说明.	观看演示,分析思考. 小组讨论. 理解记忆,小组交流.	通过分析弧长、圆心角、半径的对应关系,帮助学生理解弧度制的概念,掌握求圆心角弧度数的方法,提高逻辑思维能力. 强调换算的方法,帮助学生加强记忆

角度	0°	30°	45°	60°	90°	120°
弧度	0	$\frac{\pi}{6}$	$\frac{\pi}{4}$	$\frac{\pi}{3}$	$\frac{\pi}{2}$	$\frac{2\pi}{3}$

角度	135°	150°	180°	225°	270°	360°
弧度	$\frac{3\pi}{4}$	$\frac{5\pi}{6}$	π	$\frac{5\pi}{4}$	$\frac{3\pi}{2}$	2π

引导学生完成表格　　绘制表格,计算并记忆

教学环节		教学内容	教师活动	学生活动	设计意图与资源
课中实施	探	例 1　把下列各角度换算为弧度(精确到 0.001)： (1)15°；　(2)8°30′；　(3) −100°. 分析：角度换算为弧度利用公式 $1° = \dfrac{\pi}{180}(\text{rad}) \approx 0.017\,45(\text{rad})$. 解：(1)$15° = 15 \times \dfrac{\pi}{180} = \dfrac{\pi}{12} \approx 0.262$. (2)$8°30′ = 8.5° = 8.5 \times \dfrac{\pi}{180} = \dfrac{17\pi}{360} \approx 0.148$. (3)$-100° = -100 \times \dfrac{\pi}{180} = -\dfrac{5\pi}{9} \approx -1.745$. 例 2　把下列各弧度换算为角度(精确到 1′)： (1)$\dfrac{3\pi}{5}$；　(2)2.1；　(3) −3.5. 分析：弧度换算为角度利用公式 $1\ \text{rad} = \left(\dfrac{180}{\pi}\right)° \approx 57.3° \approx 57°18′$. 解：(1)$\dfrac{3\pi}{5} = \dfrac{3\pi}{5} \times \left(\dfrac{180}{\pi}\right)° = 108°$. (2)$2.1 = 2.1 \times \left(\dfrac{180}{\pi}\right)° = \left(\dfrac{378}{\pi}\right)° \approx 120°19′$. (3)$-3.5 = -3.5 \times \left(\dfrac{180}{\pi}\right)° = -\left(\dfrac{630}{\pi}\right)° \approx -200°32′$	引导分析，讲解演示	观察思考，讨论求解	通过例题帮助学生强化对换算公式的理解记忆，培养学生的计算技能和独立思考的好习惯
	练	1. 把下列各角度化为弧度： (1)75°；　(2) −240°；　(3)105°；　(4)67°30′. 2. 把下列各弧度化为角度： (1)$\dfrac{\pi}{15}$；　(2)$\dfrac{2\pi}{5}$；　(3)$-\dfrac{4\pi}{3}$；　(4) −6π.	指导、讲解	动手求解，思考交流	通过课堂练习，及时了解学生知识掌握情况
	评	师生共同梳理本节课的知识点	引导	回顾、总结	通过课堂小结，培养学生总结反思学习过程的习惯
课后拓展	固	教材练习 5.2.1			学生完成课后作业，巩固新知，强化技能

教学反思

　　本节课围绕数学学科核心素养进行设计，融入课堂思政元素，通过问题驱动、合作探究、展示交流等环节，让学生亲历知识产生、发展的过程. 动态的学习活动，促进了学生的空间想象能力和逻辑推理能力的发展. 本节课教学能较好地达成教学目标，突出教学重点，突破教学难点. 学生能够在老师的引导下主动学习，基本掌握了弧度与角度之间的转换，课堂气氛比较活跃. 但在教学过程中发现，部分学生基础较差，想象能力不足，有待在日后加强.

4 应用举例

四川省宣汉职业中专学校 胡开泽

教学分析

授课时间	1课时	选用教材	高等教育出版社《数学（基础模块）上册》（第三版）
授课对象	机电技术应用专业学生	授课类型	应用课
教学内容	弧度制是教材第5章第2节的内容.本节课的主要内容是利用弧度制解决生活实际问题		

学情分析	知识基础	学生已学习掌握了角度制与弧度制的概念,对圆心角、弧长、半径有较深的认识
	认知能力	通过上一课时对1弧度角的定义以及圆心角弧度数的计算公式的学习,学生已经具备一定的观察能力和直观想象能力,但逻辑推理能力和抽象概括能力还不强
	学习特点	学生对看得见、摸得着的具体事物或直观图形可以进行思考,对数学概念、原理、性质的理解缺乏主动性和钻研能力,喜欢参与活动,团队合作意识较好且有表现自己的欲望
	专业特性	该专业的学生动手能力较强,知道数学知识在机械加工、机械制造等方面的应用,因此对数学知识的学习有一定兴趣

教学目标	理解弧度制下的弧长公式,并能在实际问题中灵活运用. 以本节课的知识作为载体,渗透数形结合的思想	
教学重难点	重点	弧度制下的弧长公式
	难点	弧长公式的实际运用
教学策略	教法	实践活动式教学法、启发式教学法
	学法	自主学习法、合作学习法
	教学资源与手段	利用多媒体设备、数学软件辅助教学

教学设计

	以"三心二意"教学主张为引领,将教学内容进行结构化处理,采用"线上＋线下"混合式教学模式,将整个教学过程分为学、导、探、练、评、固六个教学环节.
流程设计	学　导　探　练　评　固
	课前准备　类比迁移　小组合作　课堂练习　课堂小结　课后作业 复习旧知　问题驱动　探究新知　及时检测　回顾反思　巩固提高
板书设计	应用举例　　　　　　多媒体展示区　　　　　　例题、练习区 弧长公式:$l=\alpha r$

教学实施

教学环节		教学内容	教师活动	学生活动	设计意图
课前准备	学	复习初中学习的弧长公式相关内容以及上一节课学习的弧度制的相关知识	布置复习任务	回忆、复习	复习前面所学知识,为这节课的学习进行铺垫
课中实施	导	在初中时,已学习过弧长公式 $l=\dfrac{n\pi r}{180}$,这是在角度制下的弧长公式,其中 n 是圆心角的度数,r 是圆的半径. 问题:弧度制下的弧长公式是怎样的? (弧度制下的弧长公式 $l=\alpha r$)	提出问题,引导学生思考	思考问题,小组讨论,理解记忆	通过从角度制到弧度制的变化过程,感受弧度制下弧长公式的简便,让学生体会由旧知到新知的学习过程,激发学生学习的兴趣
	探	例1　设某机械采用齿轮传动,由主动轮 A 带着从动轮 B 转动,如图所示.设主动轮 A 的直径为 100 mm,从动轮 B 的直径为 200 mm.问:主动轮 A 旋转 $\dfrac{2\pi}{5}$,从动轮 B 旋转的角是多少? 解:在传动过程中,相同时间内主动轮与从动轮所转过的弧长是相等的. 主动轮 A 旋转 $\dfrac{2\pi}{5}$, 所以,转过的弧长为 $50\times\dfrac{2\pi}{5}=20\pi(\text{mm})$	分析讲解,引导学生完成	小组合作,解决问题	从实际情境中的问题出发,抽象出相关的数学模型,利用数学建模思想解决实际应用问题,让学生认识数学来源于生活,又服务于生活,激发学生学习数学的兴趣

教学环节		教学内容	教师活动	学生活动	设计意图
课中实施	探	从动轮 B 转过的角的大小为 $\frac{20\pi}{100}=\frac{\pi}{5}$. 故主动轮旋转 $\frac{2}{5}\pi$,从动轮旋转 $\frac{\pi}{5}$. 例2 如图,求公路弯道部分 $\overset{\frown}{AB}$ 的长 l(图中长度单位:m,精确到 0.1 m). 分析:知道圆心角和半径,求弧长时,先将圆心角的角度换算为弧度. 解:$60°$ 换算为 $\frac{\pi}{3}$ 弧度,因此 $l=|\alpha|r=\frac{\pi}{3}\times45\approx3.142\times15\approx47.1(\text{m}).$ 故弯道部分 $\overset{\frown}{AB}$ 的长 l 约为 47.1 m	对易错点进行讲解	思考、讨论	通过例题分析,培养学生处理实际问题中数据的能力,加深学生对弧长公式的理解
	练	1. 填空: (1)若扇形的半径为 10 cm,圆心角为 $60°$,则该扇形的弧长 $l=$ _____; (2)已知 $1°$ 的圆心角所对的弧长为 1 m,那么这个圆的半径是 _____ m. 2. 自行车行进时,车轮在 1 min 内转过了 96 圈.若车轮的半径为 0.33 m,则自行车 1 小时前进了多少米(精确到 1 m)	指导、讲解	讨论、计算	通过课堂练习,及时了解学生知识掌握情况
	评	师生共同梳理本节课的知识点	引导	总结	通过课堂小结,培养学生总结反思学习过程的习惯
课后拓展	固	教材习题 5.2		完成作业	通过课后作业,帮助学生巩固所学知识,培养学生独立思考的好习惯

教学反思

　　本节课是弧度制的应用举例,是对概念的进一步认识和理解.弧度制的教学,使得学生对于角的认识在角度制和弧度制两种不同的单位制下产生了碰撞.教学过程中,最大限度地调动学生积极性,让学生经历动手操作、演算推理等过程,从而理解掌握知识点,这比直接教给学生知识更有效.教学时,情境创设和问题设置要有利于发展学生的数学学科核心素养,数学学科核心素养是"四基"的继承和发展.这一节课的重点在于引导学生加强对概念的认识和理解,积累数学基本活动经验,促进学生核心素养的提升.

5 任意角的正弦函数、余弦函数和正切函数的概念

四川省渠县职业中专学校 罗素珍

教学分析

授课时间	1 课时	选用教材	高等教育出版社《数学(基础模块)上册》(第三版)
授课对象	财经商贸专业学生	授课类型	概念课

教学内容	本节课是高等教育出版社《数学(基础模块)上册》第 5 章第 3 节第 1 课时,主要内容是任意角的正弦函数、余弦函数和正切函数的概念及三角函数的定义域.本节课的内容对后面的学习有至关重要的奠基作用,通过这部分内容的学习,培养学生的观察能力、计算能力和数学思维能力		

学情分析	知识基础	从知识层面来说,学生已经学习了锐角三角函数、任意角的概念及弧度制等相关知识,为本节课任意角的正弦函数、余弦函数和正切函数及定义域的学习和运用提供了知识和技能储备
	认知能力	学生已具备一定的观察能力和直观想象能力,但逻辑推理能力和抽象概括能力还有待提高
	学习特点	学生思维敏捷,学习积极性高,喜欢参与活动,合作意识较好并善于表现自己,不太容易接受简单枯燥的说教方式
	专业特性	财经商贸专业的学生思维比较严谨,计算能力较强,但动手能力较弱

教学目标	掌握任意角的正弦函数、余弦函数和正切函数的概念. 通过三角函数的几何表示,加深对数形结合思想的理解,拓展思维空间,培养直观想象能力	

教学重难点	重点	任意角的三角函数的定义
	难点	已知角终边上一点求三角函数值;求三角函数的定义域

教学策略	教法	启发式教学法、讲练结合式教学法
	学法	自主学习法、探究学习法、合作学习法
	教学资源与手段	多媒体设备与数学软件等

📁 **教学设计**

流程设计	以"三心二意"教学主张为引领,将教学内容进行结构化处理,采用"线上＋线下"混合式教学模式,将整个教学过程分为学、导、探、练、评、固六个教学环节. **学 ▶ 导 ▶ 探 ▶ 练 ▶ 评 ▶ 固** 课前准备 / 建立模型 / 小组合作 / 巩固练习 / 归纳小结 / 课后作业 复习旧知 / 导入新课 / 探究新知 / 及时检测 / 自我反思 / 巩固提高	
板书设计	**任意角的正弦函数、余弦函数和正切函数的概念** 三角函数的定义: $\sin \alpha = \dfrac{y}{r}$, $\cos \alpha = \dfrac{x}{r}$, $\tan \alpha = \dfrac{y}{x}$ 三角函数的定义域	多媒体展示区 例题、练习区

📁 **教学实施**

教学环节		教学内容	教师活动	学生活动	设计意图与资源
课前准备	学	复习初中学习的锐角三角函数的知识	布置课前复习任务	复习相关内容	充分利用课本及相关资源复习以前学习的知识,为新课学习奠定基础
课中实施	导	将 Rt△ABC 放在直角坐标系中,使得点 A 与坐标原点重合,AC 边在 x 轴的非负半轴上,如图.设点 P(即顶点 B)的坐标为 (x,y),r 为角终边上的点 P 到坐标原点的距离,则 $r=\sqrt{x^2+y^2}$.于是三角函数的定义可以写作 $\sin \alpha = $ _____ ,$\cos \alpha = $ _____ ,$\tan \alpha = $ _____ . (图：$P(x,y)(B)$，r，y，α，$O(A)$，x，$M(C)$)	引导、讲解	回忆、思考,小组讨论	通过复习锐角三角函数的知识,让学生顺利进入新知识的学习
	探	**概念:**一般地,设 α 是平面直角坐标系中的一个任意角,点 $P(x,y)$ 为角 α 的终边上的任意一点(不与原点重合),点 P 到原点的距离为 $r=\sqrt{x^2+y^2}$,如图,那么角 α 的正弦、余弦、正切分别定义为 $\sin \alpha = \dfrac{y}{r}$；$\cos \alpha = \dfrac{x}{r}$；$\tan \alpha = \dfrac{y}{x}$ (图：$P(x,y)$，r，α，y，M，O，x)			

续表

<table>
<tr><th colspan="2">教学环节</th><th>教学内容</th><th>教师活动</th><th>学生活动</th><th>设计意图与资源</th></tr>
<tr><td rowspan="2">课中实施</td><td>探</td><td>
说明：对角 α 的每一个确定的值，按照相应的对应关系，角 α 的正弦、余弦、正切、都分别对应一个确定的值，因此正弦、余弦及正切都是以 α 为变量的函数，分别叫做正弦函数、余弦函数、正切函数，它们都是三角函数.
由定义可以看出，当角 α 的终边在 y 轴上时，$\alpha=\frac{\pi}{2}+k\pi$ $(k\in\mathbf{Z})$，终边上任意一点的横坐标 x 的值都等于 0，此时 $\tan\alpha=\frac{y}{x}$ 无意义. 除此以外，对于每一个确定的角 α，三个函数都有意义. 因此，
正弦函数、余弦函数和正切函数的定义域如下表所示：
<table>
<tr><th>三角函数</th><th>定义域</th></tr>
<tr><td>$\sin\alpha$</td><td>$\mathbf{R}$</td></tr>
<tr><td>$\cos\alpha$</td><td>$\mathbf{R}$</td></tr>
<tr><td>$\tan\alpha$</td><td>$\left\{\alpha\,\middle|\,\alpha\neq k\pi+\frac{\pi}{2},k\in\mathbf{Z}\right\}$</td></tr>
</table>
当角 α 采用弧度制时，角 α 的取值集合与实数集 $\mathbf{R}$ 之间具有一一对应的关系，所以三角函数是以实数为自变量的函数.
例题　已知角 α 的终边经过点 $P(2,-3)$，求角 α 的正弦、余弦、正切值.
分析：已知角 α 终边上一点 P 的坐标，求角 α 的某个三角函数值时，首先要根据关系式 $r=\sqrt{x^2+y^2}$，求出点 P 到坐标原点的距离 r，然后根据三角函数定义进行计算.
解：因为 $x=2,y=-3$，
所以 $r=\sqrt{2^2+(-3)^2}=\sqrt{13}$，
因此 $\sin\alpha=\frac{y}{r}=\frac{-3}{\sqrt{13}}=-\frac{3\sqrt{3}}{13}$，
$\cos\alpha=\frac{x}{r}=\frac{2}{\sqrt{13}}=\frac{2\sqrt{13}}{13}$，
$\tan\alpha=\frac{y}{x}=-\frac{3}{2}$
</td><td>引导学生思考，强调注意点.

引导学生，分析讲解</td><td>思考讨论，理解记忆.

观察思考，主动求解</td><td>引导学生推导得出正弦函数、余弦函数、正切函数的概念及定义域，培养学生归纳总结的能力，让学生感受探索新知的乐趣.

通过例题求解，强化学生对新知识的理解记忆，培养学生的计算能力</td></tr>
<tr><td>练</td><td>
已知角 α 的终边上的点 P 的坐标如下，分别求出角 α 的正弦、余弦、正切值：
(1) $P(3,-4)$；
(2) $P(-1,2)$；
(3) $P\left(\frac{1}{2},-\frac{\sqrt{3}}{2}\right)$
</td><td>巡视、指导</td><td>思考交流，动手求解</td><td>让学生自己完成练习并说出解题步骤，巩固所学知识，培养学生的表达能力</td></tr>
</table>

教学环节		教学内容	教师活动	学生活动	设计意图与资源
课中实施	评	**归纳小结 强化思想** 本节课学了哪些内容？重点和难点各是什么？ **自我反思 目标检测** 本节课采用了怎样的学习方法？学习效果如何		回顾、反思	通过课堂小结,培养学生总结反思学习过程的习惯
课后拓展	固	1.阅读作业:教材 5.3.2. 2.书面作业:练习册训练题 5.3.1			学生完成课后拓展内容,巩固新知,强化技能

教学反思

从本节课的教学效果来看,实现了本节课的教学目标.回顾整个教学过程,有以下两点值得注意:

1.正弦函数、余弦函数、正切函数的理解与运用是本节课的重点,也是本节课的难点,因此,在教学过程中一定要特别注意引导学生归纳总结,帮助学生理解.

2.学生的数学学习活动不应只限于对概念、符号的记忆以及对技能的接受和模仿,独立思考、自主探索、动手实践、合作交流、阅读自学等都是学习数学的重要方式.在数学教学中,教师的讲授仍然是重要的教学方式之一,但要注意的是必须关注学生的主体参与,多以问题引导,师生互动,贯穿"以学生为主体,教师为主导"的教学理念.

6　各象限角的三角函数值的正负号

四川省渠县职业中专中学　罗素珍

教学分析

授课时间	1 课时	选用教材	高等教育出版社《数学(基础模块)上册》(第三版)
授课对象	财经商贸专业学生	授课类型	应用课
教学内容	本节课是高等教育出版社《数学(基础模块)上册》第 5 章第 3 节第 2 课时,主要内容是各象限角的三角函数值的正负号.通过这部分内容的学习,培养学生的观察能力、计算能力和数学思维能力		

学情分析	知识基础	从知识层面来说,学生已经学习了任意角三角函数的定义、已知终边上一点的坐标求三角函数值等相关知识,为本节课各象限角的三角函数值的正负号的学习和运用提供了知识和技能储备
	认知能力	学生已具备一定的观察分析能力和直观想象能力,但逻辑推理能力和抽象概括能力还有待提高
	学习特点	学生思维敏捷,学习积极性高,喜欢参与活动,合作意识较好并善于表现自己,不太容易接受简单枯燥的说教方式
	专业特性	该专业的学生思维比较严谨,计算能力较强,但动手能力较弱

教学目标	掌握各象限角的三角函数值的正负号. 经历各象限角的三角函数值的符号确定过程,进一步加深对数形结合思想的理解,拓展思维空间,培养直观想象能力

教学重难点	重点	各象限角的三角函数值的正负号
	难点	各象限角的三角函数值的正负号的判定

教学策略	教法	启发式教学法、讲练结合式教学法
	学法	自主学习法、探究学习法、合作学习法
	教学资源与手段	多媒体设备与数学软件等

教学设计

以"三心二意"教学主张为引领,将教学内容进行结构化处理,采用"线上＋线下"混合式教学模式,将整个教学过程分为学、导、探、练、评、固六个教学环节.

流程设计	

学	导	探	练	评	固
课前准备 复习旧知	提出问题 导入新课	小组合作 探究新知	课堂练习 及时检测	归纳小结 自我反思	课后作业 巩固提高

板书设计	各象限角的三角函数值的正负号 	多媒体展示区	例题、练习区

教学实施

教学环节		教学内容	教师活动	学生活动	设计意图与资源
课前准备	学	复习锐角三角函数、任意角的定义、终边相同的角、弧度制及任意角的三角函数等相关知识	布置课前复习任务	复习相关内容	充分利用课本及相关资源复习以前所学知识,为本节课各象限角的三角函数值的正负号的学习和运用提供知识和技能储备
课中实施	导	锐角的三角函数均为正,任意角的三角函数有正有负.在第一象限,$\sin \alpha,\cos \alpha,\tan \alpha$ 的值全为正,在第二象限哪个三角函数值为正? 第三、第四象限呢	提出问题	思考问题,小组讨论	以提问的方式引导学生思考,自然地引入本节课内容的学习
	探	由于 $r>0$,所以任意角三角函数值的正负号由角的终边上点 P 的坐标 (x,y) 来确定. 当角 α 的终边在第一象限时,点 P 在第一象限,$x>0,y>0$,所以 $\sin \alpha>0,\cos \alpha>0,\tan \alpha>0$; 当角 α 的终边在第二象限时,点 P 在第二象限,_____,所以 _____; 当角 α 的终边在第三象限时,点 P 在第三象限,_____,所以 _____; 当角 α 的终边在第四象限时,点 P 在第四象限,_____,所以 _____			

教学环节		教学内容	教师活动	学生活动	设计意图与资源
课中实施	探	任意角的三角函数值的正负号如下图所示： 例1 判定下列角的各三角函数值的正负号： (1)4327°；(2)$\dfrac{27\pi}{5}$. 分析：判断任意角三角函数值的正负号时，首先要判断出角所在的象限. 解：(1)因为4327°=12×360°+7°，所以4327°角为第一象限角，故 sin 4327°＞0，cos 4327°＞0，tan 4327°＞0. (2)因为$\dfrac{27\pi}{5}=2\times2\pi+\dfrac{7\pi}{5}$，所以$\dfrac{27\pi}{5}$角为第三象限角，故 sin $\dfrac{27\pi}{5}$＜0，cos $\dfrac{27\pi}{5}$＜0，tan $\dfrac{27\pi}{5}$＞0. 例2 根据条件 sin θ＜0 且 tan θ＜0，确定 θ 是第几象限的角. 分析：sin θ＜0 时，θ 可能是第三象限的角、第四象限的角或终边在 y 轴的负半轴上的界限角；tan θ＜0 时，θ 可能是第二象限的角或第四象限的角. 同时满足两个条件，就是要找出它们的公共范围. 解：θ 为第四象限的角	引导学生思考，总结三角函数值的正负特点. 抽选学生讲解思路	思考、填空，理解记忆. 独立思考，解决问题	用填空的方式引导学生总结各象限角的三角函数值的正负号，提高学生的归纳总结能力. 例1中既有弧度也有角度，题型不单一，让学生理解更全面；例2让学生自己求解. 培养学生独立思考的好习惯，通过抽选学生讲解思路，训练学生的表达能力
	练	1. 判断下列角的各三角函数值的正负号： (1)525°；(2)−235°；(3)$\dfrac{19\pi}{6}$；(4)−$\dfrac{3\pi}{4}$. 2. 根据条件 sin θ＞0 且 tan θ＜0，确定 θ 是第几象限的角	巡视、指导	独立思考，完成练习，有困难的同学可以小组讨论	通过练习巩固所学知识

教学环节		教学内容	教师活动	学生活动	设计意图与资源
课中实施	评	**归纳小结　强化思想** 本节课学了哪些内容？重点和难点各是什么？ **自我反思　目标检测** 本节课采用了怎样的学习方法？学习效果如何	引导	思考并归纳总结	通过课堂小结，培养学生总结反思的能力
课后拓展	固	1.阅读作业:教材5.3.3. 2.书面作业:练习册训练题5.3.2			学生完成课后拓展内容,巩固新知,强化技能

教学反思

　　从本节课的教学效果来看,实现了本节课的教学目标.回顾整个教学过程,有以下两点值得注意:

　　1.各象限角的三角函数值得正负判断是本节课的重点,也是本节课的难点,因此,在教学过程中一定要特别注意引导学生归纳总结,帮助学生理解.

　　2.学生的数学学习活动不应只限于对概念、符号的记忆以及对技能的接受和模仿,独立思考、自主探索、动手实践、合作交流、阅读自学等都是学习数学的重要方式.在数学教学中,教师的讲授仍然是重要的教学方式之一,但要注意的是必须关注学生的主体参与,多以问题引导,师生互动,贯穿"以学生为主体,教师为主导"的教学理念.

7　界限角的三角函数值

四川省达县职业高级中学　潘　林

教学分析

授课时间	1 课时	选用教材	高等教育出版社《数学(基础模块)上册》(第三版)
授课对象	财经商贸专业学生	授课类型	应用课
教学内容	本节课是高等教育出版社《数学(基础模块)上册》第 5 章第 3 节第 3 课时,主要内容是界限角的三角函数值.通过这部分内容的学习,培养学生的观察能力		

学情分析	知识基础	从知识层面来说,学生已经学习了任意角的三角函数的定义、已知终边上一点的坐标求三角函数值等相关知识,为本节课界限角的三角函数值的学习和运用提供了知识和技能储备
	认知能力	通过任意角的三角函数定义的学习,学生已具有一定的数形结合能力和数学抽象能力,但还缺乏独立思考的主动性,学习上存在依赖思想
	学习特点	学生思维敏捷,学习积极性高,喜欢参与活动,合作意识较好并善于表现自己
	专业特性	该专业的学生思维比较严谨,计算能力较强,但动手能力较弱

教学目标	掌握界限角的三角函数值. 经历界限角的三角函数值的探究过程,进一步加深对数形结合思想的理解,拓展思维空间,培养直观想象能力	

教学重难点	重点	界限角的三角函数值
	难点	界限角的三角函数值的相关计算

教学策略	教法	启发式教学法、讲练结合式教学法
	学法	自主学习法、探究学习法、合作学习法
	教学资源与手段	多媒体课件、电子白板

📁 **教学设计**

流程设计	以"三心二意"教学主张为引领,将教学内容进行结构化处理,采用"线上+线下"混合式教学模式,将整个教学过程分为学、导、探、练、评、固六个教学环节.

<table>
<tr><td colspan="6" align="center">学 > 导 > 探 > 练 > 评 > 固</td></tr>
<tr><td>课前准备
复习旧知</td><td>提出问题
导入新课</td><td>小组合作
探究新知</td><td>课堂练习
及时检测</td><td>归纳小结
自我反思</td><td>课后作业
巩固提高</td></tr>
</table>

板书设计	界限角的三角函数值					多媒体展示区	例题、练习区

界限角的三角函数值

	0	$\dfrac{\pi}{2}$	π	$\dfrac{3\pi}{2}$	2π
$\sin\alpha$	0	1	0	-1	0
$\cos\alpha$	1	0	-1	0	1
$\tan\alpha$	0	不存在	0	不存在	0

📁 **教学实施**

教学环节		教学内容	教师活动	学生活动	设计意图与资源
课前准备	学	复习任意角三角函数的定义、已知终边上一点的坐标求三角函数值、各象限角的三角函数值、符号判断等相关知识	布置课前复习任务	复习相关内容	充分利用课本及相关资源复习以前所学知识,为新课学习奠定基础
课中实施	导	问题: 如图,在 Rt$\triangle ABC$ 中,$\angle C=90°$,那么 $\sin\alpha=$_____,$\cos\alpha=$_____,$\tan\alpha=$_____. 	引导、讲解	回忆、思考	通过复习锐角三角函数的知识,让学生顺利进入新知识的学习
	探	由于零角的终边与 x 轴的非负半轴重合,所以对于角的终边上的任意点 $P(x,y)$ 都有 $x=r,y=0$. 因此,利用三角函数的定义,有 $\sin 0=\dfrac{0}{r}=0,\cos 0=\dfrac{r}{r}=1,\tan 0=\dfrac{0}{r}=0$			

续表

教学环节		教学内容	教师活动	学生活动	设计意图与资源
课中实施	探	同样还可以求得 $\dfrac{\pi}{2}$, π, $\dfrac{3\pi}{2}$, 2π 等界限角的三角函数值. <table><tr><td></td><td>0</td><td>$\dfrac{\pi}{2}$</td><td>π</td><td>$\dfrac{3\pi}{2}$</td><td>2π</td></tr><tr><td>$\sin\alpha$</td><td>0</td><td>1</td><td>0</td><td>-1</td><td>0</td></tr><tr><td>$\cos\alpha$</td><td>1</td><td>0</td><td>-1</td><td>0</td><td>1</td></tr><tr><td>$\tan\alpha$</td><td>0</td><td>不存在</td><td>0</td><td>不存在</td><td>0</td></tr></table> **巩固知识　典型例题** 例题　求: $5\cos180°-3\sin90°+2\tan0°-6\sin270°$ 的值. 分析:先计算出界限角的三角函数值,然后再进行代数运算. 解: $5\cos180°-3\sin90°+2\tan0°-6\sin270°$ $=5\times(-1)-3\times1+2\times0-6\times(-1)=-2$	引导学生分析,得出各界限角的三角函数值,并加以总结. 讲解例题	独立思考后小组讨论,得出各界限角的三角函数值. 思考	通过界限角的三角函数值的求解,培养学生的观察能力和独立思考的好习惯,让学生体会探索的乐趣,享受成功的快乐
	练	**运用知识　强化练习** 1. 计算: $5\sin90°-2\cos0°+\sqrt{3}\tan180°+\cos180°$. 2. 计算: $\cos\dfrac{\pi}{2}-\tan0+\dfrac{1}{3}\tan^2\pi-\sin\dfrac{3\pi}{2}+\cos\pi$	巡视、指导	思考交流,动手求解	通过练习帮助学生巩固所学知识,培养学生的计算能力
	评	**归纳小结　强化思想** 本节课学了哪些内容? 重点和难点各是什么? **自我反思　目标检测** 本节课采用了怎样的学习方法? 学习效果如何		回忆、反思	培养学生的自我总结能力和表达能力以及反思的好习惯
课后拓展	固	1.阅读作业:教材 5.3. 2.书面作业:教材习题 5.3　A组;练习册训练题 5.3. 3.实践调查:探究使用计算器计算界限角的三角函数值的方法			学生完成课后作业,巩固所学知识,强化技能

教学反思

从本节课的教学效果来看,实现了本节课的教学目标.回顾整个教学过程,有以下两点值得注意:

1.界限角的三角函数值是本节课的重点,也是本节课的难点,因此,在教学过程中一定要特别注意引导学生归纳总结,帮助学生理解.

2.学生的数学学习活动不应只限于对概念、符号的记忆以及对技能的接受和模仿,独立思考、自主探索、动手实践、合作交流、阅读自学等都是学习数学的重要方式.在数学教学中,教师的讲授仍然是重要的教学方式之一,但要注意的是必须关注学生的主体参与,多以问题引导,师生互动,贯穿"以学生为主体,教师为主导"的教学理念.

8 同角三角函数的基本关系式

四川省开江县职业中学 杨丽君

教学分析

授课时间	1 课时	选用教材	高等教育出版社《数学（基础模块）上册》（第三版）
授课对象	机械加工技术专业学生	授课类型	新授课
教学内容	本节课是高等教育出版社《数学（基础模块）上册》第5章第4节第1课时，主要内容是同角三角函数的基本关系式，为后面学习和理解诱导公式等知识奠定基础.本节课内容在本章中起着承上启下的作用，是学习三角函数值的计算、三角函数式的化简与证明、解三角形等知识的基础.同时，它体现的数形结合等数学思想方法在整个中学数学学习中起着重要作用		
学情分析	知识基础	从知识层面来说，学生已经学习了任意角的三角函数的概念，为本节课学习同角三角函数的基本关系式提供了知识储备，但学生学习基础欠佳，学习上还有很大的提升空间	
	认知能力	通过三角函数值符号的判断，学生已初步具有数形结合的思维，但抽象概括和观察分析能力还不够	
	学习特点	学生会利用网络进行旧知回顾、预习交流，但学生的数学抽象和直观想象能力有待提高	
	专业特性	该专业的学生动手能力强，但逻辑思维能力较弱，学习主动性较差	
教学目标	掌握同角三角函数的两个基本关系式，能根据一个角的三角函数值，求这个角的其他三角函数值及化简含有三角函数的式子. 通过对同角三角函数的基本关系式的推导，培养逻辑思维能力		
教学重难点	重点	同角三角函数基本关系式的推导及应用	
	难点	三角函数值符号的确定；准确灵活地使用公式	
教学策略	教法	启发引导式教学法、讨论式教学法、讲练结合式教学法	
	学法	自主学习法、小组合作探究法	
	教学资源与手段	多媒体课件、电子白板等	

教学设计

以"三心二意"教学主张为引领,将教学内容进行结构化处理,采用"线上＋线下"混合式教学模式,将整个教学过程按学、导、探、练、评、固六个环节推进.

流程设计	学	导	探	练	评	固
	课前准备 复习旧知	创设情境 导入新课	小组合作 探究新知	变式练习 及时检测	归纳小结 自我反思	课后作业 巩固提高

板书设计	**同角三角函数的基本关系式** 平方关系 商数关系 公式变形	多媒体展示区	例题、练习区

教学实施

教学环节		教学内容	教师活动	学生活动	设计意图与资源
课前准备	学	复习三角函数的相关知识,并完成复习作业: 表格（见下）	发布课前复习任务,评改复习作业	复习旧知,完成作业	充分利用课本及相关资源复习以前所学知识,为新课学习奠定知识基础
课中实施	导	三角函数在生活中的应用十分广泛,例如建筑物的测量、航空飞行的监测、天文学及机械专业课涉及的力的分解等. 如图,设简易起重机起重臂长 10 m,起重臂与水平线所成角为 α,如果 $\tan\alpha＝0.8$,那么重物从水平线到起重臂最高点升高了多少米?	创设与学生生活相关的情境,引出本节课的课题	了解生活中三角函数的应用,思考问题	以解决实际问题为背景,引出探究同角三角函数的基本关系式的意义

课前准备表格:

α	0	$\dfrac{\pi}{6}$	$\dfrac{\pi}{4}$	$\dfrac{\pi}{3}$	$\dfrac{\pi}{2}$
$\sin\alpha$					
$\cos\alpha$					
$\sin^2\alpha＋\cos^2\alpha$					
$\tan\alpha$					

教学环节		教学内容	教师活动	学生活动	设计意图与资源
课中实施	探	**任务一:计算与发现** 分别计算下列各组式子的值. 第一组: (1) $\sin^2 0° + \cos^2 0° = $ _____; (2) $\sin^2 30° + \cos^2 30° = $ _____; (3) $\sin^2 45° + \cos^2 45° = $ _____. 第二组: (1) $\sin^2 \dfrac{\pi}{3} + \cos^2 \dfrac{\pi}{3} = $ _____; (2) $\sin^2 90° + \cos^2 90° = $ _____; (3) $\sin^2 \dfrac{2\pi}{3} + \cos^2 \dfrac{2\pi}{3} = $ _____. 强调: $\sin^2 \alpha$ 是 $(\sin \alpha)^2$ 而不是 $\sin \alpha^2$. 第三组: (1) $\dfrac{\sin 30°}{\cos 30°} = $ _____, $\tan 30° = $ _____; (2) $\dfrac{\sin 45°}{\cos 45°} = $ _____, $\tan 45° = $ _____. 第四组: (1) $\dfrac{\sin 60°}{\cos 60°} = $ _____, $\tan 60° = $ _____; (2) $\dfrac{\sin 120°}{\cos 120°} = $ _____, $\tan 120° = $ _____. 通过计算,你发现了什么? 大胆猜想,并写出来. 归纳: $\sin^2 \alpha + \cos^2 \alpha = 1$, $\tan \alpha = \dfrac{\sin \alpha}{\cos \alpha}$. 在直角坐标系中,以原点为圆心,单位长度为半径的圆叫做单位圆. **任务二:推导同角三角函数的基本关系式** 设角 α 的终边与单位圆的交点为 $P(x, y)$,如图1所示,那么 x, y 可以用 α 的三角函数表示吗? 怎么表示? 图1	引导、强调、启发 提出问题	分组讨论,观察思考,归纳总结 独立思考	学生分组计算,一是检验学生对特殊角的三角函数值的识记(基本的数学素养),二是通过题组训练,培养学生数学思维,提高学生分析问题和解决问题的能力. 通过计算,让学生大胆猜想,培养学生观察、分析、抽象、概括能力

续表

教学环节		教学内容	教师活动	学生活动	设计意图与资源
课中实施	探	由三角函数的定义有 $\sin\alpha=\dfrac{y}{1}=y,\cos\alpha=\dfrac{x}{1}=x.$ 上式说明:角 α 的正弦值等于它的终边与单位圆交点 P 的纵坐标;角 α 的余弦值等于它的终边与单位圆交点 P 的横坐标.因此,角 α 的终边与单位圆的交点 P 的坐标为 $(\cos\alpha,\sin\alpha)$. 观察单位圆(如图2),由于角 α 的终边与单位圆的交点为 $P(\cos\alpha,\sin\alpha)$,根据三角函数的定义和勾股定理,可以得到 $\tan\alpha=\dfrac{y}{x}=\dfrac{\sin\alpha}{\cos\alpha},\sin^2\alpha+\cos^2\alpha=r^2=1.$ 图 2 同角三角函数的基本关系式: $\sin^2\alpha+\cos^2\alpha=1,\tan\alpha=\dfrac{\sin\alpha}{\cos\alpha}.$ 说明:前面的公式显示了同角的正弦函数与余弦函数之间的平方关系,后面的公式显示了同角的三个三角函数之间的商数关系,利用它们可以由一个已知的三角函数值,求出其他各三角函数值. 平方关系式的变形: $\sin^2\alpha=1-\cos^2\alpha=(1+\cos\alpha)(1-\cos\alpha);$ $\cos^2\alpha=1-\sin^2\alpha=(1+\sin\alpha)(1-\sin\alpha)$	引导分析,讲解说明	小组合作交流得出结论,小组代表展示结论	将特殊角用一般角替代,实现从特殊到一般的转化与推广,让学生认识到一个结论的形成,不能仅仅由几个基本事实来判定,更需要逻辑推理,理论验证.通过运用三角函数的定义和单位圆证明猜想的结论是正确的,让学生经历知识的形成过程,培养学生善于发现,乐于探究,勇于追求真理的精神. 强化基本关系式中的同角,明确两个基本关系式的作用,为后续的应用做必要铺垫
	练	判断下列等式是否成立: (1) $\sin^2 3\alpha+\cos^2 3\alpha=1$; (2) $\dfrac{\sin\frac{\alpha}{2}}{\cos\frac{\alpha}{2}}=\tan\dfrac{\alpha}{2}$; (3) $\sin^2(\alpha+\beta)+\cos^2(\alpha+\beta)=1$; (4) $\dfrac{\sin(2\alpha-\beta)}{\cos(2\alpha-\beta)}=\tan2\alpha$; (5) $\sin^2\alpha+\cos^2\beta=1$. **巩固知识　典型例题** 例题　已知 $\sin\alpha=\dfrac{4}{5}$,且 α 是第二象限的角,求 $\cos\alpha$ 和 $\tan\alpha$	引导学生分析求解	思考交流,动手求解	通过简单练习,让学生进一步理解公式,掌握公式的简单应用

教学环节		教学内容	教师活动	学生活动	设计意图与资源
课中实施	练	分析:知道正弦函数值,可以利用平方关系,求出余弦函数值,然后利用商数关系,求出正切函数值. 解:由 $\sin^2\alpha+\cos^2\alpha=1$,可得 $\cos\alpha=\pm\sqrt{1-\sin^2\alpha}$. 又因为 α 是第二象限的角,故 $\cos\alpha<0$. 所以 $$\cos\alpha=-\sqrt{1-\sin^2\alpha}=-\sqrt{1-\left(\frac{4}{5}\right)^2}=-\frac{3}{5};$$ $$\tan\alpha=\frac{\sin\alpha}{\cos\alpha}=\frac{\frac{4}{5}}{-\frac{3}{5}}=-\frac{4}{3}.$$ 注意:利用平方关系 $\sin^2\alpha+\cos^2\alpha=1$ 求三角函数值时,需要进行开方运算,所以必须要明确 α 所在的象限.本例中给出了 α 为第二象限的角的条件,如果没有这个条件,就需要对 α 进行讨论. **运用知识 强化练习** 变式练习: 1. 已知 $\cos\alpha=\frac{1}{2}$,且 α 是第四象限的角,求 $\sin\alpha$ 和 $\tan\alpha$. 2. 已知 $\sin\alpha=-\frac{3}{5}$,求 $\cos\alpha$ 和 $\tan\alpha$	讲解例题. 巡视、指导	思考交流. 小组合作,动手求解	根据角的范围,由一个三角函数值,求另两个三角函数值,是基本关系式的直接运用,通过例题讲解和自主练习,帮助学生理解掌握同角的三角函数关系
课中实施	评	**归纳小结 强化思想** 本节课学了哪些内容?你会解决哪些新问题? (1)学习了同角三角函数间的平方关系和商数关系; (2)用平方公式时应注意:三角函数值的符号由角 α 的终边所在的象限决定; (3)会解决已知一个角的一个三角函数值求这个角的其他三角函数值的问题. **自我反思 目标检测** 本节课采用了怎样的学习方法?学习效果如何		回忆、反思,交流归纳	通过课堂小结,培养学生总结反思学习过程的习惯
课后拓展	固	1.阅读作业:教材5.4.1. 2.书面作业:教材习题5.4 A组(其中第4题选做). 3.实践调查:在生活中寻找与三角函数有关的案例			学生完成课后拓展内容,对公式的掌握起到巩固作用

教学反思

本次教学基本完成了教学目标,在教学过程中发现,为了提高学习效率,应该给小组活动多留一点时间;数学问题解决过程中应多关注基础薄弱的学生,不能光赶教学进度;在章节知识结构评价标准中应注意与本章外的知识建立联系;在课堂上应多给学生自我展示的机会,增强学生的自信心.

9　含有三角函数的式子的求值与化简

四川省南江县职业中学　李小兰

教学分析

授课时间	1 课时	选用教材	高等教育出版社《数学（基础模块）上册》（第三版）
授课对象	机械加工技术专业学生	授课类型	新授课
教学内容			本节课是高等教育出版社《数学（基础模块）上册》第 5 章第 4 节第 2 课时，主要内容是含有三角函数的式子的求值与化简，为后面解决三角函数问题奠定基础.本节课内容在本章中起着举足轻重的作用，是学习三角函数值的计算、三角函数式的化简与证明、解三角形等知识的基础
学情分析	知识基础		从知识层面来说，学生已经学习了任意角的三角函数的概念及相关知识，掌握了同角三角函数的基本关系式，为本课学习含有三角函数的式子的求值与化简奠定了知识基础
	认知能力		学生具备一定的分析问题、解决问题、合作交流的能力，但学生的逻辑思维能力有待提高
	学习特点		学生思维较敏捷，动手能力强，积极性高，喜欢参与活动，多数学生对数学的兴趣较高，愿意主动学习
	专业特性		该专业的学生动手能力强，但缺乏科学、理性的思维
教学目标			能灵活利用同角三角函数关系式求值、化简. 通过问题解决，培养观察、分析、概括能力，提高逻辑思维能力
教学重难点	重点		利用同角三角函数关系式求值、化简
	难点		准确灵活地使用公式
教学策略	教法		问题启发式教学法、讲练结合式教学法
	学法		自主学习法、小组合作探究法
	教学资源与手段		多媒体课件、电子白板、数学软件等

📁 教学设计

流程设计	以"三心二意"教学主张为引领,将教学内容进行结构化处理,采用"线上+线下"混合式教学模式,将整个教学过程按学、导、探、练、评、固六个环节推进.

<table>
<tr><td rowspan="2">流程
设计</td><td colspan="6">以"三心二意"教学主张为引领,将教学内容进行结构化处理,采用"线上+线下"混合式教学模式,将整个教学过程按学、导、探、练、评、固六个环节推进.</td></tr>
</table>

学 ▶ 导 ▶ 探 ▶ 练 ▶ 评 ▶ 固

课前准备 复习旧知	提出问题 导入新课	小组合作 探究新知	变式练习 及时检测	归纳小结 自我反思	课后作业 巩固提高

板书设计	含有三角函数的式子 的求值与化简 平方关系:$\sin^2\alpha+\cos^2\alpha=1$ 商数关系:$\tan\alpha=\dfrac{\sin\alpha}{\cos\alpha}$	多媒体展示区	例题、练习区

📁 教学实施

教学环节		教学内容	教师活动	学生活动	设计意图与资源
课前准备	学	同角三角函数的基本关系式: 平方关系:$\sin^2\alpha+\cos^2\alpha=1$; 商数关系:$\dfrac{\sin\alpha}{\cos\alpha}=\tan\alpha$	发布课前任务	复习旧知	复习旧知识,为新课的学习探究做好准备
课中实施	导	问题1:含有三角函数的式子怎样进行求值与化简? 问题2:已知角 α 的正切值,如何化简涉及角 α 的三角函数的齐次分式? 问题3:已知角所在象限,化简含有三角函数的根式时要注意什么	提问、引导	思考、整理	通过提问,激发学生的学习兴趣,进而投入新知识的学习
	探	**典型例题** 例1　已知 $\tan\alpha=2$,求 $\dfrac{3\sin\alpha+4\cos\alpha}{2\sin\alpha-\cos\alpha}$ 的值. 解:(方法一)化切为弦: 由 $\tan\alpha=2$ 得 $\dfrac{\sin\alpha}{\cos\alpha}=2$,即 $\sin\alpha=2\cos\alpha$, 所以 $\dfrac{3\sin\alpha+4\cos\alpha}{2\sin\alpha-\cos\alpha}=\dfrac{3(2\cos\alpha)+4\cos\alpha}{2(2\cos\alpha)-\cos\alpha}=\dfrac{10\cos\alpha}{3\cos\alpha}$ $=\dfrac{10}{3}$. 说明:由已知及同角三角函数商的关系得 $\sin\alpha=2\cos\alpha$,代入式子得到结果			

续表

教学环节		教学内容	教师活动	学生活动	设计意图与资源
课中实施	探	（方法二）化弦为切： 由 $\tan\alpha=2$ 知 $\cos\alpha\neq0$， 所以 $\dfrac{3\sin\alpha+4\cos\alpha}{2\sin\alpha-\cos\alpha}=\dfrac{3\tan\alpha+4}{2\tan\alpha-1}=\dfrac{6+4}{4-1}=\dfrac{10}{3}$. 说明：由商数关系"化弦为切". 结论：在求值过程中，可以"化弦为切"或"化切为弦".运用分数的性质进行"化弦为切"；运用商数关系"化切为弦". 例 2　化简 $\sqrt{1-2\sin40°\cos40°}$. 解：原式 $=\sqrt{\sin^2 40°+\cos^2 40°-2\sin40°\cos40°}$ $=\sqrt{(\sin40°-\cos40°)^2}$ $=|\sin40°-\cos40°|$ $=\cos40°-\sin40°$. 结论：已知角所在象限，化简含有三角函数的根式时注意判断式子的符号. 例 3　求证：$\dfrac{\cos x}{1-\sin x}=\dfrac{1+\sin x}{\cos x}$. 证明：（方法一）由题意知 $\cos x\neq0$，所以 $1+\sin x\neq0$，$1-\sin x\neq0$. ∴ 左边 $=\dfrac{\cos x(1+\sin x)}{(1-\sin x)(1+\sin x)}=\dfrac{\cos x(1+\sin x)}{\cos^2 x}=\dfrac{1+\sin x}{\cos x}=$右边， ∴原式成立. （方法二）由题意知 $\cos x\neq0$，所以 $1+\sin x\neq0$，$1-\sin x\neq0$. ∵$(1-\sin x)(1+\sin x)=1-\sin^2 x=\cos^2 x=\cos x\cdot\cos x$， ∴$\dfrac{\cos x}{1-\sin x}=\dfrac{1+\sin x}{\cos x}$	讲解例题，引导学生思考分析、归纳总结	观察思考，小组讨论，归纳总结	留给学生思考、探究的时间，让学生通过思考、讨论找到解决问题的方法，增强学生的参与意识，感受解决问题所带来的愉悦，增强学习的自信心.通过讨论，让学生深入理解在化简含有三角函数的根式时要注意符号的判断.培养学生观察、分析、解决问题的能力
	练	运用知识　强化练习 1.已知 $\tan\alpha=5$，求 $\dfrac{\sin\alpha-4\cos\alpha}{2\sin\alpha-3\cos\alpha}$ 的值. 2.化简： (1)$\dfrac{\sin\alpha-\cos\alpha}{\tan\alpha-1}$； (2)$\tan\alpha\sqrt{1-\sin^2\alpha}$（$\alpha$ 为第一象限角）	巡视、指导	思考交流，动手求解	根据学生练习情况，及时了解学生知识掌握情况.学生积极思考，在解决问题的过程中加深对新知识的理解

教学环节		教学内容	教师活动	学生活动	设计意图与资源
课中实施	评	**归纳小结　强化思想** 本节课学了哪些内容？ 在化简含有三角函数的式子时一般有哪些方法？ 化简含有三角函数的根式要注意什么？ **自我反思　目标检测** 本节课采用了怎样的学习方法？学习效果如何		回忆、反思，交流、评价	通过课堂小结，培养学生总结反思学习过程的习惯
课后拓展	固	1.阅读作业:教材 5.4.2. 2.书面作业:教材习题 5.4　B 组. 3.实践调查:在生活中寻找与三角函数求值相关的案例			设置课后拓展内容,帮助学生巩固对公式的掌握

教学反思

从本节课的教学效果来看,实现了本节课的教学目标.回顾整个教学过程,有以下两点值得注意:

1.含有三角函数的式子的求值与化简是本节课的重点,也是本节课的难点,因此,在教学过程中一定要特别注意引导学生归纳总结方法,帮助学生理解.

2.学生的数学学习活动不应只限于对概念、符号的记忆以及对技能的接受和模仿,独立思考、自主探索、动手实践、合作交流、阅读自学等都是学习数学的重要方式.在数学教学中,教师的讲授仍然是重要的教学方式之一,但要注意的是必须关注学生的主体参与,多以问题引导,师生互动,贯穿"以学生为主体,教师为主导"的教学理念.

10　$\alpha + k \cdot 360°(k \in \mathbf{Z})$的诱导公式

达州市职业高级中学　邓　红

教学分析

授课时间	1 课时	选用教材	高等教育出版社《数学（基础模块）上册》（第三版）
授课对象	机电技术应用专业学生	授课类型	概念课
教学内容	本节课是高等教育出版社《数学（基础模块）上册》第 5 章第 5 节第 1 课时，主要内容是 $\alpha + k \cdot 360°(k \in \mathbf{Z})$的诱导公式的推导与应用.本节课内容是在学习了终边相同的角、三角函数的定义等知识的基础上进行的，是对这些知识的进一步补充，同时为后面学习已知三角函数值求角奠定了基础.通过这部分内容的学习，培养学生的观察能力、计算能力，提高学生分析问题和解决问题的能力		

学情分析	知识基础	从知识层面来说，学生已经学习了终边相同的角、弧度制、任意角的三角函数、单位圆等相关知识，为本节课三角函数诱导公式的推导和运用提供了知识和技能储备
	认知能力	学生在前面的学习中已具备一定的数形结合能力，但数学抽象思维、直观想象能力还很缺乏
	学习特点	学生思维敏捷，学习积极性高，喜欢参与活动，团队合作意识较好并善于表现自己，不太容易接受简单枯燥的说教方式
	专业特性	机电技术应用专业的学生思维比较活跃，有一定的空间想象能力，但抽象概括能力和归纳总结能力还不强

教学目标	能够借助三角函数的定义及单位圆推导出 $\alpha + k \cdot 360°(k \in \mathbf{Z})$的诱导公式，提高数学运算能力. 能够运用 $\alpha + k \cdot 360°(k \in \mathbf{Z})$的诱导公式把任意角的三角函数的化简、求值问题转化为 $0° \sim 360°$角的三角函数的化简、求值问题. 积极参与、体验诱导公式的推导过程，培养探索能力和钻研精神，体会数形结合的数学思想，提高分析问题和解决问题的能力

教学重难点	重点	$\alpha + k \cdot 360°(k \in \mathbf{Z})$的诱导公式的推导
	难点	诱导公式的应用

教学策略	教法	启发引导式教学法、讨论式教学法、讲练结合式教学法
	学法	自主学习法、小组合作探究法
	教学资源与手段	多媒体课件、电子白板等

📁 **教学设计**

流程设计	以"三心二意"教学主张为引领,将教学内容进行结构化处理,采用"线上＋线下"混合式教学模式,将整个教学过程按学、导、探、练、评、固六个环节推进. **学 ＞ 导 ＞ 探 ＞ 练 ＞ 评 ＞ 固** 课前准备 复习旧知 ┊ 提出问题 导入新课 ┊ 小组合作 探究新知 ┊ 变式练习 及时检测 ┊ 自我总结 回忆反思 ┊ 课后作业 巩固提高

板书设计	$\alpha+k\cdot360°(k\in\mathbf{Z})$ 的诱导公式 $\sin(k\cdot360°+\alpha)=\sin\alpha$ $\cos(k\cdot360°+\alpha)=\cos\alpha$ $\tan(k\cdot360°+\alpha)=\tan\alpha$ $\sin(2k\pi+\alpha)=\sin\alpha$ $\cos(2k\pi+\alpha)=\cos\alpha$ $\tan(2k\pi+\alpha)=\tan\alpha$	多媒体展示区	例题、练习区

📁 **教学实施**

教学环节		教学内容	教师活动	学生活动	设计意图与资源
课前准备	学	复习终边相同的角、弧度制、任意角的三角函数、单位圆等相关知识	布置复习任务	复习相关内容	课前复习相关知识,为新知识的学习奠定基础
课中实施	导	问题1:与角 α 终边相同的角如何表示? $\{\beta\mid\beta=\alpha+k\cdot360°,k\in\mathbf{Z}\}$ 或 $\{\beta\mid\beta=\alpha+2k\pi,k\in\mathbf{Z}\}$. 问题2:终边相同的角的同一三角函数值有什么关系? 相等	提出问题,引导学生思考	思考	通过提问,自然地进入新知识的学习
	探	问题:$30°$ 角与 $390°$ 角是终边相同的角,$\sin30°$ 与 $\sin390°$ 之间具有什么关系? 由于 $30°$ 角与 $390°$ 角的终边相同,根据任意角三角函数的定义可以得到 $\sin30°=\sin390°$	提出问题	思考、讨论	

教学环节		教学内容	教师活动	学生活动	设计意图与资源
课中实施	探	在单位圆中(如图),由于角 α 的终边与单位圆的交点为 $P(\cos\alpha,\sin\alpha)$,当终边旋转 $k\cdot360°(k\in\mathbf{Z})$ 时,点 $P(\cos\alpha,\sin\alpha)$ 又回到原来的位置,所以角 α 的各三角函数值并不发生变化. 结论: 终边相同角的同名三角函数值相同. 即当 $k\in\mathbf{Z}$ 时,有 $\sin(k\cdot360°+\alpha)=\sin\alpha$, $\cos(k\cdot360°+\alpha)=\cos\alpha$, $\tan(k\cdot360°+\alpha)=\tan\alpha$. 说明:利用上述公式,可以把任意角的三角函数转化为 $0°\sim360°$ 范围内的角的三角函数. 想一想:上述公式为角度制形式,你能否写出其弧度制形式? $\sin(2k\pi+\alpha)=\sin\alpha$, $\cos(2k\pi+\alpha)=\cos\alpha$, $\tan(2k\pi+\alpha)=\tan\alpha$. 例题　求下列各三角函数值: (1) $\cos\dfrac{9\pi}{4}$;　(2) $\sin780°$;　(3) $\tan\left(-\dfrac{11\pi}{6}\right)$. 分析:利用公式将任意角的三角函数转化为 $[0,2\pi]$ 内的角的三角函数. 解:(1) $\cos\dfrac{9\pi}{4}=\cos\left(2\pi+\dfrac{\pi}{4}\right)=\cos\dfrac{\pi}{4}=\dfrac{\sqrt2}{2}$. (2) $\sin780°=\sin(2\times360°+60°)=\sin60°=\dfrac{\sqrt3}{2}$. (3) $\tan\left(-\dfrac{11\pi}{6}\right)=\tan\left[(-1)\times2\pi+\dfrac{\pi}{6}\right]=\tan\dfrac{\pi}{6}$ $=\dfrac{\sqrt3}{3}$	多媒体演示,引导学生归纳总结. 引导学生运用公式求解	小组讨论得出结论,理解记忆. 观察思考,动手求解	利用问题引起学生的好奇心和求知欲,渗透数形结合、由特殊到一般的数学思想方法,自然得出公式后,分析其特点,说明应用方向,并把角度转换为弧度,培养学生分析和归纳总结的能力. 将解决问题的主动权交给学生,调动其积极性,提高学生解决问题的能力
	练	1.求下列各三角函数值: (1) $\cos\dfrac{7\pi}{3}$;　(2) $\sin750°$. 2.求下列各三角函数值: (1) $\sin\left(-\dfrac{15\pi}{4}\right)$;(2) $\cos\left(-\dfrac{17\pi}{3}\right)$;(3) $\tan\dfrac{19\pi}{3}$	纠错、答疑	思考交流,动手求解	通过课堂练习,加深学生对公式的理解

教学环节		教学内容	教师活动	学生活动	设计意图与资源
课中实施	评	本节课学了哪些内容？重点和难点各是什么？ $\alpha+k\cdot 360°(k\in \mathbf{Z})$的诱导公式： $\sin(k\cdot 360°+\alpha)=\sin \alpha$, $\cos(k\cdot 360°+\alpha)=\cos \alpha$, $\tan(k\cdot 360°+\alpha)=\tan \alpha$, $\sin(2k\pi+\alpha)=\sin \alpha$, $\cos(2k\pi+\alpha)=\cos \alpha$, $\tan(2k\pi+\alpha)=\tan \alpha$	引导	总结反思	通过回忆反思，帮助学生进一步对新知进行巩固，加深理解
课后拓展	固	练习册训练题 5.5.1			学生完成课后拓展，巩固新知，强化技能

教学反思

　　本节课利用数形结合的方法来推导诱导公式，增强形象记忆，可以减轻学生的记忆负担，规避死记硬背现象的发生. 教学过程中，重视诱导公式的推导过程，强调对公式产生过程的深入理解，同时渗透数形结合的思想方法.

11　−α 的诱导公式

达州市职业高级中学　邓　红

教学分析

授课时间	1 课时	选用教材	高等教育出版社《数学（基础模块）上册》（第三版）
授课对象	机电技术应用专业学生	授课类型	概念课
教学内容	本节课是高等教育出版社《数学（基础模块）上册》第 5 章第 5 节第 2 课时，主要内容是 −α 的诱导公式的推导与应用. 通过这部分内容的学习，培养学生的观察能力、计算能力，提高学生分析问题和解决问题的能力		
学情分析	知识基础	从知识层面来说，学生已经学习了终边相同的角、弧度制、任意角的三角函数、单位圆以及 $\alpha+k\cdot360°(k\in Z)$ 的诱导公式等相关知识，为本节课 −α 的诱导公式的理解和运用提供了知识和技能储备	
	认知能力	学生具备一定的数形结合能力，但数学抽象思维、直观想象能力还较缺乏	
	学习特点	学生思维敏捷，学习积极性高，喜欢参与活动，合作意识较好并善于表现自己，不太容易接受简单枯燥的说教方式	
	专业特性	机电技术应用专业的学生思维比较活跃，有一定的空间想象能力，但抽象概括能力和归纳总结能力还不强	
教学目标	能够借助三角函数的定义及单位圆推导出 −α 的诱导公式，提高数学运算能力. 能够运用诱导公式，把负角的三角函数的化简、求值问题转化为正角的三角函数的化简、求值问题. 积极参与、体验诱导公式的推导过程，培养探索能力和钻研精神，体会数形结合的数学思想，提高分析问题和解决问题的能力		
教学重难点	重点	−α 的诱导公式的推导	
	难点	−α 的诱导公式的应用	
教学策略	教法	启发引导式教学法、讨论式教学法、讲练结合式教学法	
	学法	自主学习法、小组合作探究法	
	教学资源与手段	多媒体课件、电子白板等	

教学设计

以"三心二意"教学主张为引领，将整个教学过程进行结构化处理，采用"线上＋线下"混合式教学模式，将整个教学过程按学、导、探、练、评、固六个环节推进.

流程设计

学 〉 导 〉 探 〉 练 〉 评 〉 固

| 课前准备复习旧知 | 提出问题导入新课 | 小组讨论探究新知 | 课堂练习及时检测 | 自我总结回忆反思 | 课后作业巩固提高 |

板书设计	$-\alpha$ 的诱导公式 $\sin(-\alpha) = -\sin\alpha$ $\cos(-\alpha) = \cos\alpha$ $\tan(-\alpha) = -\tan\alpha$	多媒体展示区	例题、练习区

教学实施

教学环节	教学内容	教师活动	学生活动	设计意图与资源
课前准备	学	复习终边相同的角、弧度制、任意角的三角函数、单位圆以及 $\alpha + k \cdot 360°(k \in \mathbf{Z})$ 的诱导公式等相关知识	布置复习任务	复习相关内容	课前复习相关知识,为新知识的学习奠定基础
课中实施	导	问题1:由 x 非负半轴旋转形成正角与负角的区别是什么? 逆时针旋转与顺时针旋转. 问题2:各象限角的三角函数值的正负号是怎样的? 问题3:30°角与-30°角、120°角与-120°角的终边有怎样的位置关系? 终边关于 x 轴对称	提出问题,引导学生思考	思考并回答问题	提出问题,自然地引出新知识
	探	问题:30°角与-30°角的终边关于 x 轴对称,$\sin 30°$ 与 $\sin(-30°)$ 之间具有什么关系? 如图1,点 P 与点 P' 的横坐标相同,纵坐标互为相反数. 由此得到 $\cos 30° = \cos(-30°)$, $\sin 30° = -\sin(-30°)$. 图1　　　图2 如图2,设单位圆与任意角 α,$-\alpha$ 的终边分别相交于点 P 和点 P',则点 P' 的坐标是 $(\cos(-\alpha),\sin(-\alpha))$. 由于点 P 与点 P' 关于 x 轴对称,点 P 的坐标是 $(\cos\alpha,\sin\alpha)$,它们的横坐标相同,纵坐标互为相反数,所以 $\cos(-\alpha) = \cos\alpha$,$\sin(-\alpha) = -\sin\alpha$	多媒体演示,引导学生归纳总结	小组讨论,得出结论,理解记忆	通过具体问题,结合图形研究,理解任意角 α 与 $-\alpha$ 的终边位置关系,结合同角三角函数的关系,推导得出 $-\alpha$ 的诱导公式,培养学生观察分析、归纳总结的能力

续表

教学环节		教学内容	教师活动	学生活动	设计意图与资源
课中实施	探	由同角三角函数的关系式知 $\tan(-\alpha)=\dfrac{\sin(-\alpha)}{\cos(-\alpha)}=\dfrac{-\sin\alpha}{\cos\alpha}=-\tan\alpha.$ 于是得到： $\sin(-\alpha)=-\sin\alpha,$ $\cos(-\alpha)=\cos\alpha,$ $\tan(-\alpha)=-\tan\alpha.$ 利用这组公式,可以把负角的三角函数转化为正角的三角函数. 例题　求下列三角函数值： (1) $\sin(-60°)$; (2) $\cos\left(-\dfrac{19\pi}{3}\right)$; (3) $\tan(-30°)$. 解：(1) $\sin(-60°)=-\sin 60°=-\dfrac{\sqrt{3}}{2}$; (2) $\cos\left(-\dfrac{19\pi}{3}\right)=\cos\dfrac{19\pi}{3}=\cos\left(\dfrac{\pi}{3}+6\pi\right)$ $=\cos\dfrac{\pi}{3}=\dfrac{1}{2}$; (3) $\tan(-30°)=-\tan 30°=-\dfrac{\sqrt{3}}{3}$	引导学生运用公式求解	观察思考,动手求解	将解决问题的主动权交给学生,调动其积极性,提高学生解决问题的能力
	练	1.求下列各三角函数值： (1) $\tan\left(-\dfrac{\pi}{6}\right)$;　　(2) $\sin(-390°)$; (3) $\cos\left(-\dfrac{8\pi}{3}\right)$. 2.求下列各三角函数值： (1) $\cos\left(-\dfrac{\pi}{6}\right)$;　　(2) $\sin\left(-\dfrac{\pi}{4}\right)$; (3) $\tan\dfrac{11\pi}{6}$;　　(4) $\sin\left(-\dfrac{19\pi}{3}\right)$	纠错、答疑	思考交流,动手求解	通过课堂练习,加深学生对诱导公式的理解
	评	本节课学了哪些内容？重点和难点各是什么？ $-\alpha$ 的诱导公式： $\sin(-\alpha)=-\sin\alpha,$ $\cos(-\alpha)=\cos\alpha,$ $\tan(-\alpha)=-\tan\alpha$	引导	总结反思	通过回忆反思,帮助学生进一步对新知进行巩固,加深理解
课后拓展	固	练习册训练题5.5.2			学生完成课后拓展,巩固新知,强化技能

教学反思

　　从本节课的教学效果来看,实现了本节课的教学目标.回顾整个教学过程,有以下两点值得注意：

　　1.$-\alpha$ 的诱导公式的推导是本节课的重点,也是本节课的难点,因此,在教学过程中一定要特别注意引导学生归纳总结,帮助学生理解.

　　2.学生的数学学习活动不应只限于对概念、符号的记忆以及对技能的接受和模仿,独立思考、自主探索、动手实践、合作交流、阅读自学等都是学习数学的重要方式.在数学教学中,教师的讲授仍然是重要的教学方式之一,但要注意的是必须关注学生的主体参与,多以问题引导,师生互动,贯穿"以学生为主体,教师为主导"的教学理念.

12 180°±α 的诱导公式

四川省达县职业高级中学 潘 林

教学分析

授课时间	1 课时	选用教材	高等教育出版社《数学(基础模块)上册》(第三版)
授课对象	财经商贸专业学生	授课类型	应用课
教学内容	本节课是高等教育出版社《数学(基础模块)上册》第 5 章第 5 节的第 3 课时,《中等职业学校数学课程标准》要求学生在本节课了解 180°±α 的诱导公式及其规律,并准确运用. 通过这部分内容的学习,培养学生的观察能力、计算技能、数学思维能力和计算工具使用技能		
学情分析	知识基础	从知识层面来说,学生已经学习了终边相同的角、弧度制、任意角的三角函数以及诱导公式前两组公式等相关知识,为本节课 180°±α 的诱导公式的理解和运用奠定了坚实的基础	
	认知能力	学生思维敏捷,积极性高,喜欢参与活动,团队合作意识较好并善于表现自己,对数形结合的数学思想有一定的认识	
	学习特点	学生数学抽象素养普遍不高,用抽象的数学语言来描述、归纳概念的能力还比较欠缺	
	专业特性	对看得见、摸得着的具体事物或直观图形可以进行思考,对数学概念、原理、性质的理解缺乏主动性和钻研能力,喜欢参与活动,团队合作意识较好且有表现自己的欲望	
教学目标	能够借助三角函数的定义及单位圆推导出三角函数的诱导公式,提高数学运算能力. 能够运用诱导公式,把任意角的三角函数的化简、求值问题转化为锐角的三角函数的化简、求值问题		
教学重难点	重点	单位圆,诱导公式的推导	
	难点	角 180°±α 与角 α 的几何关系,诱导公式的应用	
教学策略	教法	引导探究式教学法、讲练结合式教学法	
	学法	自主学习法、探究学习法、合作学习法	
	教学资源与手段	多媒体教学设备、教学课件	

教学设计

流程 设计	采用"线上＋线下"混合式教学模式,以问题串为引领,将整个教学过程按学、导、探、练、评、固六个环节推进. <table><tr><td>学</td><td>导</td><td>探</td><td>练</td><td>评</td><td>固</td></tr></table>					
	课前准备	引导学生课前预习本节课内容,完成布置的预习任务	采用小组合作学习法、探究学习法、自主学习法	教材练习 5.5.3	学生相互评价	巩固所学知识,完成课后作业
板书 设计	$180°\pm\alpha$ 的诱导公式 $\sin(180°+\alpha)=-\sin\alpha$ $\cos(180°+\alpha)=-\cos\alpha$ $\tan(180°+\alpha)=\tan\alpha$ $\sin(\pi+\alpha)=-\sin\alpha$ $\cos(\pi+\alpha)=-\cos\alpha$ $\tan(\pi+\alpha)=\tan\alpha$ $\sin(180°-\alpha)=\sin\alpha$ $\cos(180°-\alpha)=-\cos\alpha$ $\tan(180°-\alpha)=-\tan\alpha$ $\sin(\pi-\alpha)=\sin\alpha$ $\cos(\pi-\alpha)=-\cos\alpha$ $\tan(\pi-\alpha)=-\tan\alpha$		多媒体展示区		例题、练习区	

教学实施

教学 环节		教学内容	教师活动	学生活动	设计意图 与资源
课前 准备	学	**创设问题　探寻规律** 问题:30°角与 210°角的终边关于坐标原点中心对称,sin 30°与 sin 210°之间具有什么关系	提问,引导	了解问题,思考	利用问题引起学生的好奇心和求知欲
课中 实施	导	**解决:** 观察图形(如图),点 P 与点 P' 关于坐标原点中心对称,它们的横坐标与纵坐标都互为相反数. 由此得到 $\sin 210°=-\sin 30°$. $P'(\cos(180°+30°),\sin(180°+30°))$	提问,引导	了解问题,思考、解答	利用问题引起学生的好奇心和求知欲,渗透从特殊到一般的数学思想

教学环节		教学内容	教师活动	学生活动	设计意图与资源
课中实施	导	推广1： 设单位圆与任意角 α，$180°+\alpha$ 的终边分别相交于点 P 和点 P'，则点 P 和 P' 关于原点中心对称。如果点 P 的坐标是 $(\cos\alpha,\sin\alpha)$，那么点 P' 的坐标应该是 $(-\cos\alpha,-\sin\alpha)$。又由于点 P' 作为角 $180°+\alpha$ 的终边与单位圆的交点，其坐标应该是 $(\cos(180°+\alpha),\sin(180°+\alpha))$。由此得到 $\cos(180°+\alpha)=-\cos\alpha$， $\sin(180°+\alpha)=-\sin\alpha$， 由同角三角函数的关系式知 $\tan(180°+\alpha)=\dfrac{\sin(180°+\alpha)}{\cos(180°+\alpha)}=\dfrac{-\sin\alpha}{-\cos\alpha}=\tan\alpha$。 于是得到 $\sin(180°+\alpha)=-\sin\alpha$， $\cos(180°+\alpha)=-\cos\alpha$， $\tan(180°+\alpha)=\tan\alpha$， $\sin(\pi+\alpha)=-\sin\alpha$， $\cos(\pi+\alpha)=-\cos\alpha$， $\tan(\pi+\alpha)=\tan\alpha$。 推广2： 如图，设单位圆与角 α，$180°+\alpha$，$180°-\alpha$ 的终边分别相交于 P,P',P'' 三点，点 P' 与点 P'' 关于 x 轴对称。它们的横坐标相同，纵坐标互为相反数。由此得到 $\cos(180°-\alpha)=\cos(180°+\alpha)=-\cos\alpha$， $\sin(180°-\alpha)=-\sin(180°+\alpha)=\sin\alpha$， 由同角三角函数的关系式知 $\tan(180°-\alpha)=\dfrac{\sin(180°-\alpha)}{\cos(180°-\alpha)}=\dfrac{\sin\alpha}{-\cos\alpha}=-\tan\alpha$。 于是得到 $\sin(180°-\alpha)=\sin\alpha$， $\cos(180°-\alpha)=-\cos\alpha$， $\tan(180°-\alpha)=-\tan\alpha$， $\sin(\pi-\alpha)=\sin\alpha$， $\cos(\pi-\alpha)=-\cos\alpha$， $\tan(\pi-\alpha)=-\tan\alpha$	引导，分析，总结. 引导，分析，总结	学习，领会，理解. 学习，领会，理解	结合图形分析更便于理解，渗透数形结合的数学思想. 引导学生进行推导，培养学生独立思考和归纳总结的能力
	探	**动脑思考 探索新知** 公式： $\sin(2k\pi+\alpha)=\sin\alpha(k\in\mathbf{Z})$，$\sin(-\alpha)=-\sin\alpha$， $\cos(2k\pi+\alpha)=\cos\alpha(k\in\mathbf{Z})$，$\cos(-\alpha)=\cos\alpha$， $\tan(2k\pi+\alpha)=\tan\alpha(k\in\mathbf{Z})$，$\tan(-\alpha)=-\tan\alpha$， $\sin(\pi+\alpha)=-\sin\alpha$，$\sin(\pi-\alpha)=\sin\alpha$， $\cos(\pi+\alpha)=-\cos\alpha$，$\cos(\pi-\alpha)=-\cos\alpha$. $\tan(\pi+\alpha)=\tan\alpha$，$\tan(\pi-\alpha)=-\tan\alpha$. 说明：以上公式统称为诱导公式。这些公式的正负号变化规律可以用口诀"$2k\pi$ 加，全为正；负角，余弦正；π 减，正弦正；π 加，正切正"来记忆。利用诱导公式可以把任意角的三角函数转化为锐角的三角函数	归纳，讲解说明	领会明确，理解记忆	分析公式特点，说明应用方向，便于学生理解、记忆公式

教学环节		教学内容	教师活动	学生活动	设计意图与资源
课中实施	探	巩固知识　典型例题 例题　求下列各三角函数值. (1) $\cos\dfrac{9\pi}{4}$;　　(2) $\tan\dfrac{8\pi}{3}$; (3) $\cos 930°$;　(4) $\sin 690°$. 分析:求任意角三角函数值,一般先将其转化为绝对值小于 2π 的角的三角函数,然后将其转化为锐角三角函数,最后求出这个锐角三角函数的值. 解:(1) $\cos\dfrac{9\pi}{4}=\cos\left(2\pi+\dfrac{\pi}{4}\right)=\cos\dfrac{\pi}{4}=\dfrac{\sqrt{2}}{2}$. (2) $\tan\dfrac{8\pi}{3}=\tan\left(2\pi+\dfrac{2\pi}{3}\right)=\tan\dfrac{2\pi}{3}=\tan\left(\pi-\dfrac{\pi}{3}\right)$ $=-\tan\dfrac{\pi}{3}=-\sqrt{3}$. (3) $\cos 930°=\cos(2\times360°+210°)=\cos 210°$ $=\cos(180°+30°)=-\cos(-30°)=-\cos 30°=$ $-\dfrac{\sqrt{3}}{2}$. (4) $\sin 690°=\sin(2\times360°-30°)=\sin(-30°)=$ $-\sin 30°=-\dfrac{1}{2}$	提问,说明. 分析,引导,讲解	观察,思考,领会,主动求解	通过应用诱导公式计算三角函数值,加深对知识的理解
	练	运用知识　强化练习 教材练习 5.5.3: 求下列各三角函数值. (1) $\tan 225°$;(2) $\sin 660°$;(3) $\cos 495°$; (4) $\tan\dfrac{11\pi}{3}$;(5) $\sin\dfrac{17\pi}{3}$;(6) $\cos\left(-\dfrac{7\pi}{6}\right)$	提问,巡视指导	动手求解,交流	关注学生对知识的掌握情况
	评	本次课学了哪些内容?重点和难点各是什么? 角 $180°\pm\alpha$ 与角 α 终边的对称关系, $180°\pm\alpha$ 的诱导公式, 运用诱导公式把任意三角函数化为锐角的三角函数		回忆、反思、交流	培养学生总结、反思学习过程的能力
课后拓展	固	继续探索　巩固拓展 1.阅读作业:本节课对应教材内容. 2.书面作业:教材习题 5.5　A 组第 1～4 题,练习册本节课对应训练题. 3.实践作业:探究其他诱导公式			引导学生完成课后拓展内容,巩固新知,强化技能

教学反思

　　本课时结束,四组诱导公式的推导均完成,学生利用作图、观察等方法来学习诱导公式,有助于加深理解、形象记忆.强调诱导公式的推导过程,强调利用"终边对称性"来对几组公式分类理解,更能让学生清楚了解所学知识,避免混淆,同时渗透数学数形结合、化归思想方法,对学生在数学素养方面的提高很有帮助.

13 利用计算器求任意角的三角函数值

四川省达县职业高级中学 潘 林

教学分析

授课时间	1 课时	选用教材	高等教育出版社《数学(基础模块)上册》(第三版)
授课对象	财经商贸专业学生	授课类型	应用课
教学内容	\ multicolumn		本节课是高等教育出版社《数学(基础模块)上册》第 5 章第 5 节的第 4 课时,《中等职业学校数学课程标准》要求学生在本节课了解 $\alpha + k \cdot 360°(k \in \mathbf{Z})$、$-\alpha$、$180° \pm \alpha$ 的诱导公式的规律及运用,掌握如何利用计算器求任意角的三角函数值. 通过这部分内容的学习,培养学生的观察能力、计算技能、数学思维能力和计算工具使用技能

学情分析	知识基础	从知识层面来说,学生已经学习了终边相同的角、弧度制、任意角的三角函数、诱导公式等相关知识,为本节课诱导公式的进一步理解和运用提供了知识和技能储备
	认知能力	学生思维敏捷,积极性高,喜欢参与活动,团队合作意识较好并善于表现自己
	学习特点	学生积极参与诱导公式的探究及运用,了解计算器的使用方法
	专业特性	通过诱导公式的探求与运用,可培养学生的探索能力、钻研精神和团队精神,通过诱导公式的学习体会化归的数学思想,提高学生分析问题和解决问题的能力,从而有利专业课程的学习和专业技能的培养

教学目标	熟练掌握诱导公式,提高数学运算能力. 能够运用诱导公式,能利用计算器求任意角的三角函数值	
教学重难点	重点	诱导公式的巩固,计算器的应用
	难点	诱导公式的应用
教学策略	教法	复习诱导公式; 通过灵活题设促进师生互动,巩固知识; 以诱导公式为载体,渗透化归的数学思想,提升思维能力
	学法	自主学习法、探究学习法、合作学习法
	教学资源与手段	多媒体教学设备、教学课件

教学设计

流程设计	以"三心二意"教学主张为引领,将教学内容进行结构化处理,采用"线上＋线下"混合式教学模式,将整个教学过程分为学、导、探、练、评、固六个教学环节.
	学 〉 导 〉 探 〉 练 〉 评 〉 固
	课前准备 / 引导学生课前预习本节课内容,完成布置的预习任务 / 采用小组合作学习法、探究学习法、自主学习法 / 教材练习5.5.4 / 学生相互评价 / 巩固所学知识,完成课后作业

板书设计	利用计算器求任意角的三角函数值 $\sin(2k\pi+\alpha)=\sin\alpha(k\in\mathbf{Z})$ $\cos(2k\pi+\alpha)=\cos\alpha(k\in\mathbf{Z})$ $\tan(2k\pi+\alpha)=\tan\alpha(k\in\mathbf{Z})$ $\sin(-\alpha)=-\sin\alpha$ $\cos(-\alpha)=\cos\alpha$ $\tan(-\alpha)=-\tan\alpha$ $\sin(\pi+\alpha)=-\sin\alpha$ $\cos(\pi+\alpha)=-\cos\alpha$ $\tan(\pi+\alpha)=\tan\alpha$ $\sin(\pi-\alpha)=\sin\alpha$ $\cos(\pi-\alpha)=-\cos\alpha$ $\tan(\pi-\alpha)=-\tan\alpha$	多媒体展示区	例题、练习区

教学实施

教学环节		教学内容	教师活动	学生活动	设计意图与资源
课前准备	学	准确写出诱导公式,说明其作用: 利用 $\alpha+k\cdot360°(k\in\mathbf{Z})$,可以把任意角的三角函数转化为 $0°\sim360°$ 范围内的角的三角函数; 利用 $-\alpha$ 的诱导公式,可以把负角的三角函数转化为正角的三角函数. 利用 $180°\pm\alpha$ 的诱导公式,可以把 $90°\sim270°$ 范围内的角的三角函数转化为锐角的三角函数	布置课前任务,并要求学生按时完成	复习相关内容,为新课学习奠定基础	充分利用课本及相关教学资源复习四组诱导公式,起到承上启下的作用
课中实施	导	提问:四组诱导公式各有什么特征?同学们有快速理解、记忆的方法吗? 角 $\alpha+2k\pi(k\in\mathbf{Z})$ 与角 α 终边相同,有 $\sin(2k\pi+\alpha)=\sin\alpha,$ $\cos(2k\pi+\alpha)=\cos\alpha,$ $\tan(2k\pi+\alpha)=\tan\alpha.$ 角 $-\alpha$ 与角 α 的终边关于 x 轴对称,有	引导学生观察思考,归纳总结,化繁为简,融会贯通	通过观察、思考,归纳总结,掌握公式记忆的要诀	利用问题引起学生的好奇心和求知欲

教学环节		教学内容	教师活动	学生活动	设计意图与资源
课中实施	导	$\sin(-\alpha)=-\sin\alpha$, $\cos(-\alpha)=\cos\alpha$, $\tan(-\alpha)=-\tan\alpha$. 角 $\pi+\alpha$ 与角 α 终边关于原点 O 对称,有 $\sin(\pi+\alpha)=-\sin\alpha$, $\cos(\pi+\alpha)=-\cos\alpha$, $\tan(\pi+\alpha)=\tan\alpha$. 角 $\pi-\alpha$ 与角 α 终边关于 y 对称,有 $\sin(\pi-\alpha)=\sin\alpha$, $\cos(\pi-\alpha)=-\cos\alpha$, $\tan(\pi-\alpha)=-\tan\alpha$. 结论: 函数名不变,符号看象限. 什么是"函数名不变"? 等号左、右两边的三角函数名称相同. "看象限"该怎么"看"呢? 可将 α 看成锐角,观察角 $\alpha+k\cdot2\pi(k\in\mathbf{Z})$,$-\alpha$,$\pi\pm\alpha$ 终边所在的象限,确定对应三角函数的符号情况	引导启发,讲解说明	分析思考,理解记忆	结合图形分析会更易于理解
	探	**动脑思考 探索新知** 例 1 化简 $\dfrac{\sin(\pi-\alpha)\cos(2\pi+\alpha)\sin(\pi+\alpha)\tan(2\pi-\alpha)}{\tan(\pi+\alpha)\sin(2\pi-\alpha)\cos(\pi-\alpha)}$. 分析:首先利用诱导公式将角化为相同的形式,然后利用同角的三角函数关系,或代数方法进行化简. 解:原式 $=\dfrac{\sin\alpha\cdot\cos\alpha\cdot(-\sin\alpha)\cdot(-\tan\alpha)}{\tan\alpha\cdot(-\sin\alpha)\cdot(-\cos\alpha)}=$ $\sin\alpha$. 巩固练习:化简 $\dfrac{\sin(2\pi+\alpha)\cos(\pi-\alpha)\cos\left(\frac{\pi}{2}-\alpha\right)\cos\left(\frac{7\pi}{2}-\alpha\right)}{\cos(\pi-\alpha)\sin(3\pi+\alpha)\sin(-\pi+\alpha)\sin\left(\frac{5\pi}{2}+\alpha\right)}$. 例 2 化简 $\cos\left(-\dfrac{10\pi}{3}\right)$. 解:(法 1)$\cos\left(-\dfrac{10\pi}{3}\right)$ (法 2)$\cos\left(-\dfrac{10}{3}\pi\right)$ $=\cos\left(\dfrac{10\pi}{3}\right)$ $=\cos\left(\dfrac{2\pi}{3}-4\pi\right)$ $=\cos\left(\dfrac{4\pi}{3}+2\pi\right)$ $=\cos\dfrac{2\pi}{3}$ $=\cos\dfrac{4\pi}{3}$ $=\cos\left(\pi-\dfrac{\pi}{3}\right)$ $=\cos\left(\pi+\dfrac{\pi}{3}\right)$ $=-\cos\dfrac{\pi}{3}$ $=-\cos\dfrac{\pi}{3}$ $=-\dfrac{1}{2}$ $=-\dfrac{1}{2}$.	引导,分析,讲解	初步熟悉诱导公式的使用,感悟在解决问题的过程中如何合理地使用这几组公式	引导学生注意同一个三角函数的求值问题可以采用不同的诱导公式,启发学生发现这些公式的内在联系,体会数学方法的多样性

续表

教学环节		教学内容	教师活动	学生活动	设计意图与资源
课中实施	探	准备计算器,观察计算器上的按键并阅读相关的使用说明书,学习使用计算器计算三角函数值的方法. 例3　利用计算器,求下列三角函数值(精确到0.0001). (1)$\sin\left(-\dfrac{5\pi}{7}\right)$;(2)$\tan 227.6°$; (3)$\cos\dfrac{3\pi}{5}$;(4)$\tan 4.5$; (5)$\cos 27°22'11''$;(6)$\sin(-2008°)$. 解:利用计算器依照步骤计算,得 (1)$\sin\left(-\dfrac{5\pi}{7}\right)\approx-0.7818$. (2)$\tan 227.6°\approx1.0951$. (3)$\cos\dfrac{3\pi}{5}\approx-0.3090$. (4)$\tan 4.5\approx4.6373$. (5)$\cos 27°22'11''\approx0.8881$. (6)$\sin(-2008°)\approx0.4695$	引导,分析,讲解,说明	观察,分析,求解,交流	计算器的使用方法让学生自主研究,从而增加信心,收获成功
	练	**运用知识强化练习** 教材练习5.5.4: 利用计算器,求下列三角函数值(精确到0.0001). (1)$\sin\dfrac{3\pi}{7}$;(2)$\tan 432°26''$;(3)$\cos\left(-\dfrac{3\pi}{5}\right)$; (4)$\tan 6.3$;(5)$\cos 527°$;(6)$\sin(-2009°)$	提问,巡视指导	动手求解,交流	关注学生对知识的掌握情况
	评	**归纳小结　强化思想** 本次课学了哪些内容?重点和难点各是什么? **自我反思　目标检测** 本次课你采用了怎样的学习方法?你是如何进行学习的?你的学习效果如何		回忆、反思、交流	培养学生总结、反思学习过程的能力
课后拓展	固	**继续探索　巩固拓展** 1.阅读作业:本节课对应教材内容. 2.书面作业:教材习题5.5　A组第5,6题,B组第1,2题. 3.实践作业:探究其他诱导公式			引导学生完成课后拓展内容,巩固新知,强化技能

教学反思

　　知识上,让学生学会了四组诱导公式;思想方法层面,通过诱导公式渗透了将未知转化为已知的化归思想;诱导公式所揭示的是终边具有某种对称关系的两个角的三角函数值之间的关系,主要体现了化归和数形结合的数学思想.

14 正弦函数的图像和性质

四川省档案学校 王三刚

教学分析

授课时间	2课时	选用教材	高等教育出版社《数学(基础模块)上册》(第三版)
授课对象	学前教育专业2019级8班学生	授课类型	应用课
教学内容	正弦函数的图像和性质是高等教育出版社《数学(基础模块)上册》第5章三角函数第6节的内容.本节课的内容有着"引入"的作用,它开启了学生对正弦函数图像与性质的认识和运用,是学好其他三角函数的基础,是代数与几何的有机结合,是连接数学知识与日常生活的一个桥梁.通过本节课内容的学习,培养和提升学生数学运算、直观想象、逻辑推理等核心素养		

学情分析	知识基础	学生已经学习了三角函数的一些基础知识,为本节课内容的学习提供了知识和技能准备,但学生对知识之间的衔接缺乏关联能力
	认知能力	学生已经逐渐养成良好的预习习惯,思维发展水平由具体形象思维向抽象逻辑思维过渡.思维能力的发展处于转折时期,观察、比较、分析、归纳和创新思维开始形成,但基础不牢,逻辑思维不强等问题依然存在
	学习特点	学生动手能力较强,思维比较活跃,喜欢参与活动,不太容易接受枯燥的说教方式,喜欢问题启发式学习,有一定的团队合作意识.但学生对于数学重要性的认识不足,对数学的重视程度不够
	专业特性	数学是中职学生学习较为困难的学科之一.中职学生学习基础差,习惯差,认知水平有限,思维有很多漏洞,缺乏严谨性

教学目标	理解正弦函数的图像和性质、用"五点法"画正弦函数的简图的方法. 认识周期现象,以正弦函数为载体,理解周期函数,会用"五点法"作出正弦函数的简图,通过对照学习研究,体验类比的思想,从而培养数学思维能力. 经历利用"图像法"分析正弦函数的性质的探究过程,体验数形结合的探究方法,享受成功的喜悦;体验三角函数的性质,经历对周期现象的研究,感受科学思维方法;认识正弦曲线,感受数学图形的曲线美、对称美、和谐美

教学重难点	重点	正弦函数的图像及性质;用"五点法"作出函数 $y = \sin x$ 在 $[0, 2\pi]$ 上的简图
	难点	对周期性的理解

续表

教学策略	教法	1. 情境设置专业化与生活化.考虑到中职学生的心理特点,让学生初步了解"数学来源于生活",通过"说一说"的方式让数学融合专业,创设问题情境,激发学生探究问题的兴趣;通过观察钟表的运行过程,领略数学与生活结合的乐趣. 2. 分组讨论合作化.在"智慧教室"新技术的支持下更好地开展小组合作学习,让学生更主动地参与课堂讨论,积极与他人合作,共同完成学习任务. 3. 讲练结合梯度化."学一学,探索答案"重在对周期的理解,"用一用,破解难题"意在画出正弦函数图像、归纳出性质,"练一练,巩固新知"在于培养学生审题以及灵活使用图像与性质解决问题的能力,"比一比,勇争第一"旨在检测学生的学习效果,培养竞争意识
	学法	分组探讨研究,引导学生分析问题,留给学生思考的空间,让学生探索、讨论、归纳.同时,鼓励学生大胆质疑,围绕问题各抒己见,从而增强学生的学习能力
	教学资源与手段	多媒体教学设备、"钉钉"平台,教案,PPT 课件、HiTeach 软件等

教学设计

以"三心二意"为引领,将教学内容进行结构化处理,采用"线上＋线下"混合式教学模式,将整个教学过程分为学、导、探、练、评、固六个教学环节.

流程设计	学	导	探	练	评	固
	学生为主体,自主进行课前预习,认识新知	课前反馈,兴趣导入,开启探究	观察思考,举例引领,任务驱动,学习新知	数形结合,例题讲解,正确运用,巩固提高	归纳小结,回顾反思,感受数学乐趣	思维扩展,巩固提高,掌握新知

板书设计	正弦函数的图像和性质 概念 图像 性质	多媒体展示区	例题、练习区

教学实施

教学环节		教学内容	教师活动	学生活动	设计意图与资源
课前准备	学	教师在"钉钉"平台布置预习任务. 学生预习本节课的内容并完成"钉钉"平台上布置的任务	上传学习任务单	自主学习,完成任务	复习巩固旧知,预习本节课内容,让学生初步了解本节课知识点
课中实施	导	**创设情境　开启探究** 教师点名,强调课堂言行、坐姿等. 教师展示学生收集的三角函数图像案例	强调纪律,板书课题,展示图像案例	认真听讲,观察图片	体现"三全育人".让学生带着问题学习新知识

教学环节		教学内容	教师活动	学生活动	设计意图与资源
课中实施	探	**任务驱动 探索新知** **环节一 说一说,引入课题** 师:请讲一讲你们搜索到的与三角函数相关的五线谱. 学生逐一哼唱曲子,大致画出图像,并观察曲调与图像的关系. 师:同学们能观察出什么吗? 学生思考中. 师:这和本堂课将要讲的正弦函数图像有关,希望同学们接下来认真学习,学完你们就知道了. **环节二 讲一讲,探索新知** 师:观察钟表,如果当前的时间是 2 点,那么时针走过 12 个小时后,显示的时间是多少呢?再经过 12 个小时,显示的时间是多少呢? 学生在老师引导下回答:每间隔 12 小时,当前时间 2 点重复出现. 师:类似这样的周期现象还有哪些? 学生一一列举. 师:对于函数 $y=f(x)$,如果存在一个不为零的常数 T,当 x 取定义域 D 内的每一个值时,都有 $x+T\in D$,并且等式 $f(x+T)=f(x)$ 成立,那么,函数 $y=f(x)$ 叫做周期函数,常数 T 叫做这个函数的一个周期. 由于正弦函数的定义域是实数集 **R**,对 $\alpha\in$ **R**,恒有 $\alpha+2k\pi\in$ **R**$(k\in$ **Z**$)$,并且 $\sin(\alpha+2k\pi)=\sin\alpha(k\in$ **Z**$)$,因此正弦函数是周期函数,并且 $2\pi,4\pi,6\pi,\cdots$ 及 $-2\pi,-4\pi,-6\pi,\cdots$ 都是它的周期. 通常把周期中最小的正数叫做最小正周期,简称周期,仍用 T 表示.今后我们所研究的函数周期,都是指最小正周期.因此,正弦函数的周期是 2π. 师:请同学们借助单位圆和"描点法"作函数 $y=\sin x$ 在 $[0,2\pi]$ 上的图像. 用 HiTeach 软件挑选学生在黑板上描点作图. 师:同学们观察哪些点最关键	提出问题,激发兴趣,展示图像,引导启发. 利用生活案例提问、引导,引入周期概念,板书讲解. 引导,抽选学生动手实际操作画图,点评学生作图的过程,然后亲自示范作图并讲解,层层递进,最后归纳总结"五点法"	积极思考,回答问题. 积极回答问题,勤奋思考,概括总结,并举一反三,加深对周期的理解. 实践操作画图,掌握"五点法"画图的步骤	通过学生哼唱曲子,锻炼学生表达能力的同时,激发学生的好奇心与求知欲,增强学生的学习兴趣. 让学生初步感知周期. 周期性比较抽象,注重引导学生不断利用实例加深理解. 通过实际操作调动学生的积极性,发挥学生的主动性,让学生做中学,学中做

续表

教学环节		教学内容	教师活动	学生活动	设计意图与资源
课中实施	探	学生在老师的引导下观察发现:正弦函数 $y=\sin x$ 在 $[0,2\pi]$ 上的图像有五个关键点: $(0,0),\left(\dfrac{\pi}{2},1\right),(\pi,0),\left(\dfrac{3\pi}{2},-1\right),(2\pi,0)$. 师:描出这五个点后,正弦函数 $y=\sin x$,在 $[0,2\pi]$ 上的图像的形状就基本确定了. 因此,在精确度要求不高时,经常首先描出这关键的五个点,然后用光滑的曲线把它们连接起来,从而得到正弦函数在 $[0,2\pi]$ 上的简图. 这种作图方法叫做"五点法". $y=\sin x(0\leqslant x\leqslant 2\pi)$ 的简图: 师:正弦函数 $y=\sin x$ 的定义域是实数集 **R**. 由正弦曲线可以看出正弦函数的主要性质有哪些? 学生在老师的引导下得出正弦函数的以下性质: (1)值域:正弦曲线夹在两条直线 $y=-1$ 和 $y=1$ 之间,即对任意的角 x,都有因为 $|\sin x|\leqslant 1$ 成立. 由此知正弦函数的值域为 $[-1,1]$. 当 $x=\dfrac{\pi}{2}+2k\pi(k\in\mathbf{Z})$ 时,y 取最大值,$y_{\max}=1$; 当 $x=-\dfrac{\pi}{2}+2k\pi(k\in\mathbf{Z})$ 时,y 取最小值,$y_{\min}=-1$. (2)周期性:是周期为 2π 的周期函数. (3)奇偶性:是奇函数. (4)单调性:在每一个区间 $\left[-\dfrac{\pi}{2}+2k\pi,\dfrac{\pi}{2}+2k\pi\right]$ $(k\in\mathbf{Z})$ 上都是增函数,其函数值由 -1 增大到 1; 在每一个区间 $\left[\dfrac{\pi}{2}+2k\pi,\dfrac{3\pi}{2}+2k\pi\right](k\in\mathbf{Z})$ 上都是减函数,其函数值由 1 减小到 -1	引导学生根据正弦函数图像引导总结正弦函数的主要性质	观察图像,自主探究,得出结论	强调正弦函数作图的关键步骤,使学生对正弦函数有更深刻的认识. 观察归纳,培养学生思维能力
	练	**环节一　学一学,探索答案** 例 1　利用"五点法"作函数 $y=1+\sin x$ 在 $[0,2\pi]$ 上的图像. 解:运用"五点法"列表(略)、描点、连线,得 	巡视指导	积极做题,巩固新知	通过练、讲例题,让学生进一步掌握正弦函数图像与性质及相关基础知识

教学环节		教学内容	教师活动	学生活动	设计意图与资源
课中实施	练	环节二　用一用,破解难题 例2　已知 $\sin x = a - 4$,求 a 的取值范围. 解:因为 $|\sin x| \leqslant 1$,所以 $|a-4| \leqslant 1$, 故 a 的取值范围是 $[3,5]$. 环节三　练一练,巩固新知 分小组讨论,整理、描述新知识: 1. 周期函数的定义; 2. 正弦曲线; 3. 五点法; 4. 正弦函数的性质. 环节四　比一比,勇争第一 分小组比拼答题: 1. 利用"五点法"作函数 $y = 2\sin x$ 在 $[0,2\pi]$ 上的图像. 2. 已知 $\sin a = 3 - a$,求 a 的取值范围. 3. 求使函数 $y = \sin 4x$ 取得最大值的 x 的集合,并指出最大值是多少	布置任务,学生完成后进行点评、补充	小组竞赛,回答问题,总结归纳知识和方法	通过小组间的竞争,让学生进一步掌握正弦函数的性质,营造学生积极向上的学习氛围,提升学生集体荣誉感
	评	师:本次课学习了正弦函数的图像与性质,结合生活实例和本课例题、练习,我们一起来归纳正弦函数的性质…… 学生思考并作答		总结、归纳	让学生回忆知识,回答问题,加深理解,建构数学知识体系
课后拓展	固	1. 阅读作业:本节课对应教材内容. 2. 练习册第 5.6.1 节训练题　A组			巩固知识,测评学生学习效果

教学反思

1. 立足教材,贴近生活.本堂课的设计立足教材,从生活情境到数学情境,再用数学结论阐释专业知识.

2. 信息技术,化繁为简.运用"钉钉"平台,实现课前预习检测,课中实时反馈,课后拓展延伸.

3. 小组合作,贯穿始终.整堂课都运用了小组合作学习模式,激发了学生的学习积极性,一堂课下来使得每一位学生的思维都得到了不同程度的锻炼.

4. 多元评价,提升自我.多元化的评价方式,激发学生的学习兴趣和学习热情,增强了学生的团队意识.

15　余弦函数的图像

四川省汉源县职业高级中学　曾利平

教学分析

授课时间	1 课时	选用教材	高等教育出版社《数学（基础模块）上册》（第三版）
授课对象	计算机专业 2019 级 1 班学生	授课类型	概念课
教学内容	余弦函数的图像是高等教育出版社《数学（基础模块）上册》第 5 章三角函数第 6 节三角函数的图像和性质第 3 课时的内容. 在学习正弦函数图像和性质后,本节课开始学习余弦函数的图像,内容包括"描点法"绘制余弦函数的图像,用"五点法"作余弦函数在 $[0,2\pi]$ 上的图像,让学生通过绘制余弦函数的图像,经历从抽象到具象的过程,培养学生的数学运算、数学抽象等核心素养		
学情分析	知识基础	学生已经学习了三角函数中正弦函数的图像和性质,具备用"五点法"作出正弦函数图像的能力	
	认知能力	学生对正弦函数的图像和性质进行了学习,具备了列表、描点、连线的作图能力,但学生的类比思维能力欠缺,对抽象的余弦函数作图过程认识不足	
	学习特点	计算机专业的学生动手能力强,善于利用网络去搜索自己想要了解的信息,如学习了正弦函数的图像和性质后,部分同学搜索了三角函数在生活中的应用	
	专业特性	计算机专业的学生需要具备较强的逻辑思维能力,大部分同学能够熟练运用计算机应用软件,但个别同学的逻辑思维能力不强,在使用计算机时还不熟练.部分学生在三角函数基础知识方面还有欠缺	
教学目标	归纳总结正弦函数的图像与性质的知识,找出正弦函数和余弦函数相同和不同的地方,采用"类比"的学习方法,自主地求"同"辨"异". 余弦函数是又一个具有单调性、奇偶性、周期性的函数,在学习余弦函数的过程中进一步培养画图、识图的能力. 经历正弦、余弦函数图像生成的过程,体会学习数学之乐趣,感受数学之奥秘,培养学习的主动性和勇于探索的精神,增强学好数学的信心. 树立正确的人生观:每个人的一生,如同正弦、余弦函数的图像,有高峰有低谷,没有谁会一帆风顺.要坚持自己的信念,努力去实现自己的人生目标		
教学重难点	重点	余弦函数的图像和"五点法"	
	难点	余弦函数图像和"五点法"的探究过程	
教学策略	教法	引导学生采用"类比"的学习方法,让学生自主地求"同"辨"异",讨论交流,体现学生是学习活动的主体,教师是学习活动的引导者	
	学法	自主学习法、探究学习法、合作学习法	
	教学资源与手段	EV录屏　快剪辑　钉钉 用 PPT、"EV 录屏"、"快剪辑"制作微课视频"余弦函数的图像",帮助学生直观感受和初步认识. 课前在"钉钉"平台学习群中发布预习任务	

教学设计

	以"三心二意"教学主张为引领,将教学内容进行结构化处理,采用"线上+线下"混合式教学模式,将整个教学过程分为学、导、探、练、评、固六个教学环节.
流程设计	学 导 探 练 评 固 复习旧知 创设情境 分析旧知 巩固练习 课堂小结 分层作业 预习新知 导入新课 探索新知 及时检测 小组评价 巩固提高
板书设计	余弦函数的图像 情境导入 探究新知 　　　　　　　　多媒体展示区　　　　　　　例题、练习区

教学实施

教学环节		教学内容	教师活动	学生活动	设计意图与资源
课前准备	学	1.让学生观看微课视频,浏览 PPT 教学课件. 2.安排学生完成预习作业	推送微课视频"余弦函数的图像"	用手机观看,然后完成预习作业	教师利用微课,引导学生预习,初步了解余弦函数的图像
课中实施	导	**情境导入** 提问:同学们,上节课我们学习了正弦函数的图像,它的图像是什么样的呢?还记得是用什么方法画出来的吗	结合旧知,提出问题	思考,回忆,回答	结合上节课学习内容,创设学习情境,激发学习兴趣
	探	**探索新知** 1.提问:我们已经学习了三角函数中正弦函数的图像及其性质,那么余弦函数的图像会是什么样的呢? 2.作出函数 $y=\cos x$ 在区间 $[0,2\pi]$ 上的图像. 把区间 $[0,2\pi]$ 分成 12 等份,分别求出函数 $y=\cos x$ 在区间 $[0,2\pi]$ 各分点及端点处的函数值,如下表: 表格: x: 0, $\frac{\pi}{6}$, $\frac{\pi}{3}$, $\frac{\pi}{2}$, …, π, …, $\frac{3\pi}{2}$, …, 2π $\cos x$: 1, $\frac{\sqrt{3}}{2}$, $\frac{1}{2}$, 0, …, -1, …, 0, …, 1 描点、连线,得 	引导学生类比探究. 引导学生将绘制正弦函数图像的"描点法"灵活运用到余弦函数图像的绘制上,让学生对"描点法"有更深层次的理解	思考,讨论,猜想,提出探究方法. 忆一忆 回忆前面学过的特殊角的余弦值	引导学生类比探究,提升数学抽象素养,为余弦函数的图像生成做准备. 通过余弦函数的图像,引导学生感悟起起伏伏的人生,树立积极向上的生活态度

教学环节		教学内容	教师活动	学生活动	设计意图与资源
课中实施	探	3. 作出余弦函数 $y=\cos x, x\in\mathbf{R}$ 的图像. 先找出特殊的五个点,我们可以利用 $(0,1)$、$\left(\dfrac{\pi}{2},0\right)$、$(\pi,-1)$,$\left(\dfrac{3\pi}{2},0\right)$,$(2\pi,1)$ 五个点作出余弦函数的简图;再由 $\cos(x+2k\pi)=\cos x$ 可知,余弦函数是周期函数,周期为 2π,于是再将函数 $y=\cos x, x\in[0,2\pi]$ 的图像沿 x 轴向左、右分别平移 $2\pi,4\pi,\cdots$ 个单位长度就可以得到余弦函数 $y=\cos x, x\in\mathbf{R}$ 的图像.余弦函数的图像叫做余弦曲线. 4. 提问:同一个角 x 的正弦值和余弦值有什么等量关系呢?能不能列出它们的关系式?正弦函数与余弦函数的图像之间存在什么联系呢? 把正弦函数的图像往 x 轴负方向移动 $\dfrac{\pi}{2}+2k\pi(k\in\mathbf{Z})$ 个单位长度或者往 x 轴正方向移动 $\dfrac{3\pi}{2}+2k\pi$ $(k\in\mathbf{Z})$ 个单位长度就可以与余弦函数的图像重合. **例题辨析** 例题　用"五点法"作出函数 $y=\cos x$ 和 $y=-\cos x$ 在区间 $[0,2\pi]$ 上的图像. 解:列表: 	x	0	$\dfrac{\pi}{2}$	π	$\dfrac{3\pi}{2}$	2π
$\cos x$	1	0	-1	0	1
$-\cos x$	-1	0	1	0	-1 | 描点、连线,得到函数 $y=\cos x$ 和 $y=-\cos x$ 在 $[0,2\pi]$ 上的图像. 	提示学生可以类比画正弦函数图像的方法来画出余弦函数的图像. 引导学生分析正弦函数的图像与余弦函数的图像之间的联系. 引导学生进行分析,巡视指导,点评讲解	**画一画** 用画正弦函数图像的"五点法"作出余弦函数在区间 $[0,2\pi]$ 上的图像,然后再通过平移得到完整图像. **学一学** 理解正弦函数和余弦函数图像之间的联系. 分析,思考,自主解答	提高数学运算素养. 充分发挥学生的主观能动性,让其类比探究,想象延伸,从特殊到一般认识余弦函数图像,锻炼学生的思维能力. 让学生深入认识余弦函数的图像,进一步渗透数形结合的思想. 结合专业中的绘图软件进行学科融合教学,不仅让学生学习数学知识,也发展学生的专业素养. 从简单的问题出发,提高学生的观察、分析、操作能力,提升数学抽象素养

教学环节		教学内容	教师活动	学生活动	设计意图与资源
课中实施	练	**巩固练习** 1.作出函数 $y=3\cos x$，$x\in(0,2\pi)$ 的简图. 2.作出函数 $y=2\sin(-x)$，$x\in[-2\pi,2\pi]$ 的简图	评讲、纠错	**做一做** 完成练习. **议一议** 组内讨论，总结方法	使用 HiTeach 教学软件获取练习反馈，了解学生初步掌握知识的情况
		及时检测 1.作出函数 $y=3\cos x$ 的简图. 2.作出函数 $y=-8\cos(-x)$ 的简图	统计并评讲错误率较高的题目	**测一测** 完成检测，查看自己的知识掌握情况，解决问题，完成课堂目标	使用 HiTeach 教学软件限时即问即答，了解通过练习纠错后学生掌握知识的情况
	评	1. 教师引导学生进行归纳总结： (1)正弦、余弦函数图像的特征. (2)灵活利用"五点法"作出与余弦函数有关的函数的图像. (3)求有关三角函数的定义域. 2. 结合统计数据和学习痕迹，评出优胜小组		**比一比** 小组抢答进行总结. **评一评** 小组自评、互评，最后总评，选出本节课优胜小组	进行课堂总结，通过组间挑战激发学生的学习斗志，既肯定努力的学生，又激励学生后续学习
课后拓展	固	**课后作业** 1.函数 $y=-\sin x$ 是最小正周期为_____的_____（填"奇""偶"或"非奇非偶"）函数. 2.函数 $y=\cos x$ 是_____（填"奇""偶"或"非奇非偶"）函数. 3.求下列函数的定义域. (1)$y=\dfrac{1}{1-\cos x}$; (2)$y=\sqrt{\cos x}$			学生在"云班课"完成作业，巩固本节课所学

📁 教学反思

在这堂课的教学过程中，我体会到数学教学不但要传授学生课本知识，更要培养学生的数学学习能力. 在教学活动中，我不断地提出疑问，引导学生主动观察、主动思考、主动探究、讨论交流，在积极的思考活动中解决疑难，获得知识，注重了学生思维的持续性和全面性，提高了学生的数形结合能力及转化能力，实现了教学目标.

但这节课也有不少缺点，学生不一定能够全部接受所学知识，并没有达到预期的效果，主要存在以下几个方面的不足，会在今后不断努力改进：

1.教学语言还需要不断锤炼，普通话不够标准.数学是一门严谨的学科决定了讲解语言必须精练，但我有时太啰嗦，普通话有时说得太别扭.

2.在重点知识的强调上节奏稍快，给学生思考和发挥的空间不足.比如讲函数的图像时，给学生寻找关键点的时间不够长，应当多让他们去领悟"五点法"的思维过程，而且可以用小组讨论的方法调动他们去想问题，这样才能使他们对知识的理解更为深刻.

3.时间安排上不够精当.讲解理论知识时语言要更加精辟,给例题分析多预留时间,这样学生才能有充分的独立思考时间,同时也可避免讲解时间不够充分匆忙结束而留下遗憾.

4.板书质量需要提高.教师的魅力不仅仅是借助口头语言展示出来的,摆在学生面前的板书也是重要的一环,这方面还需多下功夫去练习.

5.课后应与学生交流.这样才能知道本节课的教学设计在课堂教学实施中,能不能使学生将所学的知识与解决问题的方法再认识和升华,进一步促进学生的个体发展,使每个学生都能有所进步.事实上,部分学生体会到了数学探究的乐趣,明白可以用简单的方法去解决问题,体验了学习数学的灵活性并感受到成功的喜悦,但仍有少部分学生不能领略到数学拓展思维灵巧的魅力,比如在诱导公式的推导这个过程中,部分学生基础差,教学效果不是很好.在下次教学实施中把这个环节省略看看教学效果如何.

总之,要改变过去刻板、严肃的灌输式教学模式,让学生积极地参与到课堂活动中来,同时老师要做有效课堂的引导者,不断优化教学策略,体现良好的示范作用.

16 余弦函数的性质

四川省石棉县职业高级中学 罗克新

教学分析

授课时间	1 课时	选用教材	高等教育出版社《数学(基础模块)上册》(第三版)
授课对象	计算机应用专业 2019 级 1 班学生	授课类型	概念课
教学内容	余弦函数的性质是高等教育出版社《数学(基础模块)上册》第 5 章第 6 节第 4 课时的教学内容,是在学习了正弦函数的图像和性质,以及余弦函数的图像的基础上开展的学习活动. 此部分的教学有两个主要的教学任务,一是对余弦函数的图像的认识进行升华,归纳总结出余弦函数的性质,二是要通过类比、迁移的方法归纳总结出正弦函数和余弦函数的异同点,更全面地理解和掌握三角函数的图像和性质		
学情分析	知识基础	理解了利用正弦函数的图像归纳总结出的正弦函数的性质,在上一节课中,认识了余弦函数的图像	
	认知能力	在初、高中阶段有多个章节的学习对学生进行了由函数的图像归纳其性质的训练,而且在正弦函数的图像和性质的学习中,也进行了类似的训练,因而有一部分成绩较好的学生具有了一定的读图归纳能力,但还有部分学生在这方面的能力不足	
	学习特点	全班大部分学生学习积极性不高,基础较差,注意力不集中,对余弦函数的图像掌握不够好,不能够准确画出余弦函数的图像;有小部分学生能基本掌握教师上课所教的内容,对余弦函数的图像掌握也较好;还有几个学生在学习正弦函数的图像和性质时,表现出了较强的归纳能力	
	专业特性	该专业学生需要有较强的计算机操作能力,同时对毕业后的就业而言,更需要在工作中不断运用归纳推理的能力开展相关工作,尤其是在统计工作中,需要根据图形的趋势,做出更多的判断.对于将来进入高一级院校的学生,不管是对口专业,还是其他专业,计算机的相关知识都是重要的,而数学学习过程中用到的思想方法,能更好帮助学生学习好计算机方面的相关学科知识	
教学目标	理解余弦函数的性质,能熟练地根据余弦函数的图像归纳出余弦函数的性质. 通过由余弦函数的图像推导余弦函数的性质的探究活动,渗透数形结合的思想. 通过余弦函数的性质和正弦函数的性质的类比学习,培养应用类比、分类讨论和化归的数学思想方法解决问题的能力. 归纳、总结余弦函数的性质,亲身体验数学的探究过程,感受数学的魅力,激发学习数学的热情,培养创新能力、探索能力,提高克服困难的信心		
教学重难点	重点	全面掌握余弦函数的性质	
	难点	由余弦函数的图像归纳总结出余弦函数的性质	
教学策略	教法	讨论式教学法、启发式教学法	
	学法	自主探究学习法、合作学习法	
	教学资源与手段	EV录屏 快剪辑 用 PPT 展示正弦函数的图像与性质,以及余弦函数的图像. 用"快剪辑"帮助学生识图,得出余弦函数的性质	

教学设计

	采用"线上＋线下"混合式教学模式,以问题为引领,通过任务驱动,将整个教学过程按学、导、探、练、评、固六个环节推进.
流程设计	学　导　探　练　评　固
	课前预习 复习旧知　创设情境 导入新课　类比学习 自主探究　同步练习 强化训练　老师评价 学生互评　分层作业 巩固提高
板书设计	**余弦函数的性质** 余弦函数的图像　　　多媒体展示区　　　例题、练习区 余弦函数的性质

教学实施

教学环节		教学内容	教师活动	学生活动	设计意图与资源
课前准备	学	1. 提问:你能根据正弦函数的图像说出其性质吗? 2. 让学生用"五点法"画出 $y=\sin x$ 在 $[0,2\pi]$ 上的图像,并回忆正弦函数与余弦函数的图像的相同点和不同点	引导学生复习旧知识,指导学生,使学生更加熟悉余弦函数的图像	积极参考,动口、动手、动脑	以复习旧知识导入,为新知识的学习探究做好准备
课中实施	导	**问题情境(一)** 师:如何作出余弦函数的图像? 生:"描点法"、"五点法"、图像变换法. 教师要求学生回忆"五法点"中的五点是哪五个关键点. 师:研究一个函数的性质应该从哪几个方面考虑? 生:定义域、值域、单调性、周期性、对称性等. 教师点明本节课的学习主题——余弦函数的性质. **问题情境(二)** 展示在 Proteus 软件中如何加入交流电信号的实例: 师:从上面图形中,我们可以发现什么? 教师点明:这个图也可以看作是余弦曲线的实际应用,今天我们就来探究余弦曲线的性质	出示课件,引导学生思考问题	回忆、思考	以旧引新,让学生思考正弦函数与余弦函数之间的关系,从而揭示课题. 激发学生的求知欲和学习的信心

教学环节		教学内容	教师活动	学生活动	设计意图与资源
课中实施	探	**探索研究** 师：上节课，我们研究了余弦函数的图像，今天，我们借助其图像来研究它的性质. 展示余弦函数的图像： 师：请同学分小组讨论出结果，在全班分享. 在小组讨论时，请大家根据老师出示的系列问题讨论性质. 最后老师会要求每个小组回答这些问题. 出示问题： 1. 余弦函数的图像可以向左、右平行移动（每次 2 个单位长度），说明其定义域是什么？ 2. 余弦函数的图像最高点和最低点分别是什么？说明其值域是什么？ 3. 当 x 取何值时，y 得到最大值？当 x 取何值时，y 得到最小值？ 4. 根据周期函数的定义，余弦函数的周期是多少？ 5. 余弦函数的图像具有对你性吗？具有怎样的对称性？ 6. 在 $[0,2k\pi](k\in\mathbf{Z})$ 范围内，其单调性是怎样的，结合其周期性，又该怎样描述其单调性？ 小组探究学习，老师巡视，及时解决部分学生的问题. 小组探究完成后，各小组在全班汇报探究结果，老师精确点拨. 最后汇总，得出余弦函数的性质：	以问题为导向，为每个小组的学习活动指路. 精讲、总结余弦函数的性质.	小组讨论学习，共同归纳总结，相互促进，相互提高. 思考、记忆和整理知识，形成知识体系.	以问题为导向学习，增强学生学习的方向性，使学生学习有层次，思维有条理.

函数	$y=\cos x$
定义域	实数集 $\mathbf{R}$（或 $(-\infty,+\infty)$）
值域	$[-1,1]$
周期性	最小正周期是 2π
单调区间	余弦函数在每一个闭区间 $[2k\pi-\pi,2k\pi](k\in\mathbf{Z})$ 上都是增函数，其函数值从 -1 增加到 1；余弦函数在每一个闭区间 $[2k\pi,2k\pi+\pi](k\in\mathbf{Z})$ 上都是减函数，其函数值从 1 减小到 -1
最值点	最大值点：$(2k\pi,1)(k\in\mathbf{Z})$， 最小值点：$(2k\pi+\pi,-1)(k\in\mathbf{Z})$
对称中心	$\left(k\pi+\dfrac{\pi}{2},0\right)(k\in\mathbf{Z})$
对称轴	$x=k\pi(k\in\mathbf{Z})$
奇偶性	偶函数

教学环节		教学内容	教师活动	学生活动	设计意图与资源
		例题讲解 例 1 比较下列各组余弦值的大小. (1) $\cos\left(-\dfrac{\pi}{8}\right)$ 与 $\cos\left(-\dfrac{\pi}{10}\right)$； (2) $\cos\dfrac{5\pi}{8}$ 与 $\cos\dfrac{7\pi}{8}$	引导，分析，板书，讲解	思考并求解	通过例题，强化学生对知识的理解，让学生运用知识

续表

教学环节		教学内容	教师活动	学生活动	设计意图与资源
课中实施	探	例2　求函数 $f(x)=3+\cos x$ 的最大值和最小值,并求出自变量 x 的相应取值. **类比学习** 出示下图: $y=\sin x(x\in \mathbf{R})$ $y=\cos x(x\in \mathbf{R})$ 定义域　$x\in \mathbf{R}$ 值域　$y\in[-1,1]$ 周期性　$T\in 2\pi$ 从图像上直接对照性地说出正弦函数和余弦函数的性质,达到正确区分两个函数性质的目的,理清学生思维	引导学生进行新旧知识对比	观察、思考	用类比的思维方式进行学习,更利于新知识的掌握和知识体系的形成
	练	1.不求值,比较下列各组余弦值的大小. (1)$\cos \dfrac{5\pi}{4}$ 与 $\cos \dfrac{7\pi}{5}$; (2)(2)$\cos\left(-\dfrac{23\pi}{5}\right)$ 与 $\cos\left(-\dfrac{17\pi}{4}\right)$. 2.求下列函数的最大值、最小值和周期. (1)$y=5\cos x$;　(2)$y=-8\cos(-x)$	巡视,纠错,答疑	小组交流,思考,动手求解	设计针对性的练习,让学生通过实践来巩固新知识
	评	**总结反思** 今天,我们学习了余弦函数的性质,你能由余弦函数的图像归纳出其性质吗?你又能由性质想到其图像吗?你能正确区分正弦函数和余弦函数的图像和性质吗? **强化思想** 本节课主要学习了余弦函数的性质,和学习其他函数一样,其性质一定要结合图像去理解和总结,图像可以帮助我们掌握性质,反过来,性质能帮助我们在头脑中形成清晰明了的图像,两者不可分割		小组内反思、总结	用问题引导学生思考,培养学生数形结合的思想
课后拓展	固	**必做题** 1.比较下列各组余弦值的大小. (1)$\cos \dfrac{\pi}{7}$ 与 $\cos \dfrac{\pi}{5}$;　(2)$\cos \dfrac{4\pi}{7}$ 与 $\cos \dfrac{5\pi}{7}$;　(3)$\cos\left(-\dfrac{2\pi}{5}\right)$ 与 $\cos\left(-\dfrac{2\pi}{7}\right)$. 2.求下列函数在 x 取何值时达到最大值,在 x 取何值时达到最小值. $f(x)=\cos\left(\dfrac{1}{2}x+\dfrac{\pi}{3}\right)$;(2)$g(x)=5\cos\left(3x+\dfrac{\pi}{2}\right)$. 3.求下列函数的最小正周期. (1)$f(x)=3\cos x$;　(2)$g(x)=2+\cos x$. **选做题** 求函数 $f(x)=\cos\left(2x+\dfrac{\pi}{6}\right)$ 在 x 取何值时达到最大值,在 x 取何值时达到最小值			分层要求,有利于不同层次的学生都得到最大程度的提高

📁 教学反思

本节课以问题为导向,充分调动了学生的积极性.

本节课的教学中,采用正弦函数性质的学习方法来学习余弦函数的性质,思维方式一样,只是知识点不同,降低了学习的难度也再次训练了学生的识图能力.

本节课增加了正弦函数与余弦函数的对比学习,有利于学生正确区分两个函数,同时也能让学生形成较为完整的三角函数的知识体系.

17　已知三角函数值求角

宁南职业技术学校　张　兴

教学分析

授课时间	2 课时	选用教材	高等教育出版社《数学（基础模块）上册》（第三版）
授课对象	学前教育专业 2019 级 3 班学生	授课类型	性质课
教学内容	已知三角函数值求角是高等教育出版社《数学（基础模块）上册》第 5 章第 7 节的内容.根据《中等职业学校数学课程标准》,这一节要通过大量的计算联系三角诱导公式,让学生探索并掌握它们的一些基本数量关系,感受计算器的广泛应用		
学情分析	知识基础	在这之前学生有一定的学习基础,但是普遍基础较差,缺乏自觉学习的习惯、信心、耐力和能力,引入计算器能提高学生兴趣	
	认知能力	学生普遍数学抽象素养不高,但是又对新知识有着很强的好奇心和一定的兴趣,用抽象的数学语言来描述、归纳概念的能力还比较欠缺	
	学习特点	对看得见、摸得着的具体事物或直观图形可以进行思考,对数学概念、原理、性质的理解缺乏主动性和钻研能力,喜欢参与活动,团队合作意识较好且有表现自己的欲望	
	专业特性	具备较熟练操作办公软件、使用平板电脑的能力.该专业学生需要有较强的写作能力、人际交往沟通能力,但由于逻辑思维能力不强等原因,语言表达的条理性还比较欠缺	
教学目标	了解已知三角函数值求指定范围内的角的方法,会利用计算器求角. 通过探究与学习,向学生渗透从特殊到一般、类比与转化等数学思想,培养学生观察、合作等能力以及归纳能力. 掌握已知三角函数值求角的方法,运用本节课的知识解决相关问题. 经历探究学习,培养勇于探索、敢于创新的精神,从探索中获得成功的体验,实现自我价值,培养自信心,树立正确的人生观. 通过实例增强逻辑推理能力、爱国意识,结合专业强化职业理念		
教学重难点	重点	已知三角函数值,利用计算器求角;利用诱导公式求出指定范围内的角	
	难点	已知三角函数值,利用计算器求指定范围内的角	
教学策略	教法	启发式教学法、讨论式教学法	
	学法	自主学习法、探究学习法、合作学习法	
	教学资源与手段	EV录屏　快剪辑　HiTeach　云班课 用 PPT、"EV 录屏"、"快剪辑"制作微课视频,介绍如何使用计算机求出任意角的正弦值,简单介绍中国的计算机历史,帮助学生感受中国灿烂的数学文化和数学家的伟大成就,激发爱国热情. 用 HiTeach 软件进行教学,使用抢答、随机抽人、拍照上传、即问即答功能. 学生登录"云班课",课前观看微课视频,课后完成作业;教师在平台上对作业进行批改、评价	

教学设计

以"三心二意"为引领,将教学内容进行结构化处理,采用"线上＋线下"混合式教学模式,将整个教学过程分为学、导、探、练、评、固六个教学环节.

流程设计	学	导	探	练	评	固
	实践操作 善用工具	创设情境 导入新课	实验探究 得出新知	即学即练 及时反馈	小组总结 多元评价	分层作业 巩固提高

板书设计	已知三角函数值求角 实践操作 探索新知	多媒体展示区	例题、练习区

教学实施

教学环节		教学内容	教师活动	学生活动	设计意图与资源
课前准备	学	1. 利用计算器求出任意角的正弦函数值. 2. 观看微课视频	指导学生使用计算器求任意角的正弦函数值	实践操作. 用手机观看	教师借助"云班课"发布微课,让学生复习三角知识,感受数学文化,激发学生的文化自信
课中实施	导	**创设问题　尝试解决** 问题:已知一个角,利用计算器可以求出它的正弦函数值,利用计算器,求 $\sin\dfrac{3\pi}{7}=$ _____.(精确到 0.0001) 反过来,已知一个角的三角函数值,如何求出相应的角? 解决:准备计算器.观察计算器上的按键并阅读相关的使用说明书.小组内总结学习已知正弦函数值,利用计算器求出相应的角的方法. 利用计算器求出 x:若 $\sin x=-0.78$,则 $x=$ _____. 归纳:计算器的标准设定中,已知正弦函数值,只能显示出 $-90°\sim90°\left(\text{或}-\dfrac{\pi}{2}\sim\dfrac{\pi}{2}\right)$ 之间的角	结合已有知识,创设问题情境. 提问,引导,点评	思考、操作. 主动求解. 讨论、总结	结合已有知识创设情境,激发学习兴趣. 利用问题引起学生的好奇心并激发其独立寻求计算器操作方法的欲望
	探	**动脑思考　探索新知** 已知正弦函数值,求指定范围内的角的主要步骤是: (1)利用计算器求出 $-90°\sim90°\left(\text{或}-\dfrac{\pi}{2},\dfrac{\pi}{2}\right)$ 范围内的角	引导,讲解说明	理解、记忆	引导学生得出解决问题的步骤

教学环节		教学内容	教师活动	学生活动	设计意图与资源
课中实施	探	(2)利用诱导公式 $\sin(180°-\alpha)=\sin\alpha$ 求出 $90°\sim 270°$（或 $\frac{\pi}{2}\sim\frac{3\pi}{2}$）范围内的角； (3)利用诱导公式 $\sin(\alpha+k\cdot 360°)=\sin\alpha$，求出指定范围内的角. **巩固知识　典型例题** **例1**　已知 $\sin x=0.4$，利用计算器求 $0°\sim 360°$ 范围内的角 x.（精确到 $0.01°$） 分析：由于 $\sin x=0.4>0$，所以角 x 的终边在第一或第二象限，即所求的角为锐角或钝角.按照所介绍的步骤，可以求出锐角，再利用公式 $\sin(180°-\alpha)=\sin\alpha$，求出对应的钝角. 解：按步骤计算，得到所求的锐角 $x_1=23.58°$. 利用 $\sin(180°-\alpha)=\sin\alpha$，得到所求的钝角 $x_2=180°-23.58°=156.42°$. 故 $0°\sim 360°$ 范围内，正弦函数值为 0.4 的角为 23.58°和 156.42°. **例2**　已知 $\sin x=-0.4$，求区间 $[0,2\pi]$ 上的角 x.（精确到 0.0001） 分析：由于 $\sin x=-0.4<0$，所以角 x 在第三或第四象限.按照所介绍的步骤，可以求出 $\left[-\frac{\pi}{2},\frac{\pi}{2}\right]$ 内的角，利用公式 $\sin(\pi-\alpha)=\sin\alpha$ 和 $\sin(2\pi+\alpha)=\sin\alpha$ 分别求出指定区间的角. 解：按步骤计算，得到 $\left[-\frac{\pi}{2},\frac{\pi}{2}\right]$ 内的角 $x\approx-0.4115$. 利用 $\sin(\pi-\alpha)=\sin\alpha$，得到 $\left[\frac{\pi}{2},\frac{3\pi}{2}\right]$ 上的角 $x_1\approx\pi-(-0.4115)\approx 3.5531$. 利用 $\sin(2\pi+\alpha)=\sin\alpha$ 得到 $\left[\frac{3\pi}{2},2\pi\right]$ 上的角 $x_2\approx 2\pi+(-0.4115)\approx 5.8717$. 所以区间 $[0,2\pi]$ 上，正弦函数值为 -0.4 的角为 3.5531 和 5.8717. **创设问题　尝试解决** 问题：已知一个角，利用计算器可以求出它的余弦函数值，利用计算器，求 $\cos\left(-\frac{3\pi}{5}\right)=$ _____. （精确到 0.0001） 反过来，已知一个角的余弦函数值，如何求出相应的角？ 解决：准备计算器.观察计算器上的按键并阅读相关的使用说明书，小组内总结学习已知余弦函数值，利用计算器求出相应的角的方法. 利用计算器求出 x：若 $\cos x=0.32$，则 $x=$ _____. 归纳：计算器的标准设定中，已知余弦函数值，只能显示出 $0°\sim 180°$（或 $0\sim\pi$）之间的角	引导，分析，巡视指导，讲解，点评. 提问，引导	分析思考，操作求解，小组讨论. 思考，操作，小组讨论，归纳总结	安排与知识点对应例题巩固新知. 复习相关的诱导公式，利用例题加强学生对求角方法的掌握、记忆，关注学生的知识掌握情况. 类比已知正弦函数值求角的方法进行探究，引导学生得出已知余弦函数值求角的方法. 复习相关的诱导公式

教学环节		教学内容	教师活动	学生活动	设计意图与资源
课中实施	探	**动脑思考　探索新知** 已知余弦函数值,求指定范围内的角的主要步骤是: (1)利用计算器求出 $0° \sim 180°$(或 $0 \sim \pi$)范围内的角; (2)利用诱导公式 $\cos(-\alpha) = \cos\alpha$ 求出 $-180° \sim 0°$(或 $-\pi \sim 0$)范围内的角; (3)利用公式 $\cos(\alpha + k \cdot 360°) = \cos\alpha$,求出指定范围内的角. **巩固知识　典型例题** 例 3　已知 $\cos x = 0.4$,求 $-180° \sim 180°$ 范围内的角 x.(精确到 $0.01°$) 分析:因为 $\cos x = 0.4 > 0$,所以角 x 的终边在第一或四象限.利用计算器按照介绍的步骤,可以求出 $0° \sim 180°$ 之间的角.利用诱导公式 $\cos(-\alpha) = \cos\alpha$,可以求出在 $-180° \sim 0°$ 内的角. 解:按步骤计算,得到在 $0° \sim 180°$ 范围中的角 $x_1 = 66.42°$. 利用 $\cos(-\alpha) = \cos\alpha$,得到 $-180° \sim 0°$ 范围内的角 $x_2 = -66.42°$. 因此在 $-180° \sim 180°$ 范围内余弦函数值为 0.4 的角为 $\pm 66.42°$. **构建问题　探寻解决** 问题:已知一个角,利用计算器可以求出它的正切函数值,利用计算器,求 $\tan 432°26'' = $ _____.(精确到 0.0001) 反过来,已知一个角的正切函数值,如何求出相应的角? 解决:准备计算器.观察计算器上的按键并阅读相关的使用说明书,小组内总结学习已知正切函数值,利用计算器求相应的角的方法. 利用计算器求出 x:若 $\tan x = 1.43$,则 $x = $ _____. 归纳:计算器的标准设定中,已知正切函数值,只能显示出 $-90° \sim 90°$(或 $-\dfrac{\pi}{2} \sim \dfrac{\pi}{2}$)之间的角. **动脑思考　探索新知** 已知正切函数值,求指定范围内的角的主要步骤是: (1)利用计算器求出 $-90° \sim 90°$(或 $-\dfrac{\pi}{2} \sim \dfrac{\pi}{2}$)范围内的角; (2)利用公式 $\tan(180° + \alpha) = \tan\alpha$,求出 $90° \sim 270°$(或 $\dfrac{\pi}{2} \sim \dfrac{3\pi}{2}$)范围内的角; (3)利用公式 $\tan(\alpha + k \cdot 360°) = \tan\alpha$,求出指定范围内的角. **巩固知识　典型例题** 例 4　已知 $\tan x = 0.4$,求 $0° \sim 360°$ 范围内的角 x.(精确到 $0.01°$)	引导,讲解. 引导,分析,巡视指导,讲解,点评. 说明,引导. 引导,讲解,汇总	理解,记忆. 分析思考,操作求解. 小组讨论,归纳总结	引导学生得出解题步骤. 通过例题巩固新知,加深理解,熟悉解题步骤. 强化记忆,培养学生总结反思学习过程的能力

教学环节		教学内容	教师活动	学生活动	设计意图与资源
课中实施	探	分析:因为 $\tan x=0.4>0$,所以角 x 的终边在第一或第三象限.利用计算器可以求出相应的锐角,再利用周期性可以求得 $180°\sim270°$ 范围中的角. 解:按步骤计算,得到所求的锐角 $x_1=21.80°$. 利用周期性得到相应第三象限的角 $x_2=180°+21.80°=201.80°$. 所以在 $0°\sim360°$ 范围内,正切函数值为 0.4 的角为 $21.80°$ 和 $201.80°$	引导、讲解	思考、求解	强化理解,巩固新知
	练	**运用知识 强化练习** 教材练习 5.7.1: 1. 已知 $\sin x=0.2601$,求 $0°\sim360°$(或 $0\sim2\pi$)范围内的角 x.(精确到 $0.01°$) 2. 已知 $\sin x=-0.4632$,求 $0°\sim360°$(或 $0\sim2\pi$)范围内的角 x.(精确到 $0.01°$) 教材练习 5.7.2: 已知 $\cos x=0.2261$,求区间 $[0,2\pi]$ 内的角 x.(精确到 0.01) 教材练习 5.7.3: 已知 $\tan x=-0.4$,求区间 $[0,2\pi]$ 内的角 x.(精确到 0.01)	评讲、纠错	完成练习. 组内讨论,归纳总结	使用 HiTeach 教学软件获取练习反馈,了解学生初步掌握情况
	评	1. 教师引导学生进行归纳总结. 2. 结合学习痕迹和课堂表现,评出本节课优胜小组		小组抢答进行总结. 学生小组自评、互评,最后总评,选出本节课优胜小组	引导学生进行课堂总结,通过组间挑战激发学生的学习斗志,既肯定努力的学生,又激励学生后续学习
课后拓展	固	**必做作业** 1. 教材习题 5.7 A组. 2. 练习册第 5.7 节训练题 A组. **选做作业** 探究计算器的其他计算功能			学生在"云班课"完成作业,巩固本节课所学. 作业分层,让有余力的同学继续提高

教学反思

本节课的教学设计是一节探索课,通过学习,使学生明确运用已有工具和知识能解决新的数学问题等.

让学生置身于知识的发生、发展过程中,经历直观感知、观察发现、抽象概括、符号表示等思维过程,有助于提高学生分析问题和解决问题的能力.教学通过丰富的实例计算展开,可以增强学生学习的乐趣.

在师生互动、生生互动、合作学习方面还不够好,放得不开,应该尽量放手让学生去发现,去探究,去提高,把课堂真正还给学生,相信这样效果会更好!

利用课件讲解的好处是使枯燥的知识变得易于理解、掌握而且直观,通过与教学课件的有机结合,使学生对计算器和诱导公式有更好的了解和熟悉.

利用思维导图、组间挑战的方式帮助学生梳理本节课主要内容,激发学生学习斗志.

通过作业反馈的情况看,这节课起到了较好的教学效果,大多数学生能正确地完成了必做作业和选做作业,仅少量学生存在解题过程不细心、求值错误的情况.

18 已知余弦、正切函数值求角

四川省档案学校 郑 波

教学分析

授课时间	1课时	选用教材	高等教育出版社《数学（基础模块）上册》（第三版）
授课对象	酒店管理专业2019级1班学生	授课类型	应用课
教学内容			

教学内容	已知余弦、正切函数值求角是高等教育出版社《数学（基础模块）上册》第5章三角函数第7节的内容，本节课主要内容是已知余弦、正切函数值，利用计算器求角，是对三角函数知识的巩固与应用，新课标对本节课内容的要求落脚在"了解"层面，因此，对学生的要求不高，会求、会用就行. 重点是直接利用计算器求角，难点是求指定范围内的角. 通过这部分内容的学习，要培养和提升学生数学运算、逻辑推理等核心素养
学情分析	

学情分析	知识基础	学生学习了余弦、正切函数知识，理解其函数定义及计算方法，尤其是诱导公式的学习为本节课内容提供了"计算工具"，并且在初中阶段学生也对反函数有一定了解，为本节课知识的理解提供了一定的知识基础
	认知能力	学生已经具备一定逻辑推理、计算、观察、比较、分析、归纳、类比的能力，思维方式也逐渐由具象到抽象转换，但灵活运用知识的能力不足，不善于思考、总结，理解能力有待提高
	学习特点	学生对新鲜有趣的事物学习兴趣较浓，喜欢带有游戏性质且参与度高的学习方式，对于简单的知识积极性高，但在学习中容易将简单问题复杂化，学习较懒惰，只愿听、说，不愿意动笔练习
	专业特性	该专业学生需要掌握一定的工商管理类理论知识，了解现代酒店经营与管理的基本技能，具备酒店服务与管理标准化的职业素养，熟悉国家旅游、酒店管理方面的方针、政策和法规，具有初步的科学研究和实际工作能力，有一定的创新性思维能力. 数学对该专业具有基础知识工具性的作用，在具体应用时主要体现在会场布置、迎宾服务、人员管理等方面

教学目标	了解已知三角函数值，求指定范围内的角的方法. 掌握利用计算器求角度的方法，会利用计算器求角. 历经对特殊三角函数值求指定范围内的角的计算，提高数学运算能力、逻辑推理能力，并能够通过计算、分析，解决题目中的问题. 培养用数学眼光观察事物，用数学语言表达事物，用数学思维分析、解决实际问题的数学素养. 通过对钓鱼台国宾馆的介绍，增强专业自豪感和民族荣誉感

教学重难点	重点	已知三角函数值，利用计算器求角； 利用诱导公式求出指定范围内的角
	难点	已知三角函数值，利用计算器求指定范围内的角； 已知三角函数值，利用图像法求指定范围内的角

教学策略	教法	启发式教学法、讲练结合法
	学法	自主探究法、观察法
	教学资源与手段	**Hi** HiTeach　**Ci** DQFAR 爱课堂 用 PPT 辅助教学,提高课堂效率. 用 HiTeach 软件进行教学,使用抢答、随机抽人、拍照上传、即问即答功能. 课前通过"爱课堂"软件发布复习特殊角的三角函数值和诱导公式,以及预习本节课将学内容的任务,并让学生根据各自情况提问;根据学生反映比较集中的问题调整部分教学内容

📁 教学设计

流程设计	以"三心二意"为引领,将教学内容进行结构化处理,采用"线上＋线下"混合式教学模式,将整个教学过程分为学、导、探、练、评、固六个教学环节. 　学　〉　导　〉　探　〉　练　〉　评　〉　固 温故知新　　提出问题　　启发探究　　典型例题　　课堂小结　　课后作业 预习新知　　导入新课　　习得新知　　巩固练习　　综合评价　　巩固新知
板书设计	**已知余弦、正切函数值求角** 已知余弦函数值求角的步骤　　　　多媒体展示区　　　　例题、练习区 已知正切函数值求角的步骤

📁 教学实施

教学环节		教学内容	教师活动	学生活动	设计意图与资源
课前准备	学	1.复习特殊角的三角函数值及诱导公式,并完成相关作业. 2.预习本节课内容,提出问题	批改课前作业,纠正错误. 收集问题,调整教学内容	完成复习任务及作业. 预习将学知识,提出问题	通过"爱课堂"督促学生养成复习、预习的习惯. 应用"爱课堂"收集学生作业完成情况及预习所提问题,调整部分教学内容,提高教学针对性
课中实施	导	**回顾旧知** 1.余弦函数周期为 2π,即 $\cos(\alpha+2\pi)=\cos\alpha$ 且 $\cos(\alpha+2k\pi)=\cos(\alpha+2\pi)=\cos\alpha$. 2.余弦函数为偶函数,从而 $\cos(-\alpha)=\cos\alpha$. 3. $\cos 0°=1$, $\cos 30°=\dfrac{\sqrt{3}}{2}$, $\cos 45°=\dfrac{\sqrt{2}}{2}$, $\cos 60°=\dfrac{1}{2}$, $\cos 90°=0$	带领学生回顾所学,并进行板书	回忆并作答	帮助学生巩固旧知,为新知识的学习筑牢知识基础

续表

教学环节		教学内容	教师活动	学生活动	设计意图与资源
导		**问题导入** 根据之前所学,已知角能够求出对应的三角函数值,反过来,如果已知三角函数值要求对应角,该怎么做呢? 例如:已知某角的余弦函数值为 $\dfrac{\sqrt{2}}{2}$,该角为多少? (部分学生应该能够较快回答出 45°,部分比较迟疑) 在 **R** 内,余弦函数值为 $\dfrac{\sqrt{2}}{2}$ 的角有无穷多个,45° 只是其中在 0°～90° 范围内的角. 结论:要求三角函数值对应角时,需要限定范围	抛出问题,收集学生回答情况. 引导学生发现问题,纠正错误	思考并作答. 在老师引导下得出结论	以问题的方式让学生领略求角的方式,并指出其思维上的不严谨之处帮助其拓展思维. 引导学生积极思考,总结结论,为后续学习打下思维基础
课中实施	探	在实际生活中,要求的角往往不是 30°,60° 等特殊角,而是任意角. 利用计算器,求 $\cos\left(-\dfrac{3\pi}{5}\right)=$ _____(精确到 0.0001). 反过来,再用计算器求出 x:若 $\cos x=0.32$,则 $x=$ _____. 计算器的标准设定中,已知余弦函数值,只能显示出 0°～180°(或 0～π)之间的角.如果要求 0°～180° 以外的角,就需要利用诱导公式将角转化到对应范围内. **例 1**　已知 $\cos x=\dfrac{1}{2}$,求 −180°～180° 范围内的角 x. 分析:因为 $\cos x=\dfrac{1}{2}>0$,所以角 x 在第一或第四象限.利用计算器可以求出 0°～180° 之间的角.利用诱导公式 $\cos(-\alpha)=\cos\alpha$,可以求出在 −180°～0° 之间的角. 解:通过计算器可得,使得 $\cos x=\dfrac{1}{2}$ 在 0°～180° 范围内的角 $x_1=60°$.利用 $\cos(-\alpha)=\cos\alpha$,得到 −180°～0° 范围内的角 $x_2=-60°$. 因此在 −180°～180° 范围内余弦函数值为 $\dfrac{1}{2}$ 的角为 ±60°. 通过例 1 可知,已知余弦函数值求角的主要步骤是: (1)利用计算器求出 0°～180°(或 0～π)范围内的角; (2)利用诱导公式 $\cos(-\alpha)=\cos\alpha$ 求出 −180°～0°(或 −π～0)范围内的角; (3)利用公式 $\cos(\alpha+k\cdot360°)=\cos\alpha$,求出指定范围内的角. 利用计算器,求 $\tan 432°26''=$ _____(精确到 0.0001). 反过来,已知一个角的正切值,如何求出相应的角? 给出提示: 1.计算器的标准设定中,已知正切函数值,只能显示出 −90°～90°(或 $-\dfrac{\pi}{2}～\dfrac{\pi}{2}$)之间的角. 2.利用诱导公式求 −90°～90° 以外的角	带领学生用计算器求已知余弦值的角. 对例题进行分析、讲解. 带领学生得出已知余弦值求给定范围内的角的步骤. 让学生利用计算器求正切值,给出已知正切值求角的提示	用计算器求余弦值和角. 思考并与老师共同完成题目. 在理解的基础上得出已知余弦值求给定范围内的角的步骤. 利用计算器求解	让学生掌握利用工具求解角度的方法. 通过分析,让学生理清思路,在例题求解过程中感悟方法. 激发学生思维,培养学生类推、总结能力,加深理解

教学环节		教学内容	教师活动	学生活动	设计意图与资源
课中实施	探	3.运用已知余弦函数值求角的方法类推. 以小组为单位,结合已知余弦函数值求角的步骤,归纳总结已知正切函数值求角的步骤: (1)利用计算器求出 $-90°\sim90°$（或 $-\dfrac{\pi}{2}\sim\dfrac{\pi}{2}$）范围内的角; (2)利用公式 $\tan(180°+\alpha)=\tan\alpha$,求出 $90°\sim270°$（或 $-\dfrac{\pi}{2}\sim\dfrac{3\pi}{2}$）的角; (3)利用公式 $\tan(\alpha+k\cdot360°)=\tan\alpha$,求出指定范围内的角	引导学生总结出已知正切值求指定范围内角的步骤	思考、讨论并作答	
	练	以小组为单位练习求角. 1.已知 $\cos x=\dfrac{\sqrt{3}}{2}$,求区间 $[0,2\pi]$ 内的角 x. 2.已知 $\tan x=\dfrac{\sqrt{3}}{3}$,求 $0°\sim360°$ 范围内的角 x. 3.钓鱼台国宾馆坐落于北京市海淀区,于1959年国庆前夕建成,至今已接待1300余位外国元首和政府首脑,是党和国家领导人从事国务和外事活动的重要场所.一日,该宾馆有多场重要会议需要在当天进行接待,为了让与会人员准确找到会议室,迎宾台安排了多组引导员,其中一场会议的会议室与迎宾台位置关系如下图,那么迎宾人员应与迎宾台成多少角度站立?	巡视,了解学生讨论、做题情况. 回答学生在练习过程中遇到的问题. 完成情况收集,及时查漏补缺. 介绍钓鱼台国宾馆,并让学生以此设计一道与本节课相关的题目作为课后作业	分组讨论、思考并合作完成题目	帮助学生巩固知识,记忆解题步骤,通过实际操作让学生感悟思维方式,培养学生合作意识. 通过 HiTeach 软件收集学生的完成情况,有针对性地给学生答疑解惑. 让学生增强专业自信及民族自豪感
	评	1.教师引导学生归纳总结: (1)已知余弦函数值利用计算器求角的主要步骤; (2)已知正切函数值利用计算器求角的主要步骤. 2.结合课堂表现,评出优胜小组		回忆、反思、总结	帮助学生记忆所学知识,增强学生集体荣誉感,激发竞争意识,促进全面发展
课后拓展	固	1.完成练习册 A 组题目. 2.完成讲解课堂练习第3题时所留作业			巩固知识,提升学生运用知识解决生活中实际问题的能力

📁 教学反思

　　本节课知识点相对单一,易于记忆理解,学生掌握起来较为容易,计算器的应用降低了计算难度.特殊角的三角函数值的记忆容易模糊和遗忘,需定期复习加深印象;诱导公式的运用是解题的关键,学生容易因粗心大意而出错,应加强练习,提高思维严谨性.

　　学生思维有限,难以通过思考多角度、多方式分析问题、解决问题,问题处理方式比较机械,不够灵活,在新知讲授过程中应注意联系以往所学知识,帮助学生将知识组织成串.理论联系实践不够,将知识融入生活的教学设计比较欠缺,应多挖掘生活中和数学有关联的事物,应用到理论知识的教学中去.

第三部分　几何与代数

第 ⑥ 章　直线和圆的方程

1　两点间的距离公式

遂宁市职业技术学校　蒋　美

教学分析

授课时间	1 课时	选用教材	高等教育出版社《数学（基础模块）下册》（第三版）
授课对象	汽车运用与维修专业 2018 级 2 班学生	授课类型	概念课
教学内容	两点间的距离公式是高等教育出版社《数学（基础模块）下册》第8章直线和圆的方程第1节第1课时的内容. 点是组成空间几何体最基本的元素之一,两点间的距离是最简单的一种距离. 本章用坐标法来研究平面中的直线,因此,本节课的学习为后面进一步学习直线方程、点到直线的距离等内容打下基础		
学情分析	知识基础	学习了点的坐标表示以及数轴上两点间的距离	
	认知能力	对图形的认识较强,但数形结合能力较弱,计算能力较弱	
	学习特点	学生基础知识掌握不牢,自学能力普遍较差,思维活跃,积极性高,善于沟通,但注意力集中时间不长	
	专业特性	该专业学生有较强的动手能力,能在生产一线的智能、技能型操作岗位上从事机械加工和设备操作与管理. 学生能以专业课程中零件的绘制、看图等知识为基础,结合实际操作,做到学以致用	
教学目标	通过两点间距离公式的学习,能计算两点间的距离,培养直观想象、数学运算的核心素养		
教学重难点	重点	两点间的距离公式及其运用	
	难点	两点间的距离公式的推导	
教学策略	教法	情境教学法、任务驱动法	
	学法	自主探究学习法、合作学习法	
	教学资源与手段	快剪辑　GeoGebra　101教育PPT 用 PPT 辅助教学,提高课堂效率. 用"快剪辑"制作微课视频,让学生直观感受什么是解析几何. 用 GeoGebra 进行动态几何构图. 学生登录"101 教育 PPT",课前观看微课,课后完成作业. 教师在"101 教育 PPT"平台上对作业进行批改、评价	

📁 教学设计

流程设计	采用"线上＋线下"混合式教学模式,以问题串为引领,通过数学实验,将整个教学过程按学、导、探、练、评、固六个环节推进.

	学	导	探	练	评	固
	观看视频 温故知新	提出问题 导入新课	实验操作 小组讨论 探究新知	即学即练 及时反馈	课堂小结 多元评价	分层作业 巩固提高

板书设计	**两点间的距离公式** 探究活动 公式	多媒体展示区	例题、练习区

📁 教学实施

教学环节		教学内容	教师活动	学生活动	设计意图与资源
课前准备	学	观看微课,了解解析几何建立的背景,了解什么是解析几何	在"101教育PPT"上发布学习任务:观看微课,了解什么是解析几何,并用一句话发表感悟. 在线点评感悟	观看微课,发表感悟,通过"101教育PPT"提交	让学生了解数学发展史,拓展视野,提升对数学的学习兴趣
课中实施	导	问题导入 播放中国海上救援宣传片	引导学生感受祖国的强大,以国家为荣.以海上船只距离引出本节课内容	观看中国海上救援宣传片,结合疫情,抢答发表感悟	了解国家发展,感受祖国的强大,激发爱国情怀
	探	探究活动1 探索在水平方向上的两点 $A(x_1, y_1)$, $B(x_2, y_1)$ 距离的计算方法. 探究活动2 探索在竖直方向上的两点 $A(x_1, y_1)$, $B(x_1, y_2)$ 距离的计算方法. 	用GeoGebra动态展示平面内两点间的位置关系,引导学生观察、探索. 每个探究活动结束后,教师评价学习小组的成果,板书对应结论	小组合作学习,观察、探讨、归纳,拍照上传.以小组为单位以竞答形式向全班展示合作学习的成果	用GeoGebra动态展示平面内两点间的位置关系,使同学们对其理解更直观、形象,更容易理解、掌握两点间的距离公式培养数学直观想象的核心素养

续表

教学环节		教学内容	教师活动	学生活动	设计意图与资源
课中实施	探	探究活动 3　探索平面上 $A(x_1,y_1)$，$B(x_2,y_2)$ 两点间的距离的计算方法. 	说明 3 个探究活动结论的关系，点出平面上两点间的距离公式	理解、记忆公式，在教材中进行相应勾画，做好笔记	三个问题呈递进式关系，靠近学生知识的最近发展区，学生"跳一跳就能摘到桃子"，能激发学生求知欲
		例题　计算 $M_1(2,-5)$，$M_2(5,-1)$ 两点间的距离	讲解例题，进行板书	观察、思考	加深对公式的印象，明确规范解题格式
	练	**练一练** 在平面直角坐标系中，描出下列各点：$A(1,1)$，$B(3,4)$，$C(5,7)$，并计算任意两点间的距离	评讲、纠错	先独立完成，然后组内交流解题思路，分享解题过程	学以致用，培养数学运算、逻辑思维能力
	评	1. 这节课你采用了怎样的学习方法？收获了哪些知识？ 2. 结合课堂表现，评出优胜小组	引导、补充. 总体评价	小组内反思、总结. 自评、互评	多元评价，激励学生全面发展，促进学生成长
课后拓展	固	1.变式训练：已知点 $P(2,-1)$，$Q(a,4)$，并且 $|PQ|=\sqrt{41}$，求 a 的值. 2.思考：在本节课"练一练"中，请同学们根据算出的结果观察它们有什么关系。以此，思考 A,B,C 三点有怎样的位置关系	在"101 教育PPT"平台对作业进行批改、评价	在"101 教育PPT"上完成	以"变式训练"拓展学生思维，以"思考"为下节课的学习做铺垫

教学反思

　　本节课最初准备采用活动课——学生站在平面直角坐标系中，自主探究两点间的距离公式，但由于疫情调整教学策略，采用"线上＋线下"混合式的教学模式，以中国海上救援视频引入，展示祖国的强大，培养学生爱国情怀.在公式的运用中，发现学生对于根式的计算很容易出错，因此，还应多注重根式的计算练习.

2 线段中点的坐标

泸州市纳溪区江南职业中学　黄世英

教学分析

授课时间	1 课时	选用教材	高等教育出版社《数学(基础模块)下册》(第三版)
授课对象	电子专业 2019 级 17 班学生	授课类型	新授课
教学内容			线段中点的坐标是高等教育出版社《数学(基础模块)下册》第 8 章直线和圆的方程第 1 节第 2 课时的内容.本节课主要学习线段中点的坐标公式及运用,上节课已经学习了两点间的距离公式,这两个公式的掌握和运用对后续研究圆、直线与圆的位置关系、二次曲线等内容具有重要意义,因此这节课具有承上启下的作用
学情分析	知识基础		学生已经学习了数轴上两点间的距离,平面上任意两点间的距离,向量的坐标表示及相等,点的对称,线段中点等知识,为本节课线段中点的坐标公式的推导和运用提供了知识和技能准备
	认知能力		学生已经学习了向量的坐标表示、向量相等、两点间的距离等基本知识,为在所学基础上继续探讨线段的中点坐标的思路和方法奠定了基础,具备了基本计算能力和数形结合推理能力
	学习特点		电子专业的学生基础较好,容易接受新知识,并用新知识解决相关问题,小组合作学习后勇于表达自己的观点,但是归纳知识的能力和书写规范方面还应多关注
	专业特性		电子专业的学生思维活跃,逻辑思维能力较强.电子专业的电工基础、电子技术基础、电子测量技术等课程的学习都需要数学基础知识以及计算能力,因此应加强学生对数学基础知识的掌握并锻炼好学生的计算能力,从而为专业课的学习打好基础
教学目标			掌握线段中点坐标公式. 用数形结合的方法学习和运用公式,培养解决问题的能力. 在运用公式的过程中,将几何问题通过坐标计算,即代数的方法解决,突出解析法对数学思维的培养. 小组合作,体验团队合作精神和精益求精的精神,提高数学素养
教学重难点	重点		两点间的距离公式与线段中点的坐标公式的综合运用
	难点		线段中点坐标公式的理解、对解析法的理解与掌握
教学策略	教法		目标教学讲授法、演示法、讨论式教学法
	学法		自主学习法、探究学习法、合作学习法
	教学资源与手段		钉钉 教学资源准备:PPT 教学课件、导学案、微课视频. 课前教师通过"钉钉"推送微课视频,发布导学案,学生观看微课,完成导学案.课中教师利用 PPT 课件教学提升教学效率,学生用投屏的方式展示小组讨论成果

教学设计

以"三心二意"为引领,将教学内容进行结构化处理,采用"线上＋线下"混合式教学模式,将整个教学过程分为学、导、探、练、评、固六个教学环节.

流程设计	学	导	探	练	评	固
	微课学习完成任务	回顾旧知思考问题	探索新知小组合作典例示范	及时检测注重书写	课堂小结小组评价	分层作业巩固提高

板书设计	**线段中点的坐标** 复习两点间距离公式 线段的中点坐标	多媒体展示区	例题、练习区

教学实施

教学环节		教学内容	教师活动	学生活动	设计意图与资源
课前准备	学	1. 学生观看老师上传的微课"两点间的距离与线段中点的坐标". 2. 学生完成导学案	通过"钉钉"推送微课视频,发布导学案.检查学生完成情况	观看微课,完成相关导学案,勾画自己的预习困惑之处	通过微课视频资料激发学生的学习兴趣,引入新知.培养学生自主学习的习惯,因材施教
课中实施	导	1.阅读教材第 49 页的引言,了解直线和圆的方程在实际生活中的应用广泛. 2.复习回顾. (1)在平面直角坐标系中,已知有点 $P_1(x_1,y_1)$,$P_2(x_2,y_2)$,则向量 $\overrightarrow{P_1P_2}=$ _____. (2)已知向量 $\boldsymbol{a}=(x_1,y_1)$,$\boldsymbol{b}=(x_2,y_2)$,则 $\boldsymbol{a}=\boldsymbol{b}\Leftrightarrow$ _____. (3)已知平面上两点 $P_1(x_1,y_1)$,$P_2(x_2,y_2)$,则 $|P_1P_2|=$ _____	教师提出问题	**议一议** 回顾知识,回答问题	引出本节课的内容,复习相关知识,为后面的探究做准备
	探	**探索新知** 问题:已知线段的两个端点坐标,如何求线段的中点坐标? 探究: 如图,设线段的两个端点分别为 $A(x_1,y_1)$ 和 $B(x_2,y_2)$,线段的中点为 $M(x_0,y_0)$,则 $\overrightarrow{AM}=$ _____,$\overrightarrow{MB}=$ _____,由于 M 为线段 AB 的中点,则 $\overrightarrow{AM}=\overrightarrow{MB}$,即 $(x_0-x_1,y_0-y_1)=(x_2-x_0,y_2-y_0)$,即 _____,解得 $x_0=$ _____,$y_0=$ _____	引导学生利用向量的坐标表示、向量相等探究新知. 引导学生分析、巡视、辅导、讲评	**想一想** 思考问题,小组讨论并在老师的引导下完成公式的推导. 思考、观察并记住公式	探究式教学,让学生经历知识的形成过程,理解深刻.小组学习讨论,既调动了学习兴趣,又培养了合作意识. 让学生主动探讨,发挥主观能动性,调动学习的积极性,培养学生锲而不舍的精神和团队合作意识. 通过探讨,深刻理解公式的特点,会知二求一

教学环节		教学内容	教师活动	学生活动	设计意图与资源
课中实施	探	结论:一般地,设 $P_1(x_1,y_1)$,$P_2(x_2,y_2)$ 为平面内任意两点,则线段 P_1P_2 中点 $P_0(x_0,y_0)$ 的坐标 $x_0=\dfrac{x_1+x_2}{2}$,$y_0=\dfrac{y_1+y_2}{2}$. **典型例题** 例 1 已知点 $S(0,2)$,$T(-6,-1)$,现将线段 ST 四等分,试求出各分点的坐标. 例 2 已知△ABC 的三个顶点为 $A(1,0)$,$B(-2,1)$,$C(0,3)$,试求 BC 边上的中线 AD 的长度	引导学生分析题意,画出图形.规范板书,指出重点	**做一做** 观察、思考,动手实践,小组交流,投屏展示	强化巩固知识,突出解析法的特点,渗透数形结合的思想
	练	**课堂练习** 1. 在平面直角坐标系内,描出下列各点:$A(1,1)$,$B(3,4)$,$C(5,7)$.并计算每两点之间的距离. 2. 已知点 $A(2,3)$ 和点 $B(8,-3)$,求线段 AB 中点的坐标. 3. 已知△ABC 的三个顶点为 $A(2,2)$,$B(-4,6)$,$C(-3,-2)$,求 AB 边上的中线 CD 的长度	巡视,点拨、纠错	**测一测** 独立完成练习,查看自己的知识掌握情况	巩固知识,进一步发现学生对知识的掌握情况
	评	1. 本节课你收获了什么? (1)知识:线段的中点坐标公式; (2)方法和思想:向量法、解析法、数形结合思想、方程思想. 2.结合课堂表现,评出优胜小组		**比一比** 小组抢答进行总结. **评一评** 学生小组自评、互评,最后总评,选出本节课优胜小组	用问题进行课堂小结,通过组间挑战激发学生的学习斗志,既肯定学生的努力,又激励学生后续学习
课后拓展	固	**课后作业** 1. 教材第52页习题8.1 A组第3,4题. 2. 同步练习册第40,41页. 3. 高考链接:已知点 $Q(4,n)$ 是点 $P(m,2)$ 和点 $R(3,8)$ 连线的中点,求 m 与 n 的值			作业分层,面向全体,使得每个层次的学生都有所进步

教学反思

本节课是平面解析几何的入门课,通过本节课的学习,让学生了解了平面解析几何的基本方法——解析法,同时也让学生体会到数形结合的思想方法,能把几何问题与代数计算联系起来,从而实现掌握数学知识、应用数学技能的教学目标.通过小组合作学习、探究学习等方式,调动了学生学习数学的兴趣,也培养了他们的探索精神、团队合作精神等.但是也发现了一些不足:

1. 大部分同学讨论激烈,有部分同学讨论不够积极.

2. 在使用手机和多媒体设备进行资源共享的时候,由于人数较多,网络信号不是很畅通,在今后的教学中,应提前检查网络情况,做好充分准备.

3. 针对课前、课后的出错,纠正、提示得还不够,应利用课余时间进行个别辅导,帮助学生理清思路,找准方法,为后面的学习做好准备.

4. 教学过程中要严格规范板书,从而引导学生养成规范书写的习惯.

3　直线的倾斜角与斜率

四川省泸州市江阳职业高级中学校　胡　会

教学分析

授课时间	1 课时	选用教材	高等教育出版社《数学(基础模块)下册》(第三版)
授课对象	机电专业高二年级学生	授课类型	概念课
教学内容	直线的倾斜角与斜率是高等教育出版社《数学(基础模块)下册》第 8 章第 2 节第 1 课时的内容.本节在学习了两点间的距离公式与线段中点的坐标公式,对直线的倾斜角有一定的了解之后,继续研究一些新的知识.直线的倾斜角与斜率的学习可以为之后直线的点斜式方程与斜截式方程的学习提供理论基础,因此这节课有承前启后的作用,是本章节的重点		
学情分析	知识基础	学生已经学习了两点间的距离公式与线段中点的坐标公式,为本节研究课直线的倾斜角与斜率提供了知识和技能准备	
	认知能力	学生已经习惯课前预习,能主动获取知识,能很好地进行小组合作交流、讨论、探究,但学生的数学抽象能力和直观想象能力还有待提高	
	学习特点	学生思维敏捷,动手能力强,积极性高,喜欢参与活动,不太容易接受枯燥的说教方式,团队合作意识较好,并善于表现自己	
	专业特性	本专业要求学生具有良好的职业道德和职业素养,具有识读一般电气原理图、安装图,绘制一般电气控制图的能力,因此学生学好解析几何是十分必要的	
教学目标	理解直线的倾斜角、斜率的概念. 掌握直线的倾斜角、斜率的计算方法. 积极参与、亲身经历直线的倾斜角与斜率的计算过程,体验数形结合研究问题的便捷,接受科学思维方法. 通过成功体验培养勤奋、严谨的好习惯,为今后的工作打下良好基础		
教学重难点	重点	直线的斜率公式的应用	
	难点	直线的斜率概念和公式的理解	
教学策略	教法	讲授法、演示法、练习法	
	学法	探究学习法、讨论法	
	教学资源与手段	EV录屏　快剪辑　HiTeach　云班课 用 PPT、"EV 录屏"、"快剪辑"制作微课视频"直线的倾斜角与斜率",帮助学生感受数学与生活的紧密联系,体会数学来源于生活并应用于生活. 用 HiTeach 软件进行教学,使用抢答、随机抽人、拍照上传、即问即答功能. 学生登录"云班课",课前观看微课,课后完成作业. 教师在"云班课"平台上对作业进行批改、评价	

教学设计

以"三心二意"为引领,将教学内容进行结构化处理,采用"线上＋线下"混合式教学模式,将整个教学过程分为学、导、探、练、评、固六个教学环节.

流程设计						
	学	导	探	练	评	固
	观看微课,初步认识倾斜角	创设情境导入新课	联系生活实际,认识倾斜角与斜率	巩固练习及时检测	课堂小结小组评价	分层作业巩固提高

板书设计	直线的倾斜角与斜率 直线倾斜角 α 的范围: $\alpha \in [0°,180°)$ 直线斜率 k 的求法: $k = \tan\alpha = \dfrac{y_2 - y_1}{x_2 - x_1}(x_1 \neq x_2)$	多媒体展示区	例题、练习区

教学实施

教学环节		教学内容	教师活动	学生活动	设计意图与资源
课前准备	学	1. 学生通过"云班课"观看老师上传的微课视频"直线的倾斜角与斜率". 2. 学生完成预习测评	通过"云班课"推送微课视频,发布预习测评任务. 检查学生完成情况	自主学习,观看微课,完成预习测评	通过微课视频资料激发学生的学习兴趣,引入新知,培养学生自主学习的习惯
课中实施	导	观看图片,通过问题导入本节课 	提问:同学们观看图片后能联想到什么数学知识	观看图片,分组讨论联想到了什么数学知识	激发学生学习数学的积极性,引出本节课的课题
	探	**探索新知** 1. 直线倾斜角的概念 为了确定直线对 x 轴的倾斜程度,我们引入直线的倾斜角的概念: 设直线 l 与 x 轴相交于点 P,A 是 x 轴上位于点 P 右方的一点,B 是位于上半平面的 l 上的一点,则 $\angle APB$ 叫做直线 l 对 x 轴的倾斜角,简称为 l 的倾斜角.若直线 l 平行于 x 轴,规定倾斜角为零角. 2. 直线倾斜角的范围	引导学生思考:为什么规定 A 是 x 轴上位于点 P 右方的一点,B 是位于上半平面的 l 上的一点?若不规定,会有什么影响?点评学生的答案,并补充完善	分小组讨论,各组代表阐述观点. 归纳新知,总结记忆	培养学生自主探索的能力以及严谨的语言表达能力,加深对知识的印象

教学环节	教学内容	教师活动	学生活动	设计意图与资源
课中实施	先通过画图或实物模拟实验,最后利用动画演示,探究直线倾斜角的范围. 由此我们得到直线倾斜角 α 的范围为: $\alpha \in [0°,180°)$. **3. 直线的斜率** (1)下面研究如何根据直线上的任意两个点的坐标来确定倾斜角的大小. 设 $P_1(x_1,y_1)$, $P_2(x_2,y_2)$ 为直线 l 上的任意两点,可以得到如下的图示: 当 $\alpha \neq 90°$ 时, $x_1 \neq x_2$, $\tan\alpha = \dfrac{y_2-y_1}{x_2-x_1}$; 当 $\alpha = 90°$ 时, $x_1 = x_2$, $\tan\alpha$ 的值不存在,此时直线 l 与 x 轴垂直. 倾斜角 $\alpha(\alpha \neq 90°)$ 的正切值叫做直线 l 的斜率,用小写字母 k 表示,即 $k = \tan\alpha$. 设点 $P_1(x_1,y_1)$, $P_2(x_2,y_2)$ 为直线 l 上的任意两点,则直线 l 的斜率 $k = \dfrac{y_2-y_1}{x_2-x_1}(x_1 \neq x_2)$. 想一想:当 P_1, P_2 的纵坐标相同时,斜率是否存在? 倾斜角是多少? **例题讲解** 根据下面各直线满足的条件,分别求出直线的斜率. (1)倾斜角为30°; (2)直线过点 $A(-2,2)$ 与点 $B(3,-1)$. 解:(1)由于倾斜角 $\alpha = 30°$,故直线的斜率 $k = \tan\alpha = \tan 30° = \dfrac{\sqrt{3}}{3}$. (2)由点 $A(-2,2)$, $B(3,-1)$ 及公式得直线的斜率 $k = \dfrac{y_2-y_1}{x_2-x_1} = \dfrac{-1-2}{3-(-2)} = -\dfrac{3}{5}$. 说明:利用公式 8.3 计算直线的斜率时,将哪个点看作为 P_1,哪个点看作为 P_2 并不影响计算结果	指导学生活动,提示学生画图时不要忽略直线 l 与 x 轴平行或重合的情况. 关注、引导,让每个学生都能推导出这个公式. 引导分析题目中的已知条件,提出公式中的两个要素并示范解答过程,引导学生掌握重点,突破难点	画图或模拟实验,观看动画演示,小组讨论得出结论. 参与公式的推导过程,观察并记住公式 $k = \dfrac{y_2-y_1}{x_2-x_1}$ $(x_1 \neq x_2)$. 认真听老师的讲解,分析已知条件,观看教师的解答示范,思考并回答教师提出的问题	培养学生的观察能力、直观想象能力以及归纳概括能力. 培养学生自主探索的能力,让学生理解并牢记公式,能根据已知条件求直线斜率. 让学生通过具体例子,学会运用公式解决问题
练	1. 判断满足下列条件的直线的斜率是否存在,若存在,求出结果. (1)直线的倾斜角为45°; (2)直线过点 $A(-1,2)$ 与点 $B(3,2)$; (3)直线平行于 y 轴; (4)点 $M(4,-2)$, $N(4,3)$ 在直线上. 2. 设点 $P(-3,1)$, $Q(-5,3)$,则直线 PQ 的斜率为_____,倾斜角为_____	检查,巡视,辅导,针对学生答案的典型情况进行讲解	尝试独立完成小组交流后,拍照上传	及时巩固知识,反馈学习效果

教学环节		教学内容	教师活动	学生活动	设计意图与资源
课中实施	评	1. 教师提问,学生自我小结: (1)今天学习了什么内容? (2)今天学会了什么内容? (3)还有什么疑惑? 2.强调本节课要点: (1)直线倾斜角的范围; (2)直线斜率的求解方法	组织学生汇报本节课收获,适当点评	小组内自评,组间互评,选出本节课表现最优、收获最大的小组	以评促教,以评促学,引发学生反思总结,促进学生成长
课后拓展	固	**知识巩固** 1. 判断满足下列条件的直线的斜率是否存在,若存在,求出结果. (1)直线的倾斜角为 $60°$; (2)直线过点 $A(2,5)$ 与点 $B(3,7)$; (3)直线垂直于 x 轴; (4)点 $M(3,-1)$,$N(2,4)$ 在直线上. 2. 设点 $P(3,2)$,$Q(5,4)$,则直线 PQ 的斜率为_____,倾斜角为_____. **拓展训练** 如果三点 $A(2,1)$,$B(-2,m)$,$C(6,8)$ 在同一条直线上,求 m 的值. **高考链接** 若直线经过点 $(1,2)$,$(4,2+\sqrt{3})$,则此直线的倾斜角为(　　) A. $30°$　　　　B. $45°$　　　　C. $60°$　　　　D. $90°$			

教学反思

在数学活动中,学生认真、自信、积极动手动脑参与活动,完成任务,遇到困难时,愿意通过自己的努力或小组帮扶加以克服,大部分学生对本节课知识的重难点掌握还是比较好的,但还是出现了以下问题:

1. 课堂内容过多,感觉有些学生理不清知识点,在以后的教学过程中,还需放慢教学进度.

2. 教学过程中有部分同学还不能熟练地求出直线的倾斜角,对直线斜率的求解方法运用不熟练,在以后的教学过程中,应多让学生自主练习,从而加深对新知识的记忆和理解.

4　直线的点斜式方程

四川省泸县建筑职业中专学校　高宗伟

教学分析

授课时间	1 课时	选用教材	高等教育出版社《数学(基础模块)下册》(第三版)
授课对象	建筑工程施工专业 2019 级 6 班学生	授课类型	新授课
教学内容			

教学内容	直线的点斜式方程是高等教育出版社《数学(基础模块)下册》第 8 章直线和圆的方程第 2 节直线的方程第 2 课时的内容.本节课主要学习直线上的点的坐标与直线方程的关系,直线的点斜式方程以及与坐标轴平行(垂直)直线方程的表示,通过例题讲解和练习来加强对点斜式方程的理解与应用.直线的点斜式方程的学习可以为以后学习直线的斜截式方程和一般式方程打下基础,因此这节课有承前启后的作用,是本章的重点内容

学情分析	知识基础	学生熟知了直线的倾斜角与斜率的定义,理解了直线的倾斜角与斜率之间的关系. 初中学习了一次函数的图像是一条直线. 会根据直线的倾斜角或者直线上两个不同的点的坐标求出直线斜率
	认知能力	通过直线倾斜角和斜率概念的学习,能够理解倾斜角与斜率之间的关系,学生初步具有数形结合与抽象思维的能力,但对于把函数解析式看作直线方程的理解不够到位,抽象思维能力有待提高
	学习特点	建筑工程施工专业的学生实际操作动手能力较强,学习过程中喜欢参与具体的活动,合作和沟通的意识比较强,但对抽象的数学理论知识缺乏积极思考和主动学习的意识
	专业特性	建筑工程施工专业学生喜欢参与动手操作,具有一定的专业知识和数学思维能力,但对专业知识与数学知识的联系认识不够,对专业知识中蕴含的数学知识感悟不深,对数学知识来源于生活应用于生活感悟不够
教学目标		理解直线(曲线)L 上的点的坐标与方程 $F(x,y)=0$ 的解的关系. 掌握直线的点斜式方程的写法以及与坐标轴平行(垂直)的直线的方程的表示. 结合图像理解点斜式方程,分析点斜式方程的几何特征,培养数形结合的数学思想. 尝试探究与讨论,养成积极思考问题的习惯,树立团队合作的意识,培养数学抽象和直观想象的核心素养
教学重难点	重点	直线(或曲线)L 上的点的坐标与方程 $F(x,y)=0$ 的解的关系,直线的点斜式方程的求解
	难点	理解直线(或曲线)L 上的点的坐标与方程 $F(x,y)=0$ 的解的关系,直线的点斜式方程的求解以及与坐标轴平行(垂直)的直线的方程的表示
教学策略	教法	创设情境教学法、合作探究教学法
	学法	探究学习法、讨论学习法
	教学资源与手段	 学习通 多媒体设备、电子白板、PPT 课件、"学习通"软件. 课中教师使用"学习通"软件进行教学,使用抢答、随机选人、拍照上传、练习评价等功能实现与学生互动.课后学生完成作业上传至"学习通"平台

📁 **教学设计**

流程设计	以"三心二意"为引领,将教学内容进行结构化处理,采用"线上+线下"混合式教学模式,将整个教学过程分为学、导、探、练、评、固六个教学环节. **学 ▷ 导 ▷ 探 ▷ 练 ▷ 评 ▷ 固** 观看微课　创设情境　活动驱动　实战练习　归纳小结　优化作业 预习检测　兴趣导入　探索新知　巩固新知　多元评价　巩固提高				
板书设计	**直线的点斜式方程** 复习直线的倾斜角与斜率的关系 $k=\tan\alpha=\dfrac{y_2-y_1}{x_2-x_1}(x_1\neq x_2)$ 直线与直线方程的关系 直线的点斜式方程 $y-y_0=k(x-x_0)$		多媒体展示区		例题、练习区

📁 **教学实施**

教学环节		教学内容	教师活动	学生活动	设计意图与资源
课前准备	学	观看微课"直线上的点的坐标与方程的解的关系"	通过"学习通"推送微课"直线上的点的坐标与方程的解的关系"	自主学习,用手机观看微课,完成相关练习.说出自己预习过程中的困惑	通过微课的学习激发学生的学习兴趣,引入新知,培养学生自主学习的意识
课中实施	导	用PPT展示以下图片,教师提问,引发学生思考,引出课题. 	提出以下问题: 1. 你能从图片中抽象出什么平面图形吗? 2. 你能求出它的方程吗? 引导学生思考,引出本节课的课题	思考老师提出的问题,被抽中的学生阐述自己的思考结果	引入新知,让学生感受数学来源于生活
	探	**探究一　直线上的点的坐标与直线方程的解的关系** 活动1　设一动点 $P(x,y)$ 在过 $P_0(0,1)$ 点、倾斜角为 $45°$ 的直线上运动,不与 P_0 重合,则 $k=\tan 45°=\dfrac{y-1}{x-0}$,即 $x-y+1=0$,说明直线上任意一点的坐标都是方程 $x-y+1=0$ 的解. 若设点 $P_1(x_1,y_1)$ 的坐标为 $x-y+1=0$ 的解,点 P_1 在直线上吗	利用过两个不同点来表示直线的斜率,探究直线上的点的坐标与对应方程的解的关系,充分调动学生的积极性	回忆斜率公式,根据引导尝试发现直线上的点的坐标与对应方程的解的关系,并归纳总结	培养学生探索的能力以及归纳总结和准确表达的能力

教学环节		教学内容	教师活动	学生活动	设计意图与资源
课中实施	探	分析：由 $x_1-y_1+1=0$，得 $\dfrac{y_1-1}{x_1-0}=1=\tan 45°$， 说明 $P_1(x_1,y_1)$ 在经过 $P_0(0,1)$ 且倾斜角为 $45°$ 的直线上。 归纳概括，引出概念： (1)直线(或曲线)L 上的点坐标都是方程 $F(x,y)=0$ 的解； (2)以方程 $F(x,y)=0$ 的解为坐标的点都在直线(或曲线)L 上。 那么，直线(或曲线)L 叫做二元方程 $F(x,y)=0$ 的直线(或曲线)，方程 $F(x,y)=0$ 叫做直线(或曲线)L 的方程，记作曲线 L：$F(x,y)=0$ 或者曲线 $F(x,y)=0$。 活动 2　巩固练习 (1)判断点 $P(-2,3)$，$Q(4,2)$ 是否为直线 $y=\dfrac{1}{2}x$ 上的点； (2)设点 $P(a,1)$ 在直线 $3x+y-5=0$ 上，求 a 的值。	巡视检查学生完成情况并讲评。	独立完成后通过"学习通"平台进行展示。	培养学生独立思考的能力以及语言表达能力，达到巩固所学知识的目的。
		探究二　直线的点斜式方程 活动 1　求过已知点 $P_0(x_0,y_0)$，且斜率为 k 的直线的方程。 在直线上任取一点 $P(x,y)$(不同于 P_0)。 如图，当 $x\neq x_0$ 时， 	引导学生探索、推导出直线的点斜式方程。	动手画图并尝试推导出直线的点斜式方程，小组交流合作并回答。	师生合作探究，激发学生的学习兴趣，培养学生的合作沟通能力。
		$k=\dfrac{y-y_0}{x-x_0}$，即 $y-y_0=k(x-x_0)$。 方程 $y-y_0=k(x-x_0)$ 叫做直线的点斜式方程，其中 $P_0(x_0,y_0)$ 也为直线上的点，k 为直线的斜率。 活动 2　平面上所有的直线都可以用点斜式方程 $y-y_0=k(x-x_0)$ 表示吗？为什么？ 提示：(1)x 轴所在直线的方程是什么？y 轴所在直线的方程是什么？ (2)经过点 $P_0(x_0,y_0)$ 且平行于 x 轴或 y 轴的直线方程是什么？	引导学生画图分析，巡视指导。	互相讨论，动手作图然后说明理由，拍照上传至"学习通"进行展示。	培养学生的动手操作能力，进一步使学生理解直线的点斜式方程的适用范围，掌握特殊直线方程的表示形式。
		例题　在下列各条件下，求出直线方程。 (1)直线经过点 $P_0(1,2)$，倾斜角为 $45°$； (2)直线经过点 $P_1(3,2)$，$P_2(-1,-1)$。 解：(1)直线的倾斜角为 $45°$，故斜率 $k=\tan 45°=1$， 又因为直线经过点 $P_0(1,2)$， 所以直线方程为 $y-2=1\cdot(x-1)$， 即 $x-y+1=0$。 (2)直线经过点 $P_1(3,2)$，$P_2(-1,-1)$ 由斜率公式得 $k=\dfrac{-1-2}{-1-3}=\dfrac{3}{4}$， 故直线方程为 $y-2=\dfrac{3}{4}(x-3)$， 即 $3x-4y-1=0$	巡视检查，指导学生，并根据学生提交情况进行板书讲评	独立完成，并拍照上传至"学习通"	培养学生独立思考能力、动手操作能力以及语言表达能力

教学 环节		教学内容	教师活动	学生活动	设计意图 与资源
课中实施	练	在下列各条件下,分别求出直线方程. (1)直线经过点 $A(5,2)$,斜率为 3; (2)直线经过点 $D(2,-3)$,且与 y 轴平行; (3)直线经过点 $P(2,5)$,且与 x 轴平行	多媒体展示练习题,巡视检查,点拨指导	思考,书写解题过程,并进行抢答	设计针对性训练,让学生通过实践巩固新知识
	评	本节课我们学了哪些知识点? (1)直线(或曲线)上的点与方程的解的关系; (2)直线方程的点斜式形式以及适用范围; (3)特殊直线的表示		回忆,自主总结,小组内相互交流,并回答问题	培养学生归纳总结及语言表达能力
课后拓展	固	1.根据下列各直线满足的条件,写出直线的方程. (1)过点 $(3,2)$,斜率为 2; (2)过点 $(3,1)$,$(2,2)$; (3)过点 $(-2,-3)$,且与 x 轴垂直. 2.(选做)教材第 59 页习题 8.2 B组第 1 题			学生完成分层作业,上传至"学习通",老师评价反馈

教学反思

在学习中,学生认真、自信,积极动手动脑参与活动,完成老师布置的任务,大部分学生对知识的重难点掌握还是比较好的,但还是出现了以下几个问题:

1.学生根据斜率公式推出直线的点斜式方程时,容易忽略 $x\neq x_0$ 这个条件;由倾斜角计算斜率易出错.

2.教学过程中有部分同学不会运用公式,特别是不理解与两坐标轴平行或垂直的特殊直线的方程的表示.

3.在使用手机和多媒体设备进行资源共享的时候,由于人数较多,网络信号不是很畅通,教学进度就慢了点.

5　直线的斜截式方程

内江高级技工学校　黄春燕

教学分析

授课时间	1 课时	选用教材	高等教育出版社《数学(基础模块)下册》(第三版)
授课对象	机械专业高二年级学生	授课类型	概念课
教学内容	直线的斜截式方程是高等教育出版社《数学(基础模块)下册》第8章直线和圆的方程第2节直线的方程第3课时的内容.本节课的内容有直线在 x 轴、y 轴上的截距的概念,直线的斜截式方程		

学情分析	知识基础	学生在初中已经学习了一次函数的图像在 y 轴上的截距的概念,但时间过久,大多已经遗忘.前面刚学习了直线的倾斜角、斜率,掌握了直线的点斜式方程
	认知能力	前面通过直线点斜式方程的学习,具有了用代数的手段研究几何问题的思想,已初步理解了直线与直线方程的关系,但把函数解析式看作直线方程的理解不够到位,抽象思维能力较弱
	学习特点	学生都有强烈的好奇心,不喜欢循规蹈矩的课堂,大部分同学学习积极主动.如果给予问题,他们喜欢带着问题,积极参与到课堂中
	专业特性	该专业学生需要具有扎实的机械专业知识和较强的动手能力,专业课程以机械设计与制造为主,学生需掌握零件的绘制、看图、检验等知识,所以数学是学好专业课程的基础

教学目标	结合图像,通过观察、对比,理解截距的概念. 掌握直线的斜截式方程;掌握直线的点斜式方程与斜截式方程的互化. 结合图像理解斜截式方程,通过分析方程对应直线的几何特征,树立数形结合的思想,从而培养发现问题、解决问题的能力,提升逻辑推理、数学抽象的核心素养

教学重难点	重点	掌握直线方程的斜截式方程,会进行直线的点斜式方程与斜截式方程的互化
	难点	根据已知条件,选择直线方程的适当形式求出直线方程

教学策略	教法	任务驱动法、问题探究法
	学法	自主探究学习法、合作学习法
	教学资源与手段	用PPT辅助教学,提高课堂效率. 用"西课堂"软件推送"慕课"视频,发布任务,检查学生完成任务的情况,批改作业

教学设计

流程设计	以"三心二意"为引领,将教学内容进行结构化处理,采用"线上＋线下"混合式教学模式,将整个教学过程分为学、导、探、练、评、固六个教学环节.

学 > 导 > 探 > 练 > 评 > 固

观看视频 完成清单	提出问题 导入新课	任务检验 探索新知	课中检测 巩固新知	归纳小结 强化思想	分层作业 巩固提高

板书设计	**直线的斜截式方程** 截距的概念 直线斜截式方程的使用条件 直线的斜截式方程	多媒体展示区	例题、练习区

教学实施

教学环节		教学内容	教师活动	学生活动	设计意图与资源
课前准备	学	1. 观看视频"直线的斜截式方程". 2. 发布任务清单: (1)明确截距的概念; (2)明确直线斜截式方程的使用条件; (3)明确什么是直线的斜截式方程	推送"慕课"视频,发布学习任务	课前观看,自主完成任务	通过观看视频,完成学习任务,初步了解本节课内容,培养学生自主学习的习惯
课中实施	导	【做一做】 1. 若直线 l 的倾斜角为 $\alpha(\alpha \neq 90°)$,则直线 l 的斜率 $k =$ _____. 2. 已知直线 l 上的任意两点 $P_1(x_1, y_1)$,$P_2(x_2, y_2)$,$x_1 \neq x_2$,则直线 l 的斜率 $k =$ _____. 3. 若 $P_0(x_0, y_0)$ 为直线 l 上的点,k 为直线 l 的斜率,则直线 l 的方程为 _____.(直线的点斜式方程) 4. 当直线 l 经过点 $P_0(x_0, y_0)$,与 x 轴垂直(与 y 轴平行)时,则直线 l 的方程为 _____. 5. 当直线 l 经过点 $P_0(x_0, y_0)$,与 y 轴垂直(与 x 轴平行)时,则直线 l 的方程为 _____. 【口答】 若直线 l 过点 $P(0,2)$,且直线 l 的斜率为 -3,则直线 l 的点斜式方程为 _____. 引出本节课的主题:这节课就围绕这种特殊的点斜式方程来学习	用PPT展示. 提问、引导、讲解	思考、回忆、解答. 回答. 在教师引导下,对比、联系,深入思考	让学生通过做练习,回忆巩固知识. 通过口答以旧导新,体现知识的系统性与延续性,提高学生学习积极性
	探	**任务一 明确截距的概念** 如图,设直线 l 与 x 轴交于点 $A(a,0)$,与 y 轴交于点 $B(0,b)$,则 a 叫做直线 l 在 x 轴上的截距(或横截距),b 叫做直线 l 在 y 轴上的截距(或纵截距). 【练一练】 1. 直线过点 $A(3,0)$,则直线在_____轴上的截距为_____. 2. 直线过点 $B(0,-2)$,则直线在_____轴上的截距为_____. 3. 直线在 x 轴上的截距为 -5,则直线过点_____. 4. 直线在 y 轴上的截距为 $\frac{1}{2}$,则直线过点_____ **任务二 明确直线斜截式方程的使用条件** ①直线在 y 轴上的截距是 b,或直线经过点 $B(0,b)$; ②直线的斜率为 k	引导学生思考: 1. 直线在 x 轴及 y 轴上的截距有可能是负数吗? 2. 截距是距离吗? 引导学生思考:写直线斜截式方程需要哪些条件	观察、理解. 认真思考、小组讨论,展示讨论结果. 尝试画图,结合图形思考,小组讨论后回答. 思考、讨论、回答	培养学生主动探索新知识的兴趣和能力,增强学习自信心. 加深对截距概念的理解. 小组讨论,合作学习,明确直线斜截式方程的使用条件

续表

教学环节		教学内容	教师活动	学生活动	设计意图与资源
课中实施	探	**任务三　明确什么是直线的斜截式方程** 设直线在 y 轴上的截距是 b,即直线经过点 $B(0,b)$,且斜率为 k,则这条直线的方程为 $y=kx+b$. 【想一想】 1. 能否用斜截式方程表示平面内的所有直线? 2. 将直线的斜截式方程与我们所学的一次函数的解析式比较,你会得出什么结论	提出问题,引导学生思考,点评答案,讲解补充	思考、讨论、回答	让学生合作学习,将一次函数解析式和直线方程的内在联系与区别弄清楚,加强对直线斜截式方程的理解
	练	**环节一　小组抢答** 写出下列直线的斜截式方程. (1)斜率为 3,在 y 轴上的截距是 -2; (2)倾斜角为 $120°$,过点 $(0,4)$; (3)倾斜角为 $30°$,在 y 轴上的截距是 9; (4)斜率为 3,在 x 轴上的截距是 -6. **环节二　共同探讨** 设直线 l 的倾斜角为 $60°$,并且经过点 $P(2,3)$. (1)写出直线 l 的方程; (2)求直线 l 在 y 轴上的截距. 解:(1)由于直线 l 的倾斜角为 $60°$,故其斜率 $k=\tan 60°=\sqrt{3}$. 又直线经过点 $P(2,3)$,由直线的点斜式方程得 $y-3=\sqrt{3}(x-2)$. (2)将上面的方程整理为 $y=\sqrt{3}x-2\sqrt{3}+3$. 这是直线的斜截式方程,可知直线 l 在 y 轴上的截距为 $3-2\sqrt{3}$. 【试一试】 上题(2)中,求直线在 y 轴上的截距还有其他的方法吗? 【测一测】 1. 已知直线的斜截式方程为 $y=-x+4$,则该直线的斜率为_____,倾斜角为_____,纵截距为_____,横截距为_____. 2. 根据下列各直线满足的条件,写出直线的方程. (1)过点 $(5,2)$,斜率为 3; (2)在 y 轴上的截距为 5,斜率为 4. 3. 分别求出直线 $y-8=5(x-1)$ 的斜率,在 x 轴上及 y 轴上的截距. 4. 已知直线在 y 轴上的截距是 2,并且直线经过点 $P(8,-4)$,求直线的方程	组织学生参与环节一的抢答,让学生进一步掌握直线的斜截式方程.通过问题(3)引导学生突破选择适当形式求直线方程的难点. 引导学生利用环节二巩固直线方程的求解,从而会利用直线方程求斜率和截距. 提问并引导学生完成. 用"雨课堂"推送题目	思考,小组抢答,自评、互评 思考,分析,自主解答. 思考,回答. 独立完成	通过抢答,激发学生学习兴趣和信心,巩固新知. 通过环节二,让学生掌握直线的点斜式方程和斜截式方程的几何特征,明确可以将直线的点斜式方程转化为斜截式方程. 通过试一试,让学生发散思维,灵活应用知识. 用"雨课堂"检测学生知识掌握的情况,看是否完成教学目标
	评	1. 教师引导学生归纳总结; 2. 评出优胜小组		回忆并回答,加深理解	知识梳理,构建知识体系
课后拓展	固	1. 阅读教材中的本节课内容; 2. 完成练习册第 8.2.2 节内容; 3. 若直线 $(m-2)x+2y-m+3=0$ 的斜率为 2,求该直线在 y 轴上的截距			学生先独立完成作业,并根据答案分析初步订正.教师看到结果后,及时点评

教学反思

　　直线的斜截式方程是点斜式方程的特殊情况,本节课的教学以任务驱动法为主,布置的任务即为本节的知识点,让学生主动去学习,把课堂还给学生,激发了学生的学习兴趣,鼓励学生主动参与学习活动,课堂气氛融洽,很好地完成了教学目标.课堂练习和检测题由浅入深,不断巩固知识点,增强学生学习的自信心,达到了训练学生数学思维能力、提升分析解决问题能力的目的.

6 直线的一般式方程(一)

四川省德昌县职业高级中学 唐雅琦

教学分析

授课时间	1课时	选用教材	高等教育出版社《数学(基础模块)下册》(第三版)
授课对象	幼教专业学生	授课类型	概念课
教学内容	\	\	教材中介绍直线方程采取先特殊后一般的逻辑方式.两种特殊形式的直线方程(点斜式、斜截式)的几何特征明显,但各有其局限性,而直线的一般式方程虽无任何限制,但几何特征却不明显.教学中应注意各部分知识之间过渡要自然流畅,不生硬. 直线方程的一般式反映了直线方程各种形式之间的统一性,教学中要充分揭示直线方程本质属性,建立二元一次方程与直线的对应关系,为以后继续学习"曲线方程"打下基础. 本节课后将要学习两条直线的位置关系,圆的有关知识.直线的一般式方程既是对直线方程的总结,又是后面知识的铺垫,起着承上启下的重要作用

教学内容	教材中介绍直线方程采取先特殊后一般的逻辑方式.两种特殊形式的直线方程(点斜式、斜截式)的几何特征明显,但各有其局限性,而直线的一般式方程虽无任何限制,但几何特征却不明显.教学中应注意各部分知识之间过渡要自然流畅,不生硬. 直线方程的一般式反映了直线方程各种形式之间的统一性,教学中要充分揭示直线方程本质属性,建立二元一次方程与直线的对应关系,为以后继续学习"曲线方程"打下基础. 本节课后将要学习两条直线的位置关系,圆的有关知识.直线的一般式方程既是对直线方程的总结,又是后面知识的铺垫,起着承上启下的重要作用

学情分析	知识基础	掌握了直线的点斜式、斜截式方程
	认知能力	学生独立分析问题、解决问题的能力较弱,且不善于进行知识的归纳和总结
	学习特点	对抽象问题的理解能力差,喜欢直观的感受和动手操作,喜欢趣味性的活动,学习不够大胆,需要教师多激发学生的学习兴趣,多给学生鼓励,帮助学生树立起学习的信心,加强学法指导,教给学生好的学习方法
	专业特性	幼教专业的学生动手能力强、活泼好动,但是逻辑思维能力较弱,本堂课可较好地培养其逻辑思维能力

教学目标	会描述直线方程一般式的形式特征;会把点斜式、斜截式化为一般式;会把直线的一般式方程化为斜截式,进而求斜率和截距. 通过观察、辨析,发现直线方程的共同属性,逐步推导出直线一般式方程的特征.在从具体分析到归纳总结的过程中,发展学生的数学观察、想象、概括等逻辑推理能力. 掌握直线的一般式方程 $Ax+By+C=0$ 的特征(A,B 不同时为 0). 经历探究学习,培养勇于探索、敢于创新的精神,从探索中获得成功的体验,实现自我价值,培养自信心,树立正确的人生观,认识事物之间的普遍联系与相互转化,用联系的观点看问题,感受数学文化的价值

教学重难点	重点	直线的一般式方程;直线的点斜式、斜截式方程与一般式方程的相互转化
	难点	直线一般式方程的理解与应用

教学策略	教法	启发式教学法、讨论式教学法
	学法	自主学习法、探究学习法、合作学习法
	教学资源与手段	多媒体教室、PPT教学课件、"学习通"软件

教学设计

以"三心二意"为引领,将教学内容进行结构化处理,采用"线上＋线下"混合式教学模式,将整个教学过程分为学、导、探、练、评、固六个教学环节.

流程设计	学	导	探	练	评	固
	自主学习 完成任务	创设情境 导入新课	实验探究 得出新知	学以致用 巩固概念	课堂小结 小组评价	分层作业 巩固提高

板书设计	直线的一般式方程(一) 点斜式 斜截式 一般式	多媒体展示区	例题、练习区

教学实施

教学环节		教学内容	教师活动	学生活动	设计意图与资源
课前准备	学	课前对学生进行分组,在"学习通"平台学习群中发布预习任务及课前检测题	制作课前检测题上传到"学习通"平台	自主学习,完成课前检测题	引导课前学生预习知识,培养学生自主学习的能力和主动学习的意识
课中实施	导	由下列条件,写出直线的方程,并说出是我们学过的什么形式的直线方程. (1)经过点 $A(8,2)$,斜率是 -2; (2)经过点 $B(0,-2)$,倾斜角为 $45°$	对学生的答案进行正误判断和点评	自我展示用旧知识解决问题的解答过程	检查学生对旧知的掌握情况,同时给学习困难的学生进行示范和指导,为后面进行点斜式、斜截式、一般式的相互转化打下坚实的基础
	探	问题1　直线的点斜式方程 $y-y_0=k(x-x_0)$、斜截式方程 $y=kx+b$ 能转化成 $Ax+By+C=0$ 的形式吗? 试一试. 问题2　任意一个关于 x,y 的二元一次方程 $Ax+By+C=0(A,B$ 不同时为零)是否表示一条直线? (1)当 $A\neq0,B\neq0$ 时,方程可化为_____,表示斜率为_____,_____轴上截距为_____的直线. (2)当 $A\neq0,B=0$ 时,方程可化为_____,表示_____. (3)当 $A=0,B\neq0$ 时,方程可化为_____,表示_____. 思考:当 $A=0,B=0$ 时,方程还表示直线吗	引导学生思考,对学生的演示结果进行点评. 引导学生思考,得出结论	小组合作完成,并推荐代表演示直线的点斜式方程、斜截式方程的转化过程. 小组合作完成,抢答并给出转化的过程,体会二元一次方程 $Ax+By+C=0$ 表示直线的条件和一般性特点	培养学生的合作意识、大胆尝试解决问题的能力. 培养学生独立思考问题的能力,展示完成的转化过程,培养学生思维的严密性

教学环节		教学内容	教师活动	学生活动	设计意图与资源
课中实施	探	问题3　什么叫直线的一般式方程？如何求出直线 $Ax+By+C=0(A,B$ 不同时为零$)$ 在 x 轴上的截距、在 y 轴上的截距？ 出示求直线 $Ax+By+C=0(A,B$ 不同时为零$)$ 的斜率和截距的方法： 把直线的一般式方程转化为斜截式，得出斜率以及在 y 轴上的截距. 求直线在 x 轴上的截距，即求直线与 x 轴交点的横坐标，在方程中令 $y=0$，解出的 x 的值，即为直线在 x 轴上的截距. 求直线在 y 轴上的截距，即求直线与 y 轴交点的纵坐标，也可以在方程中令 $x=0$，解出的 y 的值，即为直线在 y 轴上的截距	提出问题，并引导学生得出答案. 先复习横、纵截距的概念，再引导学生思考解答	思考、讨论、回答. 思考、讨论，总结出已知直线方程的一般式，求直线的斜率和截距的方法	引导学生学会正确地分类，培养学生分类讨论的思想. 使学生体会直线的一般式方程与斜截式的关系、已知直线的一般式方程求直线的斜率和截距的方法
	练	1. 求直线 $x-2y+8=0$ 在 x 轴、y 轴上的截距及直线的斜率. 2. 将方程 $y-2=\frac{1}{2}(x+1)$ 化为直线的一般式方程，并分别求出该直线在 x 轴、y 轴上的截距	根据学生答题情况给予激励	演练，展示结果	巩固知识，并引导学生探求化点斜式、斜截式为一般式并求直线的斜率和截距的方法
	评	1. 这节课你学到了哪些知识？ (1)直线的一般式方程； (2)由直线的一般式方程求直线的斜率和截距； (3)直线不同形式方程间的转化. 2.结合课堂表现，推优表扬		对自己所在的小组及成员进行评判	通过自我评判，激励学生更加努力学习，提高学习的积极性，同时也引导学生客观、公正地的评价自己和他人，形成正确的价值观
课后拓展	固	1.书面作业：练习册第59页第4题； 2.课后预习：直线的一般式方程(二)			及时了解学生的掌握情况，有助力于查漏补缺；集中批阅便于纠正学生的共性错误，同时也照顾到基础差的学生

教学反思

　　本节课以课程标准为指导，结合教学参考用书，围绕数学学科核心素养进行设计.
　　教学过程中教师的主导作用发挥较好，通过小组合作探究的方式发现、巩固结论，充分体现了学生的主体地位.采取小组自评、互评的方式进行评价，更利于学生思考本节课的收获，也让教师及时发现自己教学设计的效果和不足.
　　学生自主探究时间过少，在深化结论上存在很大问题，教师的引导方式还有待提高.

7　直线的一般式方程(二)

四川省德昌县职业高级中学　何昌全

教学分析

授课时间	1 课时	选用教材	高等教育出版社《数学(基础模块)下册》(第三版)
授课对象	幼教专业学生	授课类型	习题课
教学内容	强化学生对直线的一般式方程的理解和认识,发现直线各种形式的方程的特点以及它们的几何特征等,使学生明白为什么要转化,并加深对直线各种形式的方程的理解		

学情分析	知识基础	掌握了直线的斜截式、点斜式、一般式方程
	认知能力	学生独立分析问题、解决问题的能力较弱,且不善于进行知识的归纳和总结
	学习特点	对抽象问题的理解能力差,喜欢直观的感受和动手操作,喜欢趣味性的活动,学习不够大胆,需要教师多激发学生的学习兴趣,多给学生鼓励,帮助学生树立起学习的信心,加强学法指导,教给学生好的学习方法
	专业特性	幼教专业的学生动手能力强、活泼好动,但是逻辑思维能力较弱,本堂课可较好地培养其逻辑思维能力,有利于其以后处理教学工作中的突发情况,多角度、全面地解决问题

教学目标	通过对直线方程的探究与应用,体验数学发现和探索的历程,培养全面、系统、周密地分析问题、讨论问题的能力以及创新意识. 通过直线方程几种形式互化的练习,培养灵活的思维和辩证唯物主义观点. 掌握直线各种形式方程之间的内在联系,运用本节课知识,从整体上把握直线方程. 通过丰富的讨论模式以及点评模式,培养辩证地认识自我以及在生活中发现美、认识美的能力

教学重难点	重点	直线的点斜式、斜截式方程与一般式方程的相互转化
	难点	直线一般式方程的理解与应用

教学策略	教法	启发式教学法、讨论式教学法
	学法	自主学习法、探究学习法、合作学习法
	教学资源与手段	多媒体教室、PPT 教学课件、"学习通"软件

教学设计

<table>
<tr>
<td rowspan="2">流程
设计</td>
<td colspan="6">以"三心二意"为引领,将教学内容进行结构化处理,采用"线上＋线下"混合式教学模式,将整个教学过程分为学、导、探、练、评、固六个教学环节.

学 ＞ 导 ＞ 探 ＞ 练 ＞ 评 ＞ 固</td>
</tr>
<tr>
<td>课前思考</td>
<td>复习旧识</td>
<td>典型例题
探索交流</td>
<td>学以致用
巩固提升</td>
<td>课堂小结
小组评价</td>
<td>优化作业
巩固提高</td>
</tr>
<tr>
<td>板书
设计</td>
<td colspan="3">直线的一般式方程(二)
点斜式、斜截式和一般式的对比分析</td>
<td colspan="1">多媒体展示区</td>
<td colspan="2">例题、练习区</td>
</tr>
</table>

教学实施

教学环节		教学内容	教师活动	学生活动	设计意图与资源
课前准备	学	课前对学生进行分组,通过"学习通"发布课前思考任务. 对比分析直线的点斜式、斜截式和一般式方程,填写表格: <table><tr><td>名称</td><td>已知条件</td><td>标准方程</td><td>适用范围</td></tr><tr><td>点斜式</td><td></td><td></td><td></td></tr><tr><td>斜截式</td><td></td><td></td><td></td></tr><tr><td>一般式</td><td></td><td></td><td></td></tr></table>	评价、修正学生的答案,并为小组积分	独立思考并抢答填空	复习旧知识,为本节课的学习做好铺垫
课中实施	导	例1 由下列条件,求出直线的方程,并且化成一般式:倾斜角为 $\frac{5\pi}{6}$,在 y 轴上的截距是2	引导,板书讲解	小组合作完成,并推荐代表在黑板上展示过程	培养学生合作意识,独立思考问题的意识,大胆尝试解决问题的意识
	探	例2 由下列条件,求出直线的方程,并且化成一般式:经过点 $M(4,-3)$,且平行于 y 轴. 例3 直线 $(2m^2-5m+2)x-(m^2-4)y+5m=0$ 的倾斜角为 $45°$,则 m 的值为( ) A.-2 B.2 C.-3 D.3	引导,优化学生的解答	小组合作完成,抢答并给出解题过程	引导学生学会根据条件合理选择直线方程的形式. 引导学生学会正确地分类,培养学生分类讨论的思想和独立思考问题的能力
	练	1.经过点$(4,-3)$,斜率是-2的直线的方程	批改、评价	小组合作完成,并推荐代表在黑板上展示过程	培养学生独立思考问题的能力和思维的严密性,让学生学会由因索果

续表

教学环节		教学内容	教师活动	学生活动	设计意图与资源
课中实施	练	2. 求经过点 $M(4,-3)$，且平行于 x 轴的直线的方程. 3. 求过点 $M(4,-3)$，且在两坐标轴上截距相等的直线的方程	批改、评价	小组合作完成，并推荐代表分享解题思路和过程	培养学生合作意识、独立思考问题的意识、大胆尝试解决问题的意识以及分类讨论的思想
	评	这节课你有哪些收获? (1)方法与技巧; (2)易错易漏的情形; (3)数学思想		谈谈本节课的收获，自由发言，相互补充	把本节课零碎的方法、技巧等进行归纳整理，便于学生整体把握本节课的要点
课后拓展	固	1. 直线 $l:ax+4my+3a=0(m\neq0)$ 过点 $(1,-1)$，那么 l 的斜率为_____. 2. 直线 l 的方程为 $(3m+2)x+y+8=0$，若直线不经过第二象限，则 m 的取值范围是_____. 3. 过点 $(1,3)$ 作直线 l，若 l 经过点 $(a,0)$ 和 $(0,b)$，且 $a,b\in\mathbf{N}^*$，则可作出的直线 l 的条数是_____. 4. 已知点 $A(1,1)$ 和 $B(3,3)$，且在 x 轴上必存在一点 P，使得从 A 出发的入射光线经过点 P 反射后经过点 B，则点 P 的坐标为_____			有助于学生查漏补缺;集中批阅便于纠正学生的共性错误，同时也照顾到基础差的同学，为学习困难学生起到了示范和面对面的指导作用

教学反思

本节课以课程标准为指导，结合教学参考用书，围绕数学学科核心素养进行设计.

教学过程中教师的主导作用发挥较好，通过小组合作探究的方式巩固了知识和技能，充分体现了学生的主体地位.采取小组自评、互评的方式进行评价，更利于学生思考本节课的收获，也让教师及时发现自己在例题、练习的筛选和编排方面的不足.

8　两条直线的位置关系

叙永职高　穆举红

教学分析

授课时间	1 课时	选用教材	高等教育出版社《数学(基础模块)下册》(第三版)
授课对象	旅游专业 2019 级 1 班学生	授课类型	新授课
教学内容			两条直线的位置关系是高等教育出版社《数学(基础模块)下册》第 8 章第 3 节第 1 课时的内容.通过复习初中学习的两条直线的位置关系,在学习了直线方程的基础上,进一步探讨两条直线的位置关系,同时这节课的内容也为两条直线平行关系的判定奠定基础,所以具有承上启下的作用
学情分析	知识基础		学生已经学习了直线的方程,并在初中学习了两条直线的位置关系,对两条直线平行也有了一定的了解,为本节课的学习提供了知识准备,但由于从初中到现在,时间间隔长,已遗忘得差不多了
	认知能力		一部分学生对直线倾斜角、斜率等概念理解不够透彻,不能把直线的倾斜角和它的正切值即直线的斜率准确对应,不能熟练地将直线的一般式方程转化成斜截式方程
	学习特点		学生们形象思维比较好,对看得见、摸得着的具体事物或直观图形比较容易接受,从而进行思考,但逻辑思维能力、抽象概括能力不够强.学生自控力较差,但他们合作意识较强,有成功的渴望
	专业特性		旅游专业学生思维比较活跃,有想法、有见解,人际交往、沟通能力及表达能力较强
教学目标			掌握两直线相交、平行、重合的等价条件,会根据直线的方程判断两条直线的位置关系,进一步体会归纳猜想、类比转化、分类讨论、数形结合等数学思想. 通过直线方程对直线位置关系进行定量分析,体会用代数方法研究解决几何问题的思想. 培养有序思考问题的习惯;体验"数形结合"研究问题的便捷,感受科学思维方法的价值;通过成功体验培养勤奋学习的好习惯,为今后的工作打下良好基础. 通过展示我国一些著名建筑和阅兵式中的检阅"方队"的片断,感受我国人民的聪明智慧,激发对生活的热爱及爱国热情
教学重难点	重点		通过直线斜率判断两条直线的位置关系,尤其是判断两条直线的平行关系
	难点		探究得到通过直线的斜率判断两条直线的位置关系的方法
教学策略	教法		启发式教学法、讨论式教学法
	学法		自主学习法、探究学习法、合作学习法
	教学资源与手段		EN　　OK　　EV 希沃白板　　快剪辑　　EV录屏 导学案、PPT 课件、"希沃白板"软件等. 借助导学案让学生养成预习的习惯,也为更好地理解当堂课的重点知识做准备. 用 PPT 增加课堂容量,同时将需要表达的内容直观、形象地展示出来. 用 GeoGebra 让学生直观感受动画效果,用"希沃白板"中的计时、抢答等功能辅助教学. 剪辑 2019 年国庆阅兵式中"检阅方队"的片断,将剪辑的视频和我国一些著名建筑的图片做成微课

教学设计

流程设计	以问题串为引领,将教学内容进行结构化处理,采用"线上＋线下"混合式教学模式,将整个教学过程分为学、导、探、练、评、固六个教学环节.
	学 〉 导 〉 探 〉 练 〉 评 〉 固
	复习旧知　观看微课导入新课　分组讨论探究新知　结论应用巩固练习　课堂小结小组评价　分层作业巩固提高

板书设计	两条直线的位置关系		
	复习旧知	多媒体展示区	例题、练习区
	探索新知		

教学实施

教学环节		教学内容	教师活动	学生活动	设计意图与资源
课前准备	学	**复习旧知** 1. 平面内两条直线的位置关系有哪些? 2. 平行公理的内容是什么? 3. "同位角相等"是"两直线平行"的什么条件? 4. 直线斜率表示的意义是什么? 5. 直线的倾斜角和它的正切值即直线的斜率有什么关系	引导学生思考、回答,适时点拨,适当补充	积极思考,回忆,回答	通过导学案复习旧知识,为本节课的学习做好铺垫,培养学生自主学习的意识
课中实施	导	**情境导入** 你能找生活中能反映两条直线位置关系的例子吗? 播放微课视频: 1. 2019 年国庆阅兵中"检阅方队"的片段; 2. 北京立交桥、青马大桥…… 今天,我们来研究两条直线位置关系和直线的斜率的对应关系	结合生活实际,创设问题情境,适时点评微课内容,引发学生思考	观看微课视频. 在教师的引导下,认真思考	结合生活创设问题情境,让学生意识到两直线平行、相交、重合是生活中的普遍现象,让学生进一步理解数学来源于生活,激发学生的学习兴趣和对生活的热爱. 通过播放让国人骄傲、让世人震撼的 2019 年国庆阅兵片段,激发的学生爱国热情
	探	**探索新知** 问题　两直线平行,它们的斜率之间有怎样的关系? (一)当两直线斜率存在且都不为 0 时 			

教学环节		教学内容	教师活动	学生活动	设计意图与资源
课中实施	探	$l_1 /\!/ l_2 \Rightarrow \alpha_1 = \alpha_2 \Rightarrow k_1 = k_2$; 反之,$k_1 = k_2 \Rightarrow \alpha_1 = \alpha_2 \Rightarrow l_1 /\!/ l_2$. 即 $l_1 /\!/ l_2 \Leftrightarrow k_1 = k_2$. 归纳:两条不同的直线斜率相等,两直线平行;反之,两直线平行,两条直线的斜率相等. (二)当两直线斜率都为0时 两条直线都与 x 轴平行,所以 $l_1 /\!/ l_2$. 归纳:两条直线的斜率都为0时,两直线平行. (三)当两直线斜率都不存在时 两条直线都与 x 轴垂直,所以 $l_1 /\!/ l_2$. 归纳:两条直线的斜率都不存在时,两直线平行. 【试一试】 1.已知不重合的两条直线 l_1 和 l_2,l_1 的倾斜角是 $30°$,l_2 的倾斜角是 $\dfrac{\pi}{6}$,则 l_1 与 l_2 的位置关系是_____. 2.已知两条直线 $l_1:y=2x-5$ 和 $l_2:y=2x+3$,则 l_1 与 l_2 的位置关系是_____. 3.已知直线 $l_1:y=3x-2$ 和 $l_2:y=kx+2$,且 $l_1 /\!/ l_2$,则 $k=$_____. 4.已知直线 l_1 的倾斜角是 $0°$,l_2 的斜率是0,则 l_1 与 l_2 的位置关系_____. 5.已知两条直线 $l_1:y=5$ 和 $l_2:y=-3$,则 l_1 与 l_2 的位置关系是_____. 总结:两条直线的斜率存在且相等,两直线平行;两直线的斜率都不存在,两直线平行.反之,两直线平行则其斜率相等或斜率都不存在. (四)当两直线斜率都存在但不相等时 	引导学生按导学案中所列五种情况,画图分析,思考讨论. 巡视,个别指导. 引导学生归纳总结. 引导学生画图分析,思考讨论,并点评学生代表的结论	**探一探** 分组探究,画图分析,尝试归纳. **练一练** 独立完成练习,查看自己的知识掌握情况. **记一记** 尝试归纳总结,并记住结论. 学生先分组讨论,然后派代表发言	小组合作,自主探究,让学生经历知识的形成过程.从而理解更深刻.小组学习,既调动了学习兴趣,又培养了合作意识. 及时验证结论,巩固知识,让学生的理解更加深刻,利用"希沃白板"中的计时功能,控制好课堂节奏,提升学生的解题效率. 培养学生自主探索知识的能力以及严谨的语言表达能力,加深对知识的印象

教学环节		教学内容	教师活动	学生活动	设计意图与资源
课中实施	探	(五)当一条直线的斜率存在,另一条直线的斜率不存在时 归纳:两直线斜率不相等或一条直线斜率不存在另一条直线斜率存在时,两直线相交. **【试一试】** 1. 已知直线 l_1 的倾斜角是 $30°$,直线 l_2 的斜率是 $\sqrt{3}$,则 l_1 与 l_2 的位置关系是_____. 2. 已知直线 l_1 的倾斜角是 $90°$,直线 l_2 的斜率是 0,则 l_1 与 l_2 的位置关系是_____. **总结:判断两条直线位置关系的一般步骤如下.** 1. 判断两条直线斜率是否存在. 2. 若都不存在,则两直线平行或重合. 3. 若只有一条直线斜率不存在,则两直线相交. 4. 若都存在,当 $k_1 \neq k_2$ 时,两直线相交; 当 $k_1 = k_2$,$b_1 = b_2$ 时,两直线重合; 当 $k_1 = k_2$,$b_1 \neq b_2$ 时,两直线平行	巡视,个别指导. 引导学生归纳总结	**练一练** 独立思考,完成练习. **记一记** 在教师引导下尝试归纳总结,并记住结论	及时训练,巩固知识. 引导学生自主归纳总结,体验成功的喜悦,提升抽象思维能力
	练	**巩固练习** 1. 已知直线 l_1 的倾斜角是 $\dfrac{\pi}{2}$,直线 l_2 与 y 轴平行,则 l_1 与 l_2 的位置关系是_____. 2. 已知直线 l_1 的倾斜角是 $90°$,l_2 的斜率是 $\dfrac{1}{2}$,则 l_1 与 l_2 的位置关系是_____. 3. 已知直线 l_1 的倾斜角是 $0°$,直线 l_2 与 x 轴平行,则 l_1 与 l_2 的位置关系是_____	统计并评讲错误率较高的习题	**测一测** 完成课堂测试,查看知识掌握情况	巩固知识,进一步了解学生的知识掌握情况
	评	1. 教师引导学生归纳总结. (1)判断两条直线位置关系的方法: 设直线 $l_1 : y_1 = k_1x + b_1$,$l_2 : y_2 = k_2x + b_2$,则 | 两方程的系数关系	$k_1 \neq k_2$	$k_1 = k_2$ 且 $b_1 \neq b_2$	$k_1 = k_2$ 且 $b_1 = b_2$
---	---	---	---
两直线的位置关系	相交	平行	重合 | (2)判断两条直线的位置关系的步骤. 2. 结合统计数据和学习痕迹,评出优胜小组	比一比 小组答题总结. **评一评** 小组自评、互评,最后教师总评,选出本节课优胜小组		通过各组之间的评比激发学生的学习斗志,既肯定努力的学生,又激励学生后续学习
课后拓展	固	**必做作业** 1. 复习本节课内容; 2. 书面作业:写五个不同的直线的一般式方程并把它们化成斜截式方程; 3. 预习教材第 $61,62$ 页,并完成相应导学案. **选做作业** 1. 判断直线 $6x + 2y + 5 = 0$ 与直线 $y = -3x - 1$ 的位置关系. 2. 判断直线 $y = \dfrac{1}{3}x - 2$ 与直线 $\dfrac{1}{2}x = \dfrac{3}{2}y + 3$ 位置关系			巩固本节课所学内容. 作业分层,让学有余力的同学继续提高

教学反思

　　课前让学生利用导学案进行预习,认真找生活中具有平行线和相交线特征的例子:操场的单双杠、教室的日光灯、家里楼梯扶手上的竖条柱子等等,让学生去感受数学来源于生活,从而激发了学生对生活的热爱,也激发了学生努力探索的精神.

　　利用微课展示2019年国庆阅兵视频片段,北京立交桥、青马大桥等的图片,激发了学生们的爱国热情,从而提高了学生学习数学的激情.

　　通过小组合作探究得到了结论,提高了学生的合作意识与学习主动性,接着马上"牛刀小试"验证结论,进一步理解结论.通过对归类题组逐题一步一步地解答,让学生触类旁通,类比迁移,之后立即点评、总结,加深了学生对知识的理解,同时突出了重点,突破了难点,也让学生养成规范解题的习惯.

　　利用"希沃白板"中的计时器进行抢答,调动了学生的积极性;利用拍照上传作业及时反馈学生的掌握情况,从而及时查漏补缺;利用各组之间挑战的方式激发了学生的学习斗志.

　　通过作业反馈情况看,这节课起到较好的教学效果,各层次学生的作业都完成较好,各有收获,各有提高.有少量学生存在解题不细心,书写格式不规范等现象.

9　两条直线平行

泸州市职业技术学校　郑　莉

教学分析

授课时间	1 课时	选用教材	高等教育出版社《数学（基础模块）下册》（第三版）
授课对象	旅游专业 2019 级 1 班学生	授课类型	新授课
教学内容	两条直线平行是高等教育出版社《数学（基础模块）下册》第 8 章第 3 节第 2 课时的内容. 本节课在学生学习了直线的方程以及直线位置关系的简单知识的基础上，进一步探讨两条直线平行的判定. 两条直线的平行和垂直一直是高考的重要考点之一，因此两直线平行的判定方法是本节课的重点，必须让学生掌握，同时本节课的内容也为后面两条直线相交关系的判定奠定基础，所以本节课具有承上启下的作用		
学情分析	知识基础	学生在上一节课已经学习了两条直线位置关系和直线斜率的对应关系，对直线的方程和两条直线平行关系也有了一定的了解，为本节课的学习提供了知识准备	
	认知能力	大部分学生不能熟练地将直线的一般式方程转化成斜截式方程从而通过直线斜率判断两条直线的位置关系	
	学习特点	学生们形象思维比较好，对看得见、摸得着的具体事物或直观图形比较容易接受，从而进行思考，但逻辑思维能力、抽象概括能力不够强. 学生自控力较差，但他们合作意识较强，有成功的渴望	
	专业特性	旅游专业学生思维比较活跃，有想法、有见解，人际交往、沟通能力及表达能力较强	
教学目标	掌握两条直线平行的判定方法，能根据判定方法判断两条直线是否平行. 能根据条件求与已知直线平行的直线. 在对两直线位置关系的定量、定性分析中，提高数学运算能力和逻辑思维能力的核心素养. 体验数形结合研究问题的便捷，感受科学思维方法的价值		
教学重难点	重点	通过直线斜率判断两条直线的位置关系（主要是判断两条直线的平行关系）	
	难点	两条直线平行条件的灵活运用	
教学策略	教法	启发式教学法、讨论式教学法	
	学法	自主学习法、探究学习法、合作学习法	
	教学资源与手段	几何画板 导学案、PPT 课件、"希沃白板"软件等. 借助导学案让学生养成预习的习惯，也为更好地理解当堂课的重点知识做准备. 用 PPT 增加课堂容量，同时将需要表达的内容直观、形象地展示出来. 用几何画板让学生直观感受动画效果. 用"希沃白板"中的计时、抢答等功能辅助教学	

教学设计

流程设计	以问题串为引领,将教学内容进行结构化处理,采用"线上+线下"混合式教学模式,将整个教学过程分为学、导、探、练、评、固六个教学环节.

	学	导	探	练	评	固
	预习热身	复习旧知 导入新课	分组讨论 例题辨析	结论应用 巩固练习	课堂小结 小组评价	分层作业 巩固提高

板书设计	**两条直线平行** 判断两直线位置关系的方法 判断两直线位置关系的步骤	多媒体展示区	例题、练习区

教学实施

教学环节		教学内容	教师活动	学生活动	设计意图与资源
课前准备	学	**预习热身** 1. 预习教材第 61,62 页; 2. 写五个不同的直线的一般式方程并把它们化成斜截式方程	检查预习效果,解答疑惑	预习、思考,完成任务,提出疑惑	锻炼学生自主学习的能力
课中实施	导	**复习导入** 1.判断两条直线位置关系的方法: 设直线 $l_1:y_1=k_1x+b_1$, $l_2:y_2=k_2x+b_2$,则 表格: 两方程的系数关系 / $k_1 \neq k_2$ / $k_1=k_2$ 且 $b_1 \neq b_2$ / $k_1=k_2$ 且 $b_1=b_2$ 两直线的位置关系 / 相交 / 平行 / 重合 2.判断两条直线位置关系的一般步骤: (1)判断两条直线的斜率是否存在. (2)若都不存在,则两直线平行或重合. (3)若只有一条直线斜率不存在,则两直线相交. (4)若都存在, 当 $k_1 \neq k_2$ 时,两直线相交; 当 $k_1=k_2$, $b_1=b_2$ 时,两直线重合; 当 $k_1=k_2$, $b_1 \neq b_2$ 时,两直线平行	围绕判断两直线位置关系的方法和一般步骤,设置问题,引导学生回答.针对回答有不准确的地方,适时引导提示,补充完善	积极思考教师的提问,回忆上节课内容,认真回答	结合上一节课所学内容,创设问题,复习导入,根据学生回答情况回顾上节课要点,培养学生上课专心听讲、课后及时总结反思的好习惯
	探	**例题辨析** 例1 判断下列每组直线的位置关系. (1)$l_1:x+2y+1=0$, $l_2:2x-4y=0$; (2)$l_1:y=\dfrac{4}{3}x-5$, $l_2:4x-3y+1=0$; (3)$l_1:x+3y-4=0$, $l_2:2x-6y+8=0$	引导学生分析、思考,并板书(1)的解题过程	独立完成(2)(3),选中的学生在黑板上做,将成绩记入评比结果	讲练结合,培养学生观察、分析的能力以及类比迁移、举一反三的能力

续表

教学环节		教学内容	教师活动	学生活动	设计意图与资源
课中实施	探	解:(1)将 $x+2y+1=0$ 变形为 $y=-\dfrac{1}{2}x-\dfrac{1}{2}$, 故直线 l_1 的斜率为 $-\dfrac{1}{2}$,在 y 轴上的截距为 $-\dfrac{1}{2}$. 将 $2x-4y=0$ 变形为 $y=\dfrac{1}{2}x$, 故直线 l_2 的斜率为 $\dfrac{1}{2}$,在 y 轴上的截距为 0. 因为 $k_1\neq k_2$,所以 l_1 与 l_2 相交. 归纳:首先把直线的方程化成斜截式方程,然后根据斜率和截距的数量关系来判断两直线的位置关系. **试一试** 1. 判断直线 $6x+2y+5=0$ 与直线 $y=-3x-1$ 的位置关系. 2. 判断直线 $5x-2y+4=0$ 与直线 $10x=4y-3$ 的位置关系. 例2　已知直线 l 经过点 $M(2,-2)$,且与 $y=\dfrac{1}{2}x+1$ 平行,求直线 l 的方程. 解:设直线 l 的方程为 $y=kx+b$. ∵直线 $y=kx+b$ 与 $y=\dfrac{1}{2}x+1$ 平行 ∴ $k=\dfrac{1}{2}$,则 l 的方程可写为 $y=\dfrac{1}{2}x+b$. 又直线 l 过点 $M(2,-2)$,∴ $-2=\dfrac{1}{2}\times2+b$, ∴ $b=-3$, ∴ $y=\dfrac{1}{2}x-3$,即 $x-2y-6=0$. 归纳:根据两直线的位置关系得到对应的斜率的数量关系是解决问题的关键	引导学生分析解题步骤,归纳解题思路. 巡视指导,点评. 引导学生分析、思考.规范板书例2	**探一探** 分组讨论、探究,尝试归纳.每组派代表发言,总结本组归纳的结论. **试一试** 分组练习,每组选一份解答上传展示. 听讲、观看、思考	培养学生仔细观察、及时总结和提炼解题方法的好习惯. 及时反馈学生知识掌握情况. 通过听讲、观看、思考,让学生学会按照基本方法规范解题.养成仔细观察、及时总结和提炼解题方法的好习惯
	练	**练一练** 1. 求过点(1,2)且与直线 $y=-x+3$ 平行的直线的方程. 2. 教材第62页练习8.3.1第2题. **测一测** 教材第62页练习8.3.1第1题	引导学生分组练习,让每组选一份解答上传展示并进行点评. 统计并评讲错误率较高的题目,进一步巩固知识	**练一练** 利用结论解决问题,强化对结论的理解. **测一测** 完成课堂测试,查看知识掌握情况	及时反馈学生知识掌握情况. 及时反馈本节课的教学效果.可利用"希沃白板"中的计时功能辅助完成此环节

教学环节		教学内容	教师活动	学生活动	设计意图与资源
课中实施	评	1. 教师引导学生归纳总结. (1)判断两条直线平行的方法; (2)怎样利用两直线平行求满足条件的直线方程. 2. 结合统计数据和学习痕迹,评出优胜小组	**比一比** 小组答题总结. **评一评** 小组自评、互评,最后教师总评,选出本节课优胜小组		通过各组之间的评比激发学生的学习斗志,既肯定努力的学生,又激励学生后续学习
课后拓展	固	**必做作业** 1. 复习本节课内容; 2. 书面作业:用 PPT 展示. **选做作业** 1.求过点(2,1)且平行于直线 $x=-3$ 的直线的方程. 2.教材第 78 页第 3 题			巩固本节课所学内容. 作业分层,让学有余力的同学继续提高

教学反思

在上节课中初步学习了两直线的位置关系,但同学们不能完全掌握,因此在本节课课前教师发布课前任务,学生自主复习,并在讨论区反馈学习的感想和疑惑,老师针对这些问题开展教学.

课中教师引导学生解答例题,巩固上节课的内容,并进行了知识总结,为了了解学生的掌握情况,本环节运用教学软件中抢答的功能,分小组评比,营造了一个合作竞争的氛围,增强了学生团队协作的能力.巩固性质环节中,利用例题讲解、巩固训练强化知识点的学习.

通过作业反馈情况看,这节课起到较好的教学效果,各层次学生的作业都完成较好,各有收获,各有提高.有少量学生存在解题不细心,书写格式不规范等现象.

10　两条直线相交(一)

泸州市江阳职业高级中学校　匡本富

教学分析

授课时间	1 课时	选用教材	高等教育出版社《数学(基础模块)下册》(第三版)
授课对象	机电专业 2018 级 4 班学生	授课类型	概念及应用课
教学内容	两条直线相交(一)是高等教育出版社《数学(基础模块)下册》第 8 章第 3 节第 2 课时的内容.本节课在直线的方程、两条直线平行等内容的基础上,进一步研究两条直线交点的坐标、两条直线垂直的条件,它是前面所学内容的巩固与深化,也是后继学习曲线关系的基础		
学情分析	知识基础	学生学习底子薄弱,不太会求解二元一次方程组,对直线倾斜角、斜率等概念理解不透,记不住直线的几种方程,不能进行相互转化	
	认知能力	中职学生观察细节的能力,辨别事物差异的能力在不断发展,并且现象识记和抽象识记能力都比初中有了很大的进步.他们想象力的创造性成分在不断增加,想象的内容更加符合现实,富有一定的逻辑性.然而中职学生数学抽象素养普遍不高,用抽象的数学语言来描述、归纳概念的能力还比较欠缺	
	学习特点	中职学生讨厌循规蹈矩的课堂,喜欢形式多样、能够积极参与的课堂.该时期的学生处在青春期,好动、注意力易分散.班上学生两极分化严重,一部分乐于学习,思维活跃;另一部分厌倦学习,畏惧困难	
	专业特性	该专业学生需要具有扎实的数控加工专业知识,有较强的动手能力,能在生产一线的智能、技能型操作岗位上从事数控加工和数控设备操作与管理.学生能以专业课程零件绘制、看图、检验等知识为基础,结合电脑编码与加工操作技能,做到学以致用	
教学目标	掌握两直线相交的几何特征,能运用二元一次方程的求解找出交点坐标. 理解两条直线垂直的条件,掌握两条直线垂直的判定方法. 培养、提高观察、归纳推导能力和发现、分析、解决问题的能力,以及数学运算、逻辑推理的核心素养. 感受数形结合的数学思想和从一般到特殊的认知规律;经历合作学习的过程,通过探究与讨论树立团队合作意识		
教学重难点	重点	两条直线的位置关系,两直线交点坐标的求法,两直线夹角的概念及范围,两直线垂直的条件	
	难点	两直线垂直的判定方法	
教学策略	教法	讲授法、演示法、练习法、启发式教学法、讨论式教学法	
	学法	自主、合作、体验学习法	

续表

教学 策略	教学资源 与手段	多媒体教室、教材、教案、学案、多媒体、PPT课件、直尺、双色粉笔、"云班课"软件等. 用PPT辅助教学,提高课堂效率. 学生登录"云班课",课前观看PPT课件,完成导学案,课后完成作业.教师在"云班课"平台上对学生作业进行批改、评价

教学设计

以"三心二意"为引领,将教学内容进行结构化处理,采用"线上+线下"混合式教学模式,将整个教学过程分为学、导、探、练、评、固六个教学环节.

流程 设计	学	导	探	练	评	固
	自主预习 完成任务	创设情境 导入新课	实验探究 抽象概念 得出新知	典型例题 巩固练习	课堂小结 小组评价	分层作业 巩固提高

板书 设计	**两条直线相交(一)** 1. 两直线的交点坐标 2. 判断两条直线垂直的方法 (1)斜率不存在的直线与斜率为0的直线垂直; (2)斜率都存在时,$l_1 \perp l_2 \Leftrightarrow k_1 \cdot k_2 = -1$	多媒体展示区	例题、练习区

教学实施

教学 环节		教学内容	教师活动	学生活动	设计意图 与资源
课前 准备	学	学生自主预习,完成导学案: 判断两条直线的位置关系可分以下几种情况进行. 1.若直线l_1,l_2的斜率都存在,设$l_1:y_1=k_1x+b,l_2:y_2=k_2x+b_2$,则: 表格见下 2.若直线$l_1,l_2$的斜率都不存在,则两直线_____或_____. 3.若直线l_1的斜率存在,直线l_2的斜率不存在,则两直线_____	在"云班课"上发布预习任务: 1. 预习教材第8.3.2节两条直线相交的内容. 2. 完成导学案	预习教材第8.3.2节两条直线相交的内容. 登录"云班课",接收导学案,浏览相关学习资源并预习教材,完成导学案	温故知新,培养学生自主预习的能力,为课上学习如何判断两条直线是否垂直做准备

两个方程的系数关系	$k_1 \neq k_2$	$k_1 = k_2$	
		$b_1 \neq b_2$	$b_1 = b_2$
两条直线的位置关系			

266

续表

教学环节		教学内容	教师活动	学生活动	设计意图与资源
导		1. 检查预习任务完成情况,并针对反馈的情况调整教学内容. 2. 播放"时钟转动"的小视频,引出两条直线相交的概念	导入: 同学们,时钟是我们家喻户晓的东西,是我们生活中的常见物品,让我们一起来观看一段视频. 刚才大家看了视频以后,联想到什么数学知识?时针和分针像不像两条相交直线上的线段?接下来就让我们一起学习今天的内容——两条直线相交	观看"时钟转动"的视频,注意观察时钟的时针和分针有哪几种位置关系	激发学生学习数学这门课程的积极性,引出本节课的课题
课中实施	探	**探究新知** 探究一　两相交直线的交点坐标 活动 1　请同学们在平面直角坐标系中画出直线 $l_1:4x+2y+1=0$,直线 $l_2:y=2x$. 活动 2　求方程组 $\begin{cases} 4x+2y+1=0, \\ 2x-y=0 \end{cases}$ 的解. 探究二　两条直线夹角的取值范围 把两条直线相交所成的最小正角叫做这两条直线的夹角,记作 θ. 规定,当两条直线平行或重合时,两条直线的夹角为零角,因此,两条直线夹角的取值范围为 $[0,90°]$	引导学生完成活动 1 和活动 2. 引导学生发现:解两条直线的方程所组成的方程组,就可以得到两条直线交点的坐标. 适当引导,给出两条直线夹角的概念;指导学生分组活动,得出两条直线夹角的取值范围为 $[0,90°]$	学生完成活动 1 和活动 2,在教师的引导下发现求解两条相交直线交点坐标的方法. 学生分小组活动,通过用两支笔模拟演示,得出两条直线夹角的取值范围为 $[0,90°]$	通过教师为主导、学生为主体的探究学习,让学生回忆起之前所学的解二元一次方程组的知识,得出求两条相交直线的交点坐标的方法. 学生分小组合作探究,经历知识的形成过程,体验发现知识的乐趣,培养合作意识

教学环节		教学内容	教师活动	学生活动	设计意图与资源
课中实施	探	**探究三　两直线垂直的判断** 师:斜率为零的直线与斜率不存在的直线垂直吗? 分析:如图,平行于 x 轴的直线 l_1 与平行于 y 轴的直线 l_2 垂直,即斜率为零的直线与斜率不存在的直线垂直. 	提出问题,引导学生画图分析,从而发现:斜率为零的直线与斜率不存在的直线垂直.	画图分析,分组讨论,得出结论.	让学生通过观察、思考、讨论,得出结论,培养自主学习的能力和团队合作意识.
		师:如果两条直线的斜率都存在且不为零,如何判断这两条直线垂直呢? 分析:设直线 l_1 与直线 l_2 的斜率分别为 k_1 和 k_2.如图,若 $l_1 \perp l_2$,则 $k_1 = \tan \alpha_1 = \dfrac{BC}{AB}$, $k_2 = \tan \alpha_2 = \tan(180° - \alpha_3) = -\tan \alpha_3 = -\dfrac{AB}{BC}$, 即 $k_1 \cdot k_2 = -1$. 	提出问题,引导学生画图分析,再逐步提示和点拨,让学生严格推理,得出结论.	画图分析,小组讨论,严格推理,得出结论.	训练学生从特殊到一般认识事物,并培养其数学计算与逻辑推理能力.
		总结:两条直线垂直的条件: (1)如果直线 l_1 与直线 l_2 的斜率都存在且不等于0,那么 $l_1 \perp l_2 \Leftrightarrow k_1 \cdot k_2 = -1$. (2)斜率不存在的直线与斜率为0的直线垂直.	引导学生归纳、总结.	归纳、总结两条直线垂直的条件.	培养学生仔细观察,及时总结和提炼解题方法的好习惯.
		例题讲解 例1　求直线 $x + 2y + 1 = 0$ 与直线 $y = x - 2$ 交点的坐标. 解:解方程组 $\begin{cases} x + 2y + 1 = 0, \\ x - y - 2 = 0, \end{cases}$ 得 $\begin{cases} x = 1, \\ y = -1, \end{cases}$ 所以两条直线的交点坐标为 $(1, -1)$. 例2　判断直线 $y = \dfrac{2}{3}x$ 与直线 $6x + 4y + 1 = 0$ 是否垂直	分析题目,启发学生,先让学生做,然后板书示范、讲解细节并点评方法和技巧	先积极思考,尝试解答,然后认真听讲,领悟方法	师生互动,讲练结合,巩固应用新知.让学生在学中做,在做中学.以思维、问题、学生为中心,培养学生自主学习的意识

教学环节		教学内容	教师活动	学生活动	设计意图与资源
课中实施	探	解:设直线 $y=\dfrac{2}{3}x$ 的斜率为 k_1,则 $k_1=\dfrac{2}{3}$. 设直线 $6x+4y+1=0$ 的斜率为 k_2, 由 $6x+4y+1=0$ 得 $y=-\dfrac{3}{2}x-\dfrac{1}{4}$, 故 $k_2=-\dfrac{3}{2}$. 由于 $k_1k_2=-1$,所以 l_1 与 l_2 垂直			
	练	**巩固练习** 1. 判断(正确的打"√",错误的打"×"). (1)若直线 l_1,l_2 互相垂直,则其斜率满足 $k_1 \cdot k_2=-1$.(　) (2)若两直线的斜率满足 $k_1 \cdot k_2=-1$,则两条直线垂直.(　) 2. 直线 l_1,l_2 满足 $l_1 \perp l_2$,若直线 l_1 的倾斜角为 $30°$,则直线 l_2 的斜率为_____. 3. 直线 l_1 过点 $A(0,3)$,$B(4,-1)$,直线 l_2 的倾斜角为 $45°$,则直线 l_1 与 l_2 的位置关系是_____	用"云班课"上传巩固练习题目	完成巩固练习,查看自己的知识掌握情况	通过课堂练习,巩固所学知识,并通过"云课堂"及时反馈情况
	评	**归纳总结** 1. 教师提问: (1)今天学习了什么内容? (2)你今天学会了什么内容? (3)你还有什么疑惑? 2. 学生自我总结: (1)今天学习了什么内容? (2)我今天学会了什么内容? (3)我还有什么疑惑	提问,引导学生归纳总结.组织学习小组自评、互评,最后总评	分小组讨论.各小组派一名代表总结本节课的知识点,加深理解	知识梳理,构建知识体系.通过点评突出重难点,训练学生归纳总结的能力
课后拓展	固	**课后作业** 1. 判断下列各对直线是否相交,若相交,求出交点坐标: (1)$l_1:x-2y=0$,$l_2:2x-y+1=0$; (2)$l_1:y=-x+1$,$l_2:x+y+4=0$; (3)$l_1:-3x=2y$,$l_2:y=\dfrac{4}{3}x-1$. 2. 已知直线 l 经过点 $M(-2,2)$,且垂直于直线 $x-y-2=0$,求直线 l 方程			巩固学习效果,了解学生掌握情况,有助于纠正共性错误、查漏补缺

教学反思

　　本节课围绕数学学科核心素养进行设计,融入思想、品格培养元素.在数学活动中,师生互动,学生认真、自信,积极动手动脑,遇到困难时,愿意通过自己的努力或小组帮扶加以克服.大部分学生对本节课知识的重难点掌握较好,但由于中职学生整体基础较差,还是出现了以下问题:

　　1.教学过程中有部分同学还不能熟练地求出两条相交直线的交点坐标,且对两条直线垂直条件的掌握够好,在以后的教学过程应多让学生自主练习,加深对新知识的印象.

　　2.学生对有些基础知识还不是很熟悉,在今后的教学工作中还应多加强学生对基础知识的记忆和掌握.

11　两条直线相交(二)

富顺职业技术学校　黎昌华

教学分析

授课时间	1 课时	选用教材	高等教育出版社《数学(基础模块)下册》(第三版)
授课对象	数控加工专业 2019 级 4 班学生	授课类型	新授课

| 教学内容 | 两条直线相交(二)是高等教育出版社《数学(基础模块)下册》第 8 章第 3 节第 4 课时的内容. 本节课主要内容是两条直线相交的相关概念及性质的应用.
本节课在学生学习了两条直线平行、两条直线垂直等知识后,进一步研两条直线相交,同时为下一节课点到直线的距离的学习做铺垫 ||

学情分析	知识基础	在初中的学习中,学生对两条直线的位置关系已有所了解;在前面两节课中,学生又学习了两条直线平行、两条直线垂直
	认知能力	学生具有一定的解决问题的能力,但抽象思维能力较弱,推理判断能力较差
	学习特点	学生基础知识掌握不牢,自学能力普遍较差,缺乏钻研精神. 同时,受所学专业影响,他们善于动手操作,对探索形象、直观的事物兴趣颇高
	专业特性	该专业学生需要具有扎实的数控加工专业知识,有较强的动手能力,能在生产一线的智能、技能型操作岗位上从事数控加工和数控设备操作与管理. 学生能以专业课程中的零件绘制、看图、检验等知识为基础,结合电脑编码与加工操作技能,做到学以致用

| 教学目标 | 通过解方程组求两条直线的交点坐标,应用两条直线的位置关系求直线方程.
通过相关问题的计算,培养计算能力及分析解决问题的能力.
体验数形结合研究问题的便捷,感受科学思维方法的价值.
经历合作学习的过程,尝试探究与讨论,树立团队合作意识 ||

教学重难点	重点	两条直线的位置关系的应用
	难点	两条直线的位置关系的判断及应用

教学策略	教法	直观教学法、启发式教学法
	学法	自主探究学习法、合作学习法
	教学资源与手段	多媒体教室、PPT 教学课件、"学习通"软件

📁 教学设计

	采用"线上＋线下"混合式教学模式,以问题串为引领,将整个教学过程按学、导、探、练、评、固六个环节推进.
流程设计	学 ▶ 导 ▶ 探 ▶ 练 ▶ 评 ▶ 固 预习检测 温故知新 ┆ 复习旧知 导入新课 ┆ 小组讨论 探究新知 ┆ 即学即练 及时反馈 ┆ 课堂小结 多元评价 ┆ 优化作业 巩固提高
板书设计	**两条直线相交(二)** 复习要点: 两条直线平行 两条直线垂直　　　　　多媒体展示区　　　　　例题、练习区

📁 教学实施

教学环节		教学内容	教师活动	学生活动	设计意图与资源
课前准备	学	课前对学生进行分组,在"学习通"平台学习群中发布教学任务,上传任务卡和检测题引导学生自主学习	制作课前检测题上传到"学习通"平台	自主学习,完成检测题	课前引导学生预习知识,培养学生自主学习的能力和主动学习的意识
课中实施	导	1.复习两条直线位置关系的判断方法. 设直线:$l_1:y_1＝k_1x＋b_1,l_2:k_2x＋b_2$,则: 表格见下方 2.复习两条直线垂直的条件. (1)如果直线 l_1 与直线 l_2 的斜率都存在且不等于 0,那么 $l_1 \perp l_2 \Leftrightarrow k_1 \cdot k_2 ＝ -1$. (2)斜率不存在的直线与斜率为 0 的直线垂直	提问,引导学生回顾知识,最后板书课题	忆一忆 回顾知识,回答问题	以旧导新,体现知识的系统性与延续性,提高学生学习积极性
	探	例1　判断直线 $y＝\dfrac{2}{5}x$ 与直线 $10x＋4y＋1＝0$ 是否垂直. 解:设直线 $y＝\dfrac{2}{5}x$ 的斜率为 k_1,则 $k_1＝\dfrac{2}{5}$. 设直线 $10x＋4y＋1＝0$ 的斜率为 k_2, 由 $10x＋4y＋1＝0$ 得 $y＝-\dfrac{5}{2}x-\dfrac{1}{10}$, 故 $k_2＝-\dfrac{5}{2}$. 由于 $k_1k_2＝-1$,所以 l_1 与 l_2 垂直. 例2　已知直线 l 经过点 $M(2,-1)$,且垂直于直线 $l_1:2x＋y-1＝0$,求直线 l 的方程. 解:设直线 $l_1:2x＋y-1＝0$ 的斜率为 k_1,则 $k_1＝-2$. 设直线 l 的斜率为 k, 由于 $l_1 \perp l$,故 $k_1k＝-1$,即 $-2k＝-1$	引导,启发,板书讲解,强调细节	先积极思考,尝试解答,然后认真听讲,总结反思	师生互动,讲练结合,巩固知识.让学生在学中做,在做中学

复习两条直线位置关系表格:

两个方程的系数关系	$k_1 \neq k_2$	$k_1 ＝ k_2$	
		$b_1 \neq b_2$	$b_1 ＝ b_2$
两条直线的位置关系	相交	平行	重合

续表

教学环节		教学内容	教师活动	学生活动	设计意图与资源
课中实施	探	由此得 $k=\dfrac{1}{2}$. 又直线 l 过点 $M(2,-1)$, 故其方程为 $y+1=\dfrac{1}{2}(x-2)$, 即 $x-2y-4=0$	引导,讲解,强调	分析,思考,解答,反思	以思维、问题、学生为中心,培养学生自主学习的意识
	练	1. 已知直线 $3x+4y=a$ 与直线 $2x+5y=10$ 的交点在 x 轴上,你是否能确定 a 的值,并求出交点的坐标? 2. 请你判断,直线 $x+2y+1=0$ 与直线 $x-y=1$ 是否垂直? 3. 已知直线 l 经过点 $M(2,-2)$,且垂直于直线 $x+y-2=0$,求直线 l 的方程	提问,巡视指导,针对共性问题进行讲评	思考,求解,订正答案	及时了解学生知识的掌握情况
	评	1. 教师引导学生归纳总结. 2. 结合统计数据和学习痕迹,评出优胜小组		小组抢答进行总.学生小组自评、互评,最后总评,选出本节课优胜小组	知识梳理,构建知识体系,加深对本节课知识的理解
课后拓展	固	1. 教材第68页习题8.3　A组第6题、B组第1题. 2. 练习册第8.3.2节同步练习			学生先独立完成作业,并根据答案分析,及时订正.教师看到结果后,及时点评

教学反思

项目	反思内容
学生知识、技能的掌握情况	学生是否真正理解有关知识: 是否能利用知识、技能解决问题: 在知识、技能的掌握上存在哪些问题:
学生的情感态度	学生是否参与有关活动: 在数学活动中,是否认真、积极、自信: 遇到困难时,是否愿意通过自己的努力加以克服:
学生的思维情况	学生是否积极思考: 思维是否有条理、灵活: 是否能提出新的想法: 是否自觉地进行反思:
学生合作交流的情况	学生是否善于与人合作: 在交流中,是否积极表达: 是否善于倾听别人的意见:

12 点到直线的距离(一)

遂宁市船山职业技术学校　唐　玲

教学分析

授课时间	1 课时	选用教材	高等教育出版社《数学(基础模块)下册》(第三版)
授课对象	物流专业 2019 级 1 班学生	授课类型	概念课
教学内容	点到直线的距离(一)是高等教育出版社《数学(基础模块)下册》第 8 章直线和圆的方程中第 3 节第 5 课时的内容. 点到直线的距离是直线方程的一个应用,也是坐标法的延续. 在研究平面上两点之间距离的基础上来进一步研究点线距离,是对距离度量的完善;同时点到直线的距离的学习也为后面研究直线和圆的位置关系做准备		
学情分析	知识基础	熟知了三角形面积的求法,已经掌握了直线方程的几种形式,也了解了如何利用直线的方程判断点与直线,直线与直线之间的位置关系	
	认知能力	学生普遍是有提出问题的能力,有处理特定数据的能力,但从特殊到一般认识事物的能力不够	
	学习特点	该时期的学生性格比较活泼,有一定的自学能力,能够积极参与课堂活动,不喜欢乏味的理论知识学习,对与专业相关联的知识很感兴趣	
	专业特性	该专业学生需要有较强的空间物流协调能力,对物体物流有整体的规划,但目前用理论解决实际空间物流问题的能力还比较欠缺	
教学目标	了解点到直线的距离公式的推导;了解点到直线的距离公式,能简单应用公式. 能进行数学运算,通过数形结合培养数学建模、直观想象的核心素养. 培养合作探究的团队精神		
教学重难点	重点	点到直线的距离公式及应用	
	难点	点到直线的距离公式的推导	
教学策略	教法	情境教学法、合作探究法	
	学法	分组合作学习法、体验式学习法	
	教学资源与手段	 UMU互动 多媒体教室、导学案、微课视频、"UMU 互动"软件	

教学设计

以"三心二意"为引领,将教学内容进行结构化处理,采用"线上＋线下"混合式教学模式,将整个教学过程分为学、导、探、练、评、固六个教学环节.

流程设计	学	导	探	练	评	固
	自主预习 课前热身	创设问题 导入新课	小组合作 探索新知	典型例题 巩固练习	课堂小结 小组评价	分层作业 巩固提高

板书设计	**点到直线的距离(一)** 定义 公式	多媒体展示区	例题、练习区

教学实施

教学环节		教学内容	教师活动	学生活动	设计意图与资源
课前准备	学	课前对学生进行分组,在"UMU 互动"平台上发布教学任务,上传任务卡和导学案引导学生自主学习	制作课前导学案上传"UMU 互动"平台	自主学习,完成课前预习任务	课前引导学生预习知识,培养学生自主学习的能力和主动学习的意识
课中实施	导	解决导学案中提出的问题: 1. 如何求坐标平面内两点间的距离? 2. 什么是点到直线的距离,怎样作点到直线的垂线段? 3. 你能想到几种求直角三角形 PAB 的面积的方法?	引导学生分组讨论,展示答案,然后点评、补充,最后板书本节课课题	小组讨论,推选代表回答问题,每位学自主订正答案	通过导学案中的问题驱动让学生体会知识的延续性,勇于探究,并培养团队合作意识
	探	**探究活动一　点到直线的距离** 播放微课视频,呈现与物流专业紧密相关的物流中转站分拣货物的场景. 提问:怎样把货物最快地分拣到传送带上?引出点到直线的距离概念. 提问:怎样在平面直角坐标系中求到点到直线的距离	播放微课视频. 引导学生在与自己专业紧密相关的情境中回顾点到直线的距离的概念,并思考如何利用点的坐标和直线方程求点到直线的距离,形成问题驱动	**想一想** 小组讨论,积极思考,回答问题	从与专业相关的问题情境出发,让学生初步学会用数学眼光观察世界,尝试解决简单的实际问题

教学环节		教学内容	教师活动	学生活动	设计意图与资源
课中实施	探	**探究活动二　点到直线的距离公式** 问题1　你能否求出点 $P(2,-3)$ 到直线 l: $2x-y-1=0$ 的距离 d? 问题2　你能否用同样的方法求出点 $P_0(x_0,y_0)$ 到直线 $Ax+By+C=0$ 的距离 d? 得出公式: 一般地,点 $P(x_0,y_0)$ 到直线 l: $Ax+By+C=0$ 的距离 $d=\dfrac{\|Ax_0+by_0+C\|}{\sqrt{A^2+B^2}}$. 注意:直线的方程必须是一般式方程. **例题讲解** 例题　求点 $P(2,-3)$ 到直线 $y=-x+\dfrac{1}{2}$ 的距离	引导学生画图分析,形成整体思路,理清关键步骤,然后板书讲解. 引导学生类比模仿,尝试解答,然后播放推导点到直线距离公式的微课视频. 引导学生使用公式,规范解题	**看一看** 画图分析,仔细观察,认真思考. **学一学** 小组内讨论,类比模仿,尝试解答. 观察、思考	数形结合,构造特殊图形,提升学生直观想象的能力,提高课堂效率,降低思维难度. 让学生从特殊到一般认识事物,从简单模仿到类比迁移,得到公式,形成工具意识. 强化对公式的印象,明确规范解题格式
	练	求点 $P_0(0,0)$ 到直线 l: $x+y+4=0$ 的距离	巡视指导,纠错,讲评	自主思考,独立完成	公式的应用是本节课重点,要让学生熟练使用公式以达到本节课教学目标
	评	教师引导学生分小组总结: 1. 什么叫点到直线的距离? 2. 怎样求点到直线的距离? 3. 点到直线的距离公式		**评一评** 学生小组自评、互评,并将结果进行展示,选出本节课优胜小组	通过学生对课堂知识的总结来判断学生对本节课的掌握程度,并培养学生学习中的归纳总结意识
课后拓展	固	1. 教材第67页练习8.3.3. 2. 求两平行线 $3x+4y=0$ 和 $3x+4y-1=0$ 之间的距离. 3.(选做)已知三角形 ABC 三个顶点坐标分别为 $A(7,8)$,$B(0,4)$,$C(2,-4)$,求: (1)边 BC 上高线的长度;(2)三角形 ABC 的面积			用分层作业来满足不同层次同学的学习需求

教学反思

　　公式的推导是本节课的教学难点.课前让学生从已有知识出发,在小组内体会合作的乐趣和成功的喜悦.课堂上从学生专业相关的问题引入,增强了学生学习的兴趣,再利用数学中从特殊到一般的认识规律,从具体的点到直线的距离的求法引导学生寻求点到直线距离的公式,这大大降低了学生的理解难度.

　　利用微课提高课堂效率,并用拔高性选做题让基础较好的同学得到锻炼,让学与教都具有针对性.

　　由于堂课时间限制,小组成果一一汇报时,学生对汇报时间不能有效把握,因此可能造成小部分同学不能很快进入学习状态.

13　点到直线的距离(二)

富顺职业技术学校　黎昌华

教学分析

授课时间	1 课时	选用教材	高等教育出版社《数学(基础模块)下册》(第三版)
授课对象	社区公共事务管理专业 2019 级 6 班学生	授课类型	新授课
教学内容	点到直线的距离(二)是高等教育出版社《数学(基础模块)下册》第 8 章第 3 节第 6 课时的内容. 本节课主要内容是点到直线的距离公式的应用. 在上节课学生学习了点到直线的距离公式的基础上,进一步研点到直线的距离公式的应用,同时为后面直线和圆的位置关系的学习做铺垫		
学情分析	知识基础	学生在初中的学习中,学生对点到直线的距离的概念已有所了解;在上节课中,学生又学习了点到直线的距离公式	
	认知能力	学生具备一定的解决问题的能力,但抽象思维能力较弱,推理判断能力较差	
	学习特点	学生基础知识掌握不牢,自学能力普遍较差,缺乏钻研精神. 同时,受所学专业影响,他们善于动手操作,对探索形象、直观的事物兴趣颇高	
	专业特性	了解一定的社区工作、健康管理的政策法规,具备较熟练的办公软件操作、平板电脑使用的能力. 该专业学生需要有较强的写作能力、人际交往沟通能力,但由于逻辑思维能力不强等原因,写作的条理性还比较欠缺	
教学目标	会利用点到直线的距离公式计算点到直线的距离. 通过相关问题的计算,培养计算能力及分析解决问题的能力. 体验数形结合研究问题的便捷,感受科学思维方法的价值. 经历合作学习的过程,尝试探究与讨论,树立团队合作意识		
教学重难点	重点	点到直线的距离公式的应用	
	难点	点到直线的距离公式的应用	
教学策略	教法	直观教学法、启发式教学法	
	学法	自主探究学习法、合作学习法	
	教学资源与手段	多媒体教室、PPT 教学课件、"学习通"软件	

📁 教学设计

流程设计	采用"线上＋线下"混合式教学模式,以问题串为引领,将整个教学过程按学、导、探、练、评、固六个环节推进.

学	导	探	练	评	固
自主预习 温故知新	提出问题 导入新课	小组讨论 探索新知	即学即练 及时反馈	课堂小结 多元评价	优化作业 巩固提高

板书设计	**点到直线的距离(二)** 1. 两条直线垂直的条件 2. 点到直线的距离公式 $$d=\frac{|Ax_0+By_0+C|}{\sqrt{A^2+B^2}}$$	多媒体展示区	例题、练习区

📁 教学实施

教学环节		教学内容	教师活动	学生活动	设计意图与资源
课前准备	学	课前对学生进行分组,在"学习通"平台学习群中发布教学任务,上传任务卡和检测题引导学生自主学习	制作课前检测题上传到"学习通"平台	自主学习,完成检测题	课前引导学生预习知识,培养学生自主学习的能力和主动学习的意识
课中实施	导	复习相关知识 1.两条直线垂直的条件: (1)如果直线 l_1 与直线 l_2 的斜率都存在且不等于0,那么 $l_1 \perp l_2 \Leftrightarrow k_1 \cdot k_2 = -1$. (2)斜率不存在的直线与斜率为0的直线垂直. 2.点到直线的距离公式: 一般地,点 $P(x_0,y_0)$ 到直线 $l:Ax+By+C=0$ 的距离 $$d=\frac{|Ax_0+By_0+C|}{\sqrt{A^2+B^2}}$$	提问,引导学生回顾知识,最后板书课题	忆一忆 回顾知识,回答问题	以旧导新,体现知识的系统性与延续性,提高学生学习积极性
	探	例1 试求两条平行直线 $3x+4y=0$ 与 $3x+4y-1=0$ 之间的距离. 分析:由平面几何的知识知道,两条平行线间的距离,是其中一条直线上的任意一个点到另一条直线的距离.为运算方便,尽量选择坐标的数值比较简单的点. 解:点 $O(0,0)$ 是直线 $3x+4y=0$ 上的点,点 O 到直线 $3x+4y-1=0$ 的距离 $$d=\frac{|-1|}{\sqrt{3^2+4^2}}=\frac{1}{5},$$ 故这两条平行直线之间的距离为 $\frac{1}{5}$	引导,启发,板书讲解,强调细节	先积极思考,尝试解答,然后认真听讲,总结反思	师生互动,讲练结合,巩固知识,让学生在学中做,在做中学

教学环节		教学内容	教师活动	学生活动	设计意图与资源
课中实施	探	例 2　设 $\triangle ABC$ 的顶点坐标为 $A(6,3)$, $B(0,-1)$, $C(-1,1)$,求三角形的面积 S. 解:如图由点 $A(6,3)$, $B(0,-1)$ 可得 $\|AB\|=\sqrt{(6-0)^2+(3+1)^2}=2\sqrt{13}$, 直线 AB 的斜率 $k=\dfrac{-1-3}{0-6}=\dfrac{2}{3}$, 直线 AB 的方程为 $y-(-1)=\dfrac{2}{3}(x-0)$, 即 $2x-3y-3=0$. 又 AB 边上的高为点 C 到直线 AB 的距离 $d=\dfrac{\|2\times(-1)-3\times1-3\|}{\sqrt{2^2+3^2}}=\dfrac{8}{\sqrt{13}}$, 故三角形面积 $S=\dfrac{1}{2}\times2\sqrt{13}\times\dfrac{8}{\sqrt{13}}=8$	引导,分析,讲解,强调	分析,思考,求解,反思	以思维、问题、学生为中心,培养学生自主学习的意识
	练	1. 求点 $P_0(2,-3)$ 到直线 $l:y=\dfrac{1}{2}x-\dfrac{3}{2}$ 的距离. 2. 若点 $P(2,m)$ 到直线 $3x-4y+2=0$ 的距离为 4,则 m 的值为(　　) A. -3　　B.7　　C. -3 或 7　　D.3 或 7 3. 求两条平行直线 $x-3y+6=0$ 和 $x-3y-4=0$ 之间的距离	提问,巡视,指导,讲评	思考,求解,订正答案	及时了解学生知识的掌握情况
	评	1. 教师引导学生归纳总结. 2. 结合统计数据和学习痕迹,评出优胜小组		小组抢答进行总.学生小组自评、互评,最后总评,选出本节课优胜小组	知识梳理,加深对本节课知识的理解,构建知识体系
课后拓展	固	1. 教材第 68 页习题 8.3　A 组第 3 题,B 组第 2,3 题. 2. 练习册第 8.3.3 节同步练习			学生先独立完成作业,并根据答案分析,及时订正.教师看到结果后,及时点评

教学反思

项目	反思内容
学生知识、技能的掌握情况	学生是否真正理解有关知识； 是否能利用知识、技能解决问题； 在知识、技能的掌握上存在哪些问题；
学生的情感态度	学生是否参与有关活动； 在数学活动中，是否认真、积极、自信； 遇到困难时，是否愿意通过自己的努力加以克服；
学生的思维情况	学生是否积极思考； 思维是否有条理、灵活； 是否能提出新的想法； 是否自觉地进行反思；
学生合作交流的情况	学生是否善于与人合作； 在交流中，是否积极表达； 是否善于倾听别人的意见；

14　圆的标准方程

四川省叙永县职业高级中学校　廖凤琼

教学分析

授课时间	1 课时	选用教材	高等教育出版社《数学(基础模块)下册》(第三版)
授课对象	机电专业 2019 级 1 班学生	授课类型	新授课
教学内容	圆的标准方程是高等教育出版社《数学(基础模块)下册》第 8 章第 4 节的内容,属于解析几何学的基础知识,是研究曲线的开始. 圆是最简单的曲线之一,这节内容教材安排在学习了直线方程之后,继续用代数方法来研究几何问题,又在三大圆锥曲线之前,旨在熟悉曲线和方程的理论为后继学习做好准备,为三大圆锥曲线问题的解决提供了基本的思想方法.教学中应加强基础知识和思想方法的训练		
学情分析	知识基础	初中已学习圆的定义,了解了在平面内确定圆的两要素:圆心和半径;初步了解直线可以用直线方程表示,学习了两点之间的距离公式	
	认知能力	通过直线方程的学习,部分学生基本掌握了用解析法求直线方程的能力;学生初步了解用数形结合的思想研究问题,但"看图说话"的能力还需加强,探究问题能力、合作交流意识有待提高	
	学习特点	机电专业的学生善于动手操作,对探索形象、直观的事物比较感兴趣,学生有了一定的自主探究、合作交流基础且有较强的表现欲,但对抽象的数学理论知识缺乏思考,自主学习能力有待提高	
	专业特性	机电专业学生有较强的动手实践操作能力,具有一定的专业知识和数学思维能力,但对专业课程中绘制、看图、手工制作等知识蕴含的应用数学知识认识不够,感悟不深,很难做到学以致用	
教学目标	了解圆的定义,掌握圆心和半径是确定圆的两个基本条件,并会用解析法推导出圆的标准方程. 掌握圆的标准方程,能根据条件写出圆的标准方程,会根据圆的标准方程求出圆心坐标和半径,初步熟悉圆的标准方程的用途用法,发展数学素养. 培养主动探究知识、合作交流的意识,用代数的手段研究几何问题、解决几何问题的能力和数形结合的思想思维习惯,在学习中感受乐趣、体验成功,培养勇于发现、探索求知的精神,树立团队意识		
教学重难点	重点	圆的标准方程	
	难点	根据不同的已知条件求圆的标准方程	
教学策略	教法	启发式教学法、讲练结合法、问题探究法等	
	学法	自主探究学习法、合作学习法	
	教学资源与手段	EN+ 希沃白板 多媒体教学设备、PPT 教学课件、"希沃白板"软件等. 使用"希沃白板"软件辅助教学,与学生互动	

教学设计

采用"线上＋线下"混合式教学模式,以问题串为引领,将整个教学过程按学、导、探、练、评、固六个环节推进.

流程设计						
	学	导	探	练	评	固
	自主预习 温故知新	提出问题 导入新课	小组讨论 探索新知	即学即练 及时反馈	课堂小结 多元评价	优化作业 巩固提高

板书设计	**圆的标准方程**		
	圆的定义及相关概念 圆的性质 圆的标准方程	多媒体展示区	例题、练习区

教学实施

教学环节		教学内容	教师活动	学生活动	设计意图与资源
课前准备	学	1.课前对学生进行分组,复习圆的相关知识、两点之间的距离公式. 2.预习第8.4节圆的标准方程的教材内容,并尝试完成课后练习	布置复习、预习任务	自主学习,完成复习、预习任务	巩固基础知识,培养学生自主学习的意识
课中实施	导	**情境导入** 1.通过 PPT 展示生活中常见的圆形物体. 2.让学生尝试说出一些生活中或专业课程中常见的圆形物体	创设情境,展示生活中常见的圆形物体	观察、思考,回答问题	结合生活、专业中常见的圆创设情境,激发学生的积极兴趣,树立对生活、专业、爱国意识
	探	**探究新知** **(一)圆的定义** 作图:让学生在学案上作出以点 A 为圆心,2 cm 长为半径的圆. 提问:具有什么性质的点的轨迹叫做圆? 圆的定义:圆是平面内到定点的距离为定长的点的轨迹. 相关概念:定点叫做圆心,定长叫做半径	提问,引导学生思考	**议一议** 动手操作,小组讨论,回答问题	小组合作,自主探究,让学生经历知识的形成过程,从而理解更深刻

续表

教学环节		教学内容	教师活动	学生活动	设计意图与资源
课中实施	探	提问:确定一个圆最基本的要素是什么? 圆心确定了圆的位置,半径确定了圆的大小. **(二)圆的标准方程** 问题 1　将圆置于平面直角坐标系中,圆能否用方程表示? (1)建:如图,建立平面直角坐标系; (2)设:设圆心 C 坐标为 (a,b),圆上任一点 M 坐标为 (x,y); (3)限:根据定义,列出限制条件 $\lvert MC \rvert = r (r > 0)$; (4)代:由两点间的距离公式,将点的坐标代入限制条件,得 $\lvert MC \rvert = \sqrt{(x-a)^2+(y-b)^2} = r$; (5)化:将上式两边平方,化简得圆的标准方程为 $(x-a)^2+(y-b)^2 = r^2$. 问题 2　圆的标准方程有什么结构特征? (1)圆的标准方程是含 x,y 的二元二次方程; (2)左边是 x,y 分别与实数 a,b 差的平方和,右边是某个正数的平方,也就是一定为正数; (3)含 a,b,r 三个参数,必须有三个独立的条件才可以确定一个圆. 口诀:一加、二减、三平方. 问题 3　当圆心分别在原点、x 轴上、y 轴上时,半径为 r 的圆的方程是什么?圆的方程形式有什么特点? (1)当圆心在原点即 $(0,0)$ 时,圆的方程为 $x^2+y^2 = r^2$; (2)当圆心在 x 轴上时,即以 $(a,0)$ 为圆心,圆的方程为 $(x-a)^2+y^2 = r^2$; (3)当圆心在 y 轴上时,即以 $(0,b)$ 为圆心,圆的方程为 $x^2+(y-b)^2 = r^2$. 特别提醒: 圆心确定圆的位置,半径确定圆的大小,因此,只需确定 $a,b,r (r > 0)$ 三个量,圆的方程就可以表示出来,这就是说,要确定圆必须具备三个独立的条件.可以根据题中的已知条件,利用待定系数法确定 a,b,r,来求出圆的标准方程. **典例分析** 例 1　求以点 $C(-2,0)$ 为圆心,3 为半径的圆的标准方程. 例 2　写出圆 $(x-2)^2+(y+1)^2 = 5$ 的圆心的坐标及半径. 特别说明:利用圆的标准方程求圆心的坐标时,要注意圆的标准方程中两个括号内都是"一"号	引导学生画图分析,思考讨论.让学生在教师的逐步提示与启发下得出圆的标准方程. 引导学生观察分析,提炼口诀. 引导学生分类讨论,得出圆心在不同位置时的圆的标准方程. 提示、引导,点明待定系数法,渗透方程思想. 引导、强调、讲解、说明	析一析 观察分析圆的形成过程,描述圆的定义. 想一想 思考圆心和半径对圆的作用. 学一学 归纳概括求圆的方程的步骤. 记一记 观察、记忆圆的标准方程的结构特征. 做一做 独立思考完成,小组交流. 试一试 分组讨论,运用结论主动求解	合作探究,启发学生思考.引导学生分析了解用建模的思想推出圆的标准方程的过程,加深学生学习印象,既调动了学生的学习兴趣,又培养了合作探究的意识. 从整体到局部,观察、记忆公式的结构特征,并形成口诀,帮助学生快速记忆,培养学生的归纳概括能力与抽象思维能力. 带领学生分析,引导式启发,让学生从一般到特殊识事物,自主得出结论. 通过例题让学生进一步领会知识点,并能熟练运用待定系数法求圆的标准方程.规范板书,示范引领

教学环节		教学内容	教师活动	学生活动	设计意图与资源
课中实施	练	**巩固练习** 教材第70页练习8.4.1第1,2题. **及时测试** 1.圆$(x-3)^2+(y+2)^2=5$的圆心坐标是(　　) A.$(-3,2)$　　B.$(-3,-2)$ C.$(3,2)$　　D.$(3,-2)$ 2.以点$C(-2,2)$为圆心,直径为4的圆的标准方程(　　) A.$(x+2)^2+(y+2)^2=4$ B.$(x+2)^2+(y+2)^2=16$ C.$(x+2)^2+(y-2)^2=4$ D.$(x+2)^2+(y-2)^2=16$ 3.若圆$x^2+(y-1)^2=a$经过点$(2,3)$,则圆的半径是(　　) A.8　B.6　C.4　D.$2\sqrt{2}$ 4.点$M(3,-6)$与圆$(x-3)^2+(y+2)^2=16$的位置关系是(　　) A.点M在圆上　　B.点M在圆外 C.点M在圆内　　D.以上都不是 5.已知圆的一条直径的两个端点是$P(4,-5)$,$Q(-2,7)$,求此圆的标准方程	提问,巡视指导,表扬鼓励,评讲纠错. 统计并针对错误率较高的题目,进一步巩固知识点	**做一做** 独立完成巩固练习,抽中的同学在黑板上演示. **测一测** 独立完成及时测试	给学生一块"用武"之地,让每一位学生体验学习数学的乐趣和成功的喜悦,找到自信,增强学习数学的愿望与信心. 使用"希沃白板"软件限时即问即答功能,了解学生纠错后对知识的掌握情况,课堂教学目标是否达成
	评	1.教师引导学生归纳总结: (1)圆的定义,圆的两要素; (2)圆的标准方程,求圆的标准方程的方法. (3)结合课堂表现,表扬鼓励优秀个人和小组		**评一评** 组内反思总结,自评、互评	多元评价,激励学生学习热情和斗志,强化数形结合的数学思想方法
课后拓展	固	**必做作业** 教材第76,77页习题8.4　A组第1题(1)(2)小题,第2题(1)(4)小题. **选做作业** 1.求半径为5且与x轴相切于原点的圆的标准方程. 2.思考:将圆的标准方程展开,我们将会得到什么形式的方程? 是否所有的这种形式的方程都是圆的方程			让学生独立完成必做作业巩固本节课的知识内容,用选做作业让学有余力的同学得到提高

教学反思

1.本节课以课程标准为指导,结合学生实际情况和教学参考用书,围绕学生核心素养进行设计.

2.为了激发学生的主体意识,本节课采用了启发式教学法、讲练结合法、问题探究法等教学方法.

3.每个环节都力争给学生创造一种问题情境,一次主动参与的学习机会,激发学生的求知欲,促使学生在解决问题的同时锻炼了思维能力、培养了学习兴趣、增强了学好数学的愿望与信心.

4.本节课的内容比较简单,课堂练习设计为巩固练习和及时测试,加深学生对知识的理解,通过"希沃白板"平台对学生的掌握情况进行及时的了解,及时给予纠错和补充.

5.通过学生作业反馈的情况来看,本节课效果比较好,大多数学生能顺利完成作业,少部分同学不够细心,特别是圆的标准方程中的"-"号特征的理解不到位,另外书写格式的规范性还有待加强提高.

15　圆的一般方程

古蔺职高　黄明君

教学分析

授课时间	1 课时	选用教材	高等教育出版社《数学(基础模块)下册》(第三版)
授课对象	电子专业 2018 级 1 班学生	授课类型	概念课
教学内容	圆的一般方程的内容为认识圆的标准方程与一个二元二次方程的关系,判断一个二元二次方程是否表示圆;了解二次曲线,进一步学会用代数的方法研究几何问题;加强数形结合思想的应用		
学情分析	知识基础	学生已了解直线方程、圆及圆的标准方程的概念;了解了用代数方法研究几何问题的思想	
	认知能力	通过圆及圆的标准方程的学习,学生有简单的计算能力与识图能力,初步具有抽象数学核心素养,但缺乏抽象的逻辑思维能力、用数形结合思想解决问题的能力	
	学习特点	电子专业的学生动手能力较强,喜欢参与实践活动,而对抽象和枯燥的数学知识,学习兴趣淡,被动接受,无自主学习习惯	
	专业特性	电子专业的学生对电子电工等问题,具有一定的逻辑思维能力和操作能力;对专业知识与数学的紧密联系感悟不深,计算能力不足	
教学目标	在掌握圆的标准方程的基础上,理解、记忆圆的一般方程的代数特征;由圆的一般方程确定圆的圆心、半径,掌握方程 $x^2+y^2+Dx+Ey+F=0$ 表示圆的条件;能通过配方等手段,把圆的一般方程化为圆的标准方程,指出圆心、半径. 通过圆的一般方程的学习,培养探索发现及分析解决问题的实际能力. 经历圆的一般方程的认识过程,渗透数形结合、化归与转化等数学思想方法,感受用代数的方法研究几何问题的乐趣;提高计算能力和抽象思维核心素养,培养团队意识,激励创新和勇于探索,同时落实立德树人的根本任务		
教学重难点	重点	圆的一般方程的代数特征,圆的一般方程与标准方程间的互化,根据已知条件确定方程中的系数 D,E,F 并求出圆心与半径	
	难点	用配方法将圆的一般方程转化为圆的标准方程	
教学策略	教法	情境教学法——激发学生的兴趣, 任务驱动法——形成学习的动机, 问题探究法——体验探索的乐趣	
	学法	采用小组合作探究法,营造一个轻松快乐的课堂,使学生从玩中学,从画中学,从议中学,从练中学,体会探索的乐趣,享受成功的喜悦	
	教学资源与手段	多媒体教学设备、微课视频、"希沃白板""几何画板""班级优化大师"软件等. 在微信教学群发布通知,在"班级优化大师"发布课前任务,学生登录"班级优化大师"预习并完成测评. 课中教师使用"希沃白板""几何画板"辅助教学,学生用手机答题参与教学活动	

教学设计

<table>
<tr>
<td rowspan="2">流程设计</td>
<td colspan="6"> 以"三心二意"为引领,将教学内容进行结构化处理,采用"线上＋线下"混合式教学模式,将整个教学过程分为学、导、探、练、评、固六个教学环节.

 学 → 导 → 探 → 练 → 评 → 固</td>
</tr>
<tr>
<td>复习圆的标准方程,预习新知</td>
<td>二元二次方程表示圆的条件</td>
<td>例题3,探索方程是否表示圆,若是求圆心、半径</td>
<td>学生分组合作完成练习8.4.2第1,2,3题</td>
<td>各组选一名代表互评,教师总结点评</td>
<td>教师归纳小结,学生巩固练习</td>
</tr>
<tr>
<td>板书设计</td>
<td colspan="2"> **圆的一般方程**
复习圆的标准方程
新课导入</td>
<td colspan="2">多媒体展示区</td>
<td colspan="2">例题、练习区</td>
</tr>
</table>

教学实施

教学环节		教学内容	教师活动	学生活动	设计意图与资源
课前准备	学	1. 发布微课视频"圆的一般方程"至"班级优化大师",布置预习作业; 2. 通过微信教学群发布通知	上传微课视频,并布置预习任务. 查看学生完成情况,分析学生预习效果	登录"班级优化大师"观看微课视频"圆的一般方程",完成测评	课前在"班级优化大师"发布学习任务,让学生预习本节课的内容
课中实施	导	1. 复习圆的标准方程. 圆的标准方程:$(x-a)^2+(y-b)^2=r^2$,其中圆心为(a,b),半径 r. 2. 提问:将圆的标准方程中的括号展开会得到什么样的方程呢? 把圆的标准方程展开并整理,得 $x^2+y^2-2ax-2by+a^2+b^2-r^2=0$. 取 $D=-2a,E=-2b,F=a^2+b^2-r^2$, 得 $x^2+y^2+Dx+Ey+F=0$.① 这个方程是圆的方程. 3. 提问:反过来,给出一个形如 $x^2+y^2+Dx+Ey+F=0$ 的方程,它表示的曲线一定是圆吗? 把 $x^2+y^2+Dx+Ey+F=0$ 配方,得 $$\left(x+\frac{D}{2}\right)^2+\left(y+\frac{E}{2}\right)^2=\frac{D^2+E^2-4F}{4}.②$$ 这个方程是不是一定表示圆呢	抽学生回答什么是圆的标准方程. 指导学生在作业本上把圆的标准方程展开,引导学生发现圆的一般方程的特点: ① x^2 和 y^2 的系数相同,不等于0; ② 没有 xy 这样的二次项	回答圆的标准方程并说出圆心和半径. 小组合作,把圆的标准方程展开,并观察所得到的圆的一般方程的特点	创设情境,引出本节课的课题. 通过学生自主探究,让学生感知知识的形成过程,为目标达成奠定基础

教学环节		教学内容	教师活动	学生活动	设计意图与资源
课中实施	导	(1)当 $D^2+E^2-4F>0$ 时,方程②表示以 $\left(-\dfrac{D}{2},-\dfrac{E}{2}\right)$ 为圆心, $\dfrac{1}{2}\sqrt{D^2+E^2-4F}$ 为半径的圆; (2)当 $D^2+E^2-4F=0$ 时,方程只有实数解 $x=-\dfrac{D}{2}$,$y=-\dfrac{E}{2}$,即只表示一个点 $\left(-\dfrac{D}{2},-\dfrac{E}{2}\right)$; (3)当 $D^2+E^2-4F<0$ 时,方程没有实数解,因而它不表示任何图形. 综上所述,方程 $x^2+y^2+Dx+Ey+F=0$ 表示的曲线不一定是圆.只有当 $D^2+E^2-4F>0$ 时,它表示的曲线才是圆,我们把形如 $x^2+y^2+Dx+Ey+F=0$ 的表示圆的方程称为圆的一般方程	引导学生配方,巡视指导. 引导学生发现:(1)圆的一般方程中有三个特定的系数 D,E,F,因此只要求出这三个系数,圆的方程就确定了. (2)圆的一般方程是一种特殊的二元二次方程,代数特征明显;圆的标准方程则指出了圆心坐标与半径大小,几何特征较明显	根据老师的引导以及课前复习的配方法将展开的方程配方. 小组讨论当 $D^2+E^2-4F>0$,当 $D^2+E^2-4F=0$,当 $D^2+E^2-4F<0$ 时方程所表示的各种图形	课标指出:数学教学是师生互动、共同参与的过程.这里,在教师的启发引导下,让学生通过观察、探究、交流,亲身经历数学知识的形成过程,有助于学生形成扎实的数学基础和良好的思维品质
	探	例3　判断方程 $x^2+y^2+4x-6y-3=0$ 是否为圆的方程,如果是,求出圆心的坐标和半径. 解法1:利用配方法. 解法2:与圆的一般方程相比较	引导学生分析探求解决途径:①用配方法将其变形化成圆的标准形式.②运用与圆的一般方程比较的方法求解. 巡视,指导不会做的学生. 板书评讲	根据教师引导在作业本上独立完成作业,然后认真听讲,订正答案	通过例题讲解使学生理解圆的一般方程的代数特征,掌握圆的一般方程与标准方程的相互转化,进一步培养学生探索发现及分析解决问题的能力
	练	教材第71页练习8.4.2: 1.判断方程 $x^2+y^2-4x+2y-1=0$ 是否表示圆,如果是,指出圆心的坐标和半径. 2.已知圆的方程为 $x^2+y^2-4x=0$,求圆心的坐标和半径. 3.已知圆的方程为 $x^2+y^2-6y=0$,求圆心的坐标和半径	巡视,指导	小组合作完成	同步练习,检测学生掌握情况,及时巩固,强化知识点的应用
	评	1.根据"希沃手机助手"统计学生答题情况,对做得好的学生进行鼓励,对错误率较高的错题分析错误原因并进行讲评. 2.教师小结:(1)圆的一般方程的特征;(2)圆的一般方程与标准方程的互化		各组选一名代表互评. 思考交流,各小组展示总结成果	让学生在点评和总结中将所学知识内化吸收并形成知识体系

续表

教学环节		教学内容	教师活动	学生活动	设计意图与资源
课后拓展	固	1.教材第76,77页习题8.4　A组第1题(3)小题,第2题(2)小题,第4题. 2.思考:根据圆的标准方程和一般方程确定圆的条件分别是什么			设计两个作业分别作为本节课的巩固和延伸.完成作业1,可达到巩固本节课知识的效果;完成作业2,可为下节课的学习做准备

教学反思

　　通过对本节课的学习,让学生理解了圆的一般方程的特点,学会了判断一个二元二次方程是否表示圆,掌握了圆的一般方程同圆的标准方程间的相互转化,为接下来学习确定圆的条件和直线与圆的位置关系做好了准备.

　　根据本节课的内容及学生的实际水平,采用了学、导、探、练、评、固六个步骤进行教学,提出问题,借助多媒体课件、多媒体多功能网络教室、"西沃手机助手"软件、学生手机等工具,让学生全程参与解决问题的过程.

　　教学过程中,教师给学生布置学习任务,引导学生通过主动思考、动手操作来达到对知识的探索,进而完成知识的内化,使书本的知识成为自己的知识.课堂形式不再是教师一个人讲,学生也不再是被动接受的机器,而是通过自己动脑和动手解决了问题,体验到了成功的喜悦.采取这种形式,可以极大提高学生的学习兴趣,使教学目标更完美地实现.需要改进之处是本节课教学内容上主要在强调圆的一般方程的判别式,用其判断曲线是否为圆,而应该指导学生将方程配方也可以完成判断,因为这一点能很好地帮助学生树立对立统一的辩证思维观点.

　　总之,在整个教学过程中,充分发挥了学生的主体地位和教师的主导作用,既改变教师讲得多讲得累的情形又改变了学生被动的学习局面,以积极的双边活动使学生主动自觉地发现结果、发现方法,培养了学生的观察、分析能力和思维的全面性.

16　确定圆的条件

四川省荥经县职业高级中学　王进川

教学分析

授课时间	1 课时	选用教材	高等教育出版社《数学（基础模块）下册》（第三版）
授课对象	财会专业 2019 级学生	授课类型	习题课
教学内容			确定圆的条件是高等教育出版社《数学（基础模块）下册》第 8 章第 4 节第 3 课时的内容. 本课时主要内容是领悟"解析法"思想,根据已知条件求圆的方程. 本节课在学生学习了直线方程,对求直线方程有一定的了解后,进一步学习如何求圆的方程. 通过确定圆的条件的学习可以为后面求椭圆、双曲线、抛物线的方程提供基本模式和理论基础,本节课具有承前启后的作用

学情分析

知识基础	学生在初中学习了确定一个圆的几何要素是圆心和半径,对圆的几何知识有了初步认识. 在学习本节之前刚学习了圆的代数表现形式:圆的标准方程和一般方程,为本节学习提供了知识准备
认知能力	学生对直观形象的图形感兴趣,具备简单几何作图的能力,会进行简单、指向明确的计算,但数形结合分析问题的能力较差,数学运算素养普遍不高
学习特点	财会专业的学生擅长记忆,会模仿处理财务数据,具备一定的团队协作和动手操作能力,学习有毅力,但对复杂的运算缺乏信心,对数形结合分析问题欠缺主动性和深入思考的能力
专业特性	财会专业学生要具备全面的财会理论基础知识,还需具备较强的动手实践能力. 专业课程以企业财务部门各职能岗位的实际操作所需的知识、技能为主,学生边学理论知识,边进行实际操作,突出职业技能训练

教学目标	会根据已知条件求圆的方程. 通过例题的分析讲解,培养分析问题的能力和创新能力,提高数学运算、逻辑推理核心素养. 通过展示圆的图片感受数学的美,通过用"几何画板"播放动画激发学习数学的兴趣,通过解决生产生活中的实际问题体会数学知识在生活中的广泛应用

教学重难点	重点	根据已知条件求圆的方程;确定圆的条件
	难点	根据已知条件求圆的方程

教学策略

教法	直观式教学法、启发式教学法
学法	自主与合作相结合的学习法
教学资源与手段	 几何画板　　钉钉 用 PPT 辅助教学. 用"几何画板"动态演示确定圆的条件. 学生课前登录"钉钉",查看并完成预习任务,将完成的结果拍照上传

教学设计

以"三心二意"为引领,将教学内容进行结构化处理,采用"线上+线下"混合式教学模式,将整个教学过程分为学、导、探、练、评、固六个教学环节.

流程设计	学	导	探	练	评	固
	自主预习 课前热身	复习旧知 导入新课	小组讨论 讲解例题	即学即练 及时反馈	课堂小结 小组评价	分层作业 巩固提高

板书设计	确定圆的条件 圆的标准方程 圆的一般方程	多媒体展示区	例题、练习区

教学实施

教学环节		教学内容	教师活动	学生活动	设计意图与资源
课前准备	学	1.用"几何画板"动态演示确定圆的条件. 2.通过图片,展示生活中圆的图形	发布课前预习任务	画一画,观看动态演示和图片	学生通过画图和观看,经历从形确定圆的两要素是圆心和半径的认识过程,初步感受几何法确定圆的条件,感受几何图形之美
课中实施	导	**复习导入** 圆的标准方程:$(x-a)^2+(y-b)^2=r^2$(其中 $r>0$). 圆的一般方程:$x^2+y^2+Dx+Ey+F=0$(其中 $D^2+E^2-4F>0$). 提问:如何求圆的方程	复习回顾,提出问题,引导学生思考	**想一想** 回顾知识,回答问题	以旧导新,体现知识的系统性与延续性,提高学生学习的积极性
	探	**知识探究** 分析圆的标准方程 $(x-a)^2+(y-b)^2=r^2$ 和一般方程 $x^2+y^2+Dx+Ey+F=0$,可以发现:求圆的方程只需确定字母系数 a,b,r(或 D,E,F)的值即可	引导学生观察圆的方程,类比求直线方程的方法,自主得出结论	观察、讨论、回答	启发学生有条理思考问题,发展学生的逻辑推理能力,培养学生的类比思想

教学环节		教学内容	教师活动	学生活动	设计意图与资源
课中实施	探	**知识应用** 例1　根据下面所给的条件,分别求出圆的方程: (1)以点$(-2,5)$为圆心,并且过点$(3,-7)$; (2)设点$A(4,3),B(6,-1)$,以AB为直径; (3)经过点$P(-2,4)$和点$Q(0,2)$,并且圆心在直线$x+y=0$上. (1)(2)由学生自主完成后,用PPT展示标准书写格式的答案. (3)由教师引导学生重点分析,理清思路后,仔细讲解. (3)解法1:因为圆心在直线$x+y=0$上, 故设圆心为点$C(m,-m)$, 于是$\vert PC\vert=\vert QC\vert$ 即$\sqrt{(m+2)^2+(-m-4)^2}=\sqrt{(m-0)^2+(-m-2)^2}$, 解得$m=-2$. 所以,圆心$C(-2,2)$, 半径$r=\vert QC\vert=\sqrt{(-2-0)^2+(2-2)^2}=2$, 故所求圆的方程是$(x+2)^2+(y-2)^2=4$. 解法2:由点$P(-2,4)$和点$Q(0,2)$,得 线段$PQ$的中点为$(-1,3)$, 直线$PQ$的斜率$k_{PQ}=\dfrac{2-4}{0+2}=-1$, 故线段$PQ$的垂直平分线的斜率$k=-\dfrac{1}{k_{PQ}}=1$, 因此,线段$PQ$的垂直平分线的方程为 $y-3=1\cdot(x+1)$, 即$x-y+4=0$. 解方程组$\begin{cases}x+y=0,\\x-y+4=0,\end{cases}$得$\begin{cases}x=-2,\\y=2,\end{cases}$ 故所求圆的圆心为$(-2,2)$, 半径为$\sqrt{(-2-0)^2+(2-2)^2}=2$, 从而,所求圆的方程是$(x+2)^2+(y-2)^2=4$. 例2　求经过三点$O(0,0),A(1,1),B(4,2)$的圆的方程. 解:设所求圆的方程是$x^2+y^2+Dx+Ey+F=0$. 根据题意得$\begin{cases}0^2+0^2+D\times0+E\times0+F=0,\\1^2+1^2+D\times1+E\times1+F=0,\\4^2+2^2+D\times4+E\times2+F=0,\end{cases}$ 化简得$\begin{cases}F=0,\\D+E+F=-2,\\4D+2E+F=-20,\end{cases}$ 解得$D=-8,E=6,F=0$. 故所求圆的方程是$x^2+y^2-8x+6y=0$	规范学生书写格式.分析、板书讲解(3)题. 提问:还有其他解法吗?学生思考后,教师用"几何画板"演示. 提问:类比求直线方程的方法,问能用待定系数法求圆的方程吗?怎样设圆的方程呢?引导学生分析、解答例2	**做一做** 运用所学,主动求解(1)(2)题,思考、归纳. 观察、思考,回答问题,观看演示,学习第二种解法. 观察、思考、比较,回答问题.在教师的引导下分析、解答例2	例题的设置由浅入深,关注全体学生,旨在提高学生数学运算核心素养,培养用数形结合和方程思想解决问题的能力. 提高学生数形结合分析问题的能力,让其学会将抽象数学语言用直观的几何图形表示,明确求圆心的方法(几何法和代数法). 展示圆的两种方程设法的不同计算过程,让学生明确待定系数法求圆的方程常设圆的一般方程,几何法求圆的方程常设圆和标准方程
	练	**巩固练习** 1.求经过直线$x+3y+7=0$与$3x-2y-12=0$的交点,圆心为点$C(-1,1)$的圆的方程	评讲、纠错	**做一做** 完成课堂练习	初步了解学生掌握本节知识的情况

教学环节		教学内容	教师活动	学生活动	设计意图与资源
课中实施	练	2. 如图所示,隧道的截面是半径为 4 米的半圆,车辆只能在道路的中心线一侧行驶. 一辆宽为 2.7 米,高为 3 米的货车能不能驶入这个隧道?	巡视指导,评讲、纠错	分析、思考,完成练习	让学生感受数学知识来源于生活,服务于生活,激发学习数学的兴趣
	评	1. 归纳求圆心坐标的方法: 圆心位置 / 求圆心坐标的方法 线段中点坐标公式 弦的垂直平分线(即直径所在直线)必过圆心,但此时圆心还不能完全确定 联立两条直径所在直线的方程,解方程组即可 不确定:设出圆心坐标,列出方程组,解方程组即可 2. 让学生说一说自己本节课的收获和不足		议一议 组内讨论:确定圆心有哪些方法? 抢答,自评	数形结合,固化方法,形成能力. 自我评价,总结提高,激励学生积极成长
课后拓展	固	**必做作业** 教材第 77 页习题 8.4　A 组第 2,4 题,B 组第 1 题. **选做作业** 某圆拱桥的水面跨度为 20 米,拱高 4 米. 现有一艘船宽 10 米,水面以上高为 3 米,问:这条船能否从桥下通过			作业分层,让学有余力的同学继续提高

教学反思

　　本节课的教学思路是:圆的认识(形)→圆的方程的理解(数)→知识巩固(例题讲解与练习)→应用(生活链接).几何画板的生动演示,提高了学生学习的兴趣,学生参与课堂的程度提高了,学习效果也明显提高了.

　　但有些学生在具体应用知识上还存在生搬硬套的现象,对圆的方程的题目的解答主要还是靠模仿,对解析法没有领悟到位,数形结合分析问题和解决问题的能力还没有提高.需要在下一步教学中继续加强这方面能力的培养.同时,学生的数学运算中的"老毛病"(符号问题、公式记得似是而非等)时有发生.如:运用线段中点坐标公式计算时,符号出错;将直线斜率公式写成 $k=\dfrac{x_2-x_1}{y_2-y_1}$,以及用斜率公式计算时"坐标对应顺序不一致"导致斜率的符号出错等.因此,还需要加强学生对公式的理解和记忆,注重学生运算能力的训练和提高.

17　直线与圆的位置关系

四川省档案学校　刘玉香

教学分析

授课时间	1 课时	选用教材	高等教育出版社《数学(基础模块)下册》(第三版)
授课对象	学前教育专业 2019 级学生	授课类型	概念课
教学内容	直线与圆的位置关系是高等教育出版社《数学(基础模块)下册》第 8 章直线和圆的方程第 4 节第 4 课时的内容,本节主要学习直线与圆的位置关系以及判定		
学情分析	知识基础	学生在初中时已学习了直线与圆的位置关系,能根据图形判断直线与圆的位置关系	
	认知能力	在对直线与圆位置关系的判断中,具有直观判断的认知能力,但运用点到直线的距离公式判断直线与圆的位置关系时,运算能力与逻辑推理能力欠缺	
	学习特点	学前教育专业的学生喜欢在玩中学,学中玩,喜欢参与活动,团队合作意识较好,且有表现自我的欲望,对数学运算、公式的应用缺乏主动性和钻研精神	
	专业特性	学前教育专业的学生动手能力强,具备较强的表现力和语言表达能力,但对专业知识和具体事务中蕴含的数学知识感悟不深,对数学来源于生活感悟不够	
教学目标	理解直线与圆的位置关系及判断方法. 通过直线与圆的位置关系的学习,培养类比思维、有序思维,提升数学思维能力. 经历直线与圆的位置关系的判断过程,养成规范意识,发展严谨作风,培养数学运算和逻辑推理的核心素养		
教学重难点	重点	理解直线与圆的位置关系及判断方法	
	难点	直线与圆的位置关系的判断	
教学策略	教法	任务驱动教学法、讨论式教学法	
	学法	自主学习法、探究学习法、数形结合学习法	
	教学资源与手段	快剪辑　　钉钉 用 PPT 课件、"快剪辑"剪辑的《望月怀远》节选视频辅助教学,帮助学生理解直线与圆的三种位置关系. 课前在"钉钉"平台学习群中发布预习任务	

教学设计

以"三心二意"为引领,将教学内容进行结构化处理,采用"线上＋线下"混合式教学模式,将整个教学过程分为学、导、探、练、评、固六个教学环节.

流程设计	学	导	探	练	评	固
	自主学习 预习过关	创设情境 开启探究	任务驱动 探索新知	例题讲解 巩固提升	归纳小结 回顾反思	精选作业 巩固提高

板书设计	直线与圆的位置关系 相离 无交点 $d>r$　相切 一交点 $d=r$　相交 两交点 $d<r$	多媒体展示区	例题、练习区

教学实施

教学环节		教学内容	教师活动	学生活动	设计意图与资源
课前准备	学	在"钉钉"平台学习群中发布学习任务,上传任务单引导学生自主学习	上传学习任务单	自主学习,完成任务单	复习巩固旧知,预习本课内容
课中实施	导	**创设情境,开启探究** 播放唐代诗人张九龄《望月怀远》节选视频."海上生明月,天涯共此时.情人怨遥夜,竟夕起相思"这两句诗借助辽阔无边的大海上升起一轮明月的景象,使人想起了远在天涯海角的亲友,此时此刻也该望着同一轮明月,表达了对远方亲人浓浓的思念之情.你们可以用语言描述一下"圆圆的明月从海上慢慢升起"的过程中月亮与海面位置的变化吗? 如果我们从数学的角度出发,将海面抽象为一条直线,圆月看为圆.你们可以画出直线与圆的位置关系的图形吗?请同学们想象并动手画一画	播放视频,提出问题	观看视频,回答问题,根据自己的理解画图	通过古诗的欣赏,既可以激发学习兴趣,又可以感受数学来源于生活,同时从学前教育专业学生擅长描述、绘画入手,可以增强学习信心,同时训练专业能力
	探	**任务驱动,探索新知** 提问:直线与圆的有哪几种位置关系?怎么判断? 1. 直线与圆的位置关系 (1)直线与圆没有交点,称为直线与圆相离	展示月亮升起特殊时刻,并结合学生画的图,把三种情况画黑板上	结合自己画的图,倾听、思考、回答	反馈学生思考结果,同时为接来引出圆与直线三种位置关系做好铺垫

教学环节		教学内容	教师活动	学生活动	设计意图与资源
课中实施	探	(2)直线与圆只有一个交点,称为直线与圆相切,此时这条直线叫做圆的切线,这个交点叫切点. (3)直线与圆有两个交点,称为直线与圆相交,此时这条直线叫做圆的割线. 2. 直线与圆位置关系的判断 (1)定义法 相离:无交点　　相切:一交点　　相交:两交点 (1)距离法 提问:观察三种位置关系,你们能否通过圆心到直线的距离 d 与圆的半径 r 之间的数量关系来探索直线与圆的位置关系? 当 $d>r$ 时,直线在圆的外部,与圆没有交点,此时直线与圆相离,即:$d>r \Rightarrow$ 直线与圆相离; 当 $d=r$ 时,直线与圆只有一个交点,此时直线与圆相切,即:$d=r \Rightarrow$ 直线与圆相切; 当 $d<r$ 时,直线与圆有两个交点,此时直线与圆相交,即:$d<r \Rightarrow$ 直线与圆相交. 提问:反之,若直线与圆相离,有 $d>r$ 吗? 若直线与圆相切,有 $d=r$ 吗? 若直线与圆相交,有 $d<r$ 吗? 讨论后总结: $d>r \Leftrightarrow$ 直线与圆相离; $d=r \Leftrightarrow$ 直线与圆相切; $d<r \Leftrightarrow$ 直线与圆相交. 师:用距离法判断直线与圆的位置关系,关键是求得圆心到直线的距离 d,然后与半径 r 比较大小	利用直线与圆的交点情况,引导学生分析、小结三种位置关系. 引导学生观察 d 与 r 的大小关系,探索用距离法判断直线与圆的位置关系. 提出问题,引导学生思考. 引导学生总结,然后板书	理解、记忆. 观察比较 d 与 r 的大小,判断直线与圆的位置关系. 思考、回答. 总结	引导学生得出直线与圆的三种位置关系,同时训练语言表达能力. 引导学生明确:探究等价条件时应当保证双向推出都成立,培养学生科学、严谨的思维
	练	**温故知新** 提问:如何求圆心 (a,b) 到直线 $Ax+By+C=0$ 的距离 d? $$d=\frac{|Aa+Bb+C|}{\sqrt{A^2+B^2}}.$$ **例题讲解** 例题　判断下列各直线与圆的位置关系. (1)直线 $x-y+3=0$,圆 $(x-1)^2+(y-1)^2=9$; (2)直线 $3x+y-5=0$,圆 $x^2+y^2-10y=0$. 解:(1)由方程 $(x-1)^2+(y-1)^2=9$ 知, 圆的半径 $r=3$,圆心为 $(1,1)$. 圆心 $(1,1)$ 到直线 $x-y+3=0$ 的距离 $$d=\frac{|1-1+3|}{\sqrt{1^2+1^2}}=\frac{3\sqrt{2}}{2}.$$ 由于 $d<r$,故直线与圆相交. (2)将方程 $x^2+y^2-10y=0$ 化成圆的标准方程, 得 $x^2+(y-5)^2=25$, 因此,圆心为 $(0,5)$,半径 $r=5$. 圆心 $(0,5)$ 到直线 $3x+y-5=0$ 的距离 $$d=\frac{|0+5-5|}{\sqrt{3^2+1^2}}=0,$$ 由于 $d<r$,所以直线与圆相交	提出问题. 提问、演示、讲解	抢答. 倾听、思考、回答	通过抢答复习旧知识,为新知识的学习与应用做好铺垫. 加强学生对新知的理解和应用,培养学生数学运算能力

教学环节		教学内容	教师活动	学生活动	设计意图与资源
课中实施	练	**学以致用** 一艘轮船在沿直线返回港口的途中,接到气象台的台风预报:台风中心位于轮船正西70 km处,受影响的范围是半径长为30 km的圆形区域.已知港口位于台风中心正北40 km处,如果这艘轮船不改变航线,那么它是否会受到台风的影响? **分组比拼** 判断下列直线与圆的位置关系. (1)直线 $x+y=2$ 与圆 $x^2+y^2=2$; (2)直线 $y=-\dfrac{\sqrt{3}}{3}$ 与圆 $(x-4)^2+y^2=4$; (3)直线 $5x+12y-8=0$ 与圆 $(x-1)^2+(y+3)^2=8$; (4)直线 $x-y+1=0$ 与圆 $x^2+y^2-2x-1=0$	启发,引导学生思考. 布置任务,巡视指导,点评讲解. 点评	思考、求解. 分组合作比拼,听点评	加强学生对新知的理解和应用,培养学生数学运算能力和数学建模核心素养. 分组比拼,增强团队合作意识与竞争意识,培养数学运算能力
	评	1. 引导学生总结再画表格梳理: <table><tr><td>位置</td><td>相离</td><td>相切</td><td>相交</td></tr><tr><td>图形</td><td></td><td></td><td></td></tr><tr><td>d 与 r 的关系</td><td>$d>r$</td><td>$d=r$</td><td>$d<r$</td></tr><tr><td>交点数</td><td>0</td><td>1</td><td>2</td></tr></table> 2. 结合统计数据和学习痕迹,评出优胜小组		总结后画表格	通过提问的方式进行总结,让学生养成及时总结、善于总结的好习惯,同时帮助他们进行知识体系架构建
课后拓展	固	1. 练习册第8.4.4节第1~3题. 2. 预习教材第74页例7			通过适量的练习复习巩固课堂知识,并让学生养成课前预习的良好习惯

教学反思

本节课引用唐代诗人张九龄《望月怀远》中的诗句"海上生明月,天涯共此时.情人怨遥夜,竟夕起相思",营造了探索问题的氛围;例题和提升练习的选用,让学生体会到数学来源于生活又高于生活,让学生感受到"生活处处不数学",达到"乐学"的目的;教师在教学活动中引导学生探究,有意识地去训练学生的思维,从而使学生逐渐形成良好的个性思维品质和良好的数学学习习惯;把实际问题与数学知识紧密联系,逐步渗透数学建模的思想方法,让学生掌握到更多的技能技巧.

学生寻找圆心坐标还不够熟练,因此在"温故知新"的时候可以采用练习的方式复习;学生进行无理数的计算时容易出错,因此平时要多重视学生计算能力的培养.

18　直线方程与圆的方程应用举例

雅安市职业高级中学　李勇康

教学分析

授课时间	1 课时	选用教材	高等教育出版社《数学(基础模块)下册》(第三版)
授课对象	学前教育专业 2019 级 1 班学生	授课类型	应用课
教学内容	直线方程与圆的方程应用举例是高等教育出版社《数学(基础模块)下册》第 8 章直线和圆的方程第 4 节第 5 课时的内容,本节课主要学习建立适当的坐标系,运用直线方程和圆的方程,解决科技和生产实际中的应用问题. 本节课在教材中起着深化知识的作用,重在提升学生的运算能力、数据分析能力、数学建模能力		
学情分析	知识基础	在本章前面已经学习了两点间的距离公式、直线和圆的方程以及直线与圆的位置关系,通过前期的学习和课后作业,基本掌握了相关知识点,运算能力得到提升,为本节课的学习打下了基础	
	认知能力	通过前面的学习,学生基本掌握了直线方程与圆的方程,但是学生的数学运算能力、数据分析能力、数学建模能力比较弱	
	学习特点	对数学概念、原理、性质的理解缺乏主动性和钻研能力,喜欢参与活动,团队合作意识较好且有表现自己的欲望,将所学的数学概念、公式及方程等应用于解决实际问题的能力不够	
	专业特性	学前教育专业学生有较强的语言表达能力、人际交往沟通能力,大部分学生毕业后会从事幼儿教育工作,故需要具备一定的数学运算能力、数据分析能力、逻辑推理能力	
教学目标	了解直线与圆的方程在实际生活中的应用,培养数学思维及分析解决问题的能力. 用坐标法解决几何问题,培养数学建模、数据分析的核心素养. 经历合作学习的过程,尝试探究与讨论,树立团队合作意识. 通过实例增强爱国意识、环保意识,结合专业特点强化学前教育专业理念		
教学重难点	重点	直线和圆的应用性问题以及用坐标法证明平面几何问题	
	难点	如何用坐标法解决实际问题	
教学策略	教法	启发式教学法、讨论式教学法	
	学法	自主学习法、探究学习法、合作学习法	
	教学资源与手段	快剪辑　　学习通 用"快剪辑"制作微课视频"赵州桥",引导学生感受数学历史,领略中国灿烂的数学文化和先辈们的伟大成就,激发爱国热情. 学生登录"学习通",课前观看微课视频;课后完成作业. 教师在"学习通"平台上对作业进行批改、评价	

教学设计

	采用"线上＋线下"混合式教学模式,以实际案例为引领,将教学内容进行结构化处理,将整个教学过程分为学、导、探、练、评、固六个教学环节.
流程设计	 学　　导　　探　　练　　评　　固 观看微课　提出问题　小组讨论　即学即练　课堂小结　优化作业 温故知新　导入新课　探索新知　及时反馈　多元评价　巩固提高
板书设计	**直线方程与圆的方程应用举例** 直线方程的形式　　　　　　多媒体展示区　　　　　　例题、练习区 圆的方程的形式

教学实施

教学环节		教学内容	教师活动	学生活动	设计意图与资源
课前准备	学	1. 通过微课视频"赵州桥"了解圆在现实生活中的应用. 2. 通过微课视频"直线方程与圆的方程"复习相关知识	推送微课视频"赵州桥""直线方程与圆的方程"	用手机观看	教师借助"学习通"发布微课视频,引导学生复习直线方程与圆的方程,了解圆的现实应用,渗透数学文化,激发文化自信
课中实施	导	**复习导入** 提问:直线方程的形式有哪些? 圆的方程的两种形式是什么? 师:现在我们通过几个例子说明直线与圆的方程在实际生活以及平面几何中的应用	提问,引导学生复习相关知识,引出本节课的课题	**忆一忆** 思考、回答问题	启发并引导学生回顾知识,从而引入新课
	探	**典例探索** 例1　从点 $M(2,2)$ 射出一条光线,经过 x 轴反射后过点 $N(-8,3)$ (如图①).求反射点 P 的坐标. ①　　　　　　② 解:已知反射点 P 在 x 轴上,故可设点 P 的坐标为 $(x,0)$.根据平面镜成像特点知,点 N 关于 x 轴的对称点 $N_1(-8,-3)$ 也在直线 PM 上,即 N_1,P,M 三点共线(如图②). 故 $\dfrac{2-0}{2-x}=\dfrac{3-0}{-8-x}$,解得 $x=-2$. 故反射点 P 的坐标为 $(-2,0)$	分析情境,引导学生利用平面镜成像特点抽象出直线方程的数学应用模型. 巡视指导,讲解点评	**析一析** 分析实例,发现生活中直线方程的应用. **做一做** 各小组列方程求解	根据光学原理平面镜成像的特点"像和物关于平面对称",提升学生数学抽象素养,提高数学运算能力

教学环节		教学内容	教师活动	学生活动	设计意图与资源
课中实施	探	例 2　某施工单位砌圆拱时,需要制作如图所示的木模.设圆拱高为 1 m,跨度为 6 m,中间需要等距离地安装 5 根支撑柱子,求过点 E 的柱子的长度(精确到 0.1 m). 解:以点 D 为坐标原点,过 AG 的直线为 x 轴,建立直角坐标系,则点 E 的坐标为 $(1,0)$,圆心 O 在 y 轴上. 设半径为 r,则 $|OD|^2+|DG|^2=|OG|^2$, 得 $r^2-(r-1)^2=3^2$,解得 $r=5$. 所以圆心为 $(0,-4)$, 圆的方程为 $x^2+(y+4)^2=25$. 将 $x=1$ 代入方程(取正值),得 $y=-4+\sqrt{24}\approx 0.9$(m). 即过点 E 的柱子的长度约为 0.9 m. 用坐标法解决几何问题的步骤: 第一步,建立适当的坐标系,用坐标和方程表示问题中的几何元素,将平面几何问题转化为代数问题. 第二步,通过代数运算,解决代数问题. 第三步,将代数运算结果"翻译"成几何结论	分析情境,引导学生正确建立直角坐标系,抽象出圆的方程的数学应用模型. 巡视指导,讲解点评 提问,引导学生归纳总结	**析一析** 分析实例,发现生活中圆的方程的应用. **想一想** 分组讨论如何建立直角坐标系. **做一做** 各小组列方程求解. **议一议** 分组讨论得出应用坐标法解决几何问题的步骤	本例是圆在生产实践中的应用.利用数形结合的思想和三角形中的勾股定理,提升学生数学抽象的素养、数学运算能力和数据分析能力. 利用以上两个实例,让学生感觉解析法的特点,从而归纳一般解题步骤,培养学生数学建模的核心素养
	练	**巩固练习** 1.光线从点 $M(-2,3)$ 射到点 $P(1,0)$,然后被 x 轴反射,求反射光线所在直线的方程. 2.赵州桥圆拱的跨度是 37.4 m,圆拱高约为 7.2 m,适当选取坐标系出其圆拱所在的方程	评讲、纠错	**做一做** 完成课堂巩固练习. **议一议** 组内讨论如何求直线方程、圆的方程	使用"学习通"教学软件获取练习反馈,了解学生初步掌握情况

教学 环节		教学内容	教师活动	学生活动	设计意图 与资源
课中实施	练	**及时检测** 1.光线从点 $M(-3,3)$ 射到点 $P(1,0)$,然后被 x 轴反射,判断反射光线是否经过点 $Q(3,2)$. 2.某地要建造一座跨度 8 m,拱高 2 m 的圆拱桥,每隔 1 m 需要一根支柱支撑,求第二根支柱的长度(精确到 0.01 m)	统计并评讲错误率较高的题目,进一步巩固知识	**测一测** 完成课堂测试,查看知识掌握情况.解决问题,完成课堂目标	使用"学习通"教学软件限时即问即答,了解通过练习纠错后学生知识的掌握情况
	评	1. 教师引导学生归纳总结. 用坐标法解决几何问题的步骤 第一步,建立适当的坐标系,用坐标和方程表示问题中的几何元素,将平面几何问题转化为代数问题. 第二步,通过代数运算,解决代数问题. 第三步,将代数运算结果"翻译"成几何结论. 2. 结合统计数据和学习痕迹,评出优胜小组	**比一比** 小组抢答进行总结. **评一评** 学生小组自评、互评,最后教师总评,选出本节课优胜小组		进行课堂总结,通过组间挑战激发学生的学习斗志,既肯定努力的学生,又激励学生后续学习
课后拓展	固	**必做作业** 1.光线从点 $M(-3,2)$ 射到点 $P(2,1)$,然后被 x 轴反射,求反射光线所在直线的方程. 2.一座桥跨度 20 m,拱高 6 m 的圆拱桥,每隔 2 m 需要一根支柱支撑,求第三根支柱的长度(精确到 0.01 m). **选做作业** 一圆拱形桥的水面跨度为 16 m,拱高为 4 m,一艘高 3 m、船顶宽 4 m 的船能从桥下过吗			通过课后作业巩固本节课所学. 作业分层,让学有余力的同学继续提高

教学反思

　　课前在"学习通"发布微课视频,渗透数学文化,激发学生文化自信和学习兴趣.
　　通过创设问题情境,在探索新知环节中,引导学生从实际情境中逐步抽象出直线方程和圆的方程,提高了学生的数学抽象素养,引导学生恰当建立直角坐标系,用坐标和方程表示问题中的几何元素,将平面几何问题转化为代数问题,通过代数运算解决代数问题,最后将代数运算结果"翻译"成几何结论,全面提升了学生的数学运算、数学建模核心素养.
　　课堂练习设计为巩固练习、及时检测,加深了学生对知识的理解,了解了学生的掌握情况.利用"学习通"教学软件中的抢答、随机抽人功能调动了学生积极性,利用拍照上传及即问即答功能及时了解学生的掌握情况.通过组间挑战的方式帮助学生梳理本节课主要内容,激发了学生的学习斗志.
　　通过作业反馈情况看,这节课起到了较好的教学效果,大多数学生能正确地完成必做作业和选做作业,仅少量学生存在解题不细心、求值错误的情况.

第 7 章　立体几何

1　平面的概念

富顺职业技术学校　谢　莉

教学分析

授课时间	1 课时	选用教材	高等教育出版社《数学(基础模块)下册》(第三版)
授课对象	建筑工程施工专业高二年级升学班学生	授课类型	概念课
教学内容	本节课主要学习平面的概念,是高等教育出版社《数学(基础模块)下册》第 9 章第 1 节第 1 课时的内容.学习平面的概念能为后面研究平面的基本性质和空间点、线、面位置关系的性质和判定提供空间想象的基础和绘画基础.本节课有承前启后的作用,是本章的基础内容之一		

学情分析	知识基础	学生在初中时已经学习了三角形、平行四边形、菱形、矩形、正方形等平面几何图形,同时也学习了正方体、长方体、圆柱、圆锥等立体几何图形
	认知能力	通过调查发现,学生对几何知识很畏惧,往往不敢表达,不能正确地表达,空间想象能力弱,画图随意、不规范等.学生在初中时对平面有感性认识,但对平面的概念还缺乏理性认识
	学习特点	中职学生喜欢形式多样、能积极参与的课堂,容易对生活中常见、摸得着的具体事物或直观图形进行思考,缺乏对抽象概念的理解能力
	专业特性	建筑工程施工专业对学生的画图能力和空间想象力要求比较高,而立体几何的学习对建筑绘图和空间想象能力的培养提供了契机

教学目标	了解平面的概念. 掌握平面的表示法与画法. 通过观察、想象,画出平面在不同视角下的图形,培养直观想象能力. 以日常中生活中的平面概念案例展示我国建筑行业的蓬勃发展,激发爱国热情	
教学重难点	重点	平面的表示法与画法
	难点	平面的概念
教学策略	教法	情境教学法、任务驱动法、问题探究法
	学法	自主学习法、探究学习法、观察类比法
	教学资源与手段	多媒体教室、PPT 教学课件、"学习通"软件、GeoGebra 软件等

📁 教学设计

以"三心二意"为引领,将教学内容进行结构化处理,采用"线上＋线下"混合式教学模式,将整个教学过程分为学、导、探、练、评、固六个教学环节.

流程设计						
	学	**导**	**探**	**练**	**评**	**固**
	分组在"学习通"平台上完成课前任务	在日常生活中寻找平面	实验探究抽象概念得出新知	典型例题巩固练习	课堂小结小组评价	分层作业巩固提高

板书设计	**平面的概念** 平面的概念、特征 平面的画法、记法 点、线、面的基本位置关系 三种数学语言:文字、图形、符号	多媒体展示区	例题、练习区

📁 教学实施

教学环节		教学内容	教师活动	学生活动	设计意图与资源
课前准备	学	回顾初中学习了哪些几何图形,并画出这些几何图形	发布课前任务	**忆一忆** 初中学习的几何图形. **画一画** 画出初中学习的几何图形	通过课前任务让学生回顾知识,同时了解学生初中几何学习的情况及画图能力
课中实施	导	新课引入:展示从古至今的一些中国标志性建筑的图片. 师:中国的建筑水平是世界瞩目的,近几年全世界更喜欢称中国为"基建狂魔".谁能说出这些建筑的地点和名字? 生:北京的天坛、上海东方明珠塔、北京的水立方、香港的中银大厦. 师:在这些建筑中同学们能看到哪些几何图形呢? 生1:可以看到圆柱、圆锥、球. 生2:还有三角形、四边形等	结合学生的专业,创设和专业相关的教学情境,引出本节课的内容	**看一看** 通过观察,发现建筑中的几何图形. **辨一辨** 找出立体图形和平面图形的区别	展示从古至今的中国标志性建筑的图片,让学生感受中国建筑行业的世界先进水平,提高学生对国家建筑行业的认同感.选取实际例子有助于培养学生学习立体几何的兴趣

教学环节		教学内容	教师活动	学生活动	设计意图与资源
	导	师:你们列举出的这些图形哪些是平面图形,哪些是立体图形呢？ 学生进行正确分类. 师:平面图形和立体图形的区别是什么? 生:平面图形"薄",立体图形"厚"! 师:那平面图形有多"薄"呢? 生:…… 师:今天我们学习了平面的概念后就能找到答案			
课中实施	探	**探究活动一　平面的概念** 展示图片: 师:平整的地面、光滑的玻璃给大家的第一印象是什么? 生:平整、光滑…… 师:今天我们学习的平面就是从这些场景中抽象出来的. 归纳得出平面的概念: 平面是平坦、光滑、四周无限延伸、无厚度的图形. 思考:初中学习的平面图形和平面有区别吗？区别是什么? 注意:平面图形仅仅是平面的一部分.平面是立体几何中最基本的概念之一,是只描述而不定义的原始概念. 师:那大家现在告诉我平面图形的厚度是多少? 生:没有厚度! 师:是的,平面图形是平面的一部分,所以也是没有厚度的. 引申出平面图形与立体图形的联系与区别: 联系:从集合的角度看,两者都是点的集合; 区别:组成平面图形的点都在一个平面内,而组成立体图形的点不全在一个平面内	展示生活中平整的地面、光滑的玻璃等具有平面形象的物体的图片. 提出问题,引导学生归纳出平面的概念,并进行相关概念的辨析	**想一想** 观察、感受、思考,归纳出平面的概念. **辨一辨** 找出平面图形和平面概念的区别	通过探究活动一引导学生了解平面的概念,培养学生的直观想象能力. 通过思考、辨析,让学生体会平面图形只是平面的一部分,再次感受平面的无限延展性,突破本节课的难点

教学环节		教学内容	教师活动	学生活动	设计意图与资源
课中实施	探	**探究活动二　平面的表示** 师:我们已了解平面的概念,那我们又该如何表示平面呢? 接下来我们将用图形语言和符号语言来分别表示平面. 师:我们知道,直线是可以无限延展的,而画出直线的一部分就可以表示直线.同样,我们也可以画出平面的一部分来表示平面.通常用一个平行四边形表示平面,根据具体情况,有时候也用其他的平面图形表示平面. 1.绘制平行四边形表示出平面 (1)通过 GeoGebra 作图软件的 3D 旋转模式,让学生感受平面的一部分在三种不同视角下呈现的形态. (2)根据观察得出平面的三种视角画法: 水平放置的平面　正面放置的平面　侧面放置的平面 2.用字母表示平面 用希腊字母:如平面 α、平面 β、平面 γ. 用大写字母:如平面 $ABCD$、平面 AC. 小结:平面比较抽象,我们可以用文字语言、图形语言、符号语言来表示和描述平面. 例题　表示出长方体 $ABCD$-$A_1B_1C_1D_1$(如图所示)的 6 个面. 根据需要推送 GeoGebra 作图软件的 3D 旋转模式中的长方体,让学生感受立体图形各个面在不同视角下呈现的形态	用 GeoGebra 作图软件进行动态展示.给出画水平放置的平面的作图标准. 用 PPT 展示例题,引导学生分析、解答. 用 GeoGebra 作图软件进行动态展示	**画一画** 观察并根据作图标准画出三种不同视角下的平面. **做一做** 找出并表示出出长方体的 6 个面	通过 GeoGebra 作图软件,让学生充分感受平面在不同视角下的形态,再让学生画出常见的几个视角下的平面,符合学生的思维结构,有利于培养学生空间想象力.用图形和符号语言来表示出平面,体会三种不同数学语言的表达形式,感受数学语言的魅力. 学习了平面的表示方法后设置对应例题.测试学生能否学会正确表示平面
	练	1.举出生活中平面的实例. 2.判断下列说法是否正确. (1)很平的桌面是一个平面; (2)一个平面的面积是 4 m²; (3)两个平面叠放在一起比一个平面更厚. 3.画出一个平面,写出字母并表示出来	根据探究任务,及时布置相应的练习题.通过练习题反馈的学生学习的情况,及时调整好课堂节奏	**练一练** 学生以抢答的形式来完成练习题	在学生学习平面的概念后设置练习题,通过第 2 题测试学生对平面概念的理解情况,通过第 3 题检测学生对平面的画法和表示法的掌握情况

教学环节		教学内容	教师活动	学生活动	设计意图与资源
课中实施	评	1. 教师引导学生进行归纳总结. 2. 结合统计数据和学习痕迹,评出优胜小组		比一比 小组抢答进行总结. 评一评 学生小组自评、互评,最后总评,选出本节课的优胜小组	知识梳理,加深对本节知识的理解,构建知识体系
课后拓展	固	**作业布置** 1. 练习册第 9.1.1 节同步练习 2. 判断下列命题的真假,真的打"√",假的打"×". (1)可画一个平面,使它的长为 4 cm,宽为 2 cm.(　　) (2)一条直线把它所在的平面分成两部分,一个平面把空间分成两部分.(　　) (3)一个平面的面积为 20 cm².(　　) (4)平面是矩形或者平行四边形.(　　)			学生先独立完成作业,并根据答案分析及时订正.教师看到结果后,及时点评.反馈效果,巩固知识

教学反思

　　通过课前发布的预习反馈,发现学生对初中几何知识的学习还存在畏难情绪,因此在本节课的学习中尽量让学生通过能实际接触的"平面"去感受平面的平坦、无限延展、无厚薄等特点,培养学生的直观想象力,进而让学生归纳出平面的概念.通过区别平面图形和平面,让学生辩证地去理解平面的无限延展性,突破本节课的难点.

　　在学习平面的表示时,让学生通过 GeoGebra 作图软件观察平面的旋转,再根据作图标准去画出三种常见视角下的平面,培养学生空间想象力和作图能力.通过文字语言、图形语言、符号语言来描述平面,并初步感受数学语言的简洁美,突破本节课的重点.

　　教学视频、图片让学生直观感受平面,"学习通"等教学软件的配合使用,让课堂生动有活力.信息化的教学手段提高了学生的参与度和抬头率,在以后的教学中更多使用信息化手段辅助教学.

2 平面的基本性质(一)

资中县职业技术学校 熊飞艳

授课时间	1课时	选用教材	高等教育出版社《数学(基础模块)下册》(第三版)
授课对象	计算机专业 2019 级升学 1 班学生	授课类型	概念课

教学内容	平面的基本性质(一)是高等教育出版社《数学(基础模块)下册》第9章立体几何第1节第2课时的内容,本节课的主要内容是平面的性质1和性质2		
学情分析	知识基础	学生已对平面有所认识,了解了平面在空间中的无限延展性,会使用集合符号语言表示元素与集合间的关系	
	认知能力	通过前面对平面概念的学习,对空间有了一个基本的认识,但空间想象力还比较弱	
	学习特点	学生对图形的认识比较感性,理性不足;有学习的愿望也有较强的表现欲,但基础较差,思维能力较弱	
	专业特性	只有结合生活,才能感知数学与生活的联系,体会数学来源于生活,运用于生活,而计算机专业的三维动画恰恰为本节课内容的学习提供了便利	
教学目标	理解平面的性质1和性质2. 通过性质1的学习会判断直线是否在平面内,通过性质2的学习会判断两个平面是否相交. 掌握自然语言、图形语言、符号语言的转换. 从实例观察抽象出平面的基本性质,培养空间想象能力,感受到生活中处处有数学		
教学重难点	重点	平面的性质1和性质2	
	难点	对平面的性质1、性质2的理解及用集合符号语言表示平面的基本性质	
教学策略	教法	情境教学法、启发式教学法	
	学法	自主、合作、体验式学习法	
	教学资源与手段	多媒体教室、微课视频、PPT 教学课件、手工模型等	

教学设计

流程设计	以故事为背景,针对性问题为引领,将教学内容进行结构化处理,分为学、导、探、练、评、固六个教学环节.
	学　导　探　练　评　固
	观看视频 直观感受　提出问题 导入新课　小组讨论 探索新知　即学即练 及时反馈　课堂小结 小组评价　分层作业 巩固提高
板书设计	**平面的基本性质(一)** 1. 平面的性质 1 　符号语言: 　图形语言: 2. 平面的性质 2 　符号语言: 　图形语言:　　　　　多媒体展示区　　　　　例题、练习区

教学实施

教学环节		教学内容	教师活动	学生活动	设计意图与资源
课前准备	学	观看微课视频"平面的基本性质(一)",完成课前小测试	课前发布学习任务:观看微课视频"平面的基本性质(一)",并完成课前小测试	观看视频,自主学习,完成测试题	课前引导学生预习知识,培养学生自主学习的能力和主动学习的意识
课中实施	导	小飞是一个既聪明又爱思考的女生.某天,小飞正在教室里写作业,结果写着写着就走神了,她想:如果把桌面看作一个平面,把笔看作一条直线,那么放在桌面上的笔与桌面有多少个公共点呢	设置情境,引导学生思考、操作	思考问题,动手操作,小组讨论	引导学生思考、动手操作,体会从实际位置关系到平面的性质 1 的抽象过程

教学环节		教学内容	教师活动	学生活动	设计意图与资源
课中实施	探	直线与平面都可以看作点的集合. 点 A,B 在直线 l 上,记作 $A \in l, B \in l$;点 A,B 在平面 α 内,记作 $A \in \alpha, B \in \alpha$. 平面的性质1:如果直线 l 上的两个点都在平面 α 内,那么直线 l 上的所有点都在平面 α 内. 此时称直线 l 在平面 α 内或平面 α 经过直线 l.记作 $l \subseteq \alpha$. <table><tr><td>图形语言</td><td>符号语言</td></tr><tr><td></td><td>$\because A \in l, B \in l, A \in \alpha, B \in \alpha,$ $\therefore l \subseteq \alpha$</td></tr></table> 注意:画直线 l 在平面 α 内的图形时,要将直线画在平行四边形的内部. 小飞无意中抬头望了望天花板,又想到了一个问题:把墙面看成平面,如果两平面有公共点的话,那么公共点的个数是多少呢? 引导学生观察教室墙面,再用纸板折一折. 平面的性质2:如果两个平面有一个公共点,那么它们一定还有其他公共点,并且所有公共点的集合是过这个点的一条直线. 此时称这两个平面相交,并把所有公共点组成的直线叫做两个平面的交线.平面 α 与平面 β 相交,交线为 l,记作 $\alpha \cap \beta = l$. <table><tr><td>图形语言</td><td>符号语言</td></tr><tr><td></td><td>$\because \alpha \cap \beta = A,$ $\therefore \alpha \cap \beta = l,$ 且 $A = l$</td></tr></table> 说明:本章中的两个平面是指不重合的两个平面,两条直线是指不重合的两条直线. 注意:画两个平面相交的图形时,被遮住部分的线段要画成虚线	组织学生思考问题并学着用符号语言书写性质1. 启发学生,让学生观察并动手操作. 引导学生得出结论,并用集合的符号语言正确表达性质2	思考问题,小组讨论. 尝试用集合符号语言表达性质1. 学会用集合符号语言表达性质2	引导学生得出结论,并学会正确用集合的符号语言表达性质1. 引导学生观察、动手操作,把抽象的知识变得很形象具体. 让学生明白符号语言是对文字语音的一种简化和抽象

续表

教学环节		教学内容	教师活动	学生活动	设计意图与资源
课中实施	练	**小组抢答** 判断正误： (1)平面是一个平行四边形.(　　) (2)线段 AB 在平面 α 内,但直线 AB 不一定在平面 α 内.(　　) (3)若两个平面相交,则它们存在不在同一条直线上的三个公共点.(　　) **针对练习** 判断正误： (1)一个平面的宽为 3 米,长为 9 米.(　　) (2)如果直线 l 上的两个点在平面 α 内,那么直线 l 上的任意一个点都在平面 α 内.(　　) (3)两个平面可能只有一个公共点.(　　)	组织答题,辨析评价,帮助学生突破重难点	**辨一辨** 思考、抢答.和老师一起从概念、性质出发,辨析、判断	学以致用,突出重点,加深理解,培养团队合作意识与逻辑思维能力
	评	1. 你收获了哪些知识? 2. 结合课堂表现,评出优胜小组		学生小组自评、互评,最后总评,选出本节课优胜小组	知识梳理,加深对本节课知识的理解,构建知识体系
课后拓展	固	1. 寻找生活中关于平面的实例,并尝试抽象成数学平面画出来. 2. 阅读教材,预习平面的性质 3 及推论. 3. 练习册本节课对应的课后 A 组练习题			学生先独立完成作业,并根据答案分析及时订正,教师及时点评.反馈效果,巩固知识

教学反思

　　本节课内容并不复杂,但它奠定了立体几何的理论基础,看似简单直观的公理却建立起立体几何的完备体系.学生的学习活动不能只是简单的记忆、模仿和接受,独立思考、自主探索、合作交流都是学习的重要方式.教师应该越来越少地致力于讲授知识,而应该越来越多地致力于引导学生构建知识,帮助学生寻求获得知识的方法.

3 平面的基本性质(二)

资中县职业技术学校　熊飞艳

授课时间	1 课时	选用教材	高等教育出版社《数学(基础模块)下册》(第三版)
授课对象	计算机专业 2019 级升学 1 班学生	授课类型	概念课
教学内容	平面的基本性质(二)是高等教育出版社《数学(基础模块)下册》第 9 章立体几何第 1 节第 3 课时的内容,本节课的主要内容是平面的性质 3 及三个推论,以及确定一个平面所包含的两层意思		

学情分析	知识基础	学生已经理解平面的性质 1、性质 2,能进行自然语言、图形语言、符号语言的转换,但表述还不够准确
	认知能力	通过前面的学习,加深了对平面的认识和理解,对空间有了进一步的了解,但空间想象力还比较欠缺
	学习特点	学生对图形的认识比较感性,理性不足;有学习的愿望也有较强的表现欲,但基础较差,思维能力较弱
	专业特性	只有结合生活,才能感知数学与生活的联系,体会数学来源于生活,运用于生活,而计算机专业的三维动画恰恰为本节课内容的学习提供了便利

教学目标	理解平面的性质 3 及三个推论. 培养在自然语言、图形语言与符号语言三种语言之间的转换能力,空间想象力及逻辑推理能力. 培养有理有据、实事求是的科学态度,并结合生活实际逐步形成从实践中来、到实践中去的辩证唯物主义观点

教学重难点	重点	平面基本性质 3 及三个推论
	难点	平面的基本性质 3 及推论的理解;自然语言、图形语言与符号语言三种语言之间的转换

教学策略	教法	情境教学法、启发式教学法
	学法	自主、合作、体验式学习法
	教学资源与手段	多媒体教室、微课视频、PPT 教学课件、手工模型等

教学设计

流程设计	以故事为背景,以针对性问题为引领,将教学内容进行结构化处理,分为学、导、探、练、评、固六个教学环节.

<table>
<tr><td>学</td><td>导</td><td>探</td><td>练</td><td>评</td><td>固</td></tr>
<tr><td>观看视频
课前测试</td><td>提出问题
导入新课</td><td>小组讨论
探索新知</td><td>即学即练
及时反馈</td><td>课堂小结
小组评价</td><td>分层作业
巩固提高</td></tr>
</table>

续表

板书设计	平面的基本性质(二) 平面的基本性质 3 推论 1:符号语言、图形语言 推论 2:符号语言、图形语言 推论 3:符号语言、图形语言	多媒体展示区	例题、练习区

📁 教学实施

教学环节		教学内容	教师活动	学生活动	设计意图与资源
课前准备	学	观看微课视频"平面的基本性质(二)""平面的确定",完成课前小测试	课前发布学习任务,让学生观看指定的微课视频并完成课前小测试	观看视频,自主学习,完成测试题	课前引导学生预习知识,培养学生自主学习的能力和主动学习的意识
课中实施	导	小美写好了信,在装信封时,不小心将信封掉到了地上,小美思考:用手指头将信封平稳地托在空间某一位置,至少需要几个手指头呢?这些手指头需要满足什么条件? 学生演示,小组讨论,得出结论. 平面的性质 3:不在同一条直线上的三个点,可以确定一个平面. 	设置问题情境,并引导学生思考	分小组实验并讨论得出结论	引导学生思考,体会从实际生活问题抽象出平面的性质 3 的过程
	探	小美又想到:既然不共线的三个点能确定一个平面,那我可不可以把这三个点变一变形呢?如果我将这不共线的三个点中的两个点连起来,就变成了一条直线和直线外一点,能确定一个平面吗? 小组合作,讨论得出结论. 	提出问题,引导学生思考,动手操作	思考问题,动手操作,小组讨论	引导学生思考、动手操作,体会结论 1 的抽象过程

教学环节	教学内容	教师活动	学生活动	设计意图与资源
课中实施	**探** 结论1:直线与这条直线外的一点可以确定一个平面. 小美:我将这不共线的三个点连成两条相交直线,也能确定一个平面吗? 小组合作,讨论得出结论. 结论2:两条相交直线可以确定一个平面. 小美:我将这不共线的三个点连成两条平行直线,还能确定一个平面吗? 小组合作,讨论得出结论. 结论3:两条平行直线可以确定一个平面. 学生扫描教材的上"生活实例"二维码.小组讨论后说出它们用到了平面的哪些性质. 	提出问题,组织学生分小组讨论、思考. 引导学生仔细观察,分析思考	思考问题,动手操作,小组讨论. 思考并回答问题	创设连续性问题情境,引导学生思考、讨论得出结论,从而发现结论1,2,3与性质3在本质上的一致性. 考查学生的综合应用能力,巩固确定平面的四种方法,让学生感知数学与生活的联系,体会数学来源于生活,运用于生活
	练 **小组抢答** 判断正误: (1)经过同一直线上的三点确定一个平面.( ) (2)相交于一点的三条直线,可以确定一个平面.( ) (3)梯形是平面图形.( ) (4)平面是一个平行四边形.( ) (5)线段 AB 在平面 α 内,但直线 AB 不一定在平面 α 内.( ) (6)若两个平面相交,则它们存在不在同一条直线上的三个公共点.( ) **针对练习** 1. 判断:经过一条直线和一个点,有且只有一个平面.( ) 2. 空间_____的三点确定一个平面. 3. 两条_____直线确定一个平面. 4. 下列图形不一定是平面图形的是( ) A. 三角形　　　　B. 菱形 C. 梯形　　　　D. 首尾相连的四条线段	组织答题,点拨评价,帮助学生突破重难点	思考、回答、辨析	学以致用,突出重点,加深理解,培养团队合作意识与逻辑思维能力

续表

教学环节		教学内容	教师活动	学生活动	设计意图与资源
课中实施	评	1. 你收获了哪些知识？ 2. 结合课堂表现,评出优胜小组		学生小组自评、互评,最后总评,选出本节课优胜小组	知识梳理,加深对本节课知识的理解,构建知识体系
课后拓展	固	1. 三条直线两两平行,可以确定几个平面？ 2. 如何用两根细绳来检查一把椅子的 4 条腿的下端是否在同一个平面内？ 3. 上网搜索埃舍尔的画《升与降》,找出其中的谬误			帮助学生加深对平面基本性质的理解

教学反思

　　在备课中遇到了一个困惑:本节内容该如何分成两个课时来完成？方案一是第 1 课时完成三个性质,第 2 课时完成三个推论,这样安排下来,时间很紧,学生活动根本展不开,给人很匆忙的感觉;方案二是第 1 课时完成前两个性质,第 2 课时完成性质 3 及三个推论,可是很多应用问题不是单一的,性质 3 没讲很多应用问题没法展开.最终选择了方案二,但是第 1 课时的重点调整了一下,考虑到学生第一次接触立体几何的符号语言及图形语言,于是准备了一些题让学生进行三种语言的转化.

4 直线与直线平行

富顺职业技术学校 陈 婷

教学分析

授课时间	1课时	选用教材	高等教育出版社《数学（基础模块）下册》（第三版）
授课对象	烹饪专业2019级2班学生	授课类型	性质课
教学内容	本节课是高等教育出版社《数学（基础模块）下册》第9章第2节第1课时的内容.本节课在学生学习了平面基本性质,对空间概念有了一定了解后,继续研究空间中直线与直线的位置关系.本节课的学习为后面研究空间直线与平面平行、平面与平面平行奠定基础		
学情分析	知识基础	学生在前面学习了平面的概念及平面的基本性质,对点、线、面的关系有了初步了解	
	认知能力	学生空间想象力较差,基础较弱,空间立体感没有形成,不能把空间点、线、面的关系与元素与集合、集合与集合之间的关系准确地类比、联系起来	
	学习特点	学生基础较薄弱,在课堂上容易注意力不集中,自学能力较弱	
	专业特性	烹饪专业学生基础相对薄弱,空间立体感没有形成,但动手能力较强,可以用食材雕刻与空间图形的紧密联系丰富学生的空间想象力,从而学以致用	
教学目标	理解空间中直线与直线的位置关系. 掌握异面直线的概念、画法. 掌握空间中直线平行的传递性. 通过直线与直线的位置关系培养学生空间想象力		
教学重难点	重点	直线与直线平行的判定方法	
	难点	异面直线及空间四边形的画法	
教学策略	教法	情境教学法、体验教学法	
	学法	自主、合作、体验式学习法	
	教学资源与手段	多媒体教学设备、PPT教学课件、手工模型、"学习通"软件等	

教学设计

流程设计	以"三心二意"为引领,将教学内容进行结构化处理,采用"线上＋线下"混合式教学模式,将整个教学过程分为学、导、探、练、评、固六个教学环节.
	学 导 探 练 评 固
	自主预习 生活实例 实验探究 典型例题 课堂小结 课后作业 课前检测 情境导入 得出新知 巩固练习 小组评价 巩固提高

板书设计	直线与直线平行 直线与直线的位置关系 直线与直线平行的判定与性质	多媒体展示区	例题、练习区

教学实施

教学环节		教学内容	教师活动	学生活动	设计意图与资源
课前准备	学	课前在"学习通"发布学习任务,学生预习本节课的内容,完成课前检测. 反馈课前预习情况及发现的问题	制作课前检测题上传到"学习通"平台	自主学习,完成检测题	引导学生预习本节课的内容并在预习中发现问题,带着问题进入课堂
课中实施	导	观察如图的长方体,棱 A_1B_1 与 AD 所在的直线有怎样的位置关系? 	提出问题	观察、思考,回答问题	创设学生熟悉的情境,引出本节课的课题
	探	(一)空间两直线的位置关系 复习平面内两条直线的位置关系:平行与相交. 创设情境:如观察图所示的长方体,棱 A_1B_1 与 AD 所在的直线有怎样的位置关系? 空间两条直线的位置关系: $$\left\{\begin{array}{l}共面\left\{\begin{array}{l}相交:有且只有一个公共点\\平行:无公共点\end{array}\right.\\异面:无公共点\end{array}\right.$$ 实验:将两支铅笔平放到桌面上,抬起一支铅笔的一端,发现此时两支铅笔所在的直线异面. 受实验的启发,我们可以利用平面做衬托,画出表示两条异面直线的图形. 异面直线的画法: 	提出问题,组织抢答,激发学生学习兴趣. 引导学生归纳总结空间中直线与直线的位置关系. 引导学生实验、思考,画异面直线	抢答,感知直线与直线的关系. 归纳总结空间中直线与直线的位置关系. 动手操作,画异面直线	从实例出发,让学生直观感知空间中直线与直线的位置关系. 通过实验得出如何画出两条异面直线,并让学生自己动手操作,体会异面直线的画法

教学环节		教学内容	教师活动	学生活动	设计意图与资源
课中实施	探	**(二)直线与直线平行的判定与性质** 兴趣导入:我们知道,平面内平行于同一条直线的两条直线一定平行.那么空间中平行于同一条直线的两条直线是否一定平行呢? 观察教室内相邻两面墙的交线. 平行直线的性质:平行于同一条直线的两条直线平行. 用符号语言表示为:若 $a/\!/b,b/\!/c$,则 $a/\!/c$. 空间四边形:如图,将平面四边形 $ABCD$ 的两条边 AD 与 DC 沿着对角线 AC 向上折起,将点 D 折叠到 D_1 的位置,此时 A,B,C,D_1 四个点不在同一个平面内,这时的四边形 $ABCD_1$ 叫做空间四边形. 	从实例出发,提出问题,引导学生归纳总结直线与直线平行的判定与性质.	思考并归纳出直线与直线平行的判定与性质.	从实例出发,让学生直观感知,得出空间中直线与直线平行的判定与性质.
		例题讲解 例题 如图,已知空间四边形 $ABCD$ 中,E,F,G,H 分别为 AB,BC,CD,DA 的中点.判断四边形 $EFGH$ 是否为平行四边形. 	引导学生思考,最后板书讲解	独立思考,小组讨论,尝试解答	通过例题,加深对知识的理解,明确规范解题格式,引领学生归纳直线与直线平行的判定步骤,理解将空间问题平面化的数学思想
	练	判断下列命题的真假,真的打"√",假的打"×". (1)平行于同一直线的两条直线平行.( ) (2)垂直于同一直线的两条直线平行.( ) (3)过直线外一点,有且只有一条直线与已知直线平行.( ) (4)与已知直线平行且距离等于定长的直线只有两条.( ) (5)若一个角的两边分别与另一个角的两边平行,那么这两个角相等.( ) (6)若两条相交直线和另两条相交直线分别平行,那么这两组直线所成的锐角(或直角)相等.( )	布置任务,巡视指导,点评讲解	从定义、性质出发,思考辨析,判断解答	强化对直线与直线位置关系的理解以及对直线与直线平行的判定与性质的掌握

续表

教学环节		教学内容	教师活动	学生活动	设计意图与资源
课中实施	评	1. 教师引导学生进行归纳总结. (1)空间两条直线的位置关系:平行、相交、异面; (2)平行直线的性质:平行于同一条直线的两条直线平行. 2. 结合统计数据和学习痕迹,评出优胜小组		小组抢答进行总结. 学生小组自评、互评,最后总评,选出本节课优胜小组	知识梳理,加深对本节课知识的理解,构建知识体系
课后拓展	固	1. 练习册第9.2.1节同步练习. 2. 寻找生活中空间两直线平行的实例,用判定定理进行解释			巩固本节课所学,为后面的学习打下基础

教学反思

　　1. 本节课围绕数学学科核心素养进行设计,意在促进学生的空间想象能力和逻辑推理能力的发展. 在教学过程中发现,由于中职学生整体基础较差,空间想象能力不足,有待在日后教学中加强.

　　2. 本节课部分学生还未完全掌握如何证明空间两直线平行,应加强典型题目的练习,加深对知识的理解,为后面的学习做铺垫.

5　直线与平面平行

攀枝花市建筑工程学校　杜　婧

教学分析

授课时间	1 课时	选用教材	高等教育出版社《数学（基础模块）下册》（第三版）
授课对象	建筑工程施工专业 2019 级 2 班学生	授课类型	性质课

教学内容	本节课内容在本章知识结构中起着承上启下的作用,线面平行的判定既是线线平行的判定的延续,又是后面将学习的面面平行的判定的基础,还是连接线线平行和面面平行的纽带. 本次授课是在学生已经学习了空间中线线位置关系和线线平行性质定理的基础上进行的,教材通过 3 个小实验:摆放铅笔、折纸、硬纸片紧贴铅笔,分别引入线面的位置关系、线面平行的判定定理和性质定理,并给出实例使学到的知识得以应用,使学生逐步养成在空间考虑几何问题的习惯,进一步提高学生的空间想象力,发展推理能力.此学习过程结合有关实物模型,通过直观感知、操作、确认、归纳出线面位置关系以及线面平行的判定定理和性质定理,充分展示了线线平行和线面平行的转化关系

学情分析	知识基础	已经掌握线线位置关系、线线平行的性质,在日常生活中积累了很多有关线面位置关系的素材,但数学基础薄弱,在几何图形中寻找平行线的知识储备还不够
	认知能力	初步具备一定的解决空间数学问题的能力,但抽象思维弱,空间想象能力不足,从折纸实验中抽象概括出线面平行判定定理的能力还不具备,需要老师进行过程梳理与思维引导
	学习特点	动手能力较强,喜欢在实践中学习,喜欢小组合作,熟悉信息化网络平台,可以进行一定的自主学习
	专业特性	建筑工程施工专业的学生对建筑模型和建筑物体接触较多,对立体图形的感知能力较强,具备一定的逻辑思维能力和动手操作的能力,但对专业知识或具体事物中蕴含的数学知识感悟不深

教学目标	理解空间中直线与平面的位置关系,直线与平面平行的判定定理和性质定理. 会用自然语言、符号语言、图形语言描述直线与平面的位置关系;在简单几何体中,会用直线与平面平行的判定定理和性质进行推理和证明;体会分类整合、转化与化归的数学思想,提升空间想象能力. 通过抽象生活中线面位置关系和探究定理的过程,体会数学的理性和严谨性,培养直观想象、逻辑推理、数学抽象等数学核心素养. 通过合作学习树立团队意识;通过探究学习培养勇于探索、敢于创新的精神;从探索中获得成功的体验,实现自我价值,培养自信心,树立正确的人生观;经历解决实际问题的过程,体会数学知识的应用性,提升专业意识

教学重难点	重点	直线与平面的位置关系,直线与平面平行的判定定理和性质定理
	难点	运用判定定理寻找正确的对应平行线,运用性质定理时找到过直线的平面

教学策略	教法	任务驱动法、情境教学法、引导探究教学法
	学法	自主、合作、体验式学习法
	教学资源与手段	多媒体教学设备、微课视频、PPT 教学课件、手工模型、"学习通"软件、GeoGebra 软件等

教学设计

流程设计	以"三心二意"为引领,将教学内容进行结构化处理,采用"线上＋线下"混合式教学模式,将整个教学过程分为学、导、探、练、评、固六个教学环节.

学　导　探　练　评　固

自主预习 课前检测	生活实例 情境导入	实验探究 得出新知	典型例题 巩固练习	课堂小结 小组评价	完成作业 巩固提高

板书设计	直线与平面平行 1. 直线与平面平行的判定方法 (1)定义法 (2)判定定理 2. 直线与平面平行的性质	多媒体展示区	例题、练习区

教学实施

教学环节		教学内容	教师活动	学生活动	设计意图与资源
课前准备	学	课前对学生进行分组,在"学习通"平台学习群中发布观看微课视频等预习任务,上传课前测试题引导学生自主预习	制作微课视频、课前测试单、任务卡、实物模型、课件以及课后评价表.整理图片并分析学生预习情况	观看微课视频,进行自主学习,完成测试题.小组合作寻找蕴含线面位置关系的实物图片,上传至"学习通"平台	课前引导学生预习知识,培养学生自主学习的能力和主动学习的意识. 了解学生学习情况,便于课中有针对性开展教学
课中实施	导	1. 结合课前预习效果,总结直线与平面的位置关系. 2. 展示在日常生活中找到的直线与平面平行的实例的图片.	板书课题,展示小组提交的日常生活中直线与平面平行实例的优秀图片	**忆一忆** 回顾知识,回答问题	以旧导新,体现知识的系统性与延续性,提高学生学习积极性. 将生活中的实物抽象为几何图形,直观感知线面平行关系,把抽象的知识形象化,培养学生直观想象的数学素养

位置关系表:

位置关系	直线在平面外($l \not\subset \alpha$)		直线在平面内
	直线与平面平行	直线与平面相交	
公共点	没有	1 个	无数个
符号语言	$l \parallel \alpha$	$l \cap \alpha = P$	$l \subseteq \alpha$
图形语言			

教学环节		教学内容	教师活动	学生活动	设计意图与资源
课中实施	探	**探究活动一** 讨论:足球比赛中,球门的横梁和立柱扮演了很重要的角色,工作人员对球门也会定期地维护.你认为如何检测横梁所在的直线与地面所在平面平行? 得到直线与平面平行的判定方法1. **定义法:**如果直线与平面没有公共点,那么这条直线与这个平面平行. 注:直线无限延伸,平面无限延展,无法通过肉眼观察保证直线与平面没有公共点. **探究活动二** 活动:把荣誉证书置于桌面上,打开证书的过程中,硬皮封面的边缘所在直线 AB 与桌面所在的平面的位置关系是什么? 讨论:直线 AB 与桌面所在的平面始终平行吗? 得到直线与平面平行的判定方法2. **直线与平面平行的判定定理:**如果平面外的一条直线与平面内的一条直线平行,那么这条直线和这个平面平行. 	图形语言	符号语言
---	---
	$\because a\not\subseteq\alpha,b\subseteq\alpha,$ $a//b,$ $\therefore a//\alpha$	 关键:在平面里找到对应的直线与已知直线平行. 注:利用该定理,将线面平行的判定转化成了线线平行的判定,即将空间问题转化成了平面问题. **探究活动三** 活动:将铅笔放到与桌面平行的位置上,用矩形硬纸片的面紧贴铅笔,矩形硬纸片的一边紧贴桌面,观察铅笔及硬纸片与桌面的交线,它们的位置关系是什么	播放视频,引导学生思考:用定义法判定线面平行操作方便吗?有没有其他判定线面平行的方法? 巡视,让小组代表展示并回答. 对学生在任务卡的第4个空的答案提出疑问,引导学生再思考. 借助 GeoGebra 动态图从正反两个方面来论证. 总结三要素,强调缺一不可	**想一想** 思考问题,小组讨论. **做一做** 动手操作,小组讨论,填写任务卡中的内容:1.直线 AB 在桌面所在的平面____;2.直线 CD 在桌面所在的平面____;3.直线 AB 与 CD 的位置关系始终是____;4.直线 AB 与桌面的位置关系是____. 小组讨论. **析一析** 将其抽象成数学语言,小组归纳,推荐代表作答	通过实际问题的提出,引发学生的认知欲,激发学生的学习兴趣. 为探寻线面平行的判定定理做准备,使它的引入更加自然. 让学生在"做中学,学中做",让学生更清楚地看到线面平行的关键因素是什么.进行思想政治教育,让学生明白要认真、仔细做好每一件事. 借助 GeoGebra 动画,让学生知其然并知其所以然,体现数学的理性与严谨性,渗透思想政治教育.让学生完整体会数学概念和问题的抽象与提炼过程,培养学生逻辑推理、数学抽象等核心数学素养. 突出重点,渗透转化与化归的数学思想

续表

教学环节		教学内容	教师活动	学生活动	设计意图与资源
课中实施	探	讨论1:如果一条直线与一个平面平行,那么这条直线与这个平面内的直线有怎样的位置关系? 平行　　　　异面 讨论2:什么条件下,平面 α 内的直线与直线 α 平行? 得到直线与平面平行的性质: 如果一条直线与一个平面平行,并且经过这条直线的一个平面和这个平面相交,那么这条直线与交线平行. **图形语言** | **符号语言** $\because m // \alpha, m \subseteq \beta,$ $\alpha \cap \beta = l,$ $\therefore m // l$ 作用:判定直线与直线平行的重要依据. 关键:寻找过已知直线的平面	利用小实验实例,引出线面平行的性质定理. 结合 GeoGebra 动画引导学生分析、归纳、总结.	**做一做** 动手实验,探究线面平行的性质定理. **想一想** 回顾在课前测试中的思考、作答. 思考、作答	通过简单的实物操作,为新知识找到"生长点". 让学生知其然并知其所以然,体现数学的理性与严谨性,渗透思想政治教育. 借助 GeoGebra 动画培养学生空间想象力. 让学生完整体会数学概念和问题的抽象与提炼过程,培养学生逻辑推理、数学抽象等核心数学素养. 突出重点,同时渗透转化与化归的数学思想
	练	例1　判断下列命题的真假. (1)若一条直线和平面内的一条直线平行,则该直线与平面平行.(　　) (2)若平面外的一条直线和平面外的一条直线平行,那么该直线与平面平行.(　　) 练习1　已知长方体 $ABCD\text{-}A_1B_1C_1D_1$ 如图所示. (1)与直线 AB 平行的平面是_____; (2)与直线 AA_1 平行的平面是_____; (3)与直线 AD 平行的平面是_____. 例2　如图,在空间四边形 $ABCD$ 中, E,F 分别是直线 AB,AD 的中点,求证: $EF // $ 平面 BCD.	借助模型,引领学生归纳证明直线与平面平行的步骤,理解将空间问题平面化的数学思想,并引导学生以"练习1"为原型进行编题游戏. 引领学生归纳直线与平面平行的判定步骤,理解将空间问题平面化的数学思想	**辨一辨** 和老师一起从定理出发,理解概念,辨析判断. 思考、作答	通过例1加深学生对线面平行判定定理的理解. 通过分析和引导,培养学生解题的能力,通过模型展示进一步培养学生的空间想象能力,巩固本节课重点,完成了本节课的技能目标和素养目标

教学环节		教学内容	教师活动	学生活动	设计意图与资源
课中实施	练	练习2 如例2图,在空间四边形 $ABCD$ 中,已知 EF 是平面 ABD 内与平面 BCD 平行的直线,判断直线 EF 与 BD 是否平行,说明理由	让小组推荐代表作答,并点评:学习建筑工程测量的,还可利用水准仪来测量、判断	思考,小组讨论,推荐代表作答	体会数学知识的应用性,提高学习兴趣,提升专业意识
	评	1. 教师引导学生进行归纳总结. (1)直线与平面的位置关系:平行、相交、直线在平面内. (2)直线与平面平行的判定定理: ①关键词:外、内、平行; ②思想方法:线线平行→线面平行. (3)直线与平面平行的性质: ①关键:过已知直线作一个辅助平面; ②思想方法:线面平行→线线平行. 2. 谈谈学习了立体几何后,对学习专业课带来的帮助		**评一评** 小组自评、互评,最后总评,选出本节课优胜小组	知识梳理,加深对本节课知识的理解,构建知识体系,让学生意识到学好数学的重要性
课后拓展	固	1. 梳理知识点,整理好笔记. 2. 书面作业:教材习题9.2 A组第1,2,3,4题;练习册第9.2.2节同步练习. 3. 完成"练习1"中的编题游戏			学生先独立完成作业,并根据答案分析及时订正.教师看到结果后,及时点评.反馈效果,巩固知识

教学反思

回顾本节课,进行了如下教学反思:

1. 情境引入生活化,激发了学生学习兴趣.

2. 学习过程探究化,增强了学生的直观感受,培养了学生自主建构知识的能力.

3. 教、学、做一体化,结合图片、视频,微课等手段,引导学生学、思、悟,改变数学抽象枯燥的印象,培养了学生逻辑思维能力和观察能力,让其体会到转化与化归的数学思想.

4. 课堂检测信息化,利用动态数学软件 GeoGebra,增强直观性,加深理解;利用"学习通"平台及时反馈学生学习情况,提高了课堂效率.

5. 素养培养无声化,通过观察、实验、探究等过程培养学生逻辑推理、直观想象、数学抽象等数学核心素养,有助于学生终身发展.

6. 不足之处在于对相关的初中几何知识复习力度不够,探究活动时间预留不足.

6　平面与平面平行

富顺职业技术学校　陈　婷

教学分析

授课时间	1 课时	选用教材	高等教育出版社《数学（基础模块）下册》（第三版）
授课对象	烹饪专业 2019 级 2 班学生	授课类型	性质课
教学内容	本节课是高等教育出版社《数学（基础模块）下册》第 9 章第 2 节第 3 课时的内容. 本节课继学生学习了直线与直线平行，直线与平面平行，对空间概念有了一定了解后，继续研究平面与平面的位置关系. 本节课的学习为后面研究空间直线、平面所成的角奠定基础，因此这节课有承前启后的作用，是本章和本节的重点内容		

学情分析	知识基础	学生已经学习了平面的概念及性质，直线与直线、直线与平面平行，对点、线、面的关系有了一定理解
	认知能力	学生空间想象力较差，基础较弱，空间立体感没有形成，不能把空间点、线、面的关系与元素与集合、集合与集合之间的关系准确地类比、联系起来
	学习特点	学生基础较薄弱，在课堂上容易注意力不集中，自学能力较弱. 本节课与上一节课的研究顺序和方法基本相同，学生也有了一定的研究经验
	专业特性	烹饪专业的学生基础相对薄弱，空间立体感没有形成，但烹饪专业学生动手能力较强，可以用食材雕刻与空间图形的紧密联系丰富学生的空间想象力，从而学以致用

教学目标	了解空间中平面与平面的位置关系. 理解平面与平面平行的判定与性质. 通过平面与平面的位置关系及对应直观图形的认识发展空间想象思维

教学重难点	重点	两个平面平行的判定定理、性质定理
	难点	平面与平面平行的条件

教学策略	教法	情境教学法、体验教学法
	学法	自主、合作、体验式学习法
	教学资源与手段	多媒体教学设备、PPT 教学课件、手工模型、"学习通"软件等

教学设计

流程设计	以"三心二意"为引领，将教学内容进行结构化处理，采用"线上＋线下"混合式教学模式，将整个教学过程分为学、导、探、练、评、固六个教学环节.
	学　导　探　练　评　固
	自主预习　生活实例　实验探究　典型例题　课堂小结　课后作业 课前检测　情境导入　得出新知　巩固练习　小组评价　巩固提高

续表

板书设计	平面与平面平行 平面与平面的位置关系 平面与平面平行的判定与性质	多媒体展示区	例题、练习区

教学实施

教学环节		教学内容	教师活动	学生活动	设计意图与资源
课前准备	学	课前在"学习通"发布学习任务,学生预习本节课的内容,完成课前检测题. 反馈课前预习情况及发现的问题	制作课前检测题上传到"学习通"平台	自主学习,完成检测题	引导学生预习本节课的内容并在预习中发现问题,带着问题进入课堂
课中实施	导	观察教室的墙壁与地面、天花板与地面,你发现了什么	提出问题	观察、思考,回答问题	利用与学生生活环境相关的情境,引出本节课的课题
	探	**(一)平面与平面的位置关系** 平行　　　相交 **(二)平面与平面平行的判定与性质** 问题　一个木工师傅要从 A 处锯开一个三棱锥木料,要使截面和底面平行,想请你帮他画线,你会画吗? A 探索: 三角尺的一边所在直线与桌面所在平面平行,这个三角尺所在平面与桌面所在平面平行吗? 三角尺的两边所在直线分别与桌面所在平面平行,三角尺所在平面与桌面所在平面平行吗? 判定平面与平面平行的方法: 如果一个平面内的两条相交直线都与另一个平面平行,那么这两个平面平行. 符号语言:∵ $a\subseteq\beta,b\subseteq\beta,a\cap b=P,a//\alpha,b//\alpha,∴\beta//\alpha.$ $b\ P\ a$ α β	设置抢答环节,激发学生学习兴趣,引导学生归纳总结空间平面与平面的位置关系. 兴趣导入,引导分析问题、思考探索,归纳总结得出平面与平面平行的判定方法	抢答,感知平面与平面的位置之关系. 归纳总结空间中平面与平面的位置关系. 独立思考,小组讨论. 动手画图,归纳总结	从实例出发,让学生直观感知平面与平面的位置关系. 类比直线与平面平行的判定,通过实例,引导学生发现平面与平面平行的判定方法. 通过让学生观察、思考、讨论,概括出平面与平面平行的判定方法,加深理解,培养学生的概括能力数学语言的表达能力

续表

教学环节		教学内容	教师活动	学生活动	设计意图与资源
课中实施	探	例1 设平面内的两条相交直线 m,n 分别平行于另一个平面内的两条直线 k,l,试判断这两个平面是否平行. 两个平面平行的性质: 如果一个平面与两个平行平面相交,那么它们的交线平行. 符号语言:$\because \alpha // \beta, \gamma \cap \alpha = m, r \cap \beta = n, \therefore m // n.$ 例2 已知:在正方体 $ABCD\text{-}A_1B_1C_1D_1$ 中,E,F 分别是 CC_1,AA_1 的中点,求证:平面 $BDE //$ 平面 B_1D_1F	从实例出发,提出问题. 引导学生归纳总结平面与平面平行的性质. 讲解例题,引导学生思考	思考并归纳出平面与平面平行的性质. 独立思考,小组讨论. 独立思考,小组讨论	通过例题,加深理解. 通过例题,加深对平面与平面平行的判定与性质的理解
	练	在正方体 $ABCD\text{-}A_1B_1C_1D_1$ 中,若 M,N,E,F 分别是棱 $A_1B_1,A_1D_1,B_1C_1,C_1D_1$ 的中点,求证:平面 $AMN //$ 平面 $EFDB$	引领学生归纳平面与平面平行的判定步骤,理解将空间问题平面化的数学思想	从定理出发,理解概念,分析解决问题,总结解题步骤,提炼数学思想	再一次体会平面与平面平行的证明过程
	评	1.教师引导学生进行归纳总结. (1)证明两个平面平行的基本思路: 线线平行→线面平行→面面平行. (2)证明两个平面平行的一般步骤: ①在一个平面内找出两条相交直线; ②证明两条相交直线分别平行于另一个平面; ③利用判定定理得出结论. 2.结合统计数据和学习痕迹,评出优胜小组		小组抢答进行总结. 学生小组自评、互评,最后总评,选出本节课优胜小组	知识梳理,加深对本节课知识的理解,构建知识体系
课后拓展	固	1.练习册第9.2.3节同步练习. 2.寻找生活中平面与平面平行的实例,用判定定理进行解释			巩固本节课所学,为后面的学习打下基础

教学反思

1.本节课围绕数学学科核心素养进行设计,意在促进学生的空间想象能力和逻辑推理能力的发展.在教学过程中发现,由于中职学生整体基础较差,空间想象能力不足,有待在日后教学中加强.

2.本节课部分学生还未完全掌握如何证明两平面平行,应加强典型题目的练习,加深对知识的理解,为后面的学习做铺垫.

7　空间两条直线所成的角

四川省隆昌市城关职业中学　巫源森

教学分析

授课时间	1课时	选用教材	高等教育出版社《数学(基础模块)下册》(第三版)
授课对象	计算机应用专业2018级1班学生	授课类型	概念课
教学内容	空间两条直线所成的角是高等教育出版社《数学(基础模块)下册》第9章第3节第1课时的内容. 本节课继学生学习了平面的基本概念,直线与直线、直线与平面、平面与平面的位置关系后,开始探索度量关系,也为后面研究直线与平面、平面与平面所成的角提供基础		

学情分析	知识基础	学生已经学习了平面的基本概念和空间中点、线、面的位置关系,已经有了一定的空间想象能力,掌握了基本的立体几何数学符号语言,具有一定的归纳、猜想能力,但在分析推理能力和空间想象能力方面还比较欠缺
	认知能力	学生普遍具备一定的问题提出能力,但抽象思维能力较弱,推理判断能力较差
	学习特点	学生基础知识掌握不牢,自学能力普遍较差,但学生思维活跃,喜欢参与活动,动手能力强,有团队合作的精神,对探索形象、直观的事物兴趣颇高
	专业特性	该专业学生具备计算机常用办公软件、数据库常用软件应用能力,具备一定的编程基础和多媒体软件基本应用能力,能较为熟练地使用计算机,动手能力较强

教学目标	空间中两条异面直线夹角的理解及其求解. 培养空间想象能力和数学思维能力. 在进行思维培养的同时,激发对科学文化知识的探求热情,形成逻辑清晰的辩证唯物主义观点

教学重难点	重点	两条异面直线所成的角的概念
	难点	如何恰当地将异面直线所成的角转化为相交直线所成的角,即如何将空间角转化为平面角

教学策略	教法	任务驱动法——形成学习动机,问题探究法——体会学习乐趣
	学法	从学生已有的找平面内直线夹角的经验入手,注入平移法的数学思想,把空间角转化为平面角.采用小组探究,营造一个轻松快乐的课堂,使学生在学中做,做中学,体会探索的乐趣,享受学习的过程
	教学资源与手段	快剪辑　几何画板　云班课 用PPT辅助教学,提高课堂效率. 用"快剪辑"制作微课视频,让学生直观感受空间物体. 用"几何画板"软件进行动画设计. 学生登录"云班课",课前观看微课视频;课后完成作业. 教师在"云班课"平台上对作业进行批改、评价

教学设计

采用"线上＋线下"混合式教学模式,以问题串为引领,通过数学实验,将整个教学过程按学、导、探、练、评、固六个环节推进.

流程设计	学	导	探	练	评	固
	观看微课 温故知新	提出问题 导入新课	实验操作 小组讨论 探索新知	即学即练 及时反馈	课堂小结 多元评价	优化作业 巩固提高

板书设计	空间两条直线所成的角 空间两条直线的位置关系 平行、相交直线所成的角 异面直线所成的角	多媒体展示区	例题、练习区

教学实施

教学环节		教学内容	教师活动	学生活动	设计意图与资源
课前准备	学	1. 观看微课视频"空间两条直线的位置关系". 2. 复习旧知: (1)空间两条直线的位置关系: 表格见下 (2)两条平行直线所成的角是零角; (3)两条相交直线所夹的角是这两条直线相交所成的最小的正角,范围:$(0°,90°]$	推送视频. 提出问题同,复习旧知	用"云班课"观看. 完成问题	预习新课,复习旧知
课中实施	导	**问题导入** 展示异面直线的图片,让学生观察,找出多组异面直线,说出不同组异面直线的位置的不同.教师再利用教具适时演示,让学生从不同视角观看,发现异面直线也是有夹角的.	图片展示. 教具演示. 导入课题	观看. 思考. 讨论	从学生熟悉的内容入手引出问题

复习旧知表格:

位置关系	共面		不共面
	平行	相交	异面
公共点	无	一个	无

教学环节		教学内容	教师活动	学生活动	设计意图与资源
课中实施	探	**实验探究** 在一张纸上画两条能相交的直线 a,b(但交点不在纸内).规定不延长纸上的线段,问:如何操作能作出这两条直线的夹角? (1)让学生思考并动手画出图形. (2)让学生回答是怎么操作的. (3)教师利用"几何画板"演示操作过程.(分析及讲解时突出"平移") (4)模仿迁移: 如图所示,如何度量异面直线 a,b 的夹角呢? **形成概念** 1. 两条异面直线所成的角:经过空间任意一点分别作与两条异面直线平行的直线,这两条相交直线的夹角叫做两条异面直线所成的角. 范围: $(0°,90°]$. 2. 平移法找两条异面直线所成的角:把异面直线平移成相交直线,从而找到相交直线的夹角即可. 3. 两条异面直线垂直:当两条异面直线 a,b 所成的角为直角时,称异面直线 a,b 垂直,记作: $a\perp b$. 学生观看动画演示后,再利用其他的平移方式动手画出两异面直线所成的角. 小组讨论: (1)两条异面直线所成的角的大小与平移时在空间中选取的点的位置有关吗?(指明:为了方便,往往选取特殊的点) (2)空间两直线所成的角的范围是 $[0°,90°]$. (3)空间中两条直线垂直,它们一定相交吗?(相交垂直或异面垂直)	提出问题. 引导学生思考. 用软件"几何画板"演示,引导学生分析. 提出问题. 动画演示. 与学生一起归纳,板书概念. 仔细分析关键语句,讲解说明. 引导分析. 展示问题	动手实验. 观察平移过程. 小组讨论. 合作体验. 小组合作讨论,思考归纳. 认真思考,辨析概念	通过动手操作和观看动画,激发学生探索新知识的兴趣. 突出找角的方法,即平移法. 通过小组合作,体会平移的作图方法,为概念的得出做铺垫. 通过师生合作,动画演示,形成概念,体现转化的思想,将空间角转化为平面角. 通过辨析,巩固概念

教学环节		教学内容	教师活动	学生活动	设计意图与资源
课中实施	探	例题　如图所示的长方体中，$\angle BAB_1=30°$，求下列异面直线所成的角的度数. (1)AB_1 与 DC； (2)AB_1 与 CC_1； 解：(1)因为 $DC\parallel AB$， 所以 $\angle BAB_1$ 为异面直线 AB_1 与 DC 所成的角. 而 $\angle BAB_1=30°$， 即所求角为 30°. (2)因为 $CC_1\parallel BB_1$， 所以 $\angle AB_1B$ 为异面直线 AB_1 与 CC_1 所成的角. 在 Rt$\triangle ABB_1$ 中， $\angle ABB_1=90°$，$\angle BAB_1=30°$， 所以 $\angle AB_1B=90°-30°=60°$， 即所求的角为 60°	板书示范第(1)问，归纳解题步骤. 展示第(2)问，让学生思考. 提问、动画演示. 分析解题步骤	思考. 观察、作答. 归纳总结解题步骤. 独立完成第(2)问	巩固利用平移将异面直线所成的角转化为平面直线的夹角的解题方法. 规范"作→证→求→答"的解题步骤
	练	在如图所示的正方体中，求下列各对直线所成的角的度数. (1)DD_1 与 BC； (2)AA_1 与 BC_1； (3)AC 与 BC_1	引导. 讲解辨析	思考. 独立求解	通过练习让学生进一步领会转化的数学思想
	评	**小测试** 关于异面直线所成的角，判断下列说法的正误. (1)它是两条相交直线所成的角.（　） (2)过空间的任意一点与两条异面直线分别平行的两条相交直线所成的锐角或直角.（　） (3)过其中一条直线上的一点作与另一条直线平行的直线，这两条相交直线所成的锐角.（　） (4)两条直线既不相交也不平行，根本无法成角.（　） **归纳小结　强化思想** 1. 空间两条直线所成的角. 2. 两条异面直线所成的角的常见求法(平移)：找平行直线或作平行直线，把空间角转化成平面角，体现转化的数学思想. 3. 求异面直线所成角的步骤：作→证→求→答	引导. 讲解纠错. 提问：你采用了怎样的学习方法？你收获了哪些知识	通过"云班课"平台完成测试. 思考辨析. 思考，积极参与	通过测评，让学生回顾知识点，加深概念的理解，强化记忆. 理论升华，整体构建

教学环节		教学内容	教师活动	学生活动	设计意图与资源
课后拓展	固	**作业布置** 1.课后认真阅读本节课对应教材的内容. 2.教材第102,103页习题9.3　A组第1,2题;B组(选做). 3.课后拓展(选做):在如图所示的长方体中,已知 $AB=\sqrt{3}$,$BC=\sqrt{3}$,$AA_1=1$,求: (1)直线 AB_1 与 C_1D_1 所成的角; (2)直线 A_1C_1 与 BC 所成的角; (3)直线 AD_1 与 CC_1 所成的角	在"云班课"平台上对作业进行批改评价	通过"云班课"完成作业	基础题与提高题相结合,作业分层.对学有余力的学生强化计算能力的培养

教学反思

　　异面直线所成的角比较抽象,因为学生认为:异面直线不相交,怎么成角呢? 因此本节课的学习从学生熟悉的知识入手,通过实验、亲自做一做、观察,让学生参与知识的形成过程,提高了学生的学习兴趣.

　　在导入部分,考虑到学生的实际认知水平,从他们已有的知识出发,利用平移的方法进行分析讲解,既可以为异面直线所成的角的定义的引入做准备,也有利于激发学生的学习积极性,使得枯燥的数学课堂变得生动.

　　怎样把空间问题转化为平面问题是本节课的难点,本节课通过设置实验活动,再借助多媒体的直观动态演示,帮助学生更自然地形成概念并找到和掌握求角的方法;同时在应用中,规范板书,强调解题步骤,尽量让学生自主归纳解题方法,从而突破难点,但学生的数学语言还有待规范.

　　对于课堂练习题,设置分组讨论、上台板演等活动,意在培养学生自主探究及小组合作的能力.

8　直线与平面所成的角

内江市高级技工学校　王　瑾

教学分析

授课时间	1 课时	选用教材	高等教育出版社《数学(基础模块)下册》(第三版)
授课对象	计算机应用与维修专业高二年级学生	授课类型	概念课
教学内容	直线与平面垂直的定义及相关概念;斜线与射影的定义及相关概念;直线与平面所成的角的定义及相关问题.本节课是立体几何的重点内容之一,既是异面直线成角的延续,又为后面学习二面角打下坚实的基础,起着承上启下的作用		
学情分析	知识基础	在初中的学习中,学生已经会在直角三角形中求角.在上一节课,学生又学习了空间两条直线所成的角,初步理解了将空间角转化为平面角的思想.这些都为本节课的学习提供了知识准备	
	认知能力	学生学习立体几何没多久,空间意识淡薄,对解决空间问题的基本思路还不清晰,方法还不熟练	
	学习特点	他们具有一定的归纳、猜想能力,但在分析推理能力和空间想象能力方面比较欠缺.	
	专业特性	直线与平面所成的角是中职阶段非常重要的内容,教学中体现培养学生的空间想象力,渗透"冲出平面,走向空间,回归平面"的转化思想,需要通过创设情境来实现,而计算机专业的平面设计与数学学习之间的联系恰恰给教学提供了契机	
教学目标	通过视频、图片,模型、动手画一画,关注生活中的数学模型,发展空间想象思维. 理解直线与平面垂直的定义及相关概念;理解斜线与射影的定义及相关概念;掌握直线与平面所成的角的定义并能解决相关问题. 在体验数学美的过程中激发学习兴趣,从而培养勤于思考、勤于动手的良好品质,培养空间想象能力和观察、计算、归纳的数学思维能力		
教学重难点	重点	直线与平面所成角的定义,能在立体图形中找出直线与平面所成的角	
	难点	求直线与平面所成的角,将空间问题转化为平面问题的数学转化思想	
教学策略	教法	情境教学法、体验教学法	
	学法	采用自主、合作、体验的学习方式,体会数学知识与生活的紧密联系	
	教学资源与手段	多媒体教学设备、PPT 教学课件、教学视频、图片、手工模型等	

教学设计

以"三心二意"为引领,将教学内容进行结构化处理,采用"线上＋线下"混合式教学模式,将整个教学过程分为学、导、探、练、评、固六个教学环节.

流程设计	学	导	探	练	评	固
	任务布置 自主学习	情境导入 实验操作	动脑思考 探索新知	热身训练 应用新知	归纳小结 回顾反思	课后练习 思维拓展

板书设计	**直线与平面所成的角** 直线与平面垂直 直线与平面斜交 直线和平面所成的角	多媒体展示区	例题、练习区

教学实施

教学环节		教学内容	教师活动	学生活动	设计意图与资源
课前准备	学	学生看"幕课"小视频"直线与平面垂直""平面的斜线及其射影""直线与平面所成的角"	推送视频	用手机观看	学生利用网络自主预习,带着问题听课
课中实施	导	1. 复习直线与平面的三种位置关系:平行、相交、直线在平面内. 引入新课:两直线相交分为垂直和斜交两种情况,事实上直线与平面相交也分为垂直和斜交两种情况. 垂直　　　斜交 2. 思考下面两幅图片中旗杆、塔身与地面的关系. 3. 提问:到底怎么样才算直线与平面垂直呢? 动手操作:将一本书翻开立在桌面上,使得书脊与桌面垂直,观察书脊跟书页的边缘的关系.把书脊看成是直线 AB,书页的边缘看成是过点 B 的一条条直线. 探索:书脊 AB 与桌面上经过点 B 的直线有什么关系? 书脊 AB 与桌面上不过点 B 的直线有什么关系? 书脊 AB 与桌面上的任意直线有什么关系? 归纳:如果直线垂直于平面内的任意一条直线,那么它就垂直于这个平面	复习提问,言明本节课主要研究直线与平面相交的两种情况,并展示图片,提出问题. 提问,引导学生拿出书本动手操作,并提出问题,让学生探索	回顾,回答. 观察,思考. 小组合作,动手操作,观察,思考. 回答,归纳,记忆	以旧导新,体现知识的延续性. 通过图片,从实际生活入手,体会数学在生活中无处不在,让学生主动参与,合作学习. 通过动手操作,培养空间想象力. 通过观察、讨论、小结归纳,培养数学抽象的核心素养

教学环节		教学内容	教师活动	学生活动	设计意图与资源
课中实施	探	1. **直线与平面垂直的定义** 如果一条直线 l 和平面 α 内的任意一条直线都垂直,那么就说直线 l 与平面 α 垂直,记作 $l \perp \alpha$.直线 l 叫做平面 α 的垂线,垂线 l 与平面 α 的交点叫做垂足. 找一找:教室里与地面所在平面垂直的直线有哪些? 画一画:画出直线与平面垂直的图形.(画图时直线与平行四边形的横边垂直) **2. 直线与平面斜交** (1)若一条直线 l 和一个平面相交但不垂直,则称直线 l 与平面 α 斜交,那么这条直线就叫做这个平面 α 的斜线,斜线和平面的交点 B 叫做斜足. (2)过斜线上斜足 A 以外的一点 P 向平面引垂线 PO,垂足 O 叫做点 P 在平面内的射影,线段 PO 叫做垂线段,线段 PA 叫做斜线段.过垂足 O 和斜足 A 的直线 AO 叫做斜线 PA 在平面内的射影. 做一做:将一根木棍 PA 直立在地面 α 上,用细绳依次连接点 P 与地面上的点 B,C,D, (1)找出垂线、斜线和所对应的射影; (2)测量点 P 与地面上的点 A,B,C,D 的距离,有什么发现? 定义:将从平面外一点 P 到平面 α 的垂线段的长叫做点 P 到平面 α 的距离. **3. 直线与平面所成的角** 观察图片: 提问:如何刻画直线相对于平面的不同倾斜程度呢	归纳小结得出定义并板书.强调:任意一条＝所有的 $\neq$ 无数条. 让学生找一找,画一画. 讲解说明,强调:一条斜线在平面内的射影只有一条.引导学生得出找射影的步骤. 拿出自制模具,提问,引导学生发现:点 A 到点 P 的距离最短,得到点到平面距离的概念. 给出图片,提出问题,引导学生发现:斜线相对于平面的倾斜程度可用角来刻画,引出课题	观察,回答,作图. 作图,记忆. 在教师的引导下得出找射影的步骤. 观察,思考,回答. 讨论,思考	通过找和画巩固直线和平面垂直的定义. 利用 PPT 展示,形象直观,帮助学生理解相关概念. 通过问题(1)巩固对垂线、斜线和射影概念的理解; 通过问题(2)得到:从平面外一点向这个平面引垂线段和斜线段,垂线段最短

教学环节		教学内容	教师活动	学生活动	设计意图与资源
	探	定义:斜线 l 与它在平面 α 内的射影 l' 的夹角,叫做直线 l 与平面 α 所成的角. 找角的步骤:过斜线上一点 P 作平面的垂线,垂足为 A,垂足 A 和斜足 B 的连线 AB 即是斜线在平面内的射影,则 $\angle PBA$ 就是直线 PB 与平面 α 所成的角. 步骤概括为:垂线→垂足→射影→角. 说明:找角的过程即将空间的线面角转化为平面的线线角的过程. 空间角 $\Longrightarrow$ 平面角 注意:在 $Rt\triangle APB$ 中根据边角关系可求 $\angle PBA$,从而可得直线与平面所成角的取值范围是 $[0°,90°]$	板书讲解,展示图片	归纳出找角的步骤,并理解记忆	通过演示,学生能够直观得出直线与平面所成角的定义,培养学生将空间角转化为平面角的转化思想
课中实施	练	**练一练** 在正方形 $ABCD\text{-}A'B'C'D'$ 中,找出直线与平面所成的角. (1)直线 AC' 与平面 $ABCD$; (2)直线 AC 与平面 $BCC'B$; (3)直线 CB' 与平面 $A'B'C'D'$; (4)直线 CB' 与平面 $CDC'D'$. **例题讲解** 例题 如图所示,已知正方体 $ABCD\text{-}A_1B_1C_1D_1$ 棱长为1,求: (1)直线 A_1A 与平面 $ABCD$ 所成的角的大小; (2)直线 A_1C 与平面 $ABCD$ 所成的角的正切值. 分析:要求直线与平面所成的角,先观察直线是否与平面垂直. 若不垂直,根据定义,则找斜线在平面内的射影,要找到射影就需要找斜线上的点到平面的垂线. 解:(1)直线 A_1A 与平面 $ABCD$ 所成的角为 $90°$. (2)连接 AC,因为 $A_1A\perp$ 平面 $ABCD$,所以直线 AC 为斜线 A_1C 在平面 $ABCD$ 上的射影,所以 $\angle A_1CA$ 为所求的角. 因为 $A_1A=1,AC=\sqrt{2}$,所以 $\tan\angle A_1CA=\dfrac{1}{\sqrt{2}}=\dfrac{\sqrt{2}}{2}$	用 PPT 展示题目. 引导,分析,讲解,板书	和老师一起从定义出发,找出直线与平面所成的角. 思考. 运用概念、公式,主动求解	引导学生巩固找出直线与平面所成角步骤,为求线面角做准备. 通过例题让学生进一步领会知识点,能找出直线与平面所成的角,并能在三角形中求出角的大小

续表

教学环节		教学内容	教师活动	学生活动	设计意图与资源
课中实施	评	1. 这节课你收获了哪些知识? 2. 求斜线与平面所成角的步骤. 作图:在斜线上取一点;过该点作平面的垂线;作垂足、斜足的连线(斜线的射影); 找角:斜线和它的射影所成的角(定义); 计算:解直角三角形. 3. 体会转化的数学思想方法: 线面夹角——→线线夹角; 空间问题——→平面问题		回答,补充. 自我评价	知识梳理,加深对本节课知识的理解,构建知识体系
课后拓展	固	1. 思考:如果两条直线与一个平面所成的角相等,那么这两条直线一定平行吗? 2. 如图,在长方体 $ABCD\text{-}A_1B_1C_1D_1$ 中,高 $DD_1 = 4$ cm,底面 $ABCD$ 是边长为 3 cm 的正方形,求对角线 D_1B 与底面 $ABCD$ 所成角的大小.(精确到 $1'$)			巩固本节课所学知识,为后面的学习打下基础

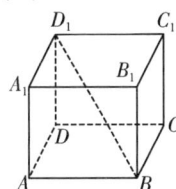

教学反思

　　本节课概念多,学生容易模糊不清,通过贴近生活的图片和实例,降低了理解的难度,让学生认识到数学既来源于生活,又能帮助我们解决生活中的问题,充分调动了学生学习的积极性,提升了学生对数学学习的认识.

　　以信息化手段为载体实施教学活动,形式新颖,内容直观,提高了学生参与度,丰富了本节课的形式和内涵.

　　在教学中以学生发展为本,通过想一想、练一练和做一做等环节引导学生自主学习,合作探索,不仅完成了掌握知识向形成能力的转变,同时也让学生体验到获得成功的喜悦.

9 平面与平面所成的角

荣县乐德职业中学校 杨 杰

📁 教学分析

授课时间	1 课时	选用教材	高等教育出版社《数学(基础模块)下册》(第三版)
授课对象	建筑专业 2019 级升学班学生	授课类型	新授课
教学内容			本节课是高等教育出版社《数学(基础模块)下册》第 9 章第 3 节第 3 课时的内容,主要讲平面与平面所成的角,涉及二面角的认识和计算.二面角的计算是本章的重点也是高考的高频考点之一,所以本节课知识非常重要

学情分析	知识基础	学生已经学习了线线角、线面角的相关知识
	认知能力	学生有了一定的空间思维和处理成角问题的一般方法和步骤,但把图形从立体的抽象成平面的还存在问题
	学习特点	中职学生处在青春期,思想萌动,心思不在学习上
	专业特性	二面角是建筑专业学生的奠基知识,通过生活实际情境能将建筑专业课程与数学学习紧密结合

教学目标	了解二面角及二面角的平面角的概念. 会找出平面与平面所成的角. 利用平面与平面所成的角解释生活中的一些实例. 关注生活中的数学模型,体会数学知识的广泛应用

教学重难点	重点	二面角及二面角的平面角的定义
	难点	找出二面角的平面角

教学策略	教法	情境教学法、实验探究法、讲练结合法
	学法	合作学习、及时训练
	教学资源与手段	多媒体教室、PPT 教学课件、笔记本电脑

📁 教学设计

流程设计	从生活实例出发,将教学内容进行结构化处理,采用"线上＋线下"混合式教学模式,将整个教学过程分为学、导、探、练、评、固六个教学环节.
	学 ➤ 导 ➤ 探 ➤ 练 ➤ 评 ➤ 固
	自主预习　　生活实例　　合作探究　　典例精练　　自评互评　　巩固提高

续表

板书设计	平面与平面所成的角 二面角 二面角的平面角 求二面角的基本步骤	多媒体展示区	例题、练习区

教学实施

教学环节		教学内容	教师活动	学生活动	设计意图与资源
课前准备	学	课前发布自主学习任务:带着所列的问题(主要是导、探中的问题)预习教材第 100～103 页	列出问题,发布预习任务	带着问题自主预习教材第 100～103 的页内容	带着问题去预习新知,培养学生自主学习和主动学习的能力
课中实施	导	在修建房屋时,需要考虑屋顶面与地面形成适当的角度;在修筑河堤时,需要考虑让河堤的斜坡与地面形成适当的角度;使用笔记本电脑时,两个面板也要形成适当的角度.问:你知道为什么要成适当的角度吗? 我们阅读教材后知道: 在修建房屋时,需要考虑让屋顶面与地面形成适当的角度,是为了美观和排除雨水的方便;在修筑河堤时,需要考虑让河堤的斜坡与地面形成适当的角度,是为使它经济且坚固耐用;使用笔记本电脑时,两个面板也要成一定的角度,是为了方便使用	板书课题,引导学生在阅读中寻找答案,对预习的内容进行提问	思考问题,寻找答案,组织语言,抢答问题	以生活实例导入,引起学生的好奇和注意,由直观的形象感知平面与平面所成的角,体会数学源于生活
	探	探究活动一 问:你能从上述实例中抽象出什么立体图形吗? 答:两个面相交成一定的角度. 探究活动二 问:你能画出它们吗? 房屋　　　河堤(笔记本电脑) 探究活动三 实验:在白纸上画出一条线,沿着这条线将白纸对折,然后打开进行观察. 问1:这条直线把平面分成了几部分? 每一部分叫做什么? 答:分成了两部分,每一部分叫做一个半平面. 问2:由此你能得出什么是二面角吗? 答:从一条直线出发的两个半平面所组成的图形叫做二面角.其中,这条直线叫做二面角的棱,这两个半平面叫做二面角的面	展示图片和笔记本电脑,引导学生思考:如何从实物中抽象出立体图形? 鼓励学生动手画出实物的立体图形,选两名学生上台展示. 安排学生动手操作,引导学生根据实验操作结果,积极思考、小组合作、归纳总结二面角的概念及什么叫二面角的棱、面	观察图片上的实物和笔记本电脑打开、闭合的过程. 动手画出实物的立体图形. 动手操作,根据问题展开小组讨论,用自己的直观感受和语言归纳概括得出二面角的概念及相关概念	培养学生从实物中把几何图形抽象出来的能力,即数学建模能力. 培养学生动手操作能力和用实验探究的方法解决问题的意识

续表

教学环节		教学内容	教师活动	学生活动	设计意图与资源
课中实施	探	如图，l 为棱，两个半平面分别为 α,β. 记作：二面角 α-l-β. 问 3：过棱上一点，分别在二面角的两个面内作与棱垂直的射线，会形成什么图形？ 答：会形成一个角，其中最小正角叫做二面角的平面角. 如图，在棱 l 上任取一点 O 为垂足，分别在 α,β 面内作垂线 OA,OB，则 $\angle AOB$ 就是这个二面角的平面角. 二面角的取值范围：$[0,180°]$ 或 $[0,\pi]$. 当二面角的两个半平面重合时，规定二面角为零角；当二面角的两个半平面合成一个平面时，规定二面角为平角；当二面角的两个半平面垂直时，称为直二面角，记作 $\alpha\perp\beta$	在黑板上作出模型的简图，引导学生准确、简洁地表达出二面角，即二面角的表示方法. 由问题引出本课第二个重点：二面角的平面角.引导学生积极作图，直观感受二面角的平面角是怎样找的.课件将平面翻转画面，提出问题：在翻转的过程中 $\angle AOB$ 的度数怎么改变？变化范围是什么	根据实际操作的直观形象和规范的表述形成了二面角的概念和二面角的表示方法，获得本节课的一个重要新知. 结合课前预习，可以知道二面角的平面角的概念.动手画图可更加直观的感受二面角的平面角是怎样找的. 通过观察发现：$\angle AOB$ 的度数是随着翻转而变化的，最终得出其范围是：$[0,180°]$ 或 $[0,\pi]$	规范学生的数学语言表达，形成概念. 加强学生的动手作图能力，加深学生对二面角的平面角的直观感受，为后面求二面角的平面角打下基础. 通过课件直观地展示变化过程，减小学生得出范围的阻力
	练	如何求二面角的大小呢？我们一起来看看下面的例题. 例题 如图，在正方体 $ABCD$-$A_1B_1C_1D_1$ 中，求二面角 D_1-AD-B 的大小. 解：$\because AD$ 是棱，AA_1 与 AB 是分别在二面角的两个面内并且与棱 AD 垂直的射线， $\therefore \angle A_1AB$ 为二面角 D_1-AD-B 的平面角. $\because$ 在正方体 $ABCD$-$A_1B_1C_1D_1$ 中，$\angle A_1AB$ 是直角， $\therefore$ 二面角 D_1-AD-B 的大小为 $90°$. 问：你能从例题中归纳出求二面角的基本步骤吗？； 答：(1)找(或作)；(2)证；(3)求	摆出实际模型，引导学生思考：要求什么？先做什么？如何将空间问题转化为平面问题？怎样来算结果？过程可选取学生讲解思路. 结合学生分析的过程及时点评得出求二面角的基本步骤：找（作）、证、求	根据老师提示，知道要求二面角的大小，先要找到其二面角的平面角，然后证明其为所求得二面角，再计算. 根据老师的总结，在脑海中形成基本方法和固定解题模式	通过例题进一步理解二面角及二面角的平面角，会找二面角及其平面角，实现本节课的知识能力目标和核心素养目标

续表

教学环节		教学内容	教师活动	学生活动	设计意图与资源
课中实施	评	教师引导学生进行归纳总结(小组抢答). 1.定义: (1)从一条直线出发的两个半平面所组成的图形叫做二面角. (2)过棱上一点,分别在二面角的两个面内作与棱垂直的射线,以这两条射线为边的最小正角叫做二面角的平面角. 2.求二面角的基本步骤: (1)找(作); (2)证; (3)求. 3.结合统计数据和学习痕迹,评出优胜小组		小组抢答. 小组自评、互评	学习不进则退,形成竞争机制,让学生努力超越别人,超越自己.对本节课知识进行梳理,构建知识体系
课后拓展	固	1. 如图,在正方体 $ABCD\text{-}A_1B_1C_1D_1$ 中,求二面角 $A\text{-}DD_1\text{-}B$ 的大小. 2. 如图,在正方体 $ABCD\text{-}A_1B_1C_1D_1$ 中,求平面 ABC_1D_1 与平面 $ABCD$ 所成二面角的大小.			学生先独立完成作业,及时巩固.教师及时批改和讲评,掌握学生的学情,学生再根据老师的分析,及时订正,掌握解题思路,形成自己的思维定式.达到讲练结合、持续巩固的目的

教学反思

1. 二面角的找(作)是学生很头疼的事情,主要还是对二面角的定义理解不透彻,不能正确快速地找到二面角的平面角.

2. 按定义说明所找(作)的角是二面角容易被忽略.

10 空间两条直线垂直的判定与性质

四川省自贡市电子信息职业技术学校　宋志雄

教学分析

授课时间	1 课时	选用教材	高等教育出版社《数学(基础模块)下册》(第三版)
授课对象	机械加工专业 2019 级 1 班学生	授课类型	概念课、性质课
教学内容	本节课主要学习空间两条直线垂直的判定与性质,是在学生已经学习了空间两条直线所成的角的基础上进行的.教材以空间两条直线所成角是 90°定义两条直线互相垂直引入新课,温故而知新,从旧知识里面提取出新的学习内容,成功实现了新旧知识的衔接		
学情分析	知识基础	通过前阶段学习,学生有了异面直线所成角的概念	
	认知能力	本班学生为能够在空间图形中找到相应的线和面,对空间图形有一定的认知能力	
	学习特点	本班学生善于动手,对立体图形的探索兴趣较浓.同时,本班学生在立体几何符号语言的书写上不够规范	
	专业特性	立体几何的学习为机械加工专业学生的学习提供了基础知识,而通过一年多的机械专业课程的学习学生有了一定的空间想象能力	
教学目标	通过学习,理解直线与直线垂直的概念、判定方法及性质. 熟练掌握使用判定方法及性质证明直线与直线垂直,培养空间想象能力和数学思维能力. 经历对直线与直线垂直及对应直观图形的认知过程,发展空间想象思维. 经历探究学习的过程,培养勇于探索、敢于创新的精神,从探索中获得成功的体验,实现自我价值,培养自信心,树立正确的人生观		
教学重难点	重点	直线与直线垂直的判定及性质	
	难点	直线与直线垂直的判定方法及性质的熟练使用	
教学策略	教法	情境教学法、体验教学法	
	学法	采用自主、合作、体验的学习方式,通过小组竞技、讲练结合等方式,在做中学,在学中做,从而加深对新知识的理解和掌握	
	教学资源与手段	多媒体教室、PPT 教学课件、"学习通"软件等	

教学设计

以"三心二意"为引领,将教学内容进行结构化处理,采用"线上＋线下"混合式教学模式,将整个教学过程分为学、导、探、练、评、固六个教学环节.

流程设计						
	学	导	探	练	评	固
	课前热身 自主预习	复习引入 以旧导新	活动探究 抽象概念 得出新知	典型例题 巩固练习	课堂小结 小组评价	分层作业 巩固提高

板书设计	
空间两条直线垂直的判定与性质 空间两条直线垂直的概念 空间两条直线垂直的判定与性质	多媒体展示区　　　　　　　　例题、练习区

教学实施

教学环节		教学内容	教师活动	学生活动	设计意图与资源
课前准备	学	课前对学生进行分组,在"学习通"平台学习群中发布预习任务,学生预习后在平台上提交预习作业	制作课前检测题上传到"学习通"平台	自主预习,完成检测题	引导学生课前预习知识,培养学生自主学习的能力和主动学习的意识
课中实施	导	**复习与思考** 什么是两条异面直线所成的角? 什么是两条异面直线垂直	板书课题	忆一忆 回顾知识,回答问题	以旧导新,体现知识的系统性与延续性,提高学生学习的积极性
	探	**探究活动一** 空间两条直线垂直的概念: 如果空间两条直线所成的角是 $90°$,那么称这两条直线互相垂直,直线 a 和 b 互相垂直,记作 $a\perp b$. **探究活动二** 小组交流思考: 1. 两条直线互相垂直,这两条直线一定相交吗? 2. 判断两条直线垂直的关键是什么? **探究活动三** 例1　如图,在长方体 $ABCD\text{-}A_1B_1C_1D_1$ 中,判断直线 AB 和 DD_1 是否垂直. 	引导学生总结出空间两条直线垂直的概念. 提出问题,引导学生思考、讨论	想一想 思考问题. 思考问题,小组讨论	掌握空间两条直线垂直的概念. 深化概念学习,明确判断两条直线垂直的关键

续表

教学环节		教学内容	教师活动	学生活动	设计意图与资源
课中实施	探	解:AB 和 DD_1 是异面直线, 而 $BB_1 /\!/ DD_1$,$AB \perp BB_1$, 根据异面直线所成的角的定义, 可知 AB 与 DD_1 成直角, 因此 $AB \perp DD_1$. 小组交流思考: (1)证明或判定两条直线是否垂直的方法是什么? (2)求异面直线所成角的关键是什么? 归纳总结: (1)判断两条直线垂直的方法是看这两条直线所成的角是否为 $90°$. (2)求异面直线所成的角关键是找平行线. 例2 如例1图所示,在长方体 $ABCD\text{-}A_1B_1C_1D_1$ 中,与棱 BC 垂直的棱有哪些? 解:判断两条直线垂直的方法是看这两条直线所成角是否为 $90°$,故与棱 BC 垂直的棱有 AB,BB_1,B_1A_1,A_1A,DC,CC_1,C_1D_1,DD_1	给出例题,引导学生分析、解答、归纳. 给出例题,引导学生分析、解答	**析一析** 分析例题,小组合作,思考、归纳. **做一做** 分析例题,独立解答	巩固概念,让学生掌握两条直线垂直的判定方法. 巩固概念
	练	**课堂练习** 1. 垂直于同一条直线的两条直线是否平行? 2. 在例1图所示的长方体中,找出与直线 AB 垂直的棱,并指出它们与直线 AA_1 的位置关系	给出练习,评讲纠错	**做一做** 独立完成	通过练习,了解学生知识掌握情况,及时纠正错误
	评	**课堂小结** 1. 判断两条直线垂直的方法是什么? 2. 垂直于同一条直线的两条直线的位置关系是什么		**评一评** 自我总结,评价	通过总结,梳理知识,加深对本节课知识的理解
课后拓展	固	课后作业:练习册第 9.4.1 节			通过作业检测并巩固本节课内容

教学反思

　　通过预习案学生自主学习,预习新知识.教师通过预习案的检查了解学生新知识的掌握情况.

　　在例1讲解之后,让学生通过小组合作交流,总结证明或判断空间两条直线垂直的方法,以便学生在后面解决线面垂直、面面垂直的问题中类比应用.

11　直线与平面垂直的判定与性质

攀枝花市建筑工程学校　郭怡琳

教学分析

授课时间	1 课时	选用教材	高等教育出版社《数学（基础模块）下册》（第三版）
授课对象	建筑工程施工专业 2019 级 4 班学生	授课类型	性质课
教学内容	直线与平面垂直的判定与性质是高等教育出版社《数学（基础模块）下册》第 9 章立体几何第 4 节第 2 课时的内容,本节课的内容有线面垂直的定义、线面垂直的判定、线面垂直的性质等. 直线与平面垂直的判定与性质,是在学生已经学习了直线与直线垂直的判定与性质的基础上,通过观察实物、直观感知、抽象概括得出的,从而使学生逐步养成在空间考虑问题的习惯,进一步提高空间想象力,发展推理能力,通过联系和比较,理解定义、性质,正确地运用性质定理		
学情分析	知识基础	同平面内的垂直关系学生已能够较好掌握,空间中的垂直关系学生不易理解,所以要予以简单明白、深入浅出的分析	
	认知能力	本班学生能自觉地根据教学需求去感知相关事物,空间知觉逐渐带有更大的抽象性. 他们观察细节的能力,辨别事物差异的能力在不断发展,并且现象识记能力和抽象识记都比初中有了很大的提高. 他们想象的创造性成分在不断增加,想象的内容更加符合现实,更富有逻辑性	
	学习特点	本班学生讨厌循规蹈矩的课堂,喜欢形式多样、能够积极参与的课堂. 他们处在青春期,好动、注意力易分散. 班上学生两极分化严重,一部分乐于学习,思维活跃;另一部分厌倦学习,畏惧困难	
	专业特性	建筑工程施工专业的学生能够绘制建筑物平面分布图,在实训课程中能够识别简单建筑空间中的垂直关系,但对具体蕴含的数学知识了解不到位,需要通过创设情境来实现感悟	
教学目标	理解直线与平面垂直的定义,归纳和确认直线与平面垂直的判定定理. 通过视频、图片感受线面垂直关系,结合模型、动画培养思维能力,体验转化的数学思想,提升空间想象能力. 经历探究学习的过程,培养勇于探索、敢于创新的精神,从探索中获得成功的体验,实现自我价值,培养自信心,树立正确的人生观. 以旗杆案例激发爱国主义情怀,树立成为一个对国家、对社会、对人民有用的人的志向		
教学重难点	重点	直线与平面垂直的定义、判定定理、性质定理的理解及简单应用	
	难点	探究、归纳直线与平面垂直的判定定理及性质定理	
教学策略	教法	讲授法、演示法、谈论法	
	学法	自主学习法、探究学习法、合作学习法	
	教学资源与手段	多媒体教室、PPT 教学课件、任务卡、模型,三角形纸片、"学习通"软件等	

📁 教学设计

流程设计		以问题串为引领,将教学内容进行结构化处理,采用"线上＋线下"混合式教学模式,将整个教学过程分为学、导、探、练、评、固六个教学环节.

学　导　探　练　评　固

	课前热身 自主预习	复习旧知 情境导入	实验探究 抽象概念 得出新知	典型例题 巩固练习	课堂小结 小组评价	分层作业 巩固提高

板书设计	**直线与平面垂直的判定与性质** 1.线面垂直的判定方法 (1)定义法 (2)判定定理 2.线面垂直的性质	多媒体展示区	例题、练习区

📁 教学实施

教学环节		教学内容	教师活动	学生活动	设计意图与资源
课前准备	学	1.教师制作本节课的教学课件以及任务卡,指导学生制作实物模型. 2.学生利用课外活动的时间进行学习,在"学习通"上完成课前预习作业,寻找蕴含线面垂直关系的实例,有疑难问题可留言或直接问老师,为课堂学习做好准备	推送任务卡	小组活动,收集信息,完成练习,制作模型	引导学生课前预习知识,培养学生自主学习的能力和主动学习的意识
课中实施	导	提问: 1.直线与平面有哪些位置关系? 2.在日常生活中,哪种直线与平面相交的情形最特殊呢? 3.怎么样才算直线与平面垂直?请结合旗杆与它在地面的影子的实例回答	总结展示直线与平面的三种位置关系:平行、相交、直线在平面内. 教师引导学生思考	**想一想** 回顾知识,并回答. 分析、思考、讨论	回顾旧知,使学生在已有知识和经验的基础上,探索新知. 以学生熟悉的生活实例天安门广场的旗杆来引入新课,激发学习兴趣,增强爱国意识
	探	**探究活动一　辨析定义,探究新知** 讨论:你认为该如何判定直线与平面垂直? 1.总结直线与平面垂直的第一种判定方法. 定义法:如果直线与平面内的任意一条直线都垂直,那么这条直线与这个平面垂直. 2.深入理解定义. 判断下面两句话的正误: (1)如果一条直线与一个平面垂直,那么它与平面内所有的直线都垂直.(√) (2)如果一条直线与平面内无数条直线都垂直,那么它与平面垂直.(×)	引导学生思考:用定义法判定直线与平面垂直切实可行吗?有没有其他判定直线与平面垂直的方法呢	**想一想** 分组讨论,思考	为探寻直线与平面垂直的判定定理做准备

续表

教学环节		教学内容	教师活动	学生活动	设计意图与资源
课中实施	探	**探究活动二　观察现象,猜测定理** 在日常生活中找到直线与平面垂直的实例. **探究活动三　实际操作,探究定理** 实验:如图,准备一块三角形的纸片,过△ABC 的顶点 A 翻折纸片,得到折痕 AD,将翻折后的纸片竖起放置在桌面上(BD,DC 与桌面接触). 1. 提问:根据上面的实验,结合两条相交直线确定一个平面的事实,你能给出直线与平面垂直的判定方法吗? 2. 归纳直线与平面垂直的判定定理: 如果一条直线与一个平面内的两条相交直线都垂直,那么这条直线与这个平面垂直. 符号语言表示:$\because m \subseteq \alpha, n \subseteq \alpha, m \cap n = O, a \perp m, a \perp n, \therefore a \perp \alpha$. 图形语言表示: 作用:判定或证明直线与平面垂直. 关键:在平面内找到直线的两条相交垂线. **探究活动四　性质探索,应用定理** 思考:如果已知直线与平面垂直,能得到怎样的结论呢? 1. 在广阔的西北平原上,蠹立着一排排白杨树,他们像哨兵一样守卫着祖国的疆土.一排排白杨树都与地面垂直,如果把白杨树看成直线,地面看成平面,那么这些直线之间有什么位置关系呢? 2. 观察道路边的电线杆,可以发现它们都垂直于地面,这些电线杆之间存在什么位置关系呢? 3. 这两个事实启发我们得出直线与平面垂直的性质定理:垂直于同一平面的直线平行	组织学生观察、寻找生活中直线与平面垂直的实例,展示各小组提交的优秀实例图片. 提问: 折痕 AD 与桌面垂直吗? 如何翻折才能保证折痕 AD 与桌面所在平面肯定垂直? 翻折前 AD ⊥ BC,翻折后垂直关系还成立吗? 利用电线杆与地面垂直的实例,引出线面垂直的性质定理.	观看实例,直观感受生活中的线面垂直关系. 小组讨论,交流展示. **做一做** 动手实验,思考发现:当且仅当折痕 AD 是 BC 边上的高时,这样翻折之后竖起的折痕 AD 才不偏不倚地直立着,即 AD 与桌面垂直. **学一学** 学习线面垂直的判定定理. 利用长方体的模型,探究线面垂直的性质定理	将生活中的实物抽象为几何图形,把原本抽象的知识变得更加直观形象.让学生体会线面垂直的位置关系普遍存在于我们的生活中. 通过自己动手操作三角形纸片的实验,让学生独立发现直线与平面垂直的条件,让学生更清楚地看到线面垂直的关键因素是什么,让学生完整体会数学概念和问题的抽象与提炼过程,培养学生观察、分析的能力. 引导学生根据直观感知以及已有的经验,进行合情推理,获得判定定理. 利用实例,引发学习思考,激发学生兴趣

教学环节		教学内容	教师活动	学生活动	设计意图与资源
课中实施	练	**例题辨析** 例1 在下图的长方体中,请列举与平面 $ABCD$ 垂直的直线,并说明这些直线有怎样的位置关系. 例2 在长方体 $ABCD$-$A_1B_1C_1D_1$ 中(如图),直线 AA_1 与平面 $ABCD$ 垂直吗?为什么? 例3 如图,AB 和 CD 都是平面 α 的垂线,垂足分别为 B,D,点 A,C 分别在平面 α 的两侧,$AB=4$ cm,$CD=8$ cm,$BD=5$ cm,求 AC 的长. **巩固练习** 1.一根旗杆 AB 高 8 m,它的顶端 A 挂两条 10 m 的绳子,拉紧绳子并把它们的两个下端固定在地面上的 C,D 两点,并使点 C,D 与旗杆脚 B 不共线,如果 C,D 与 B 的距离都是 6 m,那么是否可以判定旗杆 AB 与地面垂直,为什么? 2.如图所示,△ABC 在平面 α 内,∠BAC $=90°$,且 $PA\perp\alpha$ 于 A,那么 AC 与 PB 是否垂直?为什么? **及时检测** (2016 年四川高职单招第 8 题)如图所示,在正方体 $ABCD$-$A_1B_1C_1D_1$ 中,下列结论不成立的是( ) A. $A_1C_1\perp B_1C$ B. $BB_1\perp A_1D_1$ C. AB∥C_1D_1 D. $BB_1\perp$ 平面 $ABCD$	引导学生进行分析. 引导学生利用定义进行判断. 引导学生读题,理解每一个已知条件的意思,逐步得出解题思路. 评讲、纠错. 教师通过"学习通"发布检测题目,统计学生完成情况	**析一析** 小组交流完成,选派小组代表展示解题思路. **辨一辨** 辨析直线与平面是否垂直. **学一学** 学习读题及解题的方法. **做一做** 完成课堂练习. **议一议** 组内讨论如何证明垂直. 自主思考,完成检测	通过例题让学生进一步领会线面的垂直关系,加深学生对判定定理及性质定理的理解,培养学生应用定理解题的能力.学生的思考过程有助于其理解判断线面垂直关系的关键是什么. 通过分析和引导,培养学生解题的能力,巩固本节课的重点,完成本节课的技能目标和素养目标. 激发学生积极性和主动性,培养学生读题、分析题意的能力.现代化教学手段的应用,可以方便教师快速掌握学生答题情况,便于查漏补缺.单招真题的训练,可以为学生的单招考试复习做准备

教学环节		教学内容	教师活动	学生活动	设计意图与资源
课中实施	评	1. 教师引导学生进行归纳总结. 2. 结合统计数据和学习痕迹,评出优胜小组		比一比 小组抢答进行总结. 评一评 学生小组自评、互评,最后总评,选出本节课优胜小组	知识梳理,加深对本节课知识的理解,构建知识体系
课后拓展	固	1. 阅读作业:阅读教材本节课相关内容. 2. 书面作业:练习册第 9.4.2 节. 3. 实践作业:寻找工棚中的线面垂直的实例. 4. 选做作业:完成近 5 年的有关线面垂直的单招考试真题			学生先独立完成作业,并根据答案分析,及时订正.教师看到结果后,及时点评. 系统直接统计出学生的作业情况,教师可以更好地了解学生的学习效果

教学反思

教学效果	1. 课前在"学习通"发布任务卡,增强了学生自主学习的能力,提高了学生学习数学的热情. 2. 通过生活实际,创设问题情境.在探索新知环节中,引导学生从实际情境中抽象出线面垂直模型,并逐步得到线面垂直的判定定理,提高了学生的数学抽象素养;通过合作探究、展示交流等环节,让学生亲历知识发生、发展的过程;动态的学习活动,促进了学生的空间想象能力和逻辑推理能力的发展.
亮点特色	1. 在教学中,利用折纸实验让学生自主探索,为学生学习数学提供了一种形象、直观的方式. 2. GeoGebra、"学习通"等教学软件的使用,提高了课堂效率.
诊断改进	1. 在教学过程中发现,设计的教学内容稍多,每个环节比较匆忙,没有留足活动、感知的时间. 2. 由于中职学生整体基础较差,空间想象能力不足,需要多用实体模型以及 GeoGebra 软件动态展示功能,帮助他们理解.

12 平面与平面垂直的判定与性质

攀枝花市建筑工程学校　郭怡琳

📁 教学分析

授课时间	1课时	选用教材	高等教育出版社《数学（基础模块）下册》（第三版）
授课对象	建筑工程施工专业2019级4班学生	授课类型	性质课

教学内容		平面与平面垂直的判定与性质是高等教育出版社《数学（基础模块）下册》第9章立体几何第4节第3课时的内容，本节的内容有面面垂直的定义、面面垂直的判定、面面垂直的性质等。 教材以巩固二面角知识的方式引入新课，温故而知新，从旧知识里面提取出新的学习内容，成功实现新旧知识的衔接，又用建筑工人检验所砌的墙面与地面是否垂直的方法，得出面面垂直的判定定理，与专业息息相关的实例充分激起学生的兴趣
学情分析	知识基础	能够理解线面垂直的判定与性质，能直观感受空间中的面面垂直关系
	认知能力	本班学生能自觉地根据教学需求去感知相关事物，空间知觉逐渐带有更大的抽象性。他们观察细节的能力，辨别事物差异的能力在不断发展，并且现象识记和抽象识记能力都比初中有了很大的提高。他们想象的创造性成分在不断增加，想象的内容更加符合现实，更富有逻辑性
	学习特点	本班学生喜欢形式多样、能够积极参与的课堂。该时期的学生处在青春期，好动、注意力易分散。班上学生两极分化严重，一部分乐于学习，思维活跃；另一部分厌倦学习，畏惧困难
	专业特性	建筑工程施工专业的学生能够绘制建筑物平面分布图，在实训课程中能够识别简单建筑空间中的面面垂直关系，但对具体蕴含的数学知识了解不到位，需要通过创设情境来实现感悟
教学目标		通过视频、图片感受面面垂直关系，结合模型、动画培养直观想象能力，掌握平面与平面垂直的判定及性质，运用本节课的知识解决建筑方面的相关问题。 通过对定理的探究与证明，向学生渗透从特殊到一般、类比与转化等数学思想，培养学生观察、比较、想象、概括等逻辑思维能力。 经历探究学习的过程，培养勇于探索、敢于创新的精神，从探索中获得成功的体验，实现自我价值。 以日常生活中的面面垂直案例展示我国建筑业的蓬勃发展，激发爱国主义情怀，树立成为一个对国家、对社会、对人民有用的人的志向
教学重难点	重点	面面垂直的判定方法与性质
	难点	如何判定平面与平面垂直
教学策略	教法	讲授法、演示法、谈论法
	学法	自主学习法、探究学习法、合作学习法
	教学资源与手段	多媒体教室、PPT教学课件、任务卡、模型、铅锤、"学习通"软件等

教学设计

流程设计	学　导　探　练　评　固	
	课前热身 自主学习	复习引入 以旧导新	实验探究 抽象概念 得出新知	典型例题 巩固练习	课堂小结 小组评价	分层作业 巩固提高
板书设计	**平面与平面垂直的判定与性质** 1. 面面垂直的判定方法 （1）定义法 （2）判定定理 2. 平面垂直的性质	多媒体展示区	例题、练习区

教学实施

教学环节		教学内容	教师活动	学生活动	设计意图与资源
课前准备	学	课前对学生进行分组,在"学习通"平台学习群中发布教学任务,上传任务卡引导学生自主学习	制作课前检测题上传到"学习通"平台	自主学习,完成检测题	引导学生课前预习知识,培养学生自主学习的能力和主动学习的意识
课中实施	导	1. 复习二面角的定义. 2. 提问:哪种二面角最特殊呢	板书课题	忆一忆 回顾知识,回答问题	以旧导新,体现知识的系统性与延续性,提高学生学习的积极性
	探	**探究活动一　巩固定义,探究新知** 1. 讨论:如何判断两个平面垂直? 定义法:两个平面相交,如果所成的二面角是直二面角,那么称这两个平面互相垂直.平面 α 与平面 β 垂直,记作 $\alpha \perp \beta$. 2. 提问:用定义法判定平面与平面垂直方便吗? 有没有其他判定平面与平面垂直的方法? **探究活动二　观察现象,总结规律** 在日常生活中寻找平面与平面垂直的实例. 	引导学生思考. 组织学生观察、寻找. 展示各小组提交的优秀实例图片	想一想 思考问题,小组讨论. 析一析 观看实例,直观感受,小组讨论,交流展示	为探寻平面与平面垂直的判定定理做准备. 直观感知生活实例,把抽象的知识变得直观形象,激发学生的学习兴趣,使判定定理的引入更加自然

教学环节		教学内容	教师活动	学生活动	设计意图与资源
课中实施	探	**探究活动三　探究操作,猜测定理** 活动:现场开、关门. 思考:为什么不管门在什么位置,门面与地面始终保持垂直关系? 讨论:从开关门的演示中,你能找到平面与平面垂直的关键因素是什么吗? **探究活动四　实际操作,探究定理** 思考:建筑工人在砌墙时,把线的一端系一个铅锤,另一端用砖压在墙壁上(如图),观察系有铅锤的线与墙面是否紧贴(在铅锤处应有一空隙),即判断所砌墙面是否经过地面的垂线,以此保证所砌的墙面与地面垂直.为什么用铅锤就能保证墙面和地面垂直? 分析讨论后得出平面与平面垂直的判定定理:一个平面经过另一个平面的垂线则两个平面垂直. 符号语言表示:$\because AB \perp \beta, AB \subseteq \alpha, \therefore \alpha \perp \beta.$ 图形语言表示: **探究活动五　性质探索,应用定理** 思考:教室的黑板面与地面是什么关系?能否在黑板上画一条直线,让它与地面垂直呢? 由观察与实践操作,归纳出平面与平面垂直的性质:如果两个平面垂直,那么一个平面内垂直于交线的直线与另一个平面垂直. 符号语言表示:$\because \alpha \perp \beta, AB \subseteq \alpha, \alpha \cap \beta = CD, AB \perp CD, \therefore AB \perp \beta.$ 图形语言表示: 	引导学生用数学语言将门面与地面的垂直关系转化为门轴与地面垂直的关系. 组织学生观看对应的微课视频,补充总结探究结果. 指导学生实验操作,引出平面与平面垂直的性质定理	**折一折** 小组讨论,总结关键要素: ①门面的一条直线;②地面;③直线与地面垂直. **学一学** 观看视频,思考问题,并借助现有工具操作体验,小组讨论交流完成判定定理的探究. **做一做** 动手实验,探究平面与平面垂直的性质定理	动手实践可以让学生更清楚地看到平面与平面垂直的关键因素是什么,让学生完整体会数学概念和问题的抽象与提炼过程,培养学生观察、分析的能力. 以实际案例激发兴趣.播放微课视频既验证了判定定理,也将与学生专业紧密相关的建筑施工中应用的数学原理清晰展现出来. 通过简单的小实验,让学生感受数学知识在生活中广泛存在,通过简单的实际操作,为新知识的学习找到"生长点"

教学环节		教学内容	教师活动	学生活动	设计意图与资源
课中实施	练	例1　判断正误: (1)垂直于同一个平面的两平面平行.(　　) (2)若平面 α 内的一条直线垂直于平面 β 内的两条直线,则平面 $\alpha \perp \beta$.(　　) (3)若平面 α 内的一条直线垂直于平面 β 内的两条相交直线,则平面 $\alpha \perp \beta$.(　　) 例2　如图所示,平面 $\alpha \perp \beta$,AC 在平面 α 内,且 $AC \perp AB$,BD 在平面 β 内,且 $BD \perp AB$,$AC = 12$ cm,$AB = 3$ cm,$BD = 4$ cm.求 CD 的长.	引导学生分析、判断. 展示模型,引导学生归纳平面与平面垂直的判定步骤,理解将空间问题平面化的数学思想	辨一辨 从定义、定理出发,辨析、判断. 分析、思考,整理思路,自主解答,归纳平面与平面垂直的判定步骤	让学生进一步体会平面与平面垂直的关系,加深对判定定理的理解. 通过分析、引导以及模型展示,培养学生的解题能力和空间想象能力,巩固本节课的重点,完成技能目标和素养目标
	评	1.教师引导学生进行归纳总结. 2.结合统计数据和学习痕迹,评出优胜小组		小组抢答进行总结. 小组自评、互评,选出本节课优胜小组	知识梳理,加深对本节课知识的理解,构建知识体系
课后拓展	固	1.阅读作业:阅读教材本节课相关内容. 2.书面作业:教材习题9.4　A组. 3.实践作业:寻找工棚中平面与平面垂直的实例			巩固本节课所学的知识,为后面的学习做铺垫

教学反思

　　本节课以"三心二意"教学主张为引领,围绕数学学科核心素养进行设计,在课堂中融入了思想政治教育元素.

　　通过实验、观察、问题驱动、合作探究、交流展示等环节,让学生亲历知识发生、发展的过程,动态的学习活动,促进了学生的空间想象能力和逻辑推理能力的发展.在课堂教学中,对教室中的实际事物进行探究,让学生充分感受到数学源于生活又服务于生活.播放工人用铅锤检测墙面与地面是否垂直的视频,引起建筑工程施工专业学生的共鸣,增强了学生运用数学的意识.

　　在教学过程中发现,由于中职学生整体基础较差,空间想象能力不足,有待在日后教学中加强训练和培养.

13 棱柱

富顺职业技术学校　李富明

📁 教学分析

授课 时间	1课时		选用 教材	高等教育出版社《数学(基础模块)下册》(第三版)
授课 对象	烹旅专业2019级升学班学生		授课 类型	性质课
教学 内容	本节课是高等教育出版社《数学(基础模块)下册》第9章第5节第1课时的内容,本节课的主要内容有棱柱的结构特征、分类,直棱柱的侧面展开图与侧面积的关系,直棱柱的侧面积公式,直棱柱的体积公式及其应用			
学情 分析	知识基础	学生在初中已经学习了长方体、正方体的结构特征、面积和体积的计算,对简单几何体有了初步的认识,本节课既是初中几何体知识的升华也是后续知识的铺垫		
	认知能力	本班学生空间想象力较弱,但动手能力强.由"形"到"数"的认识是学生接受知识的有效途径		
	学习特点	在九年制义务教育阶段学生已经学习过直棱柱、圆柱、圆锥、球等几何体,但是对所学立体图形还缺少系统的分类、研究		
	专业特性	烹饪专业的学生在处理食品造型问题时,有了一定的知识基础,从而能够学以致用		
教学 目标	了解几何体的两种基本类型:多面体和旋转体. 掌握棱柱的概念、结构特征及其分类. 掌握棱柱的侧面积、全面积和体积公式. 培养空间想象和运算能力. 通过用萝卜做出立体图形的过程,培养学习兴趣和精益求精的劳动精神			
教学 重难点	重点	棱柱的特征、分类及体积、面积公式		
	难点	棱柱中线与线、线与面、面与面的关系		
教学 策略	教法	观察法、任务驱动法、情境教学法		
	学法	让学生观察、动手画图,从画中学、练中学,从而提高课堂效果		
	教学资源 与手段	多媒体教室、PPT教学课件、萝卜、纸盒、"学习通"软件		

📁 教学设计

流程 设计	以"三心二意"为引领,将教学内容进行结构化处理,采用"线上＋线下"混合式教学模式,将整个教学过程分为学、导、探、练、评、固六个教学环节.
	学　导　探　练　评　固
	自主预习　复习旧知　小组讨论　热身训练　课堂小结　课后作业 课前准备　导入新课　探索新知　即学即练　生生互评　巩固练习
板书 设计	**棱柱** 棱柱的概念及性质　　多媒体展示区　　例题、练习区 计算公式

教学实施

教学 环节		教学内容	教师活动	学生活动	设计意图 与资源
课前 准备	学	课前预习教材,结合实际生活中所见的几何体,了解相关概念,回答以下问题: 1. 什么是多面体? 2. 什么是棱? 3. 什么是顶点	展示图片,提出问题	小组内展示自己收集的棱柱实物模型,描述相关概念	形成对棱柱的初步印象
课中实施	导	**复习旧知** 1.等边三角形的边为 a,则其高为_____,面积为_____. 2.长方体的长、宽、高分别为 a,b,c,则其体积为_____. **导入新课** 如图,我们常见的一些物体,例如三棱镜、方砖以及螺杆的头部都是棱柱的形状. 	提出问题,引导学生回忆、思考. 展示图片,导入新课	思考、讨论,回答问题. 观察、思考	复习相关知识为本节课的学习做准备. 感性认识棱柱
	探	**任务驱动1　找共同点得出棱柱的定义** 观察图1、图2、图3,找出它们的共同特征: 有两个面平行,这两个面叫底面; 每个侧面的交线平行(侧棱平行). 图1　　　图2　　　图3 得出棱柱的定义:有两个面互相平行,其余每相邻两个面的交线都互相平行的多面体. 根据底面边数命名:三棱柱、四棱柱…… **任务驱动2　找不同点得出三类棱柱的定义** 1.观察图1、图2、图3,找出它们的不同特征: (1)侧棱与底面的关系; (2)每个侧面的形状; (3)底面是否为正多边形. 得出三种特殊棱柱的定义. 斜棱柱:侧棱与底面不垂直的棱柱.(侧面为一般的平行四边形) 直棱柱:侧棱与底面垂直的棱柱.(侧面为矩形) 正棱柱:底面为正多边形的直棱柱. 2.探索直棱柱和正棱柱的侧棱与高的关系. (1)根据棱柱的底面边数和分类对下面三个柱体命名. (2)这三种棱柱的侧棱与高有何关系? 	分析、说明. 引导,小结. 引导学生观察、探索	理解相关概念的由来. 思考,回答. 观察,思考	理性认识棱柱. 明确棱柱的分类,认识三种棱柱各自的特点

教学环节		教学内容	教师活动	学生活动	设计意图与资源
课中实施	探	**任务驱动 3　从图形展开、类比探究中得到计算公式** 问题 1　下图是直六棱柱的展开图,你能根据展开图归纳出直棱柱的侧面面积公式吗? 由观察/讨论得出直棱柱的侧面积、全面积公式: $S_{侧}=Ch$, $S_{全}=S_{侧}+2S_{底}$. 问题 2　长方体也是一种棱柱,你能类比长方体的体积公式得出棱柱的体积公式吗? 长方体体积公式: $V=abc=S_{底}h$. 公式描述: 公式中 a,b,c 分别为长方体的长、宽、高,$S_{底}$ 为底面面积,h 为与底面对应的长方体的高. 类比得到棱柱的体积公式:$V=S_{底}h$	推送视频. 分析关键语句,强调说明. 引导学生归纳总结出直棱柱的体积计算公式	观察、分析. 理解、记忆. 思考、讨论、理解、记忆	通过动态演示、类比探究,得出直对棱柱相关计算公式
	练	例题　已知一个正三棱柱的底面边长为 4 cm,高为 5 cm,求这个正三棱柱的侧面积和体积	评讲,纠错	独立完成. 组内交流解题思路,分享解题过程	设计针对性的例题,让学生通过先做再学来巩固新知识
	评	1. 这节课你采用了怎样的学习方法?你收获了哪些知识? 2. 结合课堂表现,评出优胜小组		小组内反思、总结. 自评、互评	多元评价,激励学生全面发展,促进学生成长
课后拓展	固	1. 教材习题 9.5　A 组第 1~3 题. 2. 寻找生活中棱柱的实例			巩固学习效果,培养创新思维

教学反思

　　本节课以课程标准为指导,结合教学参考,围绕数学学科核心素养进行设计.

　　本节课首先复习了初中学习的棱柱知识;然后通过寻找棱柱体实物模型、展示相关图片,让学生直观感受空间物体,将直观感知上升为理性认识;最后通过例题和练习,巩固知识点,让学生学会熟练运用公式.同时,将数学知识与专业知识融合,让学生实践了专业技能,感受到数学的价值.

　　从课后师生交流和作业反馈情况来看,本节课的教学能较好地达成教学目标,突出教学重点,突破教学难点.但在教学过程中也发现,由于中职学生普遍基础知识掌握不牢,计算正确率不高,计算能力的培养有待在日后教学中加强.

14 棱锥

四川省金堂县职业高级中学 刘 红

教学分析

授课时间	1课时	选用教材	高等教育出版社《数学（基础模块）下册》（第三版）
授课对象	计算机专业2019级1班学生	授课类型	概念课
教学内容	本节课是高等教育出版社《数学（基础模块）下册》第9章第5节的第2课时，主要内容是棱锥的结构特点，正棱锥的性质与其表面积、体积公式及其应用		
学情分析	知识基础	在小学和初中的学习中，学生对棱锥已有初步的了解；在上一节课中，学生已经了解了棱柱的定义，掌握了正棱柱的性质及相关公式	
	认知能力	通过对棱柱的学习，学生已具有一定的空间感和归纳能力，初步具有数学的直观想象核心素养	
	学习特点	计算机专业学生动手能力与模仿能力较强，学习中喜欢参与活动，小组合作意识较好且有表现自己的欲望，但空间感有待提高，同时也缺乏深度思考的能力和学习的主动性	
	专业特性	计算机专业的学生具有一定的计算机操作能力，同时也有较强的动手能力，能绘制简单的几何图形，一定的空间感，但对专业知识或具体事物中蕴含的数学知识感悟不深，对数学来源于现实生活体会不够	
教学目标	了解棱锥的结构特征、正棱锥的性质、正棱锥的表面积公式和体积公式. 通过对棱锥实物模型的观察，培养概括归纳能力，提高空间想象能力. 经历对棱锥结构的分析和对正棱锥结构特点的探索，进而归纳出正棱锥的性质；经历对正棱锥的表面积公式和体积公式的探究，发展空间感，培养直观想象和数学建模核心素养. 通过观察生活中的棱锥数学模型，体会所学的数学知识在生活中、专业中的应用，感受数学的美，提升对数学学习的兴趣		
教学重难点	重点	正棱锥的结构特点及性质	
	难点	应用正棱锥的全面积、体积公式解决问题	
教学策略	教法	直观教学法、启发式教学法	
	学法	自主探究学习法、合作学习法	
	教学资源与手段	UMU互动　几何画板 用PPT辅助教学，提高课堂效率. 运用"UMN互动"平台了解学生掌握知识的情况并及时评价. 用"几何画板"绘制棱锥	

📁 教学设计

流程 设计	以问题串为引领,将教学内容进行结构化处理,采用"线上＋线下"混合式教学模式,将整个教学过程分为学、导、探、练、评、固六个教学环节.
	学　导　探　练　评　固
	观看视频 温故知新　提出问题 导入新课　实验操作 小组讨论 探索新知　即学即练 及时反馈　课堂小结 多元评价　优化作业 巩固提高
板书 设计	**棱锥** 正棱柱的侧面积、全面积、体积 公式 棱锥的结构特点 正棱锥的结构特点 正棱锥的面积、体积公式　　多媒体展示区　　例题、练习区

📁 教学实施

教学 环节		教学内容	教师活动	学生活动	设计意图 与资源
课前准备	学	1. 观看微课视频,回顾初中学习的棱锥知识. 2. 说一说生活中棱锥形状的物体. 	推送课前练习. 推送视频. 展示图片	借助"UMU互动"平台完成课前练习. 小组内展示自己收集的棱锥实物模型	通过寻找棱锥实物模型和运用计算机软件进行辅助教学,让学生直观感受空间物体
课中实施	导	观察下列空间几何体,它们在结构上有什么共同特点? 定义:一个面是多边形,其余各面都是三角形,并且这些三角形有一个公共顶点的多面体叫做棱锥. 多边形叫做棱锥的底面(简称底),有公共顶点的三角形面叫做棱锥的侧面,各侧面的公共顶点叫做棱锥的顶点,顶点到底面的距离叫做棱锥的高. 底面是三角形、四边形……的棱锥分别叫做三棱锥、四棱锥…… 通常用表示底面各顶点的字母来表示棱锥,如棱锥 P-ABC,棱锥 S-ABCD. 底面是正多边形,其余各面是全等的等腰三角形的棱锥叫做正棱锥.底面是三角形、四边形的正棱锥分别叫做正三棱锥、正四棱锥	提出问题,引导学生思考. 给出定义,分析、说明	思考、讨论、回答. 了解相关概念的由来	让学生直观感知. 通过观察、分析、讨论,让学生了解棱锥的结构特点,启发学生思考

教学环节		教学内容	教师活动	学生活动	设计意图与资源
课中实施	导	判断下列命题的真假. (1)底面是正方形的棱锥是正四棱锥.（　　） (2)正四面体是四个面都为全等的三角形的正三棱锥.（　　） (3)正棱锥的高是连接棱锥顶点与底面中心的一条直线.（　　） (4)棱锥的侧面一定为三角形.（　　）	出示练习题	自主完成,回答问题	通过命题真假的判断,进一步领会定义中的关键语句
	探	从以下两个方面探索正棱锥的结构特点: (1)正棱锥侧面的特征; (2)正棱锥的高、斜高、斜高在底面的射影的关系. 正棱锥有下列性质: (1)各侧棱的长相等; (2)各侧面都是全等的等腰三角形,其中各等腰三角形底边上的高都叫做正棱锥的斜高; (3)顶点与底面中心的连线垂直于底面,是正棱锥的高; (4)正棱锥的高、斜高与斜高在底面的射影组成一个直角三角形; (5)正棱锥的高、侧棱与侧棱在底面的射影也组成一个直角三角形. 动手操作并观察:动手剪一剪,沿着侧棱将正棱锥侧面剪开并展开. 观察正棱锥的表面展开图,可以得到正棱锥的侧面积、全面积(表面积)计算公式: $S_{正棱锥侧}=\dfrac{1}{2}Ch'$, $S_{正棱锥全}=\dfrac{1}{2}Ch'+S_{底}$. 其中,$C$ 表示正棱锥底面的周长,h' 是正棱锥的斜高,$S_{底}$ 表示正棱锥底面的面积. 实验:准备好同底等高的正三棱锥与正三棱柱形状的容器,将正三棱锥容器中装满水,然后倒入正三棱柱形状的容器中. 发现:连续倒三次正好将正三棱柱容器装满	提问,引导学生观察、探索. 分析关键语句,强调、说明. 推送棱锥侧面展开的微视频. 归纳小结. 选代表来操作演示	观察,思考. 讨论,回答. 分小组动手沿着侧棱剪开,展开正棱锥的侧面. 观察,思考,回答. 学生代表操作演示,其余学生仔细观察	将直观感知上升到理性认识. 通过将正棱锥侧面展开的活动,培养学生动手探究能力,让学生透过复杂的表象探究其本质规律. 通过演示实验,让学生直观感受等底等高的正三棱柱与正三棱锥的容积关系,进而归纳出等底等高的正三棱柱与正三棱锥的体积关系,加深对公式的理解

教学环节		教学内容	教师活动	学生活动	设计意图与资源
	探	归纳小结:对于同底等高的棱锥与棱柱,棱锥的体积是棱柱体积的三分之一. 即 $$V_{正棱锥} = \frac{1}{3}S_{底}h'.$$ 其中,$S_{底}$ 表示正棱锥底面的面积,h 是正棱锥的高	引导学生进行归纳小结	思考、讨论、回答	
课中实施	练	**巩固知识　典型例题** 例1　如图,在正四棱锥 P-$ABCD$ 中,已知 PE 是正四棱锥的高,$PE=4$,底面边长为 6,求正四棱锥 P-$ABCD$ 的侧面积、表面积及体积. 分析:通过构造直角三角形求出斜高,进而求出侧面积、表面积和体积. 解:在正四棱锥 P-$ABCD$ 中,过点 P 作 AB 的垂线交 AB 于点 F,连接 PF,EF,则三角形 PEF 为直角三角形. $PF = \sqrt{PE^2 + EF^2} = \sqrt{4^2 + 3^2} = 5$, $S_{侧} = \frac{1}{2}Ch' = \frac{1}{2} \times 6 \times 4 \times 5 = 60$, $S_{表} = S_{侧} + S_{底} = 60 + 6 \times 6 = 96$, $V = \frac{1}{3}S_{底}h = \frac{1}{3} \times 6 \times 6 \times 4 = 48$. 例2　如图,正三棱锥 P-ABC 中,点 O 是底面的中心,$PO=12$ cm,斜高 $PD=13$ cm. 求它的侧面积、体积(面积精确到 0.1 cm^2,体积精确到 1 cm^3). 解:在直角三角形 POD 中, $OD = \sqrt{PD^2 - PO^2} = \sqrt{13^2 - 12^2} = 5 (\text{cm})$. 在底面正三角形 ABC 中,$CD = 3OD = 15$ cm. 所以底面边长 $AC = 10\sqrt{3}$ cm. $S_{侧} = \frac{1}{2}Ch' = \frac{1}{2} \times 3 \times 10\sqrt{3} \times 13 \approx 337.7(\text{cm}^2)$. $V = \frac{1}{3}S_{底}h = \frac{1}{3} \times \frac{1}{2} \times (10\sqrt{3})^2 \times \sin 60° \times 12$ $\approx 520(\text{cm}^3)$	引导学生进行分析、思考,教师明确规范书写要求. 引导学生进行分析、思考,教师明确规范书写要求	思考分析,自主解答,规范书写. 思考分析,自主解答,规范书写	通过例题让学生进一步领会正棱锥的性质,熟悉正棱锥的表面积、体积公式. 通过例题让学生进一步领会正棱锥的性质,熟练运用正棱锥的表面积、体积公式,学会处理数据

续表

教学环节		教学内容	教师活动	学生活动	设计意图与资源
课中实施	练	**练一练** 已知正三棱锥的高为3,底面边长为2,求: (1)该棱锥的斜高; (2)该棱锥的侧面积; (3)该棱锥的表面积; (4)该棱锥的体积. **链接专业** 小组合作,利用"几何画板"绘制三棱锥、四棱锥	展示练习,评讲、纠错. 出示任务,巡视指导	独立完成,组内交流解题思路,分享解题过程. 思考,独立完成	设计针对性的练习,让学生通过练习巩固新知识. 将数学知识与专业相融合,进一步加深对棱锥的认识,让学生感受到数学的实用价值
	评	1. 这节课采用了哪些学习方法?你收获了哪些知识? 2. 结合课堂表现,评出优胜小组	提问. 总体评价	小组讨论,自评、互评	多元评价,激励学生全面发展,促进学生成长
课后拓展	固	1. 完成"UMU互动"平台的相关练习. 2. 阅读教材本节课的内容	在平台上对作业进行批改、评价	通过"UMU互动"平台完成作业	基础题与开放性习题相结合,鼓励学生自由设想,培养创新思维

教学反思

　　本节课以课程标准为指导,结合教学参考,围绕数学直观想象力和数学建模的核心素养进行设计.

　　通过课前发布的测试以及课前预习情况的反馈,了解学生对棱锥的认识程度,利用"UMU互动"平台提高了教学效率.由于部分学生空间想象能力和计算能力有待提高,因此可以利用课余时间通过同学之间结对子的方式加强新知识的巩固,另外可以多训练学生绘制常见的空间立体几何图形,提升空间想象能力.

15　圆柱

四川省广安市广安区中小学教学研究室　郭　丹

教学分析

授课时间	1 课时	选用教材	高等教育出版社《数学（基础模块）下册》（第三版）
授课对象	数控加工专业 2019 级 3 班学生	授课类型	概念课
教学内容			圆柱是高等教育出版社《数学（基础模块）下册》第 9 章第 5 节的内容．本节课是本节第 3 课时，主要内容是圆柱的相关概念及性质、表面积及体积的计算．继棱柱的学习后，本节课进一步研究柱体中的另一大类．从旋转的角度去深刻地认识圆柱，理解圆柱的形成，同时为下一节课圆锥的类比学习做铺垫．因此，本节课具有承上启下的作用

学情分析	知识基础	在小学和初中的学习中，学生对圆柱已有初步了解，但仅仅局限于外观形态上，教材里并未给出圆柱的确切定义；在上一节，学生学习了棱柱的定义，理解了棱柱的性质及相关公式，对柱体有一定的整体认识．这些都为圆柱的学习提供了知识准备
	认知能力	学生已熟悉圆柱的表面积公式、体积公式，但对圆柱的相关概念、性质了解不够．学生普遍具备一定的问题提出能力，但抽象思维能力较弱，推理判断能力较差
	学习特点	有自主学习的意识，但自学能力普遍较差；计算易出错，数学运算能力相对较差
	专业特性	学生有较扎实的数控加工专业知识，有较强的动手能力．他们对本节课中的实验操作很感兴趣，参与度高

教学目标	理解圆柱的形成过程，了解圆柱的结构特征，会用数学语言概述圆柱的相关概念及性质；会运用公式进行相关计算． 采用圆柱体实物模型和计算机软件辅助教学，直观感受空间物体，从实物中概括出圆柱的几何结构特征，发展空间想象力和抽象思维能力． 通过实验操作，培养数学直觉，感受学科思维；关注身边的数学模型，体会数学知识在生活中、专业中的应用，解决生产生活中的一些相关问题

教学重难点	重点	圆柱的相关概念和性质、公式的应用
	难点	理解圆柱的相关概念

教学策略	教法	直观教学法、启发式教学法
	学法	自主探究学习法、合作学习法
	教学资源与手段	快剪辑　GeoGebra　云班课 用 PPT 辅助教学，提高课堂效率． 用"快剪辑"制作微课视频，让学生直观感受空间物体． 用 GeoGebra 几何图形制作软件，进行动态几何构图． 学生登录"云班课"，课前观看微课视频，课后完成作业． 教师在"云班课"平台上对作业进行批改、评价

教学设计

采用"线上＋线下"混合式教学模式,以问题串为引领,通过数学实验,将整个教学过程按学、导、探、练、评、固六个环节推进.

流程设计	学 > 导 > 探 > 练 > 评 > 固				
	观看视频 温故知新	提出问题 导入新课	实验操作 小组讨论 探索新知	即学即练 及时反馈	课堂小结 多元评价	优化作业 巩固提高
板书设计	圆柱 定义及相关概念 性质 计算公式	多媒体展示区			例题、练习区	

教学实施

教学环节		教学内容	教师活动	学生活动	设计意图与资源
课前准备	学	1. 观看微课视频,回顾初中学习的圆柱知识. 2. 通过图片,展示生活中的圆柱形物体. 提问:这些圆柱形物体在结构上有什么共同特点	推送视频. 展示图片. 提出问题	用"云班课"观看. 小组内展示自己收集的圆柱实物模型. 描述圆柱结构特点	寻找圆柱体实物模型和运用计算机软件进行辅助教学,让学生直观感受空间物体
课中实施	导	**问题导入** 圆柱是怎样形成的? **实验 1 PPT 动态演示点、线、面的关系** 点动成线　线动成面　面动成体 **实验 2 PPT 动态演示圆柱的形成** 以矩形的一边所在直线为旋转轴旋转,观察其余各边旋转一周所形成的几何体(如图). **实验 3 动手操作** 分小组按如图所示的方式进行实验,在旋转中体会圆柱的形成	演示从点到线、从线到面、从面到体的变化过程. 演示圆柱是由矩形绕其一边所在的直线旋转而形成的过程. 为每组学生分发矩形硬纸片、长尾夹、小木棒	观看演示,体会点、线、面、体之间的关系. 观看,思考,讨论	教师课前利用 GeoGebra 软件制作"点动成线,线动成面,面动成体"的动画,让学生直观感知. 通过 PPT 动态演示,让学生了解圆柱的形成过程,启发学生思考

教学环节		教学内容	教师活动	学生活动	设计意图与资源
导		 提问: 1. 如果固定与之相邻的矩形的另一边,再旋转,得到的还是圆柱吗?与刚才的圆柱一样吗?为什么? 2. 旋转过程中,哪些量变了,哪些量没变? **得出定义** 圆柱:以矩形的一边所在直线为旋转轴,其余各边旋转形成的曲面(或平面)所围成的几何体叫做圆柱	提出问题,引导学生思考. 给出定义	实验:用长尾夹将矩形硬纸片的一边固定在小木棒上,快速转动小木棒,观察旋转过程. 讨论,回答	通过动手操作,从旋转的角度认识圆柱,感受平面图形与立体图形之间的转化,发展学生的空间观念
课中实施	探	**相关概念** 轴:旋转轴叫做圆柱的轴. 底面:垂直于轴的边旋转形成的圆面叫做圆柱的底面. 侧面:平行于轴的边旋转成的曲面叫做圆柱的侧面. 母线:无论旋转到什么位置,这条边都叫做侧面的母线. 高:两个底面间的距离叫做圆柱的高. **表示方法** 圆柱用表示轴的字母表示,如表示为:圆柱 OO'. **即学即练** 判断下列命题的真假. (1)圆柱的轴是过圆柱上、下底面圆的圆心的直线.(　　) (2)圆柱的母线是连接圆柱上底面上一点和下底面上一点的直线.(　　) (3)矩形的任意一条边都可以作为轴,其他边绕其旋转围成圆柱.(　　) (4)矩形绕任意一条直线旋转,都可以围成圆柱.(　　) 思考:圆柱和棱柱有什么共同特点? **小结:**圆柱和棱柱统称为柱体. **实验4　观察、操作** 1. 观察实物模型,整体感知圆柱. 2. 探索圆柱的结构特点. (1)上、下两个底面有什么特征(形状、大小)? 圆柱侧面有什么特征(与平面相比较)? 圆柱的母线有什么特点(圆柱有多少条母线)? 圆柱两个底面圆心连线的长度是否等于圆柱的高,为什么? (2)动手做一做:沿着母线,将圆柱侧面剪开并展开. (3)观看视频,观察圆柱被平面所截后的情况	分析、说明. 出示练习题. 引导,小结. 引导学生观察、探索. 推送视频	理解相关概念的由来,记忆圆柱的相关概念和圆柱的表示方法. 思考,回答. 观察,思考. 观察轴截面的特征,对专业课中的立体切割问题重新认识	让学生将直观感知上升为理性认识. 通过命题真假的判断,进一步领会定义中的关键语句. 将侧面化曲为直,培养学生联想归纳的能力,让其透过复杂的表象探究本质规律. 用"快剪辑"剪切、编辑视频,提升学生对截面的空间想象力

教学环节		教学内容	教师活动	学生活动	设计意图与资源
课中实施	探	**圆柱的性质** 观察圆柱(如下图),可以得到圆柱的下列性质: (1)圆柱的两个底面是半径相等的圆,且互相平行; (2)圆柱的母线平行且相等,并且等于圆柱的高; (3)平行于底面的截面是与底面半径相等的圆; (4)轴截面是宽为底面的直径、长为圆柱的高的矩形. **计算公式** 圆柱的侧面积、全面积(表面积)及体积的计算公式如下: $S_{圆柱侧}=2\pi rh$, $S_{圆柱全}=2\pi r(h+r)$, $V_{圆柱}=\pi r^2 h.$ 其中 r 为底面半径,h 为圆柱的高	分析关键语句,强调说明,结合侧面展开图进行分析. 推送圆柱被切割重组成近似长方体的微视频	理解、记忆. 观看圆柱被分割重组的视频	借助微视频,渗透极限思想,加深学生对公式的理解
	练	**典型讲解** 例题　已知圆柱的底面半径为 1 cm,体积为 5π cm³,求圆柱的高与全面积. 解:由于底面半径为 1 cm, 所以 $\pi h=5\pi$, 解得圆柱的高 $h=5$(cm). 所以圆锥的全面积 $S_{圆柱全}=2\pi r(h+r)=12\pi$(cm²) **练一练** 1. 用一个长 10π cm,宽 7 cm 的矩形纸片卷成圆柱的侧面,则圆柱的侧面积为_____ cm². 2. 已知圆柱底面周长为 6π cm,高为 5 cm,则轴截面的面积为_____ cm². 3. 如图,用一块长 40π cm,宽 50 cm 的铁皮做成圆柱形水桶的侧面,如果可以另找一块铁皮做桶底,问:这个水桶的容积是多少? 	引导,讲解说明. 评讲,纠错	思考,运用公式主动求解. 独立完成,组内交流解题思路、分享解题过程	通过例题让学生进一步领会知识点,并能熟练运用公式. 设计针对性的练习,让学生通过实践来巩固新知识

续表

教学环节		教学内容	教师活动	学生活动	设计意图与资源
课中实施	练	**链接专业** 有一个六角螺母毛坯,它的底面正六边形的边长是12 mm,高是10 mm,内孔直径是10 mm,求这个毛坯的体积.	结合专业课对数学知识的需求,进一步巩固知识点	思考,完成,感受数学与专业知识的密切联系	数学知识与专业知识的融合教学,让学生实践专业技能,感受数学的价值
	评	1.这节课你采用了怎样的学习方法?你收获了哪些知识? 2.结合课堂表现,评出优胜小组	引导,补充,总体评价	小组内反思、总结,自评、互评	多元评价,激励学生全面发展,促进学生成长
课后拓展	固	1.教材第120页习题9.5 A组第4,6题. 2.以生活中或专业中的圆柱实物为背景,设计一道解答题,并求解	在平台上对作业进行批改、评价	通过"云班课"完成作业	基础题与开放性习题相结合,鼓励学生自由设想,培养创新思维

教学反思

本节课以课程标准为指导,结合教学参考,围绕数学学科核心素养进行设计.

通过微课视频复习初中已学的圆柱知识、寻找圆柱体实物模型、展示生活中圆柱形物体的图片,学生直观地感受到空间物体.运用"点动成线,线动成面,面动成体"的动画导入新课,通过动态演示、动手实验操作,学生能较好地理解圆柱相关概念及性质,将直观感知上升为理性认识.通过例题和练习,让学生巩固知识点,熟练运用公式.同时,数学知识与专业知识的融合教学,激发了学生的学习兴趣,学生在实践了专业技能的同时,还感受到了数学的价值.

从课后师生交流和作业反馈情况来看,本节课的教学能较好地达成教学目标,突出教学重点,突破教学难点.但在教学过程中也发现,由于中职学生基础知识普遍掌握不牢,计算正确率不高,计算能力的培养有待在日后教学中加强.

16　圆锥

四川省武胜职业中专学校　王莉萍

教学分析

授课时间	1 课时	选用教材	高等教育出版社《数学(基础模块)下册》(第三版)
授课对象	学前教育专业 2019 级 1 班学生	授课类型	概念课
教学内容			

教学内容	圆锥是高等教育出版社《数学(基础模块)下册》第 9 章第 5 节的内容.本节课是本节第 4 课时,主要内容是圆锥的结构特征及表面积、体积的计算.本节课继上一节课圆柱的学习后,从旋转的角度去深刻地认识圆锥,同时为后面球及简单组合体的学习做铺垫.因此,本节课具有承上启下的作用

学情分析	知识基础	在小学和初中的学习中,学生已初步了解圆锥的结构特征,掌握了圆锥的侧面积、全面积和体积的计算;通过上一节课圆柱的学习,学生理解了圆柱的结构特征,对旋转体有一定的整体认识
	认知能力	已熟知圆锥的展开图及扇形面积的计算;掌握了圆柱的结构特征及其侧面积、表面积和体积的计算.
	学习特点	学生对立体几何图形的空间直观想象和抽象思维能力较弱,数学运算能力相对较差
	专业特性	该专业学生因为有美术手工课的开设,动手能力普遍较强,能小组协作完成圆锥体实物模型的制作

教学目标	了解圆锥的结构特征及表面积、体积的计算. 由圆锥的形成过程,培养观察能力和数学思维能力. 通过本节课的教学,发展直观想象、数学运算和数学抽象的核心素养

教学重难点	重点	圆锥的相关概念和性质、公式的应用
	难点	理解圆锥的相关概念

教学策略	教法	直观教学法、启发式教学法
	学法	自主探究学习法、合作学习法
	教学资源与手段	快剪辑　GeoGebra　云班课 用 PPT 辅助教学,提高课堂效率. 用"快剪辑"制作微课视频,让学生直观感受空间物体. 用 GeoGebra 几何图形制作软件,进行动态几何构图. 学生登录"云班课",课前观看微课视频,课后完成作业,教师在平台上对作业进行批改、评价

教学设计

流程设计	采用"线上＋线下"混合式教学模式,以问题串为引领,通过数学实验,将整个教学过程按学、导、探、练、评、固六个环节推进:
	学 导 探 练 评 固
	观看视频 温故知新 / 提出问题 导入新课 / 实验操作 小组讨论 探索新知 / 即学即练 及时反馈 / 课堂小结 多元评价 / 优化作业 巩固提高
板书设计	**圆锥** 定义及相关概念 性质 计算公式 　　　　多媒体展示区　　　　　　　　例题、练习区

教学实施

教学环节		教学内容	教师活动	学生活动	设计意图与资源
课前准备	学	1. 观看微课视频,回顾初中学习的圆锥知识. 2. 通过图片,展示生活中的圆锥形状的物形状的物体. 提问:这些圆锥形状的物体在结构上有什么共同特点	推送视频. 展示图片. 提出问题	用"云班课"观看. 小组内展示制作的圆锥实物模型. 描述圆锥结构特点	通过图片与课前学生分组制作的模型,让学生直观感受空间物体
课中实施	导	**问题导入** 圆锥是怎样形成的? **演示1　PPT动态演示圆柱的形成** 以矩形的一边所在直线为旋转轴旋转,观察其余各边旋转一周所形成的几何体(如图). **演示2　PPT动态演示圆锥的形成** 以直角三角形的一条直角边所在直线为旋转轴旋转,观察其余各边旋转一周所形成的几何体(如图). **活动1　动手操作**	演示圆柱的形成过程. 演示圆锥是由直角三角形绕其一条直角边所在直线旋转而形成的过程	观看. 观看,思考,讨论	通过PPT动态演示,让学生回忆圆柱的形成过程,体会"面动成体". 通过PPT动态演示,让学生了解圆锥的形成过程,启发学生思考

教学 环节		教学内容	教师活动	学生活动	设计意图 与资源
课中实施	导	分小组按如图所示的方式进行实验,在旋转中体会圆锥的形成. 提问: 1. 如果固定直角三角板的另一直角边,再旋转,得到的还是圆锥吗?与刚才的圆锥一样吗?为什么?如果固定斜边呢? 2. 旋转过程中,哪些量变了,哪些量没变? **得出定义** 圆锥:以直角三角形的一条直角边所在直线为旋转轴旋转一周,其余各边旋转而形成的曲面(或平面)所围成的几何体叫做圆锥	为每组学生分发直角三角形硬纸片、长尾夹、小木棒. 提出问题,引导学生思考. 给出定义	实验:用长尾夹将直角三角形硬纸片的一条直角边固定在小木棒上,快速转动小木棒,观察旋转过程. 讨论,回答	通过动手操作,从旋转的角度认识圆锥,感受平面图形与立体图形之间的转化,发展学生的空间观念
	探	**相关概念** 轴:旋转轴叫做圆锥的轴. 底面:除旋转轴外的另一条直角边旋转而成的圆面叫做底面. 侧面:斜边旋转而成的曲面叫做侧面. 母线:无论斜边旋转到什么位置,都叫做侧面的母线. 顶点:母线与轴的交点叫做顶点. 高:顶点到底面的距离叫做圆锥的高. **表示方法** 圆锥用表示轴的字母表示,如表示为:圆锥 *SO*. **即学即练** 判断下列命题的真假. (1)圆锥的轴是过圆锥顶点与底面圆心的直线.(　　) (2)圆锥的母线是连接圆锥顶点和底面圆周上任一点的直线.(　　) (3)以直角三角形的任意一条边所在直线作为旋转轴旋转一周,其余各边旋转一周围形成的几何体是圆锥.(　　) 思考:圆锥和圆柱有什么共同特点? 小结:圆柱和圆锥都是旋转体. **活动 2　观察、操作** 1. 观察实物模型,整体感知圆锥. 2. 探索圆锥的结构特点: (1)圆锥的形状有什么特点?圆锥的母线有什么特点?圆锥有多少条母线? (2)动手做一做:沿着母线,将圆锥侧面剪开并展开. (3)观看视频,观察圆锥被平面所截后的情况. **圆锥的性质** 观察圆柱(如下图),可以得到圆柱的下列性质: 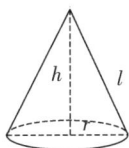	分析、说明. 出示练习题. 引导,小结. 引导学生观察、探索. 推送视频. 分析关键语句	理解相关概念的由来,记忆圆锥的相关概念和圆锥的表示方法. 思考,回答. 观察,思考. 观察轴截面的特征,明确轴截面和平行与底面的截面的区别. 理解、记忆	让学生将直观感知上升为理性认识. 通过命题真假的判断,进一步领会定义中的关键语句. 培养学生动手及归纳的能力,让其透过复杂的表象探究本质规律. 用"快剪辑"剪切、编辑视频,提升学生对截面的空间想象力

教学环节		教学内容	教师活动	学生活动	设计意图与资源
	探	(1)平行于底面的截面是圆; (2)顶点到底面圆周上任意一点的距离都相等,且等于母线的长度; (3)轴截面为等腰三角形,其底边上的高等于圆锥的高. **计算公式** 圆锥的侧面积、全面积(表面积)及体积的计算公式如下: $S_{圆锥侧}=\pi rl$, $S_{圆锥全}=\pi r(l+r)$, $V_{圆锥}=\dfrac{1}{3}\pi r^2 h.$ 其中 r 为底面半径, l 为母线长, h 为圆锥的高	强调说明,结合侧面展开图进行分析	观看圆锥侧面展开过程的视频	借助微视频,加深学生对公式的理解
课中实施	练	例1 填空:根据下列条件求值(其中 r,h,l 分别是圆锥的底面半径、高、母线长). (1)若 $l=2,r=1$,则 $h=$_____; (2)若 $h=3,r=4$,则 $l=$_____; (3)若 $l=10,h=8$,则 $r=$_____. 分析: r,h,l 三者之间的关系如图所示,利用它们的关系可求解. 解:(1)$\sqrt{3}$ (2)5 (3)6 例2 已知圆锥的母线长为 2 cm,圆锥的高为 1 cm,求该圆锥的侧面积和体积. 解:底面半径 $r=\sqrt{l^2-h^2}=\sqrt{3}$ cm. 故圆锥的侧面积 $S_{圆锥侧}=\pi\times\sqrt{3}\times2=2\sqrt{3}$(cm²), 圆锥的体积 $V_{圆锥}=\dfrac{1}{3}\times\pi\times(\sqrt{3})^2\times1=\pi$(cm³)	引导,讲解说明	思考,运用公式主动求解	通过例题让学生进一步领会知识点,并能熟练运用公式

续表

教学环节		教学内容	教师活动	学生活动	设计意图与资源
课中实施	练	**练一练** 1.已知圆锥的底面半径为 2 cm,高为 2 cm,求这个圆锥的体积.(保留 4 个有效数字) 2. 已知圆锥的底面半径为 3 cm,母线长为 5 cm,求这个圆锥的侧面积、全面积与体积.	评讲,纠错.	独立完成,组内交流解题思路、分享解题过程.	让学生通过练习来巩固新知识.
		链接专业 美术手工课要求每组同学依照下图所示的步骤制做 5 顶圆锥形无底面的帽子.先用手工卡纸做出圆锥的基本形状,再用彩色包装纸裹在圆锥表面.已知每个圆锥形状大小完全相同,底面直径为 40 cm,母线长为 25 cm,问:每组需要多少彩色包装纸?(接缝重合部分忽略不计) 	结合专业课对数学知识的需求,进一步巩固知识点	思考,完成,感受数学与专业知识的密切联系	数学知识与专业知识的融合教学,让学生实践专业技能,感受数学的价值
	评	1. 这节课你采用了怎样的学习方法？你收获了哪些知识？ 2. 结合课堂表现,评出优胜小组	引导,补充,总体评价	小组内反思、总结,自评、互评	多元评价,激励学生全面发展,促进学生成长
课后拓展	固	1. 一个圆锥的母线长为 12 cm,母线和轴的夹角是 30°,求这个圆锥的侧面积和体积. 2. 以生活中或专业中的圆锥实物为背景,设计一道解答题,并求解	在平台上对作业进行批改、评价	通过"云班课"完成作业	基础题与开放性习题相结合,鼓励学生自由设想,培养创新思维

教学反思

　　课前让学生分组完成圆锥模型的手工制作,课中通过活动 2 让学生动手操作,使学生对圆锥的结构特征在初中所学的基础上又有了更直观的认识,所以课堂上呈现的效果较好.通过"链接专业"的练习题,让学生把所学数学知识与实际生活联系起来,并通过分发彩色包装纸让学生去完成手工作品,增强了学生的学习兴趣.

　　圆锥的相关概念有点多,有少数学生有点混淆不清;通过练习题来看,少数学生的运算能力还需加强.

17　球

内江威远职业技术学校　周　盟

教学分析

授课时间	1课时	选用教材	高等教育出版社《数学(基础模块)下册》(第三版)
授课对象	数控专业高二年级学生	授课类型	概念课
教学内容			球是高等教育出版社《数学(基础模块)下册》第9章立体几何第5节第5课时的内容.主要内容是球的形成、球与球面的概念、球的表示、球的截面的概念及性质、球的表面积与体积的计算

学情分析	知识基础	学生在小学和初中已学习了圆的相关概念,会计算圆的周长和面积.前面又学习了圆柱、圆锥的体积和面积公式,理解了一些旋转体的结构特征,进一步认识了空间几何图形,但对知识的主动迁移、主动整合的抽象思维能力较弱
	认知能力	通过对柱体、锥体的学习,结合实物模型、图形及动画,对旋转体有了一定的整体认识,初步弄清了旋转体在形成过程中各种量的关系,明白抓住旋转过程中的不变量是解决计算问题的关键
	学习特点	学生善于动手操作,对探索形象、直观的事物兴趣颇高,但对立体几何图形的空间直观想象和抽象思维能力较弱,数学运算能力较弱
	专业特性	该专业学生有较强的动手能力,将从事数控加工和数控设备操作与管理.学生能以零件的绘制、看图、检验等知识为基础,运用电脑编码与加工操作技能,结合企业需求,做到学以致用

教学目标	理解球的定义、结构特征及性质,理解球的截面的性质,了解球的表面积、体积公式. 通过本节课的学习,培养观察能力、数值计算能力,形成一定的空间想象能力,能解决生活、生产中的一些简单应用问题,从而培养和提升直观想象和数学运算的核心素养

教学重难点	重点	球的结构特征及表面积、体积的计算公式
	难点	将已知条件转化后,求解球的相关要素

教学策略	教法	情境教学法、直观教学法、启发式教学法
	学法	自主探究学习法、合作学习法
	教学资源与手段	多媒体教学设备、PPT教学课件、教学视频、图片等

教学设计

流程设计	以"三心二意"为引领,将教学内容进行结构化处理,采用"线上+线下"混合式教学模式,将整个教学过程分为学、导、探、练、评、固六个教学环节.

学 > 导 > 探 > 练 > 评 > 固

学	导	探	练	评	固
自主学习 引出课题	动画演示 导入新课	情境教学 小组讨论 探索新知	课堂练习 巩固新知	归纳小结 回顾反思	热身练习 思维拓展

板书设计	球 定义及相关概念 重要结论 球的表面积和体积公式	多媒体展示区	例题、练习区

教学实施

教学环节		教学内容	教师活动	学生活动	设计意图与资源
课前准备	学	1.观看微课视频,回顾初中学习的圆的知识. 2.通过图片,展示生活中的球形物体. 提问:球是怎么形成的	展示图片,提出问题	收集日常生活中的球形物体的图片	寻找球的实物模型,让学生直观感受空间物体
课中实施	导	1.动画演示球的形成. 2.分小组实验,在旋转中体会球的形成. 3.提问:如何画球	推送视频,提问	观看动画,动手操作	通过PPT演示动画和动手操作,让学生了解球的形成过程,启发学生思考
	探	**探究一　球的定义** 1.球:以半圆的直径所在的直线为旋转轴旋转一周,所形成的曲面叫做球面.球面围成的几何体叫做球体,简称球. 相关概念如下. 球心:半圆的圆心. 球的半径:半圆的半径. 2.球的表示方法 如图,以一个圆为基准,再用两个椭圆衬托球的立体感. 其中,O为球心,也是所画圆的圆心; OC为球的半径; AB为球的直径. 用球心的字母来表示球,如:球O. **探究二　球的截面的性质** 1.动画演示用平面截球. 2.实物展示:准备一个球,从中间剖开,以便观察截面. 问题:(1)得到的截面是什么图形?(圆形) (2)什么叫大圆?大圆的半径和球的半径有什么关系?(大圆的半径就是球的半径) (3)什么叫小圆?小圆的半径和球的半径有什么关系?(小圆的半径小于球的半径)	给出定义,强调球面与球体的区别. 引导、总结. 分析、说明. 推送视频,准备道具,提问、引导	总结完善概念,理解相关概念的由来. 记忆球的相关概念和球的表示方法. 动手画球. 观察动画和实物模型,思考回答	将直观感知上升为理性认识.通过作图,培养动手能力. 通过学生小组讨论,了解球的结构特. 利用动画演示和实物模型提升学生的空间想象力

教学环节		教学内容	教师活动	学生活动	设计意图与资源
课中实施	探	3.动画演示球的截面的性质. 提问:(1)球心与截面圆心的连线和截面有怎样的位置关系? (2)设球心到截面的距离为 d,球的半径为 R,截面圆的半径为 r, d,R,r 三者之间的关系是什么? 	推送视频,展示图像,引导学生观察.	观看动画,结合图形,讨论得到结论,然后记忆相关的结论.	培养学生联想归纳的能力,让学生透过复杂的表象探究其本质规律.
		4.展示地球仪. 学生指出大圆(赤道)、小圆(纬线). 强调:球面上的两点的球面距离指经过这两点的大圆在这两点间的一段劣弧的长度. **探究三　球的表面积和体积公式** 思考:如何求球的体积和表面积呢? (切割法、拼接法、水的溢出法) 1.球的表面积 $S_球 = 4\pi R^2$. 2.球的体积 $V_球 = \dfrac{4}{3}\pi R^3$. 结论:计算球的体积和表面积都需要球的半径. **探究四　球的表面积和体积公式的应用** 例题　球的大圆周长是 80 cm,求这个球的表面积和体积各为多少.(保留 4 个有效数字) 分析:大圆的半径等于球的半径,可设为 R,列方程进行求解. 解:设大圆半径为 R,则 $2\pi R = 80$, 得 $R = \dfrac{40}{\pi}$, 因此 $S_球 = 4\pi R^2 = 4\pi \left(\dfrac{40}{\pi}\right)^2 = \dfrac{6400}{\pi} \approx 2.037 \times 10^3 \ (cm^2)$, $V_球 = \dfrac{4}{3}\pi R^3 = \dfrac{4}{3}\pi \left(\dfrac{40}{\pi}\right)^3 = \dfrac{256\,000}{3\pi^2} \approx 8.646 \times 10^3 \ (cm^3)$. 即这个球的表面积约为 $2.037 \times 10^3 \ cm^2$,体积约为 $8.646 \times 10^3 \ cm^3$.	提问,引导. 强调说明. 引领导,分析,讲解说明	思考、分析,运用公式主动求解	能过实物理解概念,巩固知识点,培养直观想象的核心素养. 对中职学生而言,球的体积和表面积公式的推导可以忽略,更重要的是识记和应用公式求解问题. 通过例题让学生进一步领会知识点,并能熟练运用公式
	练	1.若球的半径扩大为原来的 2 倍,则球的体积变为原来的_____倍. 2.一个球的半径为 3 cm,求这个球的表面积与体积.(保留 4 个有效数字)	评讲,纠错	分析,解答,讨论	让学生通过练习来巩固新知识

教学环节		教学内容	教师活动	学生活动	设计意图与资源
课中实施	评	1. 这节课你收获了哪些知识? 2. 结合课堂表现,评出优胜小组		小组内反思、总结、自评	多元评价,促进学生全面发展
课后拓展	固	1. 一平面截得球的小圆周长为 4π,且发现球心到小圆平面的距离刚好为球半径的一半,求球的体积和表面积各为多少. (请作图分析,并看看用了哪些知识) 2. 把半径分别为 3 cm,4 cm 的两个铸铁球熔成一个大球,不考虑损耗,求这个熔成的大球的半径			巩固新知,鼓励学生自由设想,培养创新思维

教学反思

　　本节课以课程标准为指导,结合教学参考,围绕数学学科核心素养进行设计.本节课通过复习初中学习的圆的相关知识,通过寻找球体实物模型、展示生活中球形物体的图片,让学生直观感受空间物体.用"面动成体"的动画导入新课,通过动手实验操作、模型展示让学生理解球的相关概念及性质,将直观感知上升为理性认识.通过例题和练习,让学生巩固知识点,熟练运用公式.从课后师生交流和作业反馈情况来看,本节课的教学能较好地达成教学目标,突出教学重点,突破教学难点.但在教学过程中也发现,由于中职学生基础知识普遍掌握不牢,计算正确率不高,计算能力的培养有待在日后教学中加强.

18　简单组合体

四川省隆昌市城关职业中学　巫源森

📁 教学分析

授课时间	1 课时	选用教材	高等教育出版社《数学（基础模块）下册》（第三版）
授课对象	机械加工技术专业 2019 级 1 班学生	授课类型	应用课
教学内容		简单组合体是高等教育出版社《数学（基础模块）下册》第 9 章立体几何第 5 节的第 6 课时，主要内容为实际问题中出现的简单组合体的体积及相关面积的计算.本节课内容是前面所学的柱、锥、球的综合应用，能起到了复习巩固前面所学知识的作用，同时也在解决与实际生活联系紧密的问题，为今后研究生活及专业中的立体几何问题提供了方法和模式	
学情分析	知识基础	学生已经初步了解了棱柱、棱锥、圆柱、圆锥、球的体积和表面积公式，这为本节课的学习提供了知识准备	
	认知能力	通过对柱体、锥体、球体的学习，对简单几何体有了一定的整体认识，但学生对立体几何知识的掌握个体差异比较明显，对知识的理解存在不透彻的地方，主动迁移、主动整合的抽象思维能力较弱，计算基本功不扎实	
	学习特点	学生基础知识掌握不牢，自学能力普遍较差，但观察力较强，受所学专业影响，他们善于动手操作，对探索形象、直观的事物兴趣颇高	
	专业特性	该专业学生需要具有扎实的机械加工专业知识，有较强的动手能力，能在生产一线从事机械加工操作.专业课程中有机械制图，因此本专业学生学习本节课的内容相对其他专业的学生具有一定的优势	
教学目标		形成解决简单组合体问题的规范化步骤，熟练选用几何体相关公式进行准确计算. 培养观察分析能力，养成规范化解决实际问题的习惯. 通过积极参与探究，投入到课堂教学双边活动中，培养合作意识. 认识到数学来源于实际，通过解决生活中的实际问题培养对数学的兴趣，建立学习、使用数学的自信.同时通过彼此之间的讨论、互动，培养合作、交流、探究的意识	
教学重难点	重点	规范化解决与简单组合体相关的面积和体积问题，渗透化整为零的解题思想	
	难点	与简单组合体相关的面积和体积的准确计算	
教学策略	教法	利用微视频和自主学习任务单，以求达到"先学后教"的效果.采用以问题为载体的互动式教学、启发引导、自主探究、多媒体辅助等方法	
	学法	自主探究学习法、合作学习法	
	教学资源与手段	快剪辑　几何画板　云班课 用 PPT 辅助教学，提高课堂效率. 用"快剪辑"制作微课视频，让学生直观感受空间物体. 用"几何画板"软件，进行动画设计. 学生登录"云班课"，课前观看微课，课后完成作业，教师在平台上对作业进行批改、评价	

教学设计

流程设计	采用"线上＋线下"混合式教学模式,以问题串为引领,将整个教学过程按学、导、探、练、评、固六个环节推进.					
	学	导	探	练	评	固
	观看视频 温故知新	提出问题 导入新课	小组讨论 探索新知	即学即练 及时反馈	课堂小结 多元评价	优化作业 巩固提高
板书设计	**简单组合体** 概念 解题步骤		多媒体展示区		例题、练习区	

教学实施

教学环节		教学内容	教师活动	学生活动	设计意图与资源
课前准备	学	1. 观看视频,回顾多面体、旋转体相关面积、体积计算公式. 2. 观看教材微课视频. 3. 完成学案(相关计算公式的填写)	推送视频. 平台评价	用"云班课"观看. 独立完成	通过完成多面体和旋转体的相关计算公式的填写为本节课的学习做好铺垫
课中实施	导	展示第 1 组图片: 展示第 2 组图片: 提问:上面的图中分别有哪些简单几何体? 总结学生回答的结果,并引出简单组合体的概念: 由简单几何体组合而成的几何体叫做简单组合体	展示图片. 提问. 分析,用软件实现简单几何体的动态分解	观察. 思考,讨论	用实物图片导入,动画演示,激发学生学习积极性. 引出课题
	探	例题　一个金属屋分为上、下两部分,如图所示,下部分是一个柱体,高为 2 m,底面为正方形,边长为 5 m,上部分是一个锥体,它的底面与柱体的底面相同,高为 3 m,金属屋的体积、屋顶的侧面积各为多少?(精确到 0.01 m²) 	展示例题	独立思考	以例题入手,探究学习,引导学生思考

续表

教学环节		教学内容	教师活动	学生活动	设计意图与资源
课中实施	探	分析:(1)化整为零:组合体分解成哪些单个几何体? (2)选择正确公式代入计算. 解:金属顶的体积 $V=V_{正四棱柱}+V_{正四棱锥}$ $=5^2\times2+\dfrac{1}{3}\times5^2\times3$ $=50+25=75(m^3).$ 金属屋顶的侧面积 $S=\dfrac{1}{2}\times5\times4\times\sqrt{2.5^2+3^2}\approx39.05(m^2).$ 金属屋的体积为 75 m³,屋顶的侧面积约为 39.05 m². 思考:组合体表面积与两个单个几何体表面积的和相同吗? 回顾解题过程,总结解题步骤: 化整为零→挑选公式→准确计算→完整作答 (化→挑→算→答)	动画演示分解过程. 分析、说明,提问. 引导学生观察、探索. 分析引导,强调说明	观察,讨论,回答问题. 思考,回答. 计算. 积极思考,理解记忆	动画演示分解过程突破本课难点. 通过分析,把问题分解成原有知识可解决的问题;同时渗透转化的数学思想方法. 引导学生讨论,充分表达自己的观点,加深学生对表面积的理解. 引导学生总结归纳出规范的解题过程.此处教材对答语进行省略,应补全
	练	如图所示,学生小王设计的邮筒是由直径为 0.6 m 的半球与底面直径为 0.6 m,高为 1 m 的圆柱组合成的几何体.求邮筒的表面积(不含其底部,且投信口忽略不计,精确到 0.01 m²) 1.该组合体分解成_____. 2.挑选公式: $S_{圆柱侧}=$_____, $S_{半球}=$_____, 3.准确计算: 邮筒表面积 $S=$_____. 4.答:_____	引导学生分析,强调解题步骤. 评讲、纠错	选用公式,主动计算. 组内交流解题思路,分享解题过程	引导学生模仿例题进行操作,突破本课难点. 让学生进一步领会知识点,并能熟练运用公式
	评	1.解决实际生活中的简单组合体问题有哪些步骤?用到什么数学思想? 步骤:化→挑→算→答; 思想方法:转化的数学思想. 2.这节课你采用了怎样的学习方法?你收获了哪些知识	引导,补充. 总体评价	小组内反思、总结. 自评、互评	再次重现本课学习的重点及难点,帮助学生理清思路.多元评价,激励学生全面发展,促进学生成长
课后拓展	固	书面作业:教材第 119 页练习9.5.3 第1,2题			让学生规范解答作业,检验本节课教学效果

教学反思

　　动画演示可以帮助学生突破学习过程中的难点,规范化的解题步骤让学生容易上手,培养学生分析问题、解决实际问题的能力.

　　存在的不足:在教学过程中把教材内容与专业实际结合得不够,应加强数学教学的应用性.对学生中学习能力和自控能力比较差的学生,关注不够,应强化学生记忆能力和计算能力,努力实现面向全体学生的教学.

第四部分　概率与统计

第 ⑧ 章　　概率与统计初步

1　分类计数原理

四川省内江市第二职业中学校　范智勇

📁 教学分析

授课时间	1 课时	选用教材	高等教育出版社《数学（基础模块）下册》（第三版）
授课对象	电子专业高二年级学生	授课类型	概念课
教学内容		分类计数原理是高等教育出版社《数学（基础模块）下册》第 10 章概率与统计初步第 1 节第 1 课时的内容. 分类计数原理与分步计数原理是人类在大量的实践经验的基础上归纳出的基本规律,它们不仅是推导排列数、组合数计算公式的依据,而且其基本思想方法也贯穿在解决本章应用问题的始终,在本章中是奠基性的知识. 分类计数原理是两大基本计数原理之一	

学情分析	知识基础	学生从小便学习了加法运算,计数原理就是加法运算的推广
	认知能力	学生具备了一定的逻辑推理能力,明白:一个复杂的计数问题可分解为若干个类别,然后分类解决
	学习特点	学生应用原理的意识淡薄,不能正确根据问题的特征应用原理解决问题
	专业特性	该专业学生数学基础知识不够扎实,通过学习探索使学生亲历研究数学问题的成功和快乐. 提炼算法是数学应用中的重要能力,也是该专业学生应具备的能力,是连接解决问题方法的桥梁,为未来的学习打下基础

教学目标	掌握分类计数原理,利用分类计数原理解决一些实际问题. 培养观察、分析能力,渗透分类思想,旨在培养逻辑推理能力. 利用分类计数原理,养成有序思考的习惯,引导形成自主学习与合作学习的良好学习方法

教学重难点	重点	掌握分类计数原理
	难点	如何运用分类计数原理解决实际问题

教学策略	教法	任务驱动法、情境教学法、讨论式教学法
	学法	探究学习法、合作学习法
	教学资源与手段	bilibili 哔哩哔哩 课前用"哔哩哔哩"中的教学视频预习本节课所学内容. 课中利用 10 元、5 元、1 元人民币实物引发学生的注意力,解决一些实际问题. 利用教学课件、多媒体工具配合教学

教学设计

以问题串为引领,将教学内容进行结构化处理,采用"线上＋线下"混合式教学模式,将整个教学过程分为学、导、探、练、评、固六个教学环节.

流程设计						
	学	导	探	练	评	固
	自主学习 引出课题	创设情境 兴趣导入	任务驱动 探索新知	巩固练习 强化训练	课堂小结 小组评价	运用知识 思维拓展

板书设计	**分类计数原理** 前提:完成一件事有 n 类不同方案,在每一类中都有若干种不同的方法 计数: $m_1+m_2+m_3+\cdots+m_n$	多媒体展示区	例题、练习区

教学实施

教学环节		教学内容	教师活动	学生活动	设计意图与资源
课前准备	学	课前发布学习任务:预习本节课分类计数原理的内容 	推送"哔哩哔哩"中的相关内容	用平板电脑观看	初步认识,激发兴趣
课中实施	导	**情境导入** 思考 在中国举行的 CBA 篮球赛共有 8 支队伍进入决赛,8 支队伍按确定的程序进行淘汰赛后,最后决出冠、亚军,此外还决出了第三、四名.问:一共安排了多少场比赛	图片引入,引发学生学习兴趣,再适时抛出问题	分组讨论,尝试解决问题	由国内知名篮球运动员引入实例,创设情境. 将学生分为几组,课中需要学生回答问题,实行抢答计分.班级内小组评优,小组内成员评优,形成奖励机制
	探	**探索新知** 问题 从甲地到乙地,可以乘火车,也可以乘飞机,还可以乘汽车.一天中,火车有 8 班,飞机有 3 班,汽车有 6 班.那么一天中乘坐这些交通工具从甲地到乙地共有多少种不同的走法			

教学环节		教学内容	教师活动	学生活动	设计意图与资源
课中实施	探	 分析:完成从甲地到乙地这件事有 3 类方案: 第 1 类方案,乘火车,有 8 种方法; 第 2 类方案,乘飞机,有 3 种方法; 第 3 类方案,乘汽车,有 6 种方法. 所以从甲地到乙地共有 8＋3＋6＝17(种)方法. **总结新知** 1. 如果完成一件事有 3 类不同的方案,在第 1 类方案中有 m_1 种不同的方法,在第 2 类方案中有 m_2 种不同的方法,在第 3 类方案中有 m_3 种不同的方法,那么完成这件事共有多少种不同的方法? 答:$m_1＋m_2＋m_3$(种). 2. 如果完成一件事有 n 类不同的方案,在第 $i(i＝1,2,\cdots,n)$ 类方案中有 m_i 种不同的方法,那么完成这件事共有多少种不同的方法? 答:$m_1＋m_2＋m_3＋\cdots＋m_n$(种). **例题辨析** 例 1　三个袋子里分别装有 2 个红色球、3 个黄色球和 4 个白色球.任取出一个球,共有多少种取法? 例 2　用一张 10 元、一张 5 元、一张 1 元的人民币可组成多少种不同的金额? **回归题设** 在中国举行的 CBA 篮球赛共有 8 支队伍进入决赛,8 支队伍按确定的程序进行淘汰赛后,最后决出冠、亚军,此外还决出了第三、四名.问:一共安排了多少场比赛? 分析: "八进四"有 4 场,"四进二"有 2 场,半决赛和决赛各有一场, 共 4＋2＋1＋1＝8(场)	侧面引导:从甲地可以乘火车到乙地,可以乘飞机到乙地,也可以乘汽车到乙地. 提炼方法:各类方案间相互独立,各类方案中的每种方法都能独立完成这件事. 强调:通过典型例题,运用分类计数原理解决实际问题(重点在于如何分类). 引导:弄清比赛流程是难点,将比赛分成八进四淘汰赛、四进二淘汰赛、半决赛和决赛	分组讨论,通过观察、思考、讨论,总结出 3 类方案. 根据老师提示,参与抢答环节. 体验如何正确分类. 分组讨论,积极思考	通过实际问题,培养学生分析能力,养成有序思维的习惯. 课件展示,引导学生从乘坐 3 类交通工具进行分析. 红球 2 个,黄球 3 个,白球 4 个. 10 元、5 元、1 元人民币各一张. 课件动态演示,提高学生学习热情

教学环节		教学内容	教师活动	学生活动	设计意图与资源
课中实施	练	**试一试** 1. 在自然数 1～200 中,一共有多少个数字 0? 2. 如图,该电路从 A 到 B 共有多少条不同的线路可通电?(只能闭合一处开关) 	设置抢答环节,每题 5 分.答题者作为小老师上讲台讲解.教师点评,根据回答问题的情况,适当给分.答题优秀者可额外加 1 分		加深学生对分类计数原理的认识和理解
	评	**总结评价** 这节课你学到了什么?(知识内容,达成目标,学习感受)		学生分小组回答,然后自评、互评,最后教师总评,选出本节课优胜小组	用问答的方式总结分类计数原理
课后拓展	固	**巩固练习** 1. 书架上有 7 本数学书、6 本语文书、4 本英语书.如果从书架上任取一本,共有多少种不同的取法? 2. 某职业学校电子专业一班的同学分为三个小组,甲组有 10 人,乙组有 11 人,丙组有 9 人.现要选派 1 人参加学校的技能活动,有多少种不同的方法? 3. 如图,在由电键 A,B 组成的电路中,要接通电源,使电灯发光的方法有几种?(只能闭合一处开关) 4. 用一张 10 元、一张 5 元、两张 1 元的人民币可组成多少种不同的金额			强化基础,运用分类计数原理解决实际问题

教学反思

　　在本节课的教学中,增加了一些活动讨论的设置,让学生自己动手,小组合作去发现规律、总结规律,最后得出结论.本着"合作—探究—再合作"的思想,让学生参与活动学习知识,参与讨论升华知识,取得了较好的教学效果.

　　本节课的几个问题:

　　1. 对问题的分析过多,虽说这样可以让学生更好地理解问题,但是这样也就减少了学生自主思考的时间;

　　2. 前几道题目较简单,学生反应快,没有真正理解分类的思想,而"试一试"的题目的难度较高,学生的分类不够完整,容易缺失或重复;

　　3. 与专业相关或生活化的问题让学生学习热情更高,以后的教学中要将数学与生活更加紧密地联系起来.

2　分步计数原理

四川省青神中等职业学校　邓光强

教学分析

授课时间	1 课时	选用教材	高等教育出版社《数学（基础模块）下册》（第三版）
授课对象	铁道运输管理专业（乘务方向）2019 级 3 班学生	授课类型	概念课
教学内容			

教学内容	分步计数原理是高等教育出版社《数学（基础模块）下册》第 10 章概率与统计初步第 1 节计数原理 2 课时中第 2 课时的内容.本节课是在初中学习了数据的整理与初步处理、随机事件的概率和上节课学习了分类计数原理的基础上进行的,一方面,本节课内容来源于生活,可直接对生活中的实例进行解答,特别是新冠肺炎疫情期间,学生都亲身经历了一系列调查,也天天关心着新冠肺炎疫情的相关数据的分析和统计结果;另一方面,本节课的内容也为后面学习排列与组合奠定重要基础,可培养学生的数学建模和数据分析核心素养

学情分析	知识基础	初中学习了数据的整理与初步处理、随机事件的概率,上节课学习了分类计数原理
	认知能力	对于中职学生,数学建模是比较困难的,在本节课的讲解中应渗透数学建模核心思想.乘务专业的学生学习计数原理是一项基本功,学生能理解这部分内容的重要性
	学习特点	利用学生"亲身经历"就能较长时间记忆的特点,让学生事先结合专业课在动车实训基地学习时对计数的知识进行了解,课堂教学中多抽学生参与互动、思考、讨论
	专业特性	乘务专业的学生的一项基本功是快速清点乘客数量,也就是计数,而计数原理的主要内容就是为乘务专业学生量身定制的.所以学生在学习本节课时非常认真

教学目标	掌握分步计数原理,能解决实际问题. 通过对分步计数原理的学习,培养观察、分析能力,同时培养数学建模的核心素养;经历用数学语言表达问题、用数学知识与方法构建模型解决问题的过程,经历利用分步计数原理解决实际问题的过程,养成有序思考的习惯. 感受生活中的数学思想,提高数学应用意识,领会数学知识和专业知识是有必然联系的,通过学习抗疫英雄的事迹增强爱国情怀,感受工匠精神

教学重难点	重点	分步计数原理
	难点	应用分步计数原理解决实际问题

教学策略	教法	案例分享法、任务驱动法、数学建模法
	学法	采用小组合作探究法,让学生广泛参与教学活动中,敢于质疑、勇于质疑、善于质疑,真正体现以学生为主体,让课堂"活""动"起来
	教学资源与手段	 微信　　雨课堂　　抖音 在微信教学群中发布课前预习任务,课中教师使用"雨课堂"教学软件辅助教学,在"雨课堂"发布任务,查收学生完成作业情况并参与讨论. "抖音"是现在较为流行和被人们接受的娱乐短视频平台,通过自制抖音视频为学生讲解概念提炼、总结的过程,激发学生学习兴趣. 利用电子白板、PPT 教学,可增大课堂容量,节约教学时间. 学生用手机答题参与教学活动

教学设计

以问题串为引领,将教学内容进行结构化处理,采用"线上＋线下"混合式教学模式,将整个教学过程分为学、导、探、练、评、固六个教学环节.

流程设计	学	导	探	练	评	固
	观看视频激发兴趣	结合热点创设情境	数学建模得出新知	讲练结合及时反馈	课程小结及时评价	课后作业巩固效果

板书设计	分步计数原理 情境导入 探索新知 数学建模 得出新知 $N = k_1 \times k_2 \times \cdots \times k_n$	多媒体展示区	例题、练习区

教学实施

教学环节		教学内容	教师活动	学生活动	设计意图与资源
课前准备	学	1. 看一看:观看课前通过微信教学群推送的教师拍摄的抖音视频. 2. 复习分类计数原理	将提前录制好的抖音视频推送到微信教学群	用手机观看抖音视频,并在分类计数的基础上思考遇到的新问题	通过观看教师之前在书架上拍摄的抖音视频,激发学生的学习兴趣,让学生知道数学来源于生活
课中实施	导	**情境导入** 1. 庚子年初,新冠肆虐,有两位老人值得我们永远尊重,他们分别是谁? 从他们身上我们学到了什么精神? 2. 整个新冠肺炎疫情期间你们最关心什么数据? 这些数据是怎么得来的? 3. 从大家最熟悉的春节联欢晚会或其他重要活动最后 10 秒倒计时的视频引入,点出本节课的主题:计数.结合乘务专业学生需要快速清点旅客人数这一基本专业技能,引出教学内容	结合疫情和春节联欢晚会接近晚上 12 点的倒数 10 秒等生活场景,创设问题情境	**议一议** 结合专业知识,独立思考,分组讨论,尝试解决	提出庚子年初新冠肺炎疫情期间让人尊敬的人,让学生心中厚植工匠精神和接受劳动思想教育,再提出与学生专业知识、生活实际相关的问题,为接下来的学习做好铺垫
	探	**探索新知** 1. 是不是所有的计数方法都是数量直接相加? 2. 同学们听说过"甘如意"吗? 因为新冠肺炎疫情影响了交通,甘如意从县城到市里只有三条路可走,从市里到工作单位只有两条路可走.请问:甘如意从县城到工作单位一共有多少条路可供选择	根据抖音视频中的问题,提出疑问	**析一析** 能不能用分类计数原理进行加法计数? **学一学** 独立思考,学习数学建模思想	培养学生敢于质疑的品格. 甘如意比班里学生大不了几岁,让学生向甘如意学习,主要是引入"工匠精神"和"劳动教育"

教学环节		教学内容	教师活动	学生活动	设计意图与资源
课中实施	探	**数学建模** 请学生分组讨论并初步建模,然后找学生在黑板上画图演示、并请不同的学生到黑板前数一数从甲地到乙地有多少种不同的走法? 师:图中所示的是要完成一件什么事? 由 A 地去 C 地有几个步骤? 第一步,由 A 地到 B 地,有多少种不同的方法? 第二步,由 B 地到 C 地,有多少种不同的方法? 完成这件事共有多少种不同的方法? **得出新知** 分步计数原理:完成一件事,需要分成 n 个步骤,完成第 1 个步骤有 k_1 种方法,完成第 2 个步骤有 k_2 种方法,完成第 n 个步骤有 k_n 种方法,并且只有这 n 个步骤都完成后,这件事才能完成,那么完成这件事共有 $N = k_1 \times k_2 \times \cdots \times k_n$ 种不同的方法. **例题辨析** 例 1　两个袋子中分别装有 10 个不同编号的红色球和 6 个不同编号的白色球,从中取出一个红色球和一个白色球,共有多少种方法? 巩固练习 1 例 2　2019 级乘务 1 班有三好学生 8 人,2019 级乘务 2 班有三好学生 6 人,2019 级乘务 3 班有三好学生 9 人. (1)从这 3 个班中任选 1 名三好学生出席三好学生表彰会,有多少种不同的选法? (2)从这 3 个班中各选 1 名三好学生出席三好学生表彰会,有多少种不同的选法? 巩固练习 2	结合疫情期间基本和学生同龄的甘如意的感人故事,创设新的问题情境,引发学生思考. 引导学生用图示建立对应问题的数学模型,并借此向学生点明建模的思想. 抽个别学生互动、回答,引导学生在黑板上演示"分步"完成任务. 通过"雨课堂"分别在例 1 和例 2 后推送巩固练习. 引导学生自主练习,并根据讲评结果及时纠正、总结	**试一试** 在黑板或草稿纸上进行过程演示. **记一记** 师生共同得出结论后,学生识记分步计数原理. **做一做** 独立完成巩固练习. **议一议** 分组进行讨论,在互动中总结得失	培养学生的数学建模核心素养. 利用对比教学法,培养学生归纳概括的能力. 逐步引导学生思考,主要是让学生能"分步"得出原理. 培养学生用各种不同的数学语言表达问题的能力. 学生通过思考例题,养成先判断符合哪种计数原理的思维习惯. 讲练结合,并且故意将例题中的问题所涉及计数原理的顺序设置成和学习计数原理的顺序不一样,考验学生灵活掌握知识的情况

续表

教学环节		教学内容	教师活动	学生活动	设计意图与资源
课中实施	练	完成练习册A组练习	统计并评讲错误率较高的训练题	练习并自查知识掌握情况	检测学生的学习情况,及时发现并解决问题,根据学生完成情况点评
	评	通过"雨课堂"发布综合问题,让学生回答.教师给出表格式思维导图,学生自主归纳,分小组总结本节课内容.	**比一比** 根据学生的表现情况,了解本节课的效果. **评一评** 分小组完成课程小结.然后分组轮流演示、讲解、总结,教师最后点评		帮助学生回顾课堂内容,教会学生归纳总结的技巧. 培养学生独立思考和小组互助相结合的学习习惯
课后拓展	固	**作业布置** 1.阅读本节课教材内容. 2.书面作业:教材第128页习题10.1的第5,6题			作业分为两种形式,体现作业的多样性原则.通过作业再次巩固学生学习效果

教学反思

1.从新冠肺炎疫情的例子导入新课,体现数学来源于生活又服务于生活,然后要学生学习钟南山、李兰娟、甘如意等人热爱工作的工匠精神,是一次比较成功的引入.

2.融入了数学建模的思想,组织了课前、课中、课后评价,发现问题及时解决问题.

3.尽量融入多种信息化教学手段进行教学:PPT、"雨课堂"、抖音视频等,帮助学生学习,突出教学重点,突破教学难点,提高了课堂效率.

4.从课时划分来看,本节应是两课时,但在上课过程中,第1课时就把主要内容基本讲解了,第2课时主要在处理配套的练习.下次上这部分内容时,重点仍在对两种计数原理的推导过程;另外,在处理课堂例题和练习时再多留点时间给学生思考,让学生自己得出结论为主.

3　随机事件

四川省丹棱职业高级中学校　刘　君

教学分析

授课时间	1 课时	选用教材	高等教育出版社《数学(基础模块)下册》(第三版)
授课对象	计算机专业学生	授课类型	概念课
教学内容	随机事件是高等教育出版社《数学(基础模块)下册》第 10 章概率与统计初步第 2 节概率 4 个课时中第 1 课时的内容.本节课内容既是继学生学习了初中统计知识,对数据的收集、整理与描述有了一定了解后,进一步对初中内容的巩固和深化,又为下一节总体、样本与抽样方法的学习奠定基础,因此本节课有承前启后的作用,是本节及本章比较重要的内容之一		
学情分析	知识基础	从知识层面来说,学生已经学习了计数原理,为本节课的学习提供了知识准备,但学生基础知识较薄弱,学习上还有很大的提升空间	
	认知能力	从能力层面来说,学生会熟练使用"雨课堂"等教学软件,为本节课信息化技术的使用提供了保障,但学生的数学归纳整理能力有待提高	
	学习特点	计算机专业的学生大部分思维敏捷,动手处理数据能力强,喜欢主动参与到学习中来,较排斥简单枯燥的说教方式	
	专业特性	计算机专业学生具有较强计算能力和逻辑思维能力,但缺乏较强的团队合作能力	
教学目标	理解必然事件、不可能事件、随机事件的意义. 通过对不可能事件、随机事件的研究学习,培养观察、分析能力. 培养观察和分析能力,培养团队合作的能力;结合生活实例体会数学来源于生活,并应用于生活. 通过设计的例题,增强卫生防疫能力,培养爱国情怀		
教学重难点	重点	随机事件、必然事件、不可能事件的概念	
	难点	基本事件和复合事件的区别和联系	
教学策略	教法	情境教学法——激发学生的兴趣,任务驱动法——形成学习的动机,问题探究法——体会探索的乐趣	
	学法	合作探究法	
	教学资源与手段	微信　　雨课堂 在微信教学群中发布课前预习任务,在"雨课堂"发布任务,学生完成作业并参与讨论.课中教师使用"雨课堂"教学软件辅助教学,用教学软件为学生讲解概念提炼、总结的过程,学生用手机答题参与教学活动	

📁 教学设计

<table>
<tr>
<td rowspan="2">流程
设计</td>
<td colspan="6">以问题串为引领,将教学内容进行结构化处理,采用"线上＋线下"混合式教学模式,将整个教学过程分为学、导、探、练、评、固六个教学环节.</td>
</tr>
<tr>
<td colspan="6">

学 ▶ 导 ▶ 探 ▶ 练 ▶ 评 ▶ 固

课前预习 温故知新	创设情境 导入新课	启发引导 探索新知	即学即练 及时反馈	课堂小结 多元评价	优化作业 巩固提高

</td>
</tr>
<tr>
<td>板书
设计</td>
<td colspan="2">**随机事件**
情境导入
探索新知</td>
<td colspan="2">多媒体展示区</td>
<td colspan="2">例题、练习区</td>
</tr>
</table>

📁 教学实施

教学 环节		教学内容	教师活动	学生活动	设计意图 与资源
课前准备	学	课前预习教材第 129～131 页的内容.准备好本节课需要的学具(骰子)	给学生布置教材第 129～131 的预习内容,分好学生小组,做好本节课内容的教学 PPT	预习教材第 129～131 页的内容,准备学具:骰子(每 4 人准备一颗)	通过预习引导学生进入新知的学习与探索
课中实施	导	**情境导入** 播放老师在一次上班途中在每个路口都遇到绿灯的小视频,由于一路绿灯,老师到学校所花的时间比平时少了 20 分钟,所以老师打算从明天起推迟 20 分钟从家中出发,老师提问:这样做,老师能每天都在规定时间内到达学校吗?	创设问题情境. 检查学生讨论情况. 渗透交通安全教育	观看老师推送的视频,和同学讨论并回答老师提出的问题	结合身边的数学统计方面的相关知识,引出课题,让学生体会到数学知识来源于生活,激发学生的学习兴趣
	探	**探索新知** 展示班主任老师某天为班上学生晨检的照片,老师提问:明天早上小蔡同学的体温一定会是 36.8 ℃吗? 教师抽查学生对这种现象的判断	引导学生通过对创设情境中各种现象的观察、分析,再结合预习的内容归纳出随机现象等概念	**析一析** 判断 PPT 中展示的现象是否定发生	通过对各种现象的观察、分析引出相关概念.提升数学语言的应用,提高学生应用数学知识解决实际问题的能力

续表

教学环节		教学内容	教师活动	学生活动	设计意图与资源
课中实施	探	老师接着用 PPT 列出以下现象,让学生判断其是否一定发生. (1)掷一颗骰子,出现的点数是 4; (2)掷一枚硬币,正面向上; (3)定点投篮球,第一次就投中; (4)在标准大气压下,将水加热到 100 ℃时,水沸腾; (5)在标准大气压下,100 ℃时,金属铁变为液态. 判断、讨论后引出以下概念. 随机现象:在相同的条件下,具有多种可能的结果,而事先又无法确定会出现哪种结果的现象叫做随机现象. 随机事件:随机试验的结果叫做随机事件,简称事件. 必然事件:必然发生的事件叫做必然事件,用 Ω 表示. 不可能事件:不可能发生的事件叫做不可能事件,用 $\varnothing$ 表示. 学生分小组抛掷一枚骰子,每人各抛一次,会出现哪些随机事件? 依次记录下来. 由结果引出基本事件、复合事件的概念. 基本事件:在概率计算中,每一种可能出现且不能再分的结果称为一个基本事件. (基本事件必须具有以下两个特点: 任何两个基本事件是互斥的; 除不可能事件外,任何事件都可以表示成若干个基本事件的和) 复合事件:由两个或两个以上的基本事件组成的事件 **例题辨析** 例题　假设在新冠肺炎疫情中,某工厂生产的 100 件医用防护服有 3 件次品. $A=\{$随机抽取 1 件是次品$\}$; $B=\{$随机抽取 4 件都是次品$\}$; $C=\{$随机抽取 10 件有正品$\}$. 指出其中的必然事件及不可能事件	安排学生分小组讨论. 引导学生讨论,总结、归纳出随机事件、必然事件、不可能事件的概念. 组织学生分组做实验,根据实验结果引出基本事件和复合事件的概念. 引导学生理解基本事件的基本特点. 推送例题给学生,检测学生知识的掌握程度,并结合反馈适当讲评,让学生对所学知识进一步理解	**学一学** 在教师引导下一起归纳随机现象、随机试验等概念. 理解随机事件、必然事件、不可能事件的概念. **做一做** 分小组抛掷一枚骰子,每人各抛一次,依次记录下来. **学一学** 理解基本事件和复合事件的概念. **学一学** 通过例题,进一步理解随机事件、必然事件、不可能事件概念	学生参与概念的总结提炼过程,培养数学语言的组织归纳能力. 让学生在此过程中进一步理解概念,提升数学语言的归纳能力. 现学现用,巩固所学概念,提高学生应用数学知识解决实际问题的能力. 让学生通过小组讨论的方式找到答案,提升学生团队合作的能力

续表

教学环节		教学内容	教师活动	学生活动	设计意图与资源
课中实施	练	**巩固练习** 为预防新冠肺炎,新学期班主任为班内同学发口罩,{在册学生每人领到一个口罩}是( ) A.必然事件 B.不可能事件	抽部分学生进行交流.结合疫情期间"一方有难,八方支援"的爱心故事,可在点评过程中增添一些有关爱心、责任、担当等的思想教育	**做一做** 完成课堂练习. **想一想** 今天学的知识在生活中有哪些应用	练习过程中,结合疫情期间学校的防疫物资的发放情况,让学生学到一些卫生防疫知识,切身感受到国家战胜新冠肺炎疫情的决心,充分体会到社会主义制度的优越性,同时让学生通过练习了解自己的掌握情况
	评	教师组织学生总结课堂收获,可以由多个学生来回答、补充. 1.随机事件、必然事件、不可能事件. 2.基本事件、复合事件		**比一比** 小组抢答进行总结. **评一评** 学生小组自评、互评,最后教师总评,选出本节课优胜小组	学生的自评、互评,是对课堂教学效果的再次提升
课后拓展	固	**布置作业** 1.阅读本节课教材内容. 2.完成教材第136页习题10.2的第1题. 3.实践调查:寻找生活中某一个随机试验的实例,指出其中的基本事件和复合事件			作业分为三种形式,体现作业的多样性原则.通过作业既复习巩固本节课知识,又为下一节课做准备

教学反思

1.这节课以老师上班途中一路都是绿灯比平时提前20分钟到达学校的小视频和学生每天必接受的一日三检(测体温)的照片提出问题,学生根据问题各抒己见,老师及时引导,激发了学生的学习兴趣.

2.在例题和练习中加入医用防护服、口罩等元素是为了增强学生的卫生防疫意识,同时巩固学生对必然事件、不可能事件等概念的掌握.

3.对复合事件的理解要稍难一些,需要课后再补充一些练习来巩固.

4　频率与概率

四川省丹棱职业高级中学校　刘　君

教学分析

授课时间	1 课时	选用教材	高等教育出版社《数学(基础模块)下册》(第三版)
授课对象	计算机专业学生	授课类型	概念课

教学内容	频率与概率是高等教育出版社《数学(基础模块)下册》第 10 章概率与统计初步第 2 节概率 4 个课时中第 2 课时的内容.本节课内容既是继学生学习了初中统计知识,对数据的收集、整理与描述有了一定了解后,进一步对初中内容的巩固和深化,又为下一节古典概型的学习奠定基础,因此这节课有承前启后的作用,是本节和本章比较重要的内容之一

学情分析	知识基础	从知识层面来说,学生已经学习了计数原理、随机事件,为本节课频率与概率的学习提供了知识准备,但学生基础知识欠缺,还有很大的提升空间
	认知能力	从能力层面来说,学生会熟练使用"雨课堂"等教学软件,为本节课信息化技术的使用提供了保障,但学生的数学计算能力和归纳整理能力有待提高
	学习特点	计算机专业的学生大部分思维敏捷,动手处理数据能力强,喜欢主动参与到学习中来,较排斥简单枯燥的说教方式
	专业特性	计算机专业学生具有较强计算能力和逻辑思维能力,但缺乏较强的团队合作能力

教学目标	理解事件的频率与概率的意义以及二者的区别与联系. 理解概率的简单性质. 培养数据分析和处理能力,培养团队合作的能力;结合生活实例体会数学来源于生活,并应用于生活. 通过设计的例题,增强卫生防疫能力,培养爱国情怀

教学重难点	重点	概率的定义,运用概率解决简单的实际问题
	难点	列频率分布表,绘制频率分布直方图

教学策略	教法	情境教学法——激发学生的兴趣,任务驱动法——形成学习的动机,问题探究法——体会探索的乐趣
	学法	合作探究法
	教学资源与手段	微信　雨课堂 在微信教学群中发布课前预习任务,在"雨课堂"发布任务,学生完成作业并参与讨论.课中教师使用"雨课堂"教学软件辅助教学,用教学软件为学生讲解概念提炼、总结的过程,学生用手机答题参与教学活动

教学设计

以问题串为引领,将教学内容进行结构化处理,采用"线上+线下"混合式教学模式,将整个教学过程分为学、导、探、练、评、固六个教学环节.

流程设计	学	导	探	练	评	固
	课前预习 温故知新	活动设计 情境导入	启发引导 探索新知	即学即练 及时反馈	课堂小结 多元评价	优化作业 巩固提高
板书设计	**频率与概率** 情境导入 探索新知		多媒体展示区		例题、练习区	

教学实施

教学环节		教学内容	教师活动	学生活动	设计意图与资源
课前准备	学	1. 课前预习. 2. 复习初中学习的统计知识	通过"雨课堂"推送"初中统计知识"的视频	通过"雨课堂"观看老师推送的初中统计知识的视频	通过布置预习任务和推送初中统计知识的视频引导学生进入新知识的学习与探索
课中实施	导	**情境导入** 播放学生在实习岗位上质检数据线的小视频,教师结合视频提问:请问,有没有办法计算一周内,该厂生产的产品是次品的概率? 	在学生观看视频的同时可以渗透一些有关实习实训的劳动思想教育	观看视频,思考老师的提问	结合身边的数学统计方面的相关知识,引出课题,让学生体会到数学知识来源于生活,激发学生的学习兴趣,同时使学生树立正确的劳动观念,养成良好的劳动习惯,要以积极的心态参与劳动实习,培养学生热爱劳动和热爱劳动人民的思想感情
	探	**探索新知** 抛掷一枚硬币,观察并记录抛掷的次数与硬币出现正面向上的次数. 1. 每人抛20次,记录结果; 2. 每小组将所有组员的结果汇总; 3. 全班结果汇总. 由活动引出概率、频率的概念. 概率:一般地,当试验次数充分大时,如果事件 A 发生的频率 $\frac{m}{n}$ 总稳定在某个常	安排学生分小组试验. 结合学生活动,给出频数、频率的概念	分小组按要求投掷一枚硬币,并记录、汇总结果	让学生参与概念的形成、分析过程,使他们在此过程中进一步理解概念,提升数学语言的归纳能力,从而对知识的掌握更牢固,印象更深刻

教学环节		教学内容	教师活动	学生活动	设计意图与资源
课中实施	导	数附近,那么就把这个常数叫做事件 A 发生的概率,记作 $P(A)$. 引导学生思考、讨论,得出概率的性质: (1)对于必然事件 Ω,$P(\Omega)=1$; (2)对于不可能事件 ϕ,$P(\phi)=0$; (3)$0 \leqslant P(A) \leqslant 1$. 引导学生思考、讨论,得出频率与概率的区别与联系: 区别:(1)频率与试验次数有关,概率与试验次数无关. (2)频率是经验值,概率是理论值. 联系:概率的意义通过频率来解释,且当试验次数足够大时,可将频率看作概率的近似值 例题　连续抽检了某车间一周内的产品,结果如下表所示(精确到0.001).	课前准备好一张汇总表,试验结束后由每组派一人上讲台填充表中的数据. 展示前人抛掷硬币试验的一些结果,让学生观察、比较两张表中的数据,引导学生一起归纳概率的概念和性质. 提醒学生注意频率和概率的联系和区别. 安排学生先分小组讨论,再抽查小组完成情况并及时给出相对应的点评	在教师引导下一起归纳频数、频率的概念. 每个小组派一人完成教师统计表中的数据填报.填完以后再与教师展示的第二份表进行比较分析.最后与教师一起归纳概率的概念和性质. 先分小组讨论找到解决办法,并在学案上填上讨论结果	让学生参与性质的总结、分析过程,使他们在此过程中进一步理解性质,提升数学语言的归纳能力,从而对知识的掌握更牢固,印象更深刻.现学现用,巩固所学概念,便于教师及时评价学生的学习效果. 结合小视频给出例题,解决观看视频后提出的问题.让学生学会用数学知识解决身边的实际问题,提高学生应用数学知识解决实际问题的能力,同时培养学生积极参加劳动实习、热爱劳动的精神

例题表格：

星期	星期一	星期二	星期三	星期四	星期五	星期六	星期日
生产产品总数 (n)	60	150	600	900	1200	1800	2400
次品数 (m)	7	19	52	100	109	169	248
频率 $\left(\dfrac{m}{n}\right)$	0.117	0.127	0.087	0.111		0.094	0.103

求:(1)星期五该厂生产的产品是次品的概率为多少;
(2)本周内,该厂生产的产品是次品的概率为多少

教学环节		教学内容	教师活动	学生活动	设计意图与资源
	练	**巩固练习** 教师在"雨课堂"中推送题目. 教师根据作答情况讲评	在"雨课堂"中推送题目让学生思考、求解. 抽部分学生进行交流. 根据作答情况讲评. 根据学生的作答情况补充现实生活中的例子	**做一做** 完成课堂练习. **想一想** 思考今天学的知识在生活中有哪些应用	让学生了解自己的学习效果,同时让学生了解为了疫情防控,全国人民都在尽一己之力,我们也不能拖后腿

教学环节		教学内容	教师活动	学生活动	设计意图与资源
课中实施	评	教师组织,学生总结课堂收获,可以由多个学生来回答、补充. 1.概率的概念; 2.概率的性质; 3.频率与概率的联系和区别		总结课堂收获,可以由多个学生来回答、补充	学生的自评、互评是对课堂教学效果的再次提升
课后拓展	固	**布置作业** 1.阅读本节课教材内容. 2.完成教材第136页习题10.2的第3,4题. 3.寻找调查生活中概率的实例,运用本节课知识解释			作业分为三种形式,体现作业的多样性原则.通过作业既复习巩固本节课知识,又为下一节课做准备

教学反思

1.学生对频数、频率的概念理解基本没问题,通过几个练习发现其对频率的计算也掌握得较熟练.

2.在抛硬币的活动中,一开始抛20次出现了14次正面向上,学生就认为出现正面向上的概率大于反面向上的概率,在经过层层数据汇总后,看到数据逐渐接近于0.5,才深刻地体会到概率定义中的"试验次数 n 充分大"的意义.

3.对频率与概率的区别和联系掌握得不是很好,以后教学中要注意强化.

5　古典概型(一)

四川省仁寿县第二高级职业中学　张　凯

教学分析

授课时间	1 课时	选用教材	高等教育出版社《数学(基础模块)下册》(第三版)
授课对象	建筑工程与施工专业 2019 级 1 班学生	授课类型	概念课
教学内容	古典概型(一)是高等教育出版社《数学(基础模块)下册》第 10 章概率与统计初步第 2 节概率 4 个课时中第 3 课时的内容.本节课内容在学生学习了初中概率知识的基础上,进一步提升学生对生活实例中数据的收集、整理与描述能力		
学情分析	知识基础	从知识层面来说,学生已学习计数原理、随机事件、频率与概率,为本节课古典概型的学习提供了知识准备,但学生基础较差,学生对数据的收集、整理与描述能力还有较大的提升空间	
	认知能力	从能力层面来说,学生会熟练使用"雨课堂"等教学软件,为本节课信息化技术的使用提供了保障,但学生的数学归纳整理能力有待进一步提高	
	学习特点	建筑专业的学生普遍动手能力强,喜欢主动参与活动,不喜欢简单枯燥的说教方式	
	专业特性	建筑专业学生绘图能力强、逻辑思维能力强,但由于人际交往沟通能力不强等原因,团队合作意识还比较欠缺	
教学目标	理解古典概型,初步掌握古典概型的概率计算方法. 初步掌握数据分析的基本方法和策略,提升处理随机现象和数据的基本能力. 结合生活实例体会数学来源于生活,并应用于生活. 将抗疫精神与专业学习有机融合起来,继承和弘扬奉献精神		
教学重难点	重点	运用公式计算古典概型中事件发生的概率	
	难点	古典概型中概率的计算	
教学策略	教法	情境教学法——激发学生的兴趣,任务驱动法——形成学习的动机,问题探究法——体会探索的乐趣	
	学法	合作探究法	
	教学资源与手段	微信　雨课堂 在微信教学群中发布课前预习任务,在"雨课堂"发布任务,学生完成作业并参与讨论.课中教师使用"雨课堂"教学软件辅助教学,学生用手机答题参与教学活动	

📁 教学设计

流程设计	以问题串为引领,将教学内容进行结构化处理,采用"线上＋线下"混合式教学模式,将整个教学过程分为学、导、探、练、评、固六个教学环节.
	学 》 导 》 探 》 练 》 评 》 固
	课前预习　温故知新　｜　活动设计　情境导入　｜　启发引导　探索新知　｜　即学即练　及时反馈　｜　课堂小结　多元评价　｜　优化作业　巩固提高

板书设计	**古典概型(一)**		
	情境导入　探索新知	多媒体展示区	例题、练习区

📁 教学实施

教学环节		教学内容	教师活动	学生活动	设计意图与资源
课前准备	学	1.课前预习. 2.复习初中学习的统计知识. 3.准备硬币、骰子、纸片.	通过"雨课堂"推送初中概率知识的相关视频	用手机观看	教师借助"雨课堂"推送初中概率知识的相关视频,帮助学生回顾初中知识;抛掷硬币和骰子以及抽纸片可激发学生学习兴趣
课中实施	导	**情境导入** 分小组试验1:抛掷一枚硬币; 分小组试验2:每两人一组抛掷一颗质地均匀的正方体骰子,一人抛,另一人记录结果; 分小组试验3:将课前准备好的10张大小一致的纸片分别写上数字0到9,各小组每人抽一次,记录下结果	结合小组试验,创设问题情境	分组试验,尝试解决	学生通过分小组合作试验,从中体会数学知识来源于生活,激发学习兴趣
	探	**探索新知** 问题1　用模拟试验的方法来求某一随机事件发生的概率好不好？为什么？ 问题2　上述三个试验的所有可能的结果分别是什么？每个结果之间都有什么关系？ 教师引导学生分析三次试验记录的结果,找出三个试验都有的共同特点:基本事件只有有限个,并且各个基本事件发生的可能性相同,由此归纳出古典概型的概念. 古典概型:如果一个随机试验的基本事件只有有限个,并且各个基本事件发生的可能性相同,那么称这个随机试验属于古典概型	师生共同得出结论,要求学生针对教师强调的两点做好笔记. 针对学生分析答案对错的理由,进行点评	**析一析** 分析试验记录,发现生活中的古典概型. **学一学** 理解古典概型的概念	在学生活动中引出相关概念,让学生参与知识提炼、总结的过程,使他们在此过程中进一步理解概念,提升数学语言的归纳能力,从而对概念的掌握更牢固,印象更深刻

教学环节		教学内容	教师活动	学生活动	设计意图与资源
课中实施	探	教师一定要强调:1.有限个;2.可能性相同. 结合古典概型的概念,教师在"雨课堂"中推送练习题目,学生完成"雨课堂"中的练习. 单选题 1分 在一个平面上任意取一点,这个试验属于古典概型吗? Ⓐ 是 Ⓑ 不是 教师引导学生分析得出古典概型概率的计算方法: 关键是明确古典概型概率计算公式 $P(A)=\dfrac{m}{n}$ 中的基本事件总数 n 和事件 A 包含的基本事件数 m. **例题辨析** 结合古典概型概率的计算公式,教师先带领学生共同完成例题. 例1　为抗击新冠肺炎疫情,尽我校学生的一点力量,学校将在 30 名学生会成员中随机抽调 10 名学生,于本周六参与维护校园周边卫生环境的工作.求事件 $A=\{$抽到学生会成员小王$\}$ 的概率. 例2　抛掷一颗骰子,求出现的点数是 5 的概率. 针对各小组的讨论结果,教师进行点评	与学生一同总结公式,注意强调公式中 m 和 n 取值的确定方法. 引导学生确定 m 和 n 的值,并运用公式计算出事件 A 的概率	**学一学** 理解"有限个"; 理解"可能性相同". **记一记** 古典概型概率的计算方法. **学一学** 学习求古典概型概率的方法. **做一做** 学生分小组讨论,并在学案上完成	现学现用,巩固古典概型概念(要特别强调"有限个"的条件),提高学生应用数学知识解决实际问题的能力.让学生通过练习了解自己的学习效果. 让学生参与公式分析过程,这是学生使用公式解决实际问题的关键. 例1选用疫情期间学校学生参与维护卫生环境的活动为题,既让学生学会运用数学知识解决实际问题,又能在此过程中增强学生的卫生防疫意识,学会科学防疫
	练	**巩固练习** 结合古典概型概率的计算公式,教师在"雨课堂"中推送练习题目. 单选题 1分 抛掷一颗正方体骰子,求出现的点数是4的概率. Ⓐ 1/2 Ⓑ 1/3 Ⓒ 1/4 Ⓓ 1/6 提交	引导学生完成"雨课堂"中的练习,再针对学生分析答案对错的理由进行点评	**做一做** 完成课堂练习. **议一议** 组内讨论如何求古典概型概率	现学现用,巩固所学概念,提高学生应用数学知识解决实际问题的能力.让学生通过练习了解自己的学习效果.便于教师及时掌握学生的学习效果
	评	教师组织学生总结课堂收获,可以出多个学生来回答、补充. 1.本次课学了哪些内容? 重点和难点各是什么? 2.通过本次课的学习,你会解决哪些新问题了? 3.在学习方法上有哪些体会? 教师再次强调古典概型的两个特点:"有限个"与"等可能性"		**比一比** 小组抢答进行总结. **评一评** 学生小组自评、互评,最后总评,选出本节课优胜小组	学生的自评、互评是对课堂教学效果的再次提升

教学环节		教学内容	教师活动	学生活动	设计意图与资源
课后拓展	固	**作业布置** 1.阅读本节课教材内容. 2.书面作业:教材第135页练习10.2.3的第1,2,3题. 3.寻找生活中古典概型的实例,运用本节课知识解释			作业分为三种形式,体现作业的多样性原则.通过作业既复习巩固本节课知识,又为下一节课做准备

📁 教学反思

　　1.在针对古典概型概念的练习中,发现学生对古典概型的两个特点"有限个"与"等可能性"的理解不到位,需要继续强化.

　　2.概率计算公式的学习中,一定要让学生明确 n 是基本事件总数, m 是事件 A 包含的基本事件数,在实际应用时一定要找准确 m,n 的值.

6　古典概型(二)

四川省仁寿县第二高级职业中学　张　凯

教学分析

授课时间	1 课时	选用教材	高等教育出版社《数学(基础模块)下册》(第三版)
授课对象	建筑工程与施工专业 2019 级 1 班学生	授课类型	概念课
教学内容	古典概型(二)是高等教育出版社《数学(基础模块)下册》第 10 章概率与统计初步第 2 节概率 4 个课时中第 4 课时内容.本节课内容是继学生学习了上节课的内容后,对其进行的巩固和深化,可以为下一节总体、样本与抽样方法的学习奠定基础,因此这节课有承前启后的作用,是本章和本节比较重要的内容之一		
学情分析	知识基础	从知识层面来说,学生已经学习运用公式计算古典概型中事件发生的概率,为本节课互斥事件的概率加法公式的学习提供了知识准备	
	认知能力	从能力层面来说,学生会熟练使用"雨课堂"等教学软件,为本节课信息化技术的使用提供了保障,但学生运用数学知识解决问题的能力有待进一步提高	
	学习特点	建筑工程与施工专业的学生普遍动手能力强,喜欢主动参与活动,不喜欢简单枯燥的说教方式	
	专业特性	建筑工程与施工专业学生绘图能力强、逻辑思维能力强,但由于人际交往沟通能力不强等原因,团队合作意识还比较欠缺	
教学目标	理解古典概型概率计算公式及互斥事件概率的加法公式. 培养运用数学知识进行分析和归纳的能力. 培养团队合作意识. 将育人与育才结合,弘扬大国工匠精神,培养勇于担当民族复兴大任的时代新人		
教学重难点	重点	互斥事件概率的加法公式	
	难点	概率的计算(明确古典概型概率计算公式中的基本事件总数 n 和事件 A 包含的基本事件数 m 是突破难点的关键)	
教学策略	教法	情境教学法——激发学生的兴趣,任务驱动法——形成学习的动机,问题探究法——体会探索的乐趣	
	学法	合作探究法	
	教学资源与手段	 微信　　雨课堂 在微信教学群中发布课前预习任务,在"雨课堂"发布任务,学生完成作业并参与讨论. 课中教师使用"雨课堂"教学软件辅助教学,用教学软件为学生讲解概念提炼、总结的过程,学生用手机答题参与教学活动	

📁 **教学设计**

	以问题串为引领,将教学内容进行结构化处理,采用"线上+线下"混合式教学模式,将整个教学过程分为学、导、探、练、评、固六个教学环节.
流程设计	学 ▶ 导 ▶ 探 ▶ 练 ▶ 评 ▶ 固 课前预习 温故知新 ┊ 活动设计 情境导入 ┊ 启发引导 探索新知 ┊ 即学即练 及时反馈 ┊ 课堂小结 多元评价 ┊ 优化作业 巩固提高
板书设计	**古典概型(二)** 情境导入 探索新知 ┊ 多媒体展示区 ┊ 例题、练习区

📁 **教学实施**

教学环节		教学内容	教师活动	学生活动	设计意图与资源
课前准备	学	1. 课前预习旧知. 2. 准备多种颜色大小形状完全相同的桌球、骰子	通过"雨课堂"推送旧知识	复习旧知	通过复习旧知引导学生进入新知的学习与探索
课中实施	导	**情境导入** 教师引导学生分小组做试验: 掷骰子; 从装有多种颜色大小形状完全相同的球的袋中,任取两个球	结合小组试验,创设问题情境	分组试验,熟悉问题情境	学生通过分小组合作试验,从中体会到数学知识来源于生活,激发学习兴趣
	探	**探索新知** 教师提出问题: 抛掷一颗骰子,观察掷出的点数,设 $A=\{$点数为 $3\}$,$B=\{$点数为 $2\}$,事件 A 和事件 B 能同时发生吗? 教师抽查各小组讨论结果,引出概念. 互斥(或互不相容)事件:不可能同时发生的两个事件叫做互斥(或互不相容)事件. 和事件:事件 C 发生,就意味着事件 A 与事件 B 中至少有一个发生,这时把事件 C 叫做事件 A 与事件 B 的和事件,记作 $C=A\cup B$. 教师通过和学生一起分析事件 $A=\{$点数为 $3\}$,$B=\{$点数为 $2\}$,$C=\{$点数为 2 或 $3\}$ 发生的概率间的关系,引导学生归纳概率加法公式. 概率加法公式:一般地,对于互斥事件 A 和 B,有 $P(A\cup B)=P(A)+P(B)$. 该公式叫做互斥事件的概率加法公式(公式证明略). 教师要强调: 1. 概率加法公式只适用于互斥事件; 2. 概率加法公式可以推广到多个两两互斥事件	引导学生归纳互斥事件与和事件的概念	**析一析** 分小组讨论,分析试验记录,发现生活中的互斥(或互不相容)事件及和事件	让学生参与概念的形成、分析过程,使他们在此过程中进一步理解概念,提升数学语言的归纳能力,从而对知识的掌握更牢固,印象更深刻

教学环节		教学内容	教师活动	学生活动	设计意图与资源
课中实施	探	针对概率的加法公式,教师在"雨课堂"中推送练习题目,学生完成"雨课堂"中的练习. 教师针对学生答题情况进行点评. **例题辨析** 教师在教学PPT中展示例1. 例1　抛掷一颗骰子,观察掷出的点数.求 $C=\{$点数为奇数或2$\}$ 的概率. 针对各小组的讨论结果,教师点评并在PPT上演示解题过程. 解:设 $A=\{$点数为奇数$\}$,$B=\{$点数为2$\}$,则事件 A 与事件 B 为互斥事件,并且 $P(A)=\dfrac{3}{6}=\dfrac{1}{2}$,$P(B)=\dfrac{1}{6}$. 所以 $P(C)=P(A\cup B)=P(A)+P(B)=\dfrac{1}{2}+\dfrac{1}{6}$ $=\dfrac{2}{3}$. 教师在教学PPT中展示例2. 例2　袋中有6个红球、3个黄球、4个黑球、5个绿球,现从袋中任取一个球.求取得的球不是绿球的概率. 让学生独立思考或分小组讨论完成,教师最后在PPT上展示解题过程. 解:设 $A=\{$取得红球$\}$,$B=\{$取得黄球$\}$,$C=\{$取得黑球$\}$,$M=\{$取得红球或黄球或黑球$\}$.则事件 A,B,C 两两互斥,且 $M=A\cup B\cup C$. 故 $P(A)=\dfrac{6}{18}=\dfrac{1}{3}$,$P(B)=\dfrac{3}{18}=\dfrac{1}{6}$, $P(C)=\dfrac{4}{18}=\dfrac{2}{9}$,$P(M)=P(A)+P(B)=P(C)=$ $\dfrac{1}{3}+\dfrac{1}{6}+\dfrac{2}{9}=\dfrac{13}{18}$	引导学生分析事件 A,B,C 发生的概率间的关系,并试着归纳概率加法公式. 结合概率的加法公式,引导学生分小组讨论例1,并在学案上完成. 引导学生独立思考或分小组讨论完成例2	**学一学** 理解概率加法公式. **学一学** 理解"概率加法公式只适用于互斥事件";理解"公式可以推广到多个两两互斥事件". **记一记** 识记概率加法公式. **学一学** 学习求和事件概率的方法	让学生参与公式的形成、分析过程,使他们在此过程中进一步理解公式,提升数学语言的归纳能力,从而对知识的掌握更牢固,印象更深刻. 现学现用,巩固所学概念及公式,提高学生应用数学知识解决实际问题的能力.学生通过练习了解自己的学习效果.便于教师及时评价学生的学习效果. 现学现用,巩固所学公式,提高学生应用数学知识解决实际问题的能力. 让学生通过小组讨论的方式找到答案,提升学生的团队合作能力
	练	**巩固练习** 1.冰箱里放了形状相同的3罐可乐、2罐橙汁和4罐冰茶,小明从中任意取出1罐饮用.设事件 $C=\{$取出可乐或橙汁$\}$,试用概率的加法公式计算 $P(C)$. 2.在10张奖券中,有1张一等奖,2张二等奖,从中抽取1张,求中奖的概率	引导学生思考、求解,抽部分学生进行交流	**做一做** 完成课堂巩固练习. **议一议** 组内讨论:如何求和事件的概率	及时了解学生对知识的掌握情况,并查漏补缺. 检查学生学习的效果

教学环节		教学内容	教师活动	学生活动	设计意图与资源
课中实施	评	教师组织学生总结课堂收获,可以由多个学生来回答、补充. 1.本节课学了哪些内容?重点和难点各是什么? 2.在学习方法上有哪些体会? 教师再次强调本节课重要结论:对于互斥事件 A 和 B,有 $P(A \cup B) = P(A) + P(B)$		**比一比** 小组抢答进行总结. **评一评** 学生小组自评、互评,选出本节课优胜小组	通过学生自评、互评,课堂教学效果再次提升
课后拓展	固	**作业布置** 1.阅读本节课教材内容. 2.书面作业:教材第136页习题10.2　A组第5,6,7,8题(必做),B组第2题(选做). 3.寻找生活中古典概型的实例,运用最近两节课知识解释			作业分为两种形式,体现作业的多样性原则. 通过作业既复习巩固本节课知识,又为后续课程打下基础

教学反思

1.学生对古典概型的两个特点"有限个"与"等可能性"的理解明显比上节课到位.
2.上节课布置的调查实践作业大多数学生没有完成,本节课继续布置这个作业,希望完成的同学变多.
3.明确古典概型概率计算公式中的基本事件总数 n 和事件 A 包含的基本事件数 m 是突破难点的关键.
4.教学过程中要多运用"雨课堂"等软件提升课堂效率,激发学生兴趣.
5.数学知识相对其他学科来说较枯燥,所以教学设计中可多加入些生活实例.

7　总体与样本

四川省青神中等职业学校　徐亚群

教学分析

授课时间	1 课时	选用教材	高等教育出版社《数学（基础模块）下册》（第三版）
授课对象	铁道运输管理专业（乘务方向）学生	授课类型	概念课
教学内容	总体与样本是高等教育出版社《数学（基础模块）下册》第 10 章第 3 节第 1 课时的内容.本节课内容是在学生学习了计数原理和概率后,能对数据做一些简单处理的基础上进行的,学习总体、个体、样本、样本容量等概念是为后面研究抽样方法和用样本估计总体奠定基础		

学情分析	知识基础	学生在初中已经学习了普查和抽样调查等概念,为本节课总体与样本的学习提供了知识准备,这一节课的教学内容比较简单,学生学习起来应该较轻松
	认知能力	学生会在"雨课堂"、微信教学群中学习和讨论;本节课主要是学习概念,对学生来说几乎没有难度,但学生的数学语言的归纳能力有待提高
	学习特点	铁道运输管理专业的学生思维敏捷,善于分析问题,动手能力强,喜欢参与活动,但不善于开动脑筋,需要老师适当地引导
	专业特性	铁道运输管理专业的有些工作,比如铁路运输成本预估、铁路客运乘务排班等问题都会涉及调查的知识,所以这一节课的内容应该是学生开展工作应该必须掌握的基本知识

教学目标	理解总体、个体、样本、样本容量等概念. 会在实际的统计问题中,认识总体、个体、样本、样本容量等. 结合调查实例理解总体、个体、样本、样本容量等概念,培养数学抽象和数据分析的核心素养. 通过小组合作培养团队合作的能力;结合实习、疫情等实例培养热爱劳动、热爱祖国的情怀

教学重难点	重点	理解总体、个体、样本、样本容量的概念
	难点	在调查实例中,用准确的语言描述总体、个体、样本

教学策略	教法	情境教学法、任务驱动法、问题探究法
	学法	采用小组合作探究法,营造一个轻松快乐的课堂,使学生从玩中学,从议中学,从动中学,从练中学,体会探索的乐趣,享受成功的喜悦
	教学资源与手段	微信　　雨课堂 在微信教学群中发布课前预习任务,在"雨课堂"发布任务,学生完成作业并参与讨论.课中教师使用"雨课堂"教学软件辅助教学,用教学软件为学生讲解概念提炼、总结的过程,学生用手机答题参与教学活动

📁 教学设计

<table>
<tr>
<td rowspan="2">流程设计</td>
<td colspan="6">以问题串为引领,将教学内容进行结构化处理,采用"线上＋线下"混合式教学模式,将整个教学过程分为学、导、探、练、评、固六个教学环节.</td>
</tr>
<tr>
<td colspan="6">

学 ▷ 导 ▷ 探 ▷ 练 ▷ 评 ▷ 固

课前预习 温故知新	活动设计 情境导入	启发引导 探索新知	即学即练 及时反馈	课堂小结 多元评价	优化作业 巩固提高

</td>
</tr>
<tr>
<td>板书设计</td>
<td colspan="2">**总体与样本**
总体:所研究对象的全体
个体:组成总体的每个对象
样本:被抽取出来的个体的集合
样本容量:样本所含个体的数目</td>
<td colspan="2">多媒体展示区</td>
<td colspan="2">例题、练习区</td>
</tr>
</table>

📁 教学实施

教学环节		教学内容	教师活动	学生活动	设计意图与资源
课前准备	学	课前布置复习任务: 什么是全面调查、抽样调查? 你在初中学过哪些调查? 在疫情期间你接受过调查或者参与过调查吗	在微信教学群中推送复习任务	复习初中所学的全面调查、抽样调查	让学生通过复习熟悉调查的两种方法:全面调查和抽样调查,为这一章的后续学习做准备
课中实施	导	1.展示复习环节的PPT,检查学生复习效果. 知识回顾 引出课题 调查方法 ● 什么是全面调查? 考察全体对象的调查叫做全面调查 ● 什么是抽样调查? 只抽取一部分对象的调查叫做抽样调查 2.播放新冠疫情防控期间志愿者奔赴战疫一线上门为辖区内所有人员作调查的短视频.	检查学生复习效果. 结合视频引导学生从志愿者身上学习责任与担当,坚信我们国家在任何困难面前都坚不可摧	**辨一辨** 1.回答教师提问. 2.观看视频,思考:志愿者挨家挨户的调查属于哪一种调查	结合疫情期间志愿者的调查让学生切身感受到国家战胜新冠疫情的决心,充分体会到社会主义制度的优越性.让学生体会到数学知识来源于生活,激发学生的学习兴趣,同时增强学生的爱国情怀
	探	1.通过对视频中调查的分析,引导学生得出以下概念. (1)总体:在统计中,所研究对象的全体叫做总体; (2)个体:组成总体的每个对象叫做个体	指导学生在书上做笔记	**学一学** 在教师引导下一起总结、提炼概念	让学生在此过程中进一步理解概念,提升数学语言的归纳能力

续表

教学环节		教学内容	教师活动	学生活动	设计意图与资源
课中实施	练	练习1　学生分小组讨论找出视频中志愿者调查的总体、个体. 总体:辖区内所有人员的信息情况; 个体:辖区内每位人员的信息情况. 练习2　"我们一起做运动",学生按照老师口令起立、坐下,并思考这些口令针对的是总体还是个体,再结合"对我们全班同学上期期末语文成绩的调查",指出其中的总体和个体. 练习3　展示我校高乘专业2017级和2018级同学在实习岗位上做安检工作的照片,提出相应问题(如下图). 解:总体是所有乘坐地铁的旅客及其随身携带物品情况;个体是每一位乘坐地铁的旅客及其随身携带物品情况. 练习4　运用"雨课堂"软件推送练习题给学生	安排学生分小组讨论找出其中的总体、个体. 发出口令并提出问题,再结合"对我们全班同学上期期末语文成绩的调查"提出问题. 提出问题. 检测学生知识的掌握程度,适当讲评	议一议 分小组讨论找出其中的总体、个体. 做一做 按照老师的口令起立、坐下,并思考问题. 先思考,然后分小组讨论,在学案上作答. 做一做 在"雨课堂"中作答	现学现用,提高学生应用数学知识解决实际应用的能力. 通过小运动切身体会总体与个体的关系. 结合本专业学生实习工作的例题,让学生体会数学知识来源于生活,应用于生活,同时引导学生积极参加劳动实习,热爱劳动. 让学生通过练习了解自己的学习效果
	探	2.通过分析各种调查的适用性引出样本、样本容量的概念. (1)样本:被抽取出来的个体的集合叫做总体的样本; (2)样本容量:样本所含个体的数目叫做样本容量	带领学生通过分析各种调查的适用性引出概念	学一学 在老师的引导下理解样本和样本容量的含义	让学生在此过程中进一步理解概念,提升数学语言的归纳能力
	练	练习5　疫情期间,爱心人士准备送给武汉医护人员一批质量上乘的苹果,为了达到质量要求从中任意选取了10个苹果,编上号并称出质量,得到相应的数据,指出其中的样本及样本容量. 练习6　学校要对全校学生的生活费使用情况进行调查,随机抽取了200名学生进行调查,请指出其中的总体、个体、样本与样本容量	结合疫情期间爱心苹果的质量检测问题,引导学生指出其中的样本及样本容量. 引导学生完成.在过程中可指导学生合理安排生活费	做一做 观察题目,独立对信息进行分析整理,找出其中的样本与样本容量. 先分小组讨论,然后在学案上作答	结合疫情期间爱心人士的行为培养学生要有爱心、有责任、有担当、有为人民服务的意识,要能在国家需要时做出自己力所能及的贡献. 结合学生生活费使用情况调查的实例,灌输父母挣钱的艰辛,引导学生勤俭节约,合理消费,让学生体会数学知识来源于生活,应用于生活

教学环节		教学内容	教师活动	学生活动	设计意图与资源
课中实施	练	练习7 (1)通过"雨课堂"推送练习:学校每月的评教调查都会在全校学生中随机抽取150位学生参加,以此调查学生对教师教学的满意程度,请问,调查的样本是什么? (2)教材练习10.3.1	通过"雨课堂"推送练习,并结合学生完成情况适当讲评	完成教师在"雨课堂"中推送的练习和教材练习	让学生体会我们身边处处有数学,并会运用相关数学知识解决实际问题,使学生通过练习了解自己的学习效果
	评	总结课堂收获,可以由多个学生来回答、补充	组织,引导,总体评价	评一评 小组内反思、总结	通过总结、评价激励学生全面发展,促进学生成长
课后拓展	固	1.书面作业:教材第141页习题10.3　A组第1题. 2.实践调查:搜集用样本进行调查的生活实例	批改,针对作业完成情况评价	完成书面作业和实践调查作业	巩固知识,培养创新思维

教学反思

1.本节课重点放在介绍总体、个体、样本和样本容量的概念上,通过疫情期间志愿者的调查小视频复习全面调查,引入新概念:总体和个体,为巩固对概念的理解和运用,安排了一个小运动和学生在实习工作中的实例,在此过程中,学生对两个概念的掌握基本达标,但存在个别学生会对总体、个体的表述不完善,比如出现了:总体是"辖区内的所有人员",总体是"乘坐地铁的所有乘客"等不够准确的说法,已在教学过程中及时纠正.

2.在前面总体和个体的概念掌握好以后,后面的两个概念:样本和样本容量,学生理解起来就更容易一些,结合爱心人士为武汉医护人员送苹果前对苹果质量的调查和学校每月评教时抽调部分学生参与的生活实例,使学生对知识的掌握更牢固,印象更深刻.

3.整个教学过程中穿插疫情期间的调查视频和与疫情相关的统计问题主要目的是要让学生切身感受到国家战胜新冠疫情的决心和全国人民为此付出的努力,使学生充分体会到社会主义制度的优越性.

8　简单随机抽样与系统抽样

眉山东坡中等职业技术学校　何娅梅

教学分析

授课时间	1 课时	选用教材	高等教育出版社《数学（基础模块）下册》（第三版）
授课对象	机电专业 2019 级 3 班学生	授课类型	概念课
教学内容	\multicolumn{3}{l}{简单随机抽样与系统抽样是高等教育出版社《数学（基础模块）下册》第 10 章概率与统计初步第 3 节总体、样本与抽样方法第 2 课时的内容.本节课的内容有简单随机抽样概念,系统抽样概念;简单随机抽样两种方法和具体实施步骤,系统抽样的步骤;两种方法各自的优缺点;根据具体情况,适当选择相应的抽样方法,以提高估计总体特性的准确程度}		

学情分析	知识基础	学生已经学习了总体与样本,为本节课简单随机抽样和系统抽样做了一些知识准备
	认知能力	通过对总体与样本的学习,对总体与样本有了一定的了解;对总体的认识往往要通过对样本的分析来实现,而获取样本的手段需要合理的抽样方法.现有的学习能力与认知水平可以较好地理解本节课的内容
	学习特点	机电专业的学生动手能力较强,学习兴趣较好,参与性强,能联系生活实际,应注重生活应用性与兴趣引导
	专业特性	具有一定的产品设计和设备安装调试维护能力,也具有知识更新和终身学习的能力,同时具有良好的职业素养和职业品质

教学目标	了解简单随机抽样与系统抽样的概念、特点、步骤;掌握简单随机抽样的两种方法:抽签法和随机数法;区别简单随机抽样与系统抽样各自适用的情况. 能用抽样方法在总体中抽取样本,并能解决实际问题,加强观察问题,分析问题和解决问题能力的培养. 培养收集信息、处理信息、加工信息的实际能力;培养对生活中接触的数据信息筛选、过滤的能力. 根据生活实例体会数学来源于生活并应用于生活,数学是自然的,数学是有用的

教学重难点	重点	简单随机抽样、系统抽样的概念
	难点	理解简单随机抽样、系统抽样两种抽样方法

教学策略	教法	讲授法、分析比较法、案例教学法、启发引导与讲练结合法
	学法	探究学习、分析比较、学练结合
	教学资源与手段	在微信教学群中发布课前阅读材料,提前预热. 用教学软件为学生讲解概念提炼、总结的过程

教学设计

流程设计	以问题串为引领,将教学内容进行结构化处理,采用"线上＋线下"混合式教学模式,将整个教学过程分为学、导、探、练、评、固六个教学环节.

学	导	探	练	评	固
课前阅读 初步了解	活动设计 情境导入	启发引导 探索新知	即学即练 及时反馈	课堂小结 小组评价	分层作业 巩固提高

板书设计	**简单随机抽样与系统抽样** 情境导入 探索新知	多媒体展示区	例题、练习区

教学实施

教学环节		教学内容	教师活动	学生活动	设计意图与资源
课前准备	学	阅读材料1与"阅读与思考——一个著名的案例".	推送两则阅读材料	认真阅读	认识抽样的重要性:错误的抽样方法产生与实际不一致的结果.激发学习本课的热情
课中实施	导	**情境导入** 假设你作为一名食品工作人员,要对某食品店内的一批小包装饼干进行卫生达标检查,你准备怎么做	创设问题情境	**试一试** 分组活动,尝试给出解决方案	设计实际应用问题,学生的代入感会比较强
课中实施	探	**探索新知** 考虑保证样本代表性的前提下,还应当努力使抽样的过程简单易行,最后得到这样的抽样方法: 将这批饼干放入一个不透明的袋子中,搅拌均匀,然后不放回地抽取(保证每一袋饼干被抽到的可能性相等),这样我们就可以得到一个简单的随机样本,这个方法就叫做简单随机抽样. 一般地,设一个总体含有 N 个个体,从中逐个不放回地抽取 n 个个体作为样本($n \leqslant N$),如果每次抽取时总体内各个个体被抽到的机会都相等,就把这种抽样方法叫做简单随机抽样. 最常用的简单随机抽样方法有两种——抽签法和随机数法. (1)抽签法 例如,我们班有45名同学,要从中抽取8名同学去参加一个座谈会,每名同学的机会相等.我们可以把45名同学的学号写在小纸片上,揉成小球,放到一个不透明的袋子中,充分搅拌后,再从中抽取8个号签,从而抽出8名参加座谈会的同学. 抽签法定义:一般地,把总体中的 N 个个体编号,把号码写在号签上,把号签放在一个容器中,搅拌均匀后,每次从中抽取一个号签,连续抽取 n 次,就得到一个容量为 n 的样本. 抽签法的步骤:①编号制签;②搅拌均匀;③逐个不放回地抽取. 归纳抽签法的特点:简单易行,总体数量不多时,总体"搅拌均匀"是比较容易的,每个个体被抽到的可能性相同,能够保证样本的代表性.但是样本容量过大时,"搅拌均匀"变得困难,抽出的样本代表性差的可能性很大. (2)随机数法 产生随机数的方式:利用计算器(计算机)或随机数表	分析情况:(1)店内饼干数量不大;(2)不可能每包都打开. 指出关键词:(1)不放回;(2)个体被抽到的机会相等. 给出简单的生活实例. 抽象出数学概念. 引导学生分析	**想一想** 思考如何解决. **写一写** 在教材中找到定义,进行标注并记忆. 体会生活中的实例. **记一记** 在教材中进行标注并记忆. **学一学** 生活中用到的抽签法以及它的特点. **试一试** 尝试归纳、整理步骤	保证搅拌均匀,且每袋饼干被抽到的可能性相等. 在学生活动中引出相关概念,让学生参与知识的提炼过程,理解并掌握定义. 体会数学来源于生活. 提炼抽签法的定义并掌握. 掌握抽签法的优点:简单易行,同时指出该方法的局限性,为下面学习随机数法做铺垫

教学 环节		教学内容	教师活动	学生活动	设计意图 与资源
课中实施	探	采用随机数法抽样的步骤: 编号:将总体中的 N 个个体编号; 选号:指定随机号的范围,利用计算器产生 n 个随机号,得到一个容量为 n 的样本. 简单随机抽样两种方法小结: 抽样方法｜适用条件｜步骤 抽签法 随机数法 系统抽样 问题　某学校为了了解高二学生对教师教学的意见,打算从高二年级 500 名学生中抽取 50 名进行调查.你能否设计合理的抽取样本的方法? 分析:使用简单随机抽样的话,抽到的学生会集中在某些班级,而另一些班级则可能没有抽到学生,也就是"搅拌不充分",样本的代表性降低. 我们可以这样抽样:首先将这 500 名学生从 1 开始编号,然后按号码顺序以一定的间隔进行抽取.由于 $\frac{500}{50}=10$,所以抽取的两个号码之差可以为 10,即从 1～10 中随机抽取一个号,例如抽到的是 6 号,每次增加 10,得到 $6,16,26,36,\cdots,496$,这样我们得到一个容量为 50 的样本. 像上面那样,当总体所含的个体较多时,可将总体分成均衡的几个部分,然后按照预先定出的规则,从每一部分中抽取一定数目的个体,这种抽样叫做系统抽样.(关键词:个体较多,均衡分段) 系统抽样的步骤(总体容量为 N ,样本容量为 n): (1)编号:将总体的 N 个个体编号; (2)确定间隔:可以考虑用 $\frac{N}{n}$ (取整数)作间隔分段,将总体分成 n 段; (3)抽样:按照一定的规则抽取样本,如抽每段的第 k 个顺序号的个体,得到容量为 n 的样本. 两种方法比较: 抽样方法｜优点｜缺点 简单随机抽样 系统抽样 例题讲解 例 1　某班有 50 名同学,学号为 1～50,利用随机数法从中抽取 10 名去参加义务劳动,请你来完成这个抽样. 例 2　某中职学校为了了解 2020 级新生的身体发育情况,从 1000 名新生中利用系统抽样,抽取一个容量为 50 的样本,请你来完成这个抽样	给出随机数法的抽样步骤. 出示表格. 创设问题情境. 给出系统抽样定义,并指出关键词. 给出系统抽样的步骤. 给出表格. 给出题目,分析题目,提出合理解决方式	析一析 师生共同分析可用的方法. 记一记 在教材上标注,然后记忆.体会与简单随机抽样不同的特点. 试一试 尝试给出系统抽样的步骤. 填一填 小组合作,尝试填充. 学一学 学习用随机数法抽样与系统抽样解决问题	为解决问题形成清晰思路. 通过对比,系统掌握两种方法,以便在具体问题中灵活运用. 发现用已有的方法解决现有的问题存在局限性,迫使找寻更好的解决方法. 在问题中找到解决的办法,提升数学抽象的素养,概括系统抽样定义,将系统抽样步骤化,为解决问题时思路清晰条理化. 通过对比,掌握两种抽样方法的优缺点及适用情况. 用数学知识解决问题,加深对抽样过程的理解

教学环节		教学内容	教师活动	学生活动	设计意图与资源
课中实施	练	**巩固练习** 1.请分别用抽签法和随机数法,从某班的 40 人中抽出 8 个人参加学校的教学质量调查会议,写出抽取的过程. 2.利用系统抽样,从 500 人中抽出 80 人,进行身体体检,写出抽取的过程. 3.(选做)请你把抽样调查和普查做一个比较,并说一说抽样调查的好处和可能出现的问题	肯定同学们完成好的地方,并纠错、改错	**做一做** 完成练习,体会不同的抽样方法的特点,找寻生活中的抽样实例	了解学生知识掌握情况,及时查缺补漏
	评	教师组织学生总结课堂收获,可以由多个学生来回答、补充. 1.本节课学了哪些内容? 2.通过本节课的学习,你会解决哪些问题了? 3.绘制本节课内容的思维导图		**比一比** 个人抢答	通过学生的自评、互评,课堂教学效果再次提升
课后拓展	固	1.阅读本节课教材内容. 2.书面作业:教材第 141 页习题 10.3 第 2,3 题. 3.阅读材料《广告中数据的可靠性》			通过作业加深对知识的理解与掌握,引导其在生活中多思考

教学反思

　　课前在手机上推送的两个阅读材料,让学生对所学的知识有了初步了解,知道抽样存在于我们生活的方方面面,抽样的重要性以及错误的抽样会产生与现实不一样的结果,提高了本堂课的学习热情.

　　通过生活实例,创设问题情境,在探索新知环节中,同学们和老师一起学习了抽样的两种方法,并能根据情况选择不同的抽样方法,使抽样样本更有代表性,抽样得出的样本更科学,为后面用样本去分析总体打下基础.

　　课堂练习设计为巩固练习,可以及时检测,加深学生对知识的理解,了解学生掌握情况.

　　由于本节课知识难度不高,学生理解起来也相对容易,通过作业反馈的情况看,这节课起到较好的教学效果,大多数学生能正确地完成必做作业和选做作业,仅少量学生存在一点问题.

9　分层抽样

四川省洪雅职业高级中学校　张　丽

教学分析

授课时间	1 课时	选用教材	高等教育出版社《数学(基础模块)下册》(第三版)
授课对象	电子专业 2019 级学生	授课类型	概念课
教学内容	分层抽样是高等教育出版社《数学(基础模块)下册》第 10 章概率与统计初步第 3 节总体、样本与抽样方法 3 个课时中第 3 课时的内容.本节课以学习了简单随机抽样和系统抽样这两种抽样方法为基础,继续学习第三种抽样方法——分层抽样.通过本节课的学习让学生理解分层抽样的概念及抽样步骤,了解三种抽样方法的共同特点和区别,在实际问题中能根据总体的情况适当选择相应的抽样方法		
学情分析	知识基础	学生掌握了简单随机抽样和系统抽样两种抽样方法的特点和区别	
	认知能力	学生基本能区别已学的两种抽样方法,能正确地选择用哪种抽样方法,但对系统抽样的步骤还需要进一步理解,归纳分析能力有待提高	
	学习特点	电子专业学生动手和模仿能力强,学习中喜欢参与活动,发言积极,团队合作意识较好,但获取信息、学习新知识的能力有待提高	
	专业特性	电子专业学生要求能人工智能控制设备应用、安装、调试,需要较强的团队协作能力,而且需要编写和调整产品的控制程序,对逻辑思维能力要求较高	
教学目标	掌握分层抽样的特点和步骤. 通过分层抽样的学习,会根据总体特征选择分层抽样,从总体中抽取样本并处理相关实际问题. 经历针对实际问题选择抽样方法的过程,发展逻辑思维能力,关注生活中的数学,体会数学知识的广泛应用. 培养数学分析和数学运算核心素养,借助多种抽样方法的选择提升逻辑推理的核心素养		
教学重难点	重点	了解分层抽样的概念及抽样步骤	
	难点	对分层抽样的理解	
教学策略	教法	启发式教学法、情境教学法、讲练结合教学法	
	学法	探究学习法、合作学习法	
	教学资源与手段	微信　雨课堂 在微信教学群中发布课前预习任务,在"雨课堂"发布任务,学生完成作业并参与讨论. 课中教师使用"雨课堂"教学软件辅助教学,学生用手机答题参与教学活动. 用教学软件为学生讲解概念提炼、总结的过程	

教学设计

以问题串为引领,将教学内容进行结构化处理,采用"线上＋线下"混合式教学模式,将整个教学过程分为学、导、探、练、评、固六个教学环节.

流程 设计	学	导	探	练	评	固
	课前预习 温故知新	活动设计 情境导入	启发引导 探索新知	即学即练 及时反馈	课堂小结 多元评价	优化作业 巩固提高
板书 设计	**分层抽样** 概念 分层抽样步骤		多媒体展示区		例题、练习区	

教学实施

教学 环节		教学内容	教师活动	学生活动	设计意图 与资源
课前准备	学	1.对已经学习了的两种抽样方法进行具体区分. 2.针对不同的生活实例选择适当的抽样方法	在微信教学群中推送复习任务	完成教师在微信群布置的任务	让学生通过复习,回顾简单随机抽样和系统抽样,为后续学习做准备
课中实施	导	**情境导入** 活动1 放映新冠疫情防控期间的一则新闻:某地区抽调一批医务工作者支援武汉,其中90后、00后占了总人数的三分之一. 活动2 展示模拟医务工作者的年龄分布的图片,启发引导,探索新知. 分别用以上几种颜色头像模拟医务工作者的年龄,蓝色表示 25 至 35 岁,红色表示 35 至 45 岁,绿色表示 45 至 55 岁.考虑到医务工作者的年龄搭配问题,为避免抽调的人员都是年龄偏大的人员,该如何进行抽样	播放新闻. 结合生活实际,创设问题情境. 启发引导,探索新知	认真观看新闻,抓住重要信息,动脑思考,探索问题. 议一议 分组讨论,尝试解决	结合医务工作者支援武汉的实例,让学生学以致用,激发学生的学习兴趣,同时培养学生的爱国情怀. 让学生理解医务工作的辛苦,学会尊重医务工作者. 通过日常实例的分析让同学理解并归纳出分层抽样的概念

教学环节		教学内容	教师活动	学生活动	设计意图与资源
课中实施	探	**探索新知** 当总体是由有明显差异的几个部分组成时,可将总体按差异情况分成互不重叠的几个部分——层,然后按各层个体总数所占的比例来进行抽样,这种抽样叫做分层抽样.对分层抽样的每一层进行抽样时,可采用简单随机抽样或系统抽样. **例题辨析** 例 1　现要研究某省医生身高的情况,以便准备医用防护服.该省有 10 000 名医生,其中男医生 7000 名,女医生 3000 名,如何进行抽样分析医生的身高情况? 例 2　为抽调一批护士前去支援湖北,某医院组织测量 10 名护士的身高,以便了解全院护士身高情况,已知该医院有老年护士 20 人,中年护士 50 人,青年护士 30 人,请问:应该如何选取有代表性的护士进行研究较好? 解:从 100 人中抽取 10 人, 抽样比 $=\dfrac{10}{100}=\dfrac{1}{10}$, 按此比例在各层中抽取个体: 老年护士抽取 $20\times\dfrac{1}{10}=2$(人), 中年护士抽取 $50\times\dfrac{1}{10}=5$(人), 青年护士抽取 $30\times\dfrac{1}{10}=3$(人). 所以选取 2 名老年护士,5 名中年护士,3 名青年护士进行研究,这样选取较好. 分层抽样的实施步骤: 按某种特征将总体分成若干层; 计算抽样比,抽样比 $=\dfrac{样本容量}{总体容量}$; 各层抽取的个体数 $=$ 各层总的个体数 $\times$ 抽样比; 依照各层抽取的个体数,按简单随机抽样从各层抽取样本; 综合每层抽样结果,组成样本	提问:当总体情况满足什么条件时选择用分层抽样抽取样本? 引导学生得出分层抽样的相关概念. 分析:由于年龄差异较大,所以应使用分层抽样的方法进行研究. 提醒学生注意抽样比的计算方法	**学一学** 理解分层抽样的概念. **学一学** 利用所学知识解决实际问题. **记一记** 理解并记住分层抽样的步骤. 思考、记录	结合防疫实际的例题,让学生体会数学知识来源于生活,应用于生活,更要理解我们目前平安健康的生活离不开医务工作者的辛苦劳动. 帮助学生回顾课堂内容,教会学生归纳总结的技巧.这也是部分学生的难点
	练	**巩固练习** 1.某政府机关有在编人员 100 人,其中副处级以上干部 10 人,一般干部 70 人,工人 20 人,上级机关为了了解政府机构改革的意见,要用分层抽样抽取一个容量为 20 的样本,请问一般干部需要抽取几人? 2.某校有高一学生 520 人,高二学生 500 人,高三学生 580 人,如果想通过抽查其中 80 人来调查学生的消费情况,考虑到学生的年级高低消费情况有明显差别,而同一年级内消费情况差异较小,问:应采用怎样的抽样方法?高三学生应抽查多少人	指导学生完成巩固练习. 在学生解答并陈述理由后,进行点评	**做一做** 完成课堂巩固练习. **议一议** 组内讨论	现学现用,巩固所学概念,提高学生应用数学知识解决实际问题的能力.让学生通过练习了解自己的学习效果,教师初步了解学生掌握情况

教学环节		教学内容	教师活动	学生活动	设计意图与资源
课中实施	评	1.教师引导学生归纳总结： 2.结合统计数据和学习过程,评出优胜小组		**比一比** 小组抢答进行总结. **评一评** 小组自评、互评,最后总评.选出本节课优胜小组	学生自己总结课堂收获,比较三种抽样方法是对课堂学习效果的再次提升.帮助学生回顾课堂内容,教会学生归纳总结的技巧
课后拓展	固	1.教材第141练习10.3.2第1,2,3,4题. 2.搜集三种抽样方法的生活实例			学生完成作业,巩固本节课所学

📁 教学反思

1.教学活动有序进行,教学环节环环相扣,从生活实例探索,有效激发中职学生的探索欲和求知欲,教学中学生参与度很高,充分体现了以学生为主体、教师为主导的教学理念.

2.大部分学生积极回答问题,踊跃举手发言,课堂气氛很活跃.

3.本节课主要学习分层抽样,对于三种抽样方法的共同特征和区别从理论上能加以区分,但是否真正理解有关知识,是否能利用相关知识、技能解决问题还需要进行综合的练习才能了解情况.

4.青年一代有理想,国家民族才有希望.那些昨天父母眼中的孩子,今天已然成为支援武汉的逆行英雄,让人欣慰感动,那么今天作为中职学生的我们,于家、于国又能做些什么呢? 我们应该传递社会正能量,弘扬中华民族的传统美德,孝敬父母,感恩他们的付出,在学校尽自己最大努力学好科学文化知识,学会做人做事.

10　用样本的频率分布估计总体

四川省洪雅职业高级中学校　张　丽

教学分析

授课时间	1 课时	选用教材	高等教育出版社《数学(基础模块)下册》(第三版)
授课对象	电子专业 2019 级学生	授课类型	概念课
教学内容	\multicolumn{3}{c}{用样本的频率分布估计总体是高等教育出版社《数学(基础模块)下册》第 10 章概率与统计初步第 4 节用样本估计总体 3 个课时中第 1 课时的内容.本节课主要研究如何列出频率分布表,画出频率分布直方图,并通过样本的频率分布估计总体}		
学情分析	知识基础	\multicolumn{2}{l}{初中学习了频数分布表和频数分布图,利用它们可以清楚地看到数据分布在各个组内的个数}	
	认知能力	\multicolumn{2}{l}{有了一定的知识基础,以学生现有的认知能力要掌握本节课的知识比较容易}	
	学习特点	\multicolumn{2}{l}{电子专业学生动手和模仿能力强,学习中喜欢参与活动,发言积极,团队合作意识较好,但获取信息、学习新知识的能力有待提高}	
	专业特性	\multicolumn{2}{l}{电子专业学生要求能人工智能控制设备应用、安装、调试,需要较强的团队协作能力,而且需要编写和调整产品的控制程序,对逻辑思维能力要求较高}	
教学目标	\multicolumn{3}{l}{学会列频率分布表,绘频率分布直方图. 理解用样本的频率分布估计总体,利用相关问题的解决培养数据处理技能. 通过本节课的学习,意识到数学知识在生活中的广泛应用,关注生活中的数学模型. 能够初步掌握数据分析的基本方法和策略,提升处理数据的基本能力,基本形成借助数据分析发现规律和解决问题的能力,注重培养和提升数据分析、数学运算和数学建模等核心素养}		
教学重难点	重点	\multicolumn{2}{l}{列频率分布表,绘频率分布直方图,用样本的频率分布估计总体}	
	难点	\multicolumn{2}{l}{列频率分布表,绘频率分布直方图.}	
教学策略	教法	\multicolumn{2}{l}{启发式教学法、情境式教学法、讲练结合教学法}	
	学法	\multicolumn{2}{l}{自主学习法、探究学习法、合作学习法}	
	教学资源与手段	\multicolumn{2}{l}{微信　雨课堂 在微信教学群中发布课前预习任务,在"雨课堂"发布任务,学生完成作业并参与讨论. 课中教师使用"雨课堂"教学软件辅助教学,学生用手机答题参与教学活动. 用教学软件为学生讲解概念提炼、总结的过程}	

教学设计

流程设计	以问题串为引领,将教学内容进行结构化处理,采用"线上＋线下"混合式教学模式,将整个教学过程分为学、导、探、练、评、固六个教学环节.

学 → 导 → 探 → 练 → 评 → 固

学	导	探	练	评	固
课前预习 温故知新	活动设计 情境导入	启发引导 探索新知	即学即练 及时反馈	课堂小结 小组评价	优化作业 巩固提高

板书设计	用样本的频率分布估计总体 频率分布表: 频率分布直方图: 频率分布直方图中小矩形的面积表示该组的频率; 所有小长方形的面积和等于1.	多媒体展示区	例题、练习区

教学实施

教学环节		教学内容	教师活动	学生活动	设计意图与资源
课前准备	学	回顾初中学过的频数分布表、频数分布图. **知识回顾** 反映数据分布情况的表格叫做____ 反映数据分布情况的基本统计图叫做____ 某地部分市民参加法律知识竞赛成绩的频数分布表 某地部分市民参加法律知识竞赛成绩的频数分布图 	组别(分)	频数(人)	组中值(分)
50.5~60.5	3	55.5
60.5~70.5	12	65.5
70.5~80.5	16	75.5
80.5~90.5	9	85.5
90.5~100.5	6	95.5		在微信教学群中推送旧知	用手机观看,完成任务	通过复习旧知引导学生进入新知的学习与探索
课中实施	导	**情境导入** 下图是某四国新冠病毒感染人数统计图,你能一眼看出哪个国家感染人数最多吗? (柱状图:A国约88000,B国约63000,C国约35000,D国约106000,纵轴0~120000)	结合实际生活,创设问题情境	**议一议** 观察四国新冠病毒感染人数统计图,思考老师提出的问题. 分组讨论,尝试解决	通过某四国新冠病毒感染人数统计图,培养学生直观想象核心素养.同时介绍我国疫情基本得到控制,让学生产生爱国情怀
	探	**探索新知** 问题1 我国是世界上严重缺水的国家之一,城市缺水问题较为突出.某市政府为了引导居民节约用水,计划在本市实行居民生活用水定额管理,即确定一个居民生活用水标准a,用水量不超过a的部分按平价收费,超出a的部分按议价收费.如果希望大部分居民的日常生活不受影响,那么标准a定为多少比较合理呢? 问题2 由于城市住户较多,为了了解全市居民日常用水量的整体分布情况,应采用怎样的方式? 提示:采用抽样调查的方式,通过分析样本数据来估计全市居民用水量的分布情况. 问题3 假如通过抽样调查,我们获得100位居民某年的月均用水量如下(单位:t): 3.1 2.5 2.0 2.0 1.5 1.0 1.6 1.8 1.9 1.6 3.4 2.6 2.2 2.2 1.5 1.2 0.2 0.4 0.3 0.4 3.2 2.7 2.3 2.1 1.6 1.2 3.7 1.5 0.5 3.8 3.3 2.8 2.3 2.2 1.7 1.3 3.6 1.7 0.6 4.1 3.2 2.9 2.4 2.3 1.8 1.4 3.5 1.9 0.8 4.3 3.0 2.9 2.4 2.4 1.9 1.4 1.8 0.7 2.0 2.5 2.8 2.3 2.3 1.8 1.3 1.4 1.6 0.9 2.3 2.6 2.7 2.4 2.1 1.7 1.4 1.2 1.5 0.9 2.4 2.5 2.6 2.3 2.1 1.6 1.0 1.0 1.7 0.8 2.4 2.8 2.5 2.2 2.0 1.5 1.0 1.2 1.8 0.6 2.2 上述100个数据中的最大值和最小值分别是多少? 由此说明样本数据的变化范围是什么	展示图片,提出问题,引导学生思考. 提示:为了确定一个较为合理的标准a,必须先了解全市居民日常用水量的分布情况,比如月均用水量在哪个范围的居民最多,他们占全市居民的百分比等情况.因此采用抽样调查的方式,通过分析样本数据来估计全市居民用水量的分布情况. 给出调查数据,带领学生一起整理复杂的数据	**学一学** 积极思考老师提出的问题	调动学生学习兴趣,培养爱思考爱探究的科学精神,引导学生形成节约用水的好习惯,为学习新课做好准备. 结合生活实例,创设情境.教师通过问题串引导学生一步步分析

续表

教学环节		教学内容	教师活动	学生活动	设计意图与资源
课中实施	探	问题4　样本数据中的最大值和最小值的差称为极差,如果将上述100个数据按组距为0.5 t进行分组,那么这些数据共分为多少组?各组数据的取值范围可以如何设定? 问题5　一般地,列出一组样本数据的频率分布表可以分哪几个步骤进行?为了直观反映样本数据在各组中的分布情况,你能根据上述数据列频率分布表吗? 100位居民月均用水量的频率分布表如下所示. 分组 / 频数累计 / 频数 / 频率 [0,0.5) 正 4 0.04 [0.5,1) 正下 8 0.08 [1,1.5) 正正正 15 0.15 [1.5,2) 正正正正丅 22 0.22 [2,2.5) 正正正正正正 25 0.25 [2.5,3) 正正正 14 0.14 [3,3.5) 正一 6 0.06 [3.5,4) 正丅 4 0.04 [4,4.5] 丅 2 0.02 合计 100 1 问题6　为了直观反映样本数据在各组中的分布情况,你能根据上述所列频率分布表画出频率分布直方图吗? 频率分布直方图如下. 问题7　样本数据的频率分布直方图是根据频率分布表画出来的,你能归纳绘频率分布直方图的步骤吗? 问题8　频率分布直方图中小矩形的面积表示什么?所有小矩形的面积和等于多少? 用样本的频率分布估计总体的步骤为: 第一步,选择恰当的抽样方法得到样本数据; 第二步,找到数据最大值和最小值,确定组距和组数,确定分点并列出频率分布表; 第三步,绘制频率分布直方图; 第四步,观察频率分布表与频率分布直方图,根据样本的频率分布,估计总体中某事件发生的概率	引导学生思考. 提示:最大值是4.3 t,最小值是0.2 t,数据的变化范围为[0.2,4.3]. 提示:(4.3−0.2)÷0.5=8.2,因此可以将数据分为9组.各组数据的取值范围可如下设定:[0,0.5),[0.5,1),[1,1.5),…,[4,4.5]. 提示:列频率分布表的步骤如下. 1.求极差; 2.决定组距与组数; 3.确定分组点,将数据分组; 4.列频率分布表. 提示:绘频率分布直方图的步骤如下. 1.画平面直角坐标系; 2.在横轴上均匀标出各组分点,在纵轴上标出单位长度; 3.以组距为宽,各组的频率与组距的比值为高,分别画出各组对应的小矩形.提示:频率分布直方图的横轴表示数据分组情况,以组距为单位,纵轴表示频率与组距之比	学一学 小组讨论,分析数据. 认真思考:组距如何确定?如何恰当地分组? 记一记 理解并记忆列频率分布表的步骤. 思考、记录. 记一记 理解并记忆绘频率分布直方图的步骤. 思考、记录. 在老师的提示引导下得出:某一组的频率值等于对应小矩形的面积;所有小矩形面积之和等于1	通过数据整理让学生熟悉统计学相关的分析、操作过程,培养学生数据分析的核心素养. 一方面培养学生分析问题和解决问题的能力;另一方面让学生正确理解结论,便于应用结论.同时培养学生的直观想象核心素养

续表

教学环节		教学内容	教师活动	学生活动	设计意图与资源
课中实施	探	**例题辨析** 例1 某工厂从去年全年生产某种零件的日产记录(件)中随机抽取30份,得到以下数据: 346 345 347 357 349 352 341 345 358 350 354 344 346 342 345 358 348 345 346 357 350 345 352 349 346 356 351 355 352 348 (1)列出样本频率分布表; (2)画出频率分布直方图	引导学生观察数据,进行数据分析,根据所学新知,解决实际问题	**议一议** 讨论:这些数据如何进行分组?分几组?各组的取值范围如何确定? **学一学** 列频率分布表、绘频率分布直方图	通过例题的分析讲解希望学生能依葫芦画瓢,够举一反三,学会解题,同时也培养作图能力以及数据分析核心素养
	练	**巩固练习** 为了了解某地感染新冠肺炎少年的身体发育情况,对其中17岁的60名女生的身高进行了测量,结果如下:(单位:cm) 154 159 166 169 159 156 166 162 158 160 156 166 160 164 160 157 155 157 161 159 158 153 158 164 158 163 158 153 157 158 162 159 154 165 166 157 151 146 151 162 160 165 158 163 163 162 161 154 165 163 162 159 157 159 149 164 168 159 153 167 (1)列出样本的频率分布表; (2)画出频率分市直方图	在"雨课堂"中向学生推送练习,巡查学生练习情况并做指导	**做一做** 完成课堂练习. **议一议** 组内讨论	通过课堂练习巩固本节知识点,培养学生数据分析和数学运算核心素养
	评	1.教师引导学生归纳总结: (1)我们通常用样本的频率分布表或频率分布直方图去估计总体的分布. (2)频率分布表和频率分布直方图是对相同数据的两种不同表示形式,前者准确,后者直观,两者放在一起,使我们对一组数据的频率分布情况了解得更清晰. 2.结合统计数据和学习过程,评出优胜小组		**比一比** 小组抢答进行总结. **评一评** 学生小组自评、互评,最后总评,选出本节课优胜小组	通过课堂小结组间挑战激发学生的学习斗志,既肯定努力的学生,又激励学生后续学习,同时使学生对所学知识有深刻的认识
课后拓展	固	作业:教材习题10.4 A组第5,6题			学生完成作业,巩固本节课所学

教学反思

1. 从生活中水费定价的实例导入新课,体现了数学来源于生活又服务于生活,达到学以致用的效果.

2. 本课融入了数形结合的思想,方便学生直观清晰分析数据,而不会看到那么多烦琐的数据丧失学习研究的兴趣.

3. 多数学生思维有条理,灵活,能理解本节课知识,并能利用相关知识、技能解决问题,但课堂中数据容量较大,数据处理所需时间多,没时间进行足够的巩固练习.

11　用样本均值估计总体

眉山市彭山区职业高级中学　　舒　阳

📁 教学分析

授课时间	1 课时	选用教材	高等教育出版社《数学（基础模块）下册》（第三版）
授课对象	会计专业学生	授课类型	新授课
教学内容			用样本均值估计总体是高等教育出版社《数学（基础模块）下册》第 10 章概率与统计初步第 4 节用样本估计总体 3 个课时中第 2 课时内容.本节课的内容是用样本的均值去估计总体的均值.用样本的数字特征去估计总体的数字特征是统计的重要思想方法
学情分析	知识基础		前面已经学习了怎样用样本的频率分布来估计总体,并且也学习了怎样绘制频率分布直方图,初中也学习了怎样计算平均数,这为接下来计算样本的均值提供了知识基础
	认知能力		该阶段学生已经从具体形象思维过渡到抽象逻辑思维阶段,运算能力普遍提高,但处理纯符号运算还有些困难
	学习特点		喜欢听教师讲,不喜欢自己动手做;对新鲜事物感兴趣,对生活中的实际问题感兴趣
	专业特性		会计专业对数学计算能力要求比较高,数据分析是制作各种财务报表的基础
教学目标			掌握用样本均值去估计总体均值的统计方法,并能在实际生活中应用. 经历由样本均值估计总体均值的过程,体会用样本估计总体这一方法的优越性和实用性,同时让学生体会样本选取方法的重要性以及对总体估计的影响. 通过本课学习,感受数学对实际生活的作用,认识到数学知识源于生活并指导生活的事实,体会数学知识与现实世界的密切联系
教学重难点	重点		用样本均值估计总体的统计方法
	难点		对"用样本估计总体"的正确理解
教学策略	教法		引导探究法、发现教学法
	学法		改变学生的"要我学"为"我要学".从"权威—依从"关系到"尊重—合作"关系,真正体现以学生为主体、教师为主导的原则
	教学资源与手段		微信　雨课堂 在微信教学群中发布课前预习任务,在"雨课堂"发布任务,学生完成作业并参与讨论

教学设计

流程设计	以"三心二意"为引领,将教学内容进行结构化处理,采用"线上＋线下"混合式教学模式,将整个教学过程分为学、导、探、练、评、固六个教学环节.

学	导	探	练	评	固
课前预习 完成任务	复习旧知 导入新课	启发引导 探索新知	例练结合 巩固新知	课堂总结 自我评价	应用规律 强化练习

板书设计	**用样本均值估计总体** 样本均值:观察某个样本,得到一组数据 $x_1, x_2, x_3, \cdots, x_n$,那么这个样本的均值 $\overline{x} = \frac{1}{n}(x_1 + x_2 + \cdots + x_n)$	多媒体展示区	例题、练习区

教学实施

教学环节		教学内容	教师活动	学生活动	设计意图与资源
课前准备	学	课前对学生进行分组,在微信教学群中发布教学任务,上传任务卡供学生自主学习	制作课前检测题上传到微信教学群	自主学习,完成检测题	课前帮助学生预习知识,培养学生自主学习的能力和主动学习的意识
课中实施	导	**复习旧知,导入新课** 问题1 上周的周练测试,老师统计了某班四个组的数学成绩如下: 第一组:75 95 100 75 85 80 第二组:72 90 100 78 85 90 第三组:85 85 79 87 100 90 第四组:90 100 86 83 92 78 你认为哪个小组的成绩好?为什么	出示PPT,提出问题. 引导学生分析、思考	积极思考教师提出的问题. 分组讨论,回答相关问题	复习算数平均值,为学习新知识打下基础
	探	**启发引导,探索新知** 问题2 要想调查一个地区10岁孩子的平均身高,该怎么办? 问题3 要想知道一批西瓜的成熟度,该怎么办? 当想要调查的对象很多或者调查本身具有破坏性时,统计学中常常利用样本的情况估计总体的情况来对总体进行认识.例如,实际生活中常常用样本的均值估计总体的均值. 样本均值:观察某个样本,得到一组数据 $x_1, x_2, x_3, \cdots, x_n$,那么这个样本的均值 $\overline{x} = \frac{1}{n}(x_1 + x_2 + \cdots + x_n)$. 样本均值反映样本的平均水平,我们可以用样本的均值来估计总体的平均水平.样本容量越大,这种估计的可信程度越高	引导学生思考问题,强调注意事项. 板书"样本均值的计算公式". 强调用样本均值估计总体均值的可行性	理解样本均值,会运用公式解决实际问题. 注意表示均值的字母的写法,仔细观察公式结构,认真理解公式的含义并做好笔记,勾画教材中的重要公式	通过实际问题产生认知冲突,当调查对象数量较大时怎样调查? 通过实际问题产生认知冲突,当一个调查本身具有破坏性时怎样调查? 结合生活实例,教师通过问题引导学生进一步分析

教学环节		教学内容	教师活动	学生活动	设计意图与资源
课中实施	练	**例练结合,巩固新知** 例1　某连锁超市全国有 200 家分店,现随机抽取 10 家的月营业额(单位:万元),记录如下: 10,12,8,9,15,17,16,12,14,15. 估计该连锁超市所有分店的月营业额. 例2　6月5日是"世界环境日",某校"绿色小组"进入光明社区进行一次有关"白色污染"方面的抽样调查,调查结果如下: 	每户平均每天丢弃的塑料袋/个	0	4	5	6
---	---	---	---	---
户数	2	28	16	5 | 如果该社区有 500 户居民,请你估计该社区居民每天要丢弃多少个塑料袋. 练习　某工厂从去年全年生产某种零件的日产记录(件)中随机抽取 30 份,得到以下数据: 346　345　347　357　349　352　341　345 358　350　354　344　346　342　345　358 348　345　346　357　350　345　352　349 346　356　351　355　352　348 计算该工厂去年一共生产多少个零件	根据学生解答情况,择要点拨解题过程. 展示 PPT 课件,引导学生分析题干中的数据. 查看学生完成情况,并适当指导	**辨一辨** 先独立思考,然后分组讨论,共同探索,尝试解答. **做一做** 独立思考,给出解题过程. **议一议** 组内讨论	通过实际例子加深对样本均值的理解. 通过实际例子掌握样本均值估计总体的方法,同时结合"世界环境日"渗透保护环境的思想. 通过练习,加深对知识的理解
	评	**课堂总结,自我评价** 老师引导学生梳理、总结本节课的知识点: (1)用样本均值估计总体的意义. (2)样本均值的计算		**比一比** 小组抢答进行总结. **评一评** 小组自评、互评,最后总评,选出本节课优胜小组	使学生对所学的知识有一个总体而深刻的认识,加深对所学知识的理解
课后拓展	固	**应用规律,强化练习** 1.随机抽检一批灯泡中的 5 个,发现它们的使用寿命(单位:小时)分别是 921,1070,975,867,1124,其平均值是多少? 2.某连锁超市全国有 200 家分店,现随机抽取 10 家 6 月份 10 天的营业额(单位:万元),记录如下:2,3,3,4,3.5,4.5,3.3,3,2.8,3.估计该超市所有分店 6 月份的营业额			通过课堂练习巩固本节课知识点

教学反思

1. 通过本节课的观察,发现部分学生计算能力较差,动手能力不强,后期需留意关注,针对性引导.

2. 用样本均值估计总体均值的意义的理解是一个难点,需要后期经过更多的生活实例加深强化.

12 用样本标准差估计总体

眉山市彭山区职业高级中学　舒　阳

📁 教学分析

授课时间	1 课时	选用教材	高等教育出版社《数学(基础模块)下册》(第三版)
授课对象	会计专业学生	授课类型	新授课
教学内容			用样本标准差估计总体是高等教育出版社《数学(基础模块)下册》第 10 章概率与统计初步第 4 节用样本估计总体 3 个课时中第 3 课时的内容.本节课主要研究如何计算样本的标准差,以及通过样本的均值和标准差对总体进行简单的估计.本节课重在引导学生如何计算样本的均值和标准差,体会用样本的数据特征来估计总体的统计思想、方法

学情分析	知识基础	上节课已经学习了用样本均值估计总体,关于样本对总体的作用有了一定的了解
	认知能力	该阶段学生已经从具体形象思维过渡到抽象逻辑思维阶段,运算能力普遍提高,但处理纯符号运算还有些困难
	学习特点	喜欢听教师讲,不喜欢自己动手做;对新鲜事物感兴趣,对生活中的实际问题感兴趣
	专业特性	会计专业对数学计算能力要求比较高,数据分析是制作各种财务报表的基础

教学目标	掌握用样本标准差去估计总体标准差的统计方法,并能在实际生活中应用. 经历由样本标准差估计总体标准差的过程,体会用样本估计总体这一方法的优越性和实用性. 通过对本课的学习,感受数学对实际生活的作用,认识到数学知识源于生活并指导生活的事实,体会数学知识与现实世界的密切联系

教学重难点	重点	用样本标准差估计总体的统计方法
	难点	样本标准差的计算

教学策略	教法	引导探究法、发现教学法
	学法	合作学习、自主探究
	教学资源与手段	在微信教学群中发布课前预习任务,在"雨课堂"发布任务,学生完成作业并参与讨论. 课中教师使用"雨课堂"教学软件辅助教学,学生用手机答题参与教学活动. 用教学视频为学生讲解概念提炼、总结的过程

📁 教学设计

流程设计	以"三心二意"为引领,将教学内容进行结构化处理,采用"线上＋线下"混合式教学模式,将整个教学过程分为学、导、探、练、评、固六个教学环节.

学	导	探	练	评	固
课前预习 完成任务	复习旧知 导入新课	启发引导 探索新知	例练结合 巩固新知	课堂小结 自我评价	应用规律 强化练习

板书设计	用样本标准差估计总体 样本方差:如果样本由 n 个数 $x_1,x_2,x_3,\cdots,x_n$ 组成,那么样本的方差 $s^2=\dfrac{1}{n-1}\big[(x_1-\overline{x})^2+(x_2+\overline{x})^2+\cdots+(x_n-\overline{x})^2\big]$. 样本标准差:样本方差的算术平方根	多媒体展示区	例题、练习区

教学实施

教学环节		教学内容	教师活动	学生活动	设计意图与资源
课前准备	学	课前对学生进行分组,在微信教学群上发布教学任务,上传任务卡供学生自主学习	制作课前检测题上传到微信教学群	自主学习,完成检测题	课前引导学生预习知识,培养学生自主学习的能力和主动学习的意识
课中实施	导	**复习旧知,导入新课** 例1 从某抗疫医护队中,抽取30名医生统计其一周工作的时间,结果如下: 90,84,84,86,87,98,78,82,90,83, 86,95,84,71,78,61,94,88,77,100, 70,97,85,68,99,88,85,92,93,97. 求该抗疫医护队中的医生一周工作的平均时间. 解:以上 30 名医生一周工作的时间,是从该抗疫医护队所有医生一周工作时间组成的总体中抽取的一个容量为 30 的样本,这个样本的均值 $\overline{x}=\dfrac{1}{30}(90+84+84+\cdots+93+97)\approx86$(小时). 即该抗疫医护队中的医生一周工作的平均时间约为 86 小时	出示课件,引导复习. 引导学生处理数据,简化运算	积极思考教师提出的问题,回答相关问题. 分析这 30 名医生一周的工作时间,尝试巧算	通过复习,为学习新知识打下基础. 以医生抗疫实例讲解,学生容易理解,还可以培养民族自豪感. 这些医生每天超强度地工作,每天工作都在 10 小时以上,体现了他们的工匠精神.培养学生数学运算核心素养
	探	**启发引导,探索新知** 问题:企业员工的平均工资一定能代表该企业大多数员工的收入水平吗? 为什么? 教师引导学生思考、讨论后,复习样本均值的有关内容,引入新知识. (1)样本均值:观察某个样本,得到一组数据 $x_1,x_2,x_3,\cdots,x_n$,那么这个样本的均值 $\overline{x}=\dfrac{1}{n}(x_1+x_2+\cdots+x_n)$. 样本均值反映出样本的平均水平,我们可以用样本的均值来估计总体的平均水平.样本容量越大,这种估计的可信程度越高. (2)样本方差:如果样本由 n 个数 $x_1,x_2,x_3,\cdots,x_n$ 组成,那么样本的方差 $s^2=\dfrac{1}{n-1}\big[(x_1-\overline{x})^2+(x_2-\overline{x})^2+\cdots+(x_n-\overline{x})^2\big]$	引导学生思考. 提醒学生方差符号、求和符号的写法	**学一学** 思考、回答问题,理解引入方差的意义. **学一学** 注意方差符号、求和符号的写法	调动学生学习兴趣,为学习新课做好准备. 结合生活实例,教师通过问题引导学生进一步分析.重点是培养学生归纳能力,养成归纳的习惯

续表

教学环节		教学内容	教师活动	学生活动	设计意图与资源
课中实施	探	计算样本方差的步骤: 第一步,计算均值$\overline{x}$; 第二步,计算每个数与均值的差的平方$(x_i-\overline{x})^2$; 第三步,计算$\sum\limits_{i=1}^{n}(x_i-\overline{x})^2$; 第四步,计算$s^2$,即$\frac{1}{n-1}\sum\limits_{i=1}^{n}(x_i-\overline{x})^2$. (3)样本标准差:由于样本方差的单位是数据的单位的平方,使用起来很不方便,因此,人们常用它的算术平方根来表示个体与样本均值之间的偏离程度,叫做样本标准差,即 $s=\sqrt{\frac{1}{n-1}[(x_1-\overline{x})^2+(x_2-\overline{x})^2+\cdots+(x_n-\overline{x})^2]}$. 计算样本标准差的步骤: 第一步,计算均值$\overline{x}$; 第二步,计算每个数与均值的差的平方$(x_i-\overline{x})^2$; 第三步,计算$\sum\limits_{i=1}^{n}(x_i-\overline{x})^2$; 第四步,计算$s^2$,即$\frac{1}{n-1}\sum\limits_{i=1}^{n}(x_i-\overline{x})^2$; 第五步,计算$s$,即 $\sqrt{\frac{1}{n-1}[(x_1-\overline{x})^2+(x_2-\overline{x})^2+\cdots+(x_n-\overline{x})^2]}$. 样本方差反映了样本的波动情况,故我们可以用样本的方差或标准差来估计总体的波动性	引导学生识记样本标准差的计算步骤,区别样本标准差和样本方差	**学一学** 仔细观察、认真理解公式并做好笔记,勾画教材中的公式. **学一学** 思考并回答,大胆发表自己的意见.明确计算样本标准差的步骤	让学生熟悉相关的操作分析过程,为本节内容的学习打好基础.重点是培养学生良好的观察能力和数学运算核心素养. 通过教师讲解让学生掌握方差及标准差的计算步骤. 将样本方差、标准差的计算步骤化,有利于学生理解样本方差、标准差的含义,培养学生学习的条理性
	练	**例练结合,巩固新知** 例2 某市要从小明和小刚两名射击选手中选一名参加省级射击比赛,经测试,两位选手的10次射击成绩如下表: 	射击序号	1	2	3	4	5	6	7	8	9	10
---	---	---	---	---	---	---	---	---	---	---
小明	9.2	9.0	9.5	8.7	9.9	10.0	9.1	8.5	8.6	9.1
小刚	9.1	8.9	9.3	9.7	9.9	9.9	8.9	9.6	9.2	8.8 | 你觉得哪位选手比较适合参加比赛? 解:将这10次射击成绩作为一个样本,来对两位选手的射击水平进行估计,分别计算平均值,得 $\overline{x}_{小明}=\frac{1}{10}(9.2+9.0+\cdots+8.6+9.1)=9.16$, $\overline{x}_{小刚}=\frac{1}{10}(9.1+8.9+\cdots+9.2+8.8)=9.33$. 显然,$\overline{x}_{小明}<\overline{x}_{小刚}$,由此估计,小刚的射击水平高于小明,所以应选小刚去参加比赛	分析、讲解,规范答题格式	明确思路后,积极主动地参与计算	通过完成选派射击选手参加比赛的例题解答过程,强化知识,提升学生分析、解题的能力,培养学生数学运算核心素养

续表

教学环节		教学内容	教师活动	学生活动	设计意图与资源
课中实施	练	例 3　想调查了解某省支援湖北抗疫医务工作两个值周班人员工作时间,每班抽 15 人,现有甲、乙两个值周班人员工作时间如下表: 	甲班	67	72	93	69	86	84	45	77	88	91	81	76	84	90	63
乙班	78	96	56	83	86	48	98	67	62	70	64	97	96	79	86 | 试问:哪个值周班人员的工作时间多一些? 哪个值周班人员的工作时间更均衡? 解:将这些时间作为样本,来对两个值周班人员的工作时间进行估计,分别计算平均值,得 $\overline{x}_甲=\frac{1}{15}(67+72+\cdots+90+63)=77.73$, $\overline{x}_乙=\frac{1}{15}(78+96+\cdots+79+86)=77.73$. 可以看出两个值周班人员的平均工作时间相同. 分别计算两个值周班样本数据的方差,得 $s_甲^2=\frac{1}{14}[(67-77.73)^2+(72-77.73)^2+\cdots+(63-77.73)^2]\approx167.07$, $s_乙^2=\frac{1}{14}[(78-77.73)^2+(96-77.73)^2+\cdots+(86-77.73)^2]\approx255.92$. 由此可知,$s_甲^2<s_乙^2$,因此甲班人员工作时间比乙班人员工作时间波动小,所以甲班人员工作时间更均衡	训练学生的计算能力. 通过典型例题巩固学生所学知识	辨一辨 思考、讨论后明确:通过计算平均值的办法来比较两个值周班人员的工作时间,通过计算方差的办法来比较两个值周班人员工作时间的均衡程度. 做一做 运用公式计算两个值周班人员工作时间样本数据的均值和方差,观察、比较结果,得出结论	数据多、描述语句多的题是学生"最不喜欢"的,要想尽一切办法来"诱导"学生跟上课堂进度.以支援湖北医务工作人员的高强度工作为背景编排例题,让学生感知劳动的辛苦,培养学生热爱劳动的精神. 通过两个实际问题,让学生进一步巩固解题步骤,熟练运用公式计算方差和标准差
	评	课堂总结,自我评价 教师引导学生梳理、总结本节课的知识点: (1)样本均值的计算; (2)样本方差的计算; (3)样本标准差的计算. 布置课后书面作业:教材习题 10.4　A组第 1,2,3,4 题		比一比 小组抢答进行总结. 评一评 小组自评、互评,最后总评,选出本节课优胜小组	使学生对所学的知识有一个总体而深刻的认识,加深对所学知识的理解
课后拓展	固	应用规律,强化练习 课堂练习: 从一块玉米地随机抽取 10 株玉米苗,测得各株高为(单位:厘米): 58,52,56,66,65,64,63,54,55,57. 求样本均值和标准差,并说明样本标准差的意义. 教师巡查学生练习情况并做指导			通过课堂练习巩固本节课知识点

教学反思

1.本节课通过从实际问题出发,特别是以抗疫医生高强度的工作为例子,使学生将知识运用到现实生活中,突出统计知识的应用性,同时向学生渗透了勇于担当、甘于奉献、爱国爱民的精神.

2.例题讲解过程中,后排的几个学生注意力不集中,需要特别关注,适时给予激励,让全体同学参与数学问题的解决,且参与解决问题的全过程.

3.以后再教学这部分内容的时候要注意样本数据的选择.

13 一元线性回归

双流建设职业技术学校　叶志琴

教学分析

授课时间	2课时	选用教材	高等教育出版社《数学(基础模块)下册》(第三版)
授课对象	计算机专业学生	授课类型	概念课
教学内容	一元线性回归是高等教育出版社《数学(基础模块)下册》第10章概率与统计初步第5节的内容,主要内容有:变量间的相关关系,回归方程的概念介绍,利用计算机和软件求一元线性回归方程.通过本节课的学习,要使学生对一元线性回归分析有一个初步的了解.本节课分为两个课时,变量间的相关关系以及回归方程的相关概念占一课时,后面的操作占一课时		

学情分析	知识基础	学生已经掌握了初等函数关系,也明确不是所有的两个变量都存在函数关系
	认知能力	学生普遍具备一定的提出问题的能力,但抽象思维能力较弱,推理判断能力较差
	学习特点	学生学习的热情不高,但竞争意识强,具备小组合作学习能力,对于有趣的知识充满好奇,动手能力强
	专业特性	计算机专业的学生对电脑的基本操作熟练,具备较熟练的办公软件操作能力

教学目标	了解一元线性回归的相关概念,掌握用计算器和Excel软件求回归直线及方程的方法. 提高数据处理能力、计算工具的使用能力、分析问题和解决问题的能力. 关注生活中的数学模型,体会数学知识的广泛应用

教学重难点	重点	一元线性回归的相关概念;用计算器和Excel软件求回归直线方程
	难点	理解相关关系、一元线性回归的相关概念

教学策略	教法	启发引导、讲练结合
	学法	采用小组合作探究法,营造一个轻松快乐的课堂.在练习过程中,以小组为单位,从议中学,从练中学,体会探索的乐趣,享受成功的喜悦
	教学资源与手段	教学辅助软件:HiTeach,PPT,Excel;多媒体资源:微课视频;教学用具:科学计算器

教学设计

流程设计	以"三心二意"为引领,将教学内容进行结构化处理,采用"线上＋线下"混合式教学模式,将整个教学过程分为学、导、探、练、评、固六个教学环节.
	学　导　探　练　评　固
	观看微课　问题情境　抽象概念　典型例题　课堂小结　分层作业 阅读教材　导入新课　得出新知　及时巩固　小组评价　巩固提高

板书设计	一元线性回归 理论: 相关关系 回归直线 回归方程 操作: 用计算器求回归方程 用Excel软件求回归方程	多媒体展示区	例题、练习区

教学实施

教学环节		教学内容	教师活动	学生活动	设计意图与资源
课前准备	学	课前预习教材内容	布置预习任务	阅读教材	初步了解新知识,培养主动学习的意识
课中实施	导	问题引入: 能否用一个函数式表示下列两个变量之间的关系? (1)圆的面积与半径; (2)人体内的脂肪含量与年龄	提出问题,引导学生思考	思考并作答	通过生活实例认识生活中存在大量非确定性的关系
	探	两个变量之间的两种关系: (1)函数关系: 当一个变量取值一定时,另一个变量取值也唯一确定. 比如:问题引入(1)中两个变量的关系. (2)相关关系: 当一个变量取值一定时,另一个变量的取值带有一定的随机性. 比如:问题引入(2)中两个变量的关系. 例1　下列两个变量之间的关系不是函数关系的是(　　) A.角度和它的余弦值 B.正方形的边长和周长 C.正 n 边形的边数和它的内角和 D.人的年龄和体重 例2　下列关系是相关关系的是_____. ①正方形的边长与面积的关系; ②水稻产量与施肥量之间的关系; ③人的身高与年龄之间的关系; ④降雪量与交通事故发生次数之间的关系. 例3　列举生活中两个变量具有相关关系的例子. 一元线性回归: 下表是随机抽取的 8 个学生的身高(单位:cm)与体重(单位:kg)的数据: 建立平面直角坐标系 Oxy,x 轴表示身高(单位:cm),y 轴表示体重(单位:kg).在直角坐标系上找出对应点 (x,y),观察这些点有什么特点. 这些点组成的图形叫做散点图. 表面上散点图中的这些点大体上呈现出一种直线走向趋势, 即近似地有 $y=a+bx$. 其中 a,b 是未知的,可以用样本的数据去估计 a,b 的值,估计值分别写作 $\hat{a}$ 和 $\hat{b}$. 方程 $y=\hat{a}+\hat{b}x$ 叫做 y 关于 x 的一元线性回归方程,它的图形叫做回归直线,$\hat{a},\hat{b}$ 叫做回归系数	引导学生得出结论. 对学生的回答进行评价. 引导学生思考,评价列举的实例是否正确. 指导学生描点,画出图像,并引导学生观察. 引导学生思考	讨论并总结出两种关系的特点. 利用反馈器抢答例1、例2. 抽中的学生列举生活中两个变量具有相关关系的例子.其他同学思考例子是否正确. 作图,并观察这些点之间有什么关系	让学生对相关关系的理解从感性认识上升为理性认识. 让学生体会到数学来源于生活. 培养学生的动手能力、观察能力

编号	1	2	3	4	5	6	7	8
身高 x	172	150	170	165	180	176	155	160
体重 y	60	47	85	70	75	80	50	65

教学环节		教学内容	教师活动	学生活动	设计意图与资源
课中实施	探	可证明得到 $\hat{a}$ 与 $\hat{b}$ 的计算公式如下： $$\hat{b}=\frac{n\sum\limits_{i=1}^{n}x_iy_i-(\sum\limits_{i=1}^{n}x_i)(\sum\limits_{i=1}^{n}y_i)}{n\sum\limits_{i=1}^{n}x_i^2-(n\sum\limits_{i=1}^{n}x_i)^2},$$ $\hat{a}=\bar{y}-\hat{b}\,\bar{x}$，其中 $\bar{x}=\dfrac{1}{n}\sum\limits_{i=1}^{n}x_i$，$\bar{y}=\dfrac{1}{n}\sum\limits_{i=1}^{n}y_i$. **操作 1 利用计算器求回归方程** 播放微课，并用计算器求表 1 中身高 y 关于体重 x 的一元线性回归方程. **操作 2 用 Excel 软件求回归方程** 播放微课，并用 Excel 软件求表 1 中身高 y 关于体重 x 的一元线性回归方程. 说明：由于计算器与 Excel 软件的统计功能的部分编程算法有所不同，故针对同一组数据的计算结果有时会有偏差	讲解、说明. 播放微课，并引导学生操作	理解回归方程、回归直线的概念，了解公式. 动手操作，小组内讨论、帮扶	由于公式复杂，学生只作了解. 通过操作，让学生产生学习兴趣. 培养学生的实操能力和小组合作学习能力
	练	强化练习 某一公司为了研究某一类产品的广告费用与其销售额（单位：万元）之间的关系，对多个厂家进行了调查，数据如下： {{TABLE}} 试求销售额 y 关于广告费 x 的一元线性回归方程	引导学生完成	分别用两种方法求出结果（允许小组内讨论）	培养学生的实操能力和小组合作学习能力，及时强化所学知识
	评	1．相关关系的定义，相关关系的特点； 2．两种关系的异同点； 3．求一元线性回归方程的方法		归纳总结	及时了解学生知识掌握情况
课后拓展	固	课后作业： (1)阅读作业：教材中的本节内容； (2)书面作业：教材习题 10.5 A 组（必做），B 组（选做）； (3)实践调查：寻找生活中具有相关关系的变量的实例			分层作业，让学有余力的同学继续提高

强化练习内表格：

厂家	1	2	3	4	5	6	7	8	10
广告费 x	60	45	35	25	40	20	30	50	35
销售额 y	520	500	440	380	525	365	475	540	385

教学反思

　　本节的教学内容虽然只对学生作了解程度的要求，但在平时的教学中千万不能忽略.本节设计为两课时，第 1 课时为理论的讲解，其中的公式结构复杂，不做强行要求；第 2 课时为实际操作，主要采用计算器和 Excel 软件两种方法.为了巩固知识，本节主要采用讲练结合的方式进行教学，学生以小组为单位，互帮互助，按照操作步骤一步一步去做，基本都能操作.极个别学生还存在一定的问题，还需课余时间再进行实际操作，加以巩固.